EL ARTE DEL TOREO

Andrés Amorós

EL ARTE DEL TOREO

Enciclopedia práctica de la lidia
y de sus grandes maestros

la esfera ⊕ de los libros

Primera edición: febrero de 2026

© Andrés Amorós Guardiola, 2026
Con la colaboración en la edición gráfica de Manuel Durán
© La Esfera de los Libros, S. L., 2026
Avenida de San Luis, 25
28033 Madrid
Tel.: 91 443 50 00
www.esferalibros.com

ISBN: 978-84-1094-227-1
Depósito legal: M-25635-2025
Composición: Versal CD, S. L.
Impresión y encuadernación: Huertas
Impreso en España-*Printed in Spain*

Índice

III
EL TORO

IV
LA CORRIDA DE TOROS

V

LAS REGLAS CLÁSICAS

VI

EL TOREO Y LA SOCIEDAD

VII

MAESTROS DEL TOREO

VIII
LOS TOROS Y LA CULTURA

Prólogo

A pesar de los continuos ataques de los animalistas y de los independentistas, la tauromaquia en España sigue gozando de bastante buena salud. Los datos y la experiencia lo demuestran: en 2023, la asistencia de público a las dos principales plazas españolas, la de Sevilla y la de Madrid, ha superado a la de todos los años anteriores.

Sin bajar a estadísticas concretas, la tendencia está ahí, es indiscutible. También lo es la presencia creciente de grupos de mujeres y de jóvenes en los tendidos de las plazas españolas. El tópico que esgrimían los antitaurinos de que es una fiesta vieja, casposa, sin futuro, se está disolviendo como un azucarillo.

Una de sus causas puede ser que, después del covid, la sociedad española se ha lanzado con entusiasmo a la calle, a los bares y restaurantes, a los viajes, a los conciertos, a disfrutar de la vida… Es cierto, pero eso no ha afectado por igual a todos los espectáculos.

También es posible que una parte de la sociedad española esté reaccionando frente a tanta monserga seudoprogresista. En una sociedad urbana, no agrícola, como es la nuestra, muchos jóvenes desconocen el mundo de la tauromaquia. Es lógico que algunos no la entiendan o no les interese, pero no es disparatado pensar que otros, precisamente como reacción contra tantas exageraciones, sientan curiosidad por ver en qué consiste ese espectáculo y quieran forjarse su propia opinión. Por eso acuden a las plazas con sus amigos, dispuestos a pasarlo lo mejor posible.

El resultado no puede ser unánime. Depende, ante todo, de la suerte que hayan tenido en esa primera experiencia. Por mucho que me gusten los toros, no puedo negar que hay corridas aburridas, exactamente igual que algunos partidos de fútbol, algunas películas y algunas obras de teatro. Pero hay tardes en las que en una plaza de toros se vive algo único, una experiencia extraordinaria, una comunión total. Si los jóvenes han tenido la suerte de vivir eso, o algo cercano, y si su sensibilidad conecta con ese arte, es casi seguro que querrán volver: presenciar otras corridas, comparar una tarde con otra, comentar con sus amigos…

Cuando esa semilla ha prendido, no es fácil que se la lleve el viento, por muchas matracas antitaurinas que escuchen. Su asistencia a los toros dependerá de otras circunstancias: del precio de las entradas, sobre todo; de la facilidad para conseguir descuentos para jóvenes; del eco que tengan los toros en los medios de comunicación (por desgracia, hoy, tan escaso); del atractivo de los carteles; de la competencia con otras formas de diversión… Es decir, lo mismo que pasa con los demás espectáculos.

Para el futuro de la fiesta, esta asistencia de jóvenes es decisiva. Exactamente igual sucede, por ejemplo, con los conciertos de música clásica. No todos los síntomas son negativos. Hace algunos años, ¿quién podría imaginar que muchos jóvenes europeos se iban a apasionar por la ópera, por la música barroca, por el canto gregoriano? Hoy es una realidad indiscutible.

Para disfrutar con los toros, como con cualquier arte y espectáculo, hace falta una educación, un cierto conocimiento.

Es muy fácil encontrar ejemplos: si a mí me aburre mortalmente un partido de béisbol, no debo pensar por ello que los millones de americanos a los que les apasiona son seres inferiores (ni tampoco superiores, claro está). Lo que me pasa es muy sencillo: yo desconozco por completo las reglas del béisbol, no sé apreciar una buena jugada, carezco de referencias, porque ese deporte es totalmente ajeno a la cultura en la que me he criado. Si yo viviera cierto tiempo en Estados Unidos, presenciara unos cuantos partidos y me lo explicaran bien, quizá acabaría gustándome.

En otro terreno, a nadie le suele gustar un cuarteto de Beethoven la primera vez que lo escucha, ni un cuadro de Paul Klee, ni un poema de Góngora o Quevedo. Para apreciarlos, hace falta una familiaridad, cierto aprendizaje.

No estoy diciendo que la tauromaquia sea algo intelectual, todo lo contrario: es una fiesta popular que entra por los ojos, pero, para apreciarla de verdad, es necesario conocer sus reglas. Exactamente igual que sucede con cualquier arte o espectáculo.

No es un problema de edad, sino de conocimiento. Me alegra ver llenos los tendidos de una plaza de toros, pero más de una vez me ha disgustado presenciar reacciones de una parte del público que no me parecían adecuadas. Y no es puritanismo: comportamientos que son habituales en un concierto de *rock* no serían admisibles, por ejemplo, en un partido de tenis. En los toros se aprende, entre otras muchas cosas, que cada uno debe estar en su sitio.

En algunos públicos de toros, he advertido últimamente cierta desorientación, falta de criterio. No es extraño. Ya dijeron Ortega y Pérez de Ayala que en las plazas de toros se refleja claramente el clima social. Teniendo en cuenta cómo anda hoy la sociedad española, sería increíble que no viéramos algo semejante en la fiesta.

Tuve la idea de este libro pensando en esos públicos, jóvenes o no, que acuden a una plaza de toros con más curiosidad que conocimientos. Para los que hemos visto bastantes corridas de toros y hemos escuchado y leído a unos cuantos maestros, resulta casi una obligación transmitir lo que ellos nos han enseñado.

No solo necesitan orientación y criterio los nuevos aficionados. Como dice un refrán que me gusta mucho, «entre todos lo sabemos todo». Especialmente, en un mundo tan rico y tan complejo como es la fiesta de los toros. Hasta el muy sabio Marcial Lalanda hizo suya la frase de Goya: «Todavía aprendo».

He intentado resumir en un libro manejable la información que puede querer cualquiera que asista a una plaza de toros. Eso incluye datos concretos sobre muchos aspectos: la historia de la fiesta, el toro bravo, la plaza, las reglas clásicas, los maestros del toreo, la relación con la sociedad y la cultura…

He procurado explicar con claridad y sencillez, sin tecnicismos innecesarios, lo que yo considero básico. De cada uno de los temas, por supuesto, hubiera podido extenderme mucho más, pero no buscaba lucirme, sino ayudar al lector, sea cual sea su nivel de conocimientos taurinos. Me he dirigido tanto al espectador novel como al experto.

Pido perdón por los errores —me temo que habrá muchos— y por las omisiones, sobre todo, en la dificilísima selección de los toreros que comento. La extensión manda.

También me disculpo por las repeticiones, inevitables en una obra de este tipo: una suerte (por ejemplo, la verónica o el natural) se menciona al hablar de la lidia, de la historia, del diestro que mejor la interpretó, de la obra literaria en la que se cita…

He intentado que este libro se pueda leer seguido, como un ensayo sobre la fiesta; también, que pueda utilizarse como una obra de referencia para solucionar alguna duda.

Recojo muchos datos objetivos y también ofrezco muchas valoraciones: inevitablemente, son subjetivas. En los públicos actuales, suelo echar de menos el criterio para discernir el arte auténtico de los efectismos; lo admirable de lo que es menos bueno.

¿Cuál es mi criterio? El que aprendí de mis mayores en edad y sabiduría. No es difícil resumirlo: la tauromaquia nació como un rito sagrado; se convirtió luego en un juego caballeresco y popular del que derivó la corrida moderna con su equilibrio de belleza y emoción.

Hoy en día, la tauromaquia es, sin duda alguna, un arte: se basa en una técnica; tiene unas reglas que es preciso conocer para cumplirlas o infringirlas, pero sabiendo que existen; expresa la personalidad del artista; agrada y consuela al que lo contempla. Es decir, que la fiesta reúne todas las condiciones necesarias, según los filósofos escolásticos, para ser considerada un arte.

A la vez, las corridas de toros son, ahora mismo, un importante espectáculo de masas: algo que mueve mucho dinero, con todos los riesgos de comercialización y falsificación que eso comporta.

Frente a los enemigos de la tauromaquia, resulta fácil mostrar su valor ecológico, su valor económico y su valor cultural.

Para que ese arte no se degrade, es indispensable que se mantenga la casta brava del toro sin rebajarla. Sin eso, todo se vendría abajo.

Como el toro es un animal peligrosísimo y cambiante, resulta imprescindible, ante todo, dominarlo. A partir de ese dominio, surgirá luego la estética personal de cada diestro.

Para ser buen torero, es absolutamente necesario tener valor, pero no basta con eso ni con ponerse bonito. El dominio del toro exige mucha inteligencia: ver rápidamente las condiciones del toro y conocer las reglas clásicas de la tauromaquia.

Cada toro tiene su lidia. Todo lo que se le haga a un toro ha de tener un porqué, un sentido. La lidia de cada toro plantea problemas diferentes, que el diestro ha de ver claro y resolver al instante. El buen aficionado disfruta viendo la manera en que los soluciona el diestro: cómo es capaz de convertir el mando en belleza; la técnica, en arte.

Quiero agradecer a Ymelda Navajo, que ya había editado otros libros míos de tema taurino, el interés con que acogió este proyecto y la profesionalidad con la que lo ha realizado, como es propio de ella y de La Esfera de los Libros. También, el trabajo minucioso del editor, Carlos Alcelay, y la ayuda de Manuel Durán para seleccionar las fotografías.

Nace este libro de haber visto unas cuantas corridas de toros a lo largo de los años, desde que de niño me llevó a una plaza por primera vez mi padre, Manuel Amorós, un buen aficionado. Debo dedicárselo a él y a algunos grandes maestros y amigos que me ayudaron a entender lo que iba viendo: Marcial Lalanda, Domingo Ortega, Luis Miguel *Dominguín* y Manolo Vázquez. También a mi hijo, Antonio Amorós, que continúa nuestra afición. Y a mi mujer, Auxi, que tanto le he dado la lata por culpa de los toros.

Deseo que este libro ayude a algunos lectores a entender mejor y a disfrutar más con el toreo, ese arte único.

I
ORIGEN

EL TORO SAGRADO

«Viene el toro de Grecia
por el Mediterráneo…».

AGUSTÍN DE FOXÁ

Desde hace cerca de 40.000 años, los hombres cazaban toros para alimentarse. Al abandonar el nomadismo y hacerse sedentarios, comenzaron a criar ganado vacuno.

Se ha considerado al toro como un animal sagrado en muchas culturas del Oriente Próximo y del Mediterráneo: la India, Mesopotamia, Anatolia, Grecia, Roma… Se le ha identificado simbólicamente con muchas cualidades positivas: la luz, la fuerza, la agricultura, la fecundidad, la renovación de la vida…

En la India, el toro y la vaca son sagrados, y el dios Siva cabalga sobre el toro Nandi. En Mesopotamia, se identifica con los cuernos de la luna (bucráneos). Según la leyenda babilónica, Gilgamés mata al toro celeste. En Egipto, el toro Apis encarna a Osiris, el dios solar: se le dedica un templo en Menfis. En la mitología griega, Dionisos aparece como toro. En la cultura helenística impera el culto a Mitra, la luz celeste. Sostienen algunos que la palabra «Italia» quiere decir 'tierra de ganado vacuno'; son frecuentes en Roma los sacrificios rituales; Julio César introduce los uros en los espectáculos…

Esta visión sagrada del toro da lugar a muchos mitos poéticos: Pasífae, enamorada del toro, se disfraza de vaca para unirse a él y concebir al Minotauro, mitad hombre, mitad toro, al que mata

Teseo. Europa, robada por el toro (Zeus), ama a su raptor y da su nombre a un nuevo mundo, el nuestro.

Surgen también ritos, como el taurobolio: sacrificio de un toro para conseguir un bautismo de sangre. En los frescos del palacio de Cnosos, en Creta, la taurocatapsia, en la que los jóvenes gimnastas —chicos y chicas— saltan sobre el toro...

¿Tiene todo esto que ver con la tauromaquia actual? Los saltos cretenses recuerdan a los recortadores; los juegos romanos, como el de Urso, en *Quo Vadis*, a la suerte de mancornar o derribar a un toro, cogiéndolo por los cuernos, y a los *forçados* portugueses.

En general, las diferencias son grandes, pero el vínculo parece evidente. El arte del toreo no es un deporte, sino que hunde sus raíces en una raíz mítica, sagrada: significa la proclamación de la vida frente a la muerte.

LOS JUEGOS POPULARES
Y ENCIERROS

«Está en la plaza Mayor
todo Madrid celebrando
con un festejo, los días
de su rey Felipe IV».

DUQUE DE RIVAS

En el Museo Arqueológico Nacional vemos la reproducción de los frescos de Altamira y los toros de bronce de Costitx, unas impresionantes cabezas de cerca de medio metro procedentes de la cultura talayótica balear.

También vemos allí verracos celtibéricos (¿toros, cerdos?), similares a los famosísimos de Guisando, a los que cantó García Lorca en su *Llanto por Ignacio Sánchez Mejías*: «Y los toros de Guisando, / casi muerte y casi piedra». Contra otro de esos toros, en el puente viejo de Salamanca, dio el ciego a Lázaro de Tormes «una gran calabazada».

En un anejo a la histórica conferencia sobre *El arte del toreo* que dio Domingo Ortega en el Ateneo de Madrid el 29 de marzo de 1950, Ortega y Gasset, su amigo, publica el retrato, hecho por un pintor del siglo XVII, del toro primigenio, el uro o *Aurochs*, tal vez el último individuo de la especie que entonces sobrevivía. La imagen es cercana a la de las reses que hoy se lidian: «Era un animal enorme y peligrosísimo, que poblaba los bosques de la Europa central y nórdica».

¿Por qué sobrevivió esta especie solamente en España? En el siglo XVIII, Nicolás Fernández de Moratín lo achacó a la influencia mora. Hoy, esa teoría nos parece algo novelesca. La perduración de la especie se debe a la afición española a jugar con el toro, tanto el pueblo como los nobles.

Desde hace siglos, en muchos pueblos españoles los jóvenes han jugado al toro. Respondían así a una llamada profunda, misteriosa. De ahí derivan una serie de festejos taurinos populares, que se mantienen hoy mismo muy vivos, con distintos nombres y modalidades: encierros, capeas, toro de fuego, toro enmaromado, *corre-bous*, *sokamuturra*, toro jubilo, toro de ronda, toro de la Vega…

Los encierros de San Fermín son famosos internacionalmente, pero no son los únicos. Menciona encierros ya un documento real referido a la villa de Cuéllar, el 7 de febrero de 1447, como una «costumbre inmemorial» del día de San Juan, la gran fiesta del solsticio de verano, que se celebra en casi toda España: hogueras, verbenas, el trébole…

A la vez, los nobles, a caballo, jugaban al toro en las plazas mayores de pueblos y ciudades. Está documentado que así se celebró la venida a España del emperador Carlos V. Lo cantan los grandes poetas del Siglo de Oro: Góngora, Quevedo, Villamediana…

En el centro de las fiestas populares españolas han estado siempre los juegos con el toro.

LA CORRIDA MODERNA

«Goya dice que él ha toreado, en su tiempo, y que, con la espada en la mano, a nadie teme. Dentro de unos meses, va a cumplir ochenta años».

LEANDRO FERNÁNDEZ DE MORATÍN

¿Por qué sentía el pueblo español, en su conjunto, esta verdadera fascinación por los juegos con el toro? La mejor explicación la da Ángel Álvarez de Miranda en un libro básico, *Ritos y juegos del toro*: el toro es, para el hombre primitivo, un depósito cualificado de energía creadora, reproductiva. Ese hombre cree poder utilizar esa fuerza de fecundidad para sus propios fines por medio de la «magia simpatética contaminante». Según eso, la costumbre popular española del toro nupcial supone el antecedente directo de las corridas de toros, que vienen a ser su desarrollo lúdico.

El cambio decisivo se produce en la segunda mitad del siglo XVIII (aproximadamente, la época de Goya). La realidad histórica de las fiestas taurinas experimenta entonces una serie de novedades trascendentales, fáciles de resumir:

- Frente al toro semisalvaje, surgen las ganaderías, que crían y seleccionan toros bravos.
- Asumen el papel de protagonistas los toreros de a pie (antes, solamente ayudantes de los caballeros).

- El torero se hace profesional: cobra por su actuación.
- La fiesta se democratiza: los protagonistas ya no son nobles, sino gente del pueblo.
- Se codifican las reglas de la lidia. Surgen las *Tauromaquias* desde la que publica *Pepe-Hillo* en Cádiz en 1796.
- Se crean recintos, construidos ex profeso para este menester: las plazas de toros.

Debo hacer una salvedad. Esto que he expuesto es la doctrina común, generalmente aceptada, desde Cossío. En los últimos años, Gonzalo Santonja está publicando una serie de investigaciones que cambian nuestra visión. En diversas obras de arte de la Edad Media y del Siglo de Oro ha encontrado imágenes que parecen representar ya una lidia taurina a pie, a la manera moderna; en archivos municipales, documentos que demuestran que, antes del siglo XVIII, se pagaba ya a algunos ganaderos y toreros. Creo que esta importante aportación completa, pero no destruye la teoría básica.

Acusan algunos a la tauromaquia de ser algo irracional, mágico. La historia demuestra que la corrida moderna es hija de la Ilustración, de la racionalidad. Lo que hizo la Ilustración fue depurar, racionalizar y codificar lo que hasta entonces era una fiesta popular espontánea: nacía así el espectáculo de la moderna corrida de toros.

II
EL TOREO MODERNO

LA EDAD DE ORO Y LA DE PLATA

«No es nostalgia: con ellos dos alcanza su cumbre el arte del toreo. Los que tuvieron la oportunidad de ver todo esto lo guardan en su memoria —en su corazón— como punto de referencia permanente».

MARCIAL LALANDA

Llamamos Edad de Oro del toreo a la etapa en la que coinciden las dos máximas figuras, *Joselito el Gallo* (al que de joven llamaban *Gallito*) y Juan Belmonte: desde la alternativa de Belmonte en 1913 hasta la muerte de *Joselito* el 16 de mayo de 1920.

Representan los dos polos de la fiesta: la técnica y el arte, la razón y la magia, el dominio y la inspiración. No es extraño que José fuera el ídolo de los profesionales y Juan, de los escritores y artistas. Eran algo así como Platón y Aristóteles, o san Agustín y santo Tomás: la imposible unión de los dos, el torero perfecto.

Con ambos, la fiesta vive su Edad de Oro: por el fervor popular, por su vigencia social, por las polémicas, por la repercusión en la literatura y en las demás artes.

Se decía entonces que a *Gallito* lo había parido una vaca, que solo podía herirlo un toro si le arrojaba un cuerno; de Juan, en cambio, se afirmaba que el que quisiera verlo tenía que darse prisa. Pero a José lo mató un toro en Talavera; Juan le sobrevivió cuarenta años, hasta que se suicidó.

Cuando murió *Joselito*, muchos dijeron que se acababa el toreo. Pero el arte no se acaba nunca. Desde 1920 hasta el comienzo de la Guerra Civil, en 1936, se extiende la llamada Edad de Plata. Cada día se valora más su importancia.

Continúan toreando entonces algunos maestros de la etapa anterior: Juan Belmonte, Rafael *El Gallo*, Rodolfo Gaona, Ignacio Sánchez Mejías... Surgen las nuevas figuras: Marcial Lalanda, *Chicuelo*, Manuel Granero, el *Niño de la Palma*, *Armillita*, Nicanor Villalta, Manolo *Bienvenida*, Domingo Ortega... Una nómina impresionante. Opinan algunos que nunca en la historia han coincidido en los ruedos tantas figuras de primera categoría. Todos ellos han aprendido la lección técnica de *Gallito*, pero a la vez continúan la revolución estética de Belmonte.

Ninguno de ellos manda en el toreo, ninguno tiene fuerza para imponer sus exigencias: por eso quizá nunca se ha lidiado un toro tan encastado como entonces. No es extraño que se sucedan las cornadas graves y hasta tragedias: Granero, *Gitanillo de Triana*, Sánchez Mejías...

En ninguna época, además, se ha vivido con tanta fuerza la unión de los toros y la cultura.

LA GUERRA CIVIL Y LA POSGUERRA

«Se produjo una auténtica deformación
del toreo. Apareció el encimismo, se
generalizaron los fraudes,
se impuso el afeitado, tomaron el mando
los apoderados, triunfó la mercantilización,
influyó de modo
decisivo la propaganda».

MARCIAL LALANDA

También en la fiesta de los toros la Guerra Civil supuso una gran tragedia y la ruptura en la evolución de un arte que había llegado ya a una gran perfección.

Recordemos algunos datos anecdóticos. El 29 de septiembre de 1936, Franco asumió el poder en la finca del ganadero salmantino Antonio Pérez. Durante la guerra, fueron asesinados, entre otros, los toreros *El Algabeño*, Juan Luis de la Rosa y *Valencia II*, además de nueve miembros de la familia de Marcial Lalanda y cuatro de los Pérez Tabernero. Algunos toreros se pasaron al bando nacional desde Francia. También sufrieron los efectos de la guerra muchas ganaderías bravas: las masas hambrientas se comieron literalmente a no pocos toros.

Se organizaron, en ambos bandos, «corridas patrióticas». Impresiona ver las fotografías de los paseíllos, con todos los participantes (matadores, banderilleros, monosabios) y el público, haciendo el saludo falangista o saludando con el puño en alto.

En el cartel de la corrida que organizó Falange Española en Sevilla el 14 de febrero de 1937, «a beneficio de Asistencia al Frente y Auxilio de Invierno», se anuncian ocho toros; en el centro, el yugo y las flechas; debajo, «¡Arriba España!».

El 2 de julio de 1939, tomó la alternativa en Sevilla *Manolete* con un toro de Clemente Tassara: su nombre era *Comunista*, pero se lo cambiaron por *Mirador* (anota Cossío: «Por razones obvias»).

El 20 de octubre de 1940, se organizó en Las Ventas una corrida en honor de Heinrich Himmler, que había llegado a Madrid para preparar la entrevista de Hendaya entre Franco y Hitler. Torearon Marcial Lalanda, *Gallito* y Pepe Luis Vázquez, que confirmaba la alternativa. (Me contó Marcial que los toreros no tenían ni idea de quién era ese personaje). En el cartel veo el yugo y las flechas y la cruz gamada. Cayó un chaparrón y se suspendió el festejo después del tercer toro. Parece ser que la corrida de toros le pareció algo muy sangriento al creador de la Gestapo...

Naturalmente, este *Gallito* que toreó en Madrid en 1940 no era *Joselito el Gallo*, que había fallecido veinte años antes, sino otro miembro de su familia, que adoptó el mismo apodo: Rafael Ortega Gómez (Sevilla, 1917-1989). Tomó la alternativa en 1940. Era sobrino de los *Gallos*, hermano de la recitadora Gabriela Ortega. Fue un torero artista, de escaso valor. En la inmediata posguerra, llegó a alternar con *Manolete* y Pepe Luis. Lo traté en los últimos años de su vida: era un amenísimo conversador, con peculiar gracia sevillana. Publicó dos libros de recuerdos: *Mi paso por el toreo* (1979) y *Galleando* (1986).

Se ha calculado que, durante la guerra, desaparecieron 31 ganaderías y se sacrificaron cerca de 12.000 toros. Al concluir, para facilitar la celebración de corridas, se aceptó que se lidiaran toros sin la edad y el peso reglamentarios. Eso abrió el camino a muchas corruptelas.

EL FRANQUISMO

«Luis Miguel y Antonio Ordóñez están completamente de acuerdo: los dos quieren la misma cosa. Los dos son fieles a su concepción del toreo y cada uno cree que no hay más allá».

GREGORIO CORROCHANO

Además de ser una gran figura, a *Manolete* le tocó el papel histórico de ser un torero «para después de una guerra», un héroe popular. Para muchos, sus grandes faenas suponían una compensación al hambre y las privaciones de aquel momento. La noticia de su muerte paralizó a toda España.

Pero la vida y el toreo han de seguir. Surgieron entonces dos grandes artistas, que llegaron a convertirse en símbolos del toreo sevillano y del madrileño, Pepe Luis Vázquez y Antonio *Bienvenida*, respectivamente. Junto a ellos, dos toreros cuyo prestigio ha ido creciendo, con el tiempo, en el recuerdo de los profesionales: Rafael Ortega y Pepín Martín Vázquez.

Se vivió luego una gran competencia, quizá la última de la historia, la de Luis Miguel *Dominguín* y Antonio Ordóñez, dos diestros extraordinarios. El morbo aumentaba porque eran cuñados pero opuestos de estilo y carácter. Dio proyección universal a esta rivalidad Ernest Hemingway con las novelerías de *El verano sangriento*.

Comenzaban entonces su carrera dos grandes artistas que alcanzaron su cumbre en la madurez: el madrileño *Antoñete* y el sevillano Manolo Vázquez.

Desde novilleros, se convirtieron en ídolos de masas el sabio lidiador Julio Aparicio y el valentísimo *Litri*. Algo parecido promovió el gran empresario don Pedro Balañá, en Barcelona, con Bernadó y *Chamaco*.

A partir de los sesenta, se impuso un cartel de tres grandes toreros: el valiente Diego Puerta, el sabio Paco Camino y el clásico *El Viti*. Suscitó amplia repercusión la polémica sobre el afeitado, denunciado por Antonio *Bienvenida*. Nació entonces el mito artístico de Curro Romero.

En la España de los sesenta, surge el fenómeno social de *El Cordobés*. El gran público se rinde a su tremendismo. A través de aquella televisión en blanco y negro, se convierte en un ídolo popular. Es obvio subrayar que simboliza una nueva sociedad, la del turismo, en la que los Beatles han sustituido a la copla. A él se une como «guerrillero», frente a los grandes empresarios, Palomo Linares, que se había revelado en las novilladas de La Oportunidad.

A fines de los sesenta, el triunfo madrileño de los toros de Victorino Martín supone el deseo de recuperar la seriedad y la casta del toro bravo. En esa misma línea va, en 1969, la aprobación de un nuevo reglamento taurino.

LA DEMOCRACIA

«Cante y canto es el toreo:
es cante en Rafael de Paula
y canto en Curro Romero.
"Y cante y canto y encanto.
O embeleso de brujería, de mágico
señorío torero en Manolo Vázquez"».

JOSÉ BERGAMÍN

Como no podía ser de otra forma, los aires nuevos que trajo a España la democracia afectaron también al mundo de la tauromaquia: el deseo de superar viejas fórmulas para conseguir un espectáculo más auténtico y una gestión empresarial acorde a los nuevos tiempos.

El nuevo clima político y social afectó también a la valoración popular de la fiesta. Por un lado, de forma negativa, con el prejuicio de identificarla con una España castiza, que se pretendía superar. Por otro, surgieron iniciativas valiosas para liberar a la tauromaquia del cliché del franquismo. Recuerdo, por ejemplo, la actuación del PSOE valenciano, que pretendía modernizar la imagen de la fiesta con una revista de alto nivel cultural como *Quites*.

También fue significativo el suplemento taurino que publicaba *Diario 16*. Notable valor simbólico tuvo el hecho de que los Cursos de Verano de la Universidad Complutense, que adquirieron entonces gran prestigio, incorporaran cursos sobre la tauromaquia, pronto imitados en muchas ciudades españolas.

En este deseo de recuperar la valoración cultural de la fiesta tuvo también gran importancia y repercusión la colección de libros «La Tauromaquia», que publicaba la editorial Espasa-Calpe. Como ejemplo del nuevo periodismo, surgió, a comienzos de los años noventa, la revista *6 toros 6*, que complementaba a la más tradicional *Aplausos*.

Las trágicas muertes de *Paquirri* (1984) y del muy joven *Yiyo* (1985) contribuyeron paradójicamente a que se recuperara el respeto social por una fiesta en la que se muere de verdad, no de mentirijillas.

Surgieron también nuevas primeras figuras: en Alicante, el lidiador Luis Francisco Esplá frente al artista José María *Manzanares*; en Salamanca, el sabio *Niño de la Capea* frente a Julio Robles, maestro del temple, de carrera truncada trágicamente. Se produjo también el apogeo del «paulismo», la pasión por la estética de *Rafael de Paula*.

La vuelta a los ruedos de *Antoñete* y Manolo Vázquez tuvo una importante consecuencia: mostrar a los jóvenes la belleza eterna del toreo clásico. Algo semejante suscitaron las faenas de César Rincón, dando al toro mucha distancia.

Surgieron los fenómenos de Paco Ojeda, con su encimismo, y del populista *Jesulín de Ubrique*. Arrasó José Tomás con su toreo amanoletado y su peculiar estrategia. Lamento que no haya querido enfrentarse a Enrique Ponce, cuyas estadísticas triunfales no tienen parangón.

LA ACTUALIDAD

—◆—◆—◆—

«La gente joven es taurina y eso se confirma
tarde a tarde, en los tendidos. Hay que seguir
motivándolos y fidelizando su presencia en
las plazas con alicientes que los cautiven,
ya sean toreros, ganaderías o el espectáculo
en general. Yo me siento orgulloso de ver
los tendidos así, con gente joven que se
identifica conmigo, al igual que yo me
identifico con ellos. Ellos son el futuro».

ANDRÉS ROCA REY

No podía librarse la tauromaquia de sufrir las nefastas consecuencias del covid. Ante todo, por la suspensión de los festejos. Más adelante, cuando se autoriza su celebración, con graves
restricciones de público y la limitación económica que eso supone, algunos diestros aceptan el reto para mantener viva la llama
taurina, otros prefieren esperar tiempos mejores.

La epidemia ha causado muy graves perjuicios a los ganaderos, a los matadores, a los subalternos, a las empresas… También a
la afición: cuando se pierde el hábito de asistir a un espectáculo, no
es fácil recuperarlo. Las corridas para muy poco público y las cámaras de televisión no pueden transmitir el júbilo colectivo de
una gran tarde de toros.

La vuelta de las corridas «normales» ha tenido consecuencias
contradictorias. Mucha gente ha acudido de nuevo a las Ferias de

Madrid y Sevilla, con carteles muy rematados. (San Fermín es un caso aparte: sigue llenándose, toree quien toree). En cambio, Bilbao y San Sebastián han sufrido una fuerte bajada. En muchas ciudades, se ha comprobado que no basta con la presencia de figuras para llenar el coso. En las Ferias largas, la crisis económica conduce a que disminuya el número de abonados: buena parte del público compra entradas solo para un par de festejos, los que ofrecen carteles más llamativos.

Quizá lo más preocupante sea la situación de las novilladas. Con los gastos fijos actuales (impuestos, salarios, canon de la plaza), resultan inviables económicamente. Lo ha denunciado reiteradamente el alcalde de Villaseca de la Sagra, que organiza uno de los principales ciclos de festejos menores, pero ni la autoridad ni los profesionales han respondido a ese reto. Para el futuro de la fiesta, es un problema gravísimo.

En las reses que se lidian, se ha impuesto el monoencaste Domecq, con las malas consecuencias que eso tiene para la variedad de la lidia. Con esos toros, las figuras repiten demasiado un tipo de faena, que los demás diestros intentan imitar.

Por culpa del dichoso virus, quedaron sin lidiarse, en su momento, muchos toros: una vez superado, hemos visto en los ruedos muchos toros cinqueños. Además, se han diezmado muchas ganaderías: incluso en las grandes Ferias, cada vez son más frecuentes los carteles con toros de más de una divisa. Las figuras suelen limitarse a lidiar unos pocos hierros, que no dan abasto para todos los festejos de relumbrón. Muchas voces alertan de que, la próxima temporada, pueden faltar toros en el campo (se entiende: de los que exigen las figuras).

No sabemos si José Tomás se ha retirado o no: ni está ni se le espera, salvo un posible «festival», espléndidamente remunerado. Morante es ahora mismo el indiscutible número uno; por fin, ha asumido su responsabilidad de primera figura. Ha realizado faenas memorables y superado las 100 corridas en una temporada, algo insólito en un torero artista. Se ha retirado *El Juli*, recibiendo los homenajes que merece. Debe volver a los ruedos Enrique Ponce para despedirse con la categoría adecuada a su trayectoria. Roca Rey es ahora mismo el amo de la taquilla, pero recurre a muchos efectismos. Daniel Luque ha recuperado su mejor nivel con los toros encastados. La gran revelación, al final, ha sido Borja Jiménez, gran triunfador en Madrid con toros de Victorino.

Sin duda, el escalafón, con diestros muy veteranos, necesita renovarse. Pero el gran público solo acude a las plazas si le suenan los nombres que se anuncian: la pescadilla que se muerde la cola... En el rejoneo, Diego Ventura es la máxima figura indiscutible.

La mejor noticia ha sido que acuden ahora a las plazas muchos jóvenes. Pero esto trae consigo también un riesgo: cada vez advierto más, en todos los cosos, una alarmante falta de criterio. Ese nuevo público necesita urgentemente información y orientación. Una plaza de toros no es una discoteca.

Probablemente, muchos de estos jóvenes están reaccionando contra unas campañas antitaurinas desaforadas, quieren descubrir cómo es de verdad esta fiesta. Debemos procurar que vean la hermosura única del toro auténtico y del toreo clásico.

III
EL TORO

UN PRODUCTO ARTIFICIAL

«Como el toro he nacido para el luto
y el dolor, como el toro estoy marcado
por un hierro infernal, en el costado,
y, por varón, en la ingle, con un fruto.
Como el toro lo encuentra diminuto
todo mi corazón desmesurado
y, del rostro del beso enamorado,
como el toro a tu amor se lo disputo.
Como el toro me crezco en el castigo,
la lengua en corazón tengo bañada
y llevo al cuello un vendaval sonoro.
Como el toro te sigo y te persigo,
y dejas mi deseo en una espada,
como el toro burlado, como el toro».

MIGUEL HERNÁNDEZ

Según el *Breve Diccionario Etimológico de la Lengua Castellana*, de Joan Corominas, la palabra «tauromaquia» procede de las griegas *tauros* y *majomai* ('yo peleo'). Así pues, significa 'pelea con toros'.

En sus orígenes, así fue, en parte. (También incluía esos *ritos y juegos del toro* con los que titula su estudio Ángel Álvarez de Miranda). Pero en la tauromaquia moderna, la nuestra, esa 'pelea' no es anárquica, sino que obedece a ciertas reglas: no se trata de vencer al toro sea como sea, tirándole una bomba o disparándole con una ametralladora. Esas reglas componen lo que llamamos la lidia. Y si, además de dominar al toro, se hace con belleza, surge el arte.

Volvamos al comienzo. En la tauromaquia, todo comienza con el toro, su elemento esencial: es la fiesta del toro bravo. Por eso, no tiene sentido la habitual distinción entre aficionados toristas y toreristas. Sin el toro, simplemente, no existiría.

Hemos visto ya su origen: el uro primitivo. Pero, aunque descienda de él, el animal que hoy se lidia en nuestras plazas es bastante diferente. No es un animal salvaje, nacido y criado espontáneamente, sino una obra humana, un producto delicadísimo de la sabia selección y crianza.

Resume Alfonso Ussía: «No es un bello animal salvaje, sino un portentoso logro del cuidado y el laboratorio». Igual que el refinadísimo caballo de carreras, que gana el Derby de Epsom, tiene poco que ver con el humilde asno que da vueltas a una noria, aunque pertenezcan los dos a la misma familia equina.

Se escandalizan algunos antitaurinos cuando hablamos de la cultura taurina: les ciega la pasión. No se trata de insultar algo o defenderlo, sino de utilizar con precisión las palabras. La fiesta de los toros es una fiesta culta por muchas razones: entre otras, ha suscitado innumerables obras de arte. Pero hay algo anterior y más importante: el toro bravo no solo es tema de una creación artística, sino que en sí mismo ya es cultura.

En su significado latino originario, *cultura* es lo contrario que *natura*: la sabia creación humana, algo cultivado, trabajado, cuidado, labrado. Procede de *colere*, 'preparar la tierra para su cultivo'. Así aparece en la literatura española ya en los siglos XV y XVI: don Enrique de Villena, fray Luis de León, Fernando de Herrera. Agricultura significaba 'el cuidado del campo'. No es lo mismo una fruta silvestre, salvaje —las *fresas salvajes* de la película de Ingmar Bergman—, que otra, sabiamente cultivada. Luego, metafóricamente, el término se extiende al ser humano: un hombre culto es el que se ha cultivado mediante el estudio y la educación; es decir, lo contrario del hombre rudo, salvaje.

Volvamos al toro bravo. ¿Por qué nos fascina tanto? Ante todo, por su belleza, que entra por los ojos, igual que la de un caballo de carreras: la finura de cabos, la elegancia de movimientos. Pero, sobre todo, por su comportamiento: la unión de fiereza y docilidad, fuerza y dulzura. Por eso es posible lidiarlo.

Ante todo, es un animal terrible, peligrosísimo. Recoge Cossío la anécdota de que, a fines del XIX, cuando eran habituales los espectáculos de peleas de animales, visitó Madrid un circo en el que se exhibía un tigre de Bengala llamado *César*, anunciado como «el animal más feroz que existe». Lo enfrentaron a un toro bravo y el terrible tigre volvió grupas, salió huyendo. El público acogió su derrota con gritos de «¡Viva España!» y sonó la patriótica *Marcha de Cádiz*.

Se equivocan flagrantemente los antitaurinos que hablan de un «pobrecito animal maltratado». (Hace poco, uno de ellos publicó su foto, acariciando a un toro... que resultó ser un manso buey). Basta con haber visto de cerca, a su nivel, a un toro bravo para sentir miedo; o con ver las huellas de sus pitonazos en las tablas de la barrera y hasta en la piedra. Por eso, el pueblo español considera héroes a los que conscientemente afrontan ese riesgo.

Se puede ver desde la perspectiva contraria: un joven que pesa unos 70 kilos, con un trapo en la mano, se enfrenta a una fiera de más de 500 y el animal lo obedece, como si fuera un corderillo.

Esa mezcla de cualidades contrapuestas resulta fascinante. Por eso, son tantos los poemas en los que el ser humano se identifica con un toro bravo. Entre otras cosas, los dos comparten el mismo destino trágico: en términos existencialistas, son seres-para-la-muerte.

El resumen es sencillo: la tauromaquia es la fiesta del toro bravo. El axioma fundamental para ver una corrida lo formuló Gregorio Corrochano: «No perder de vista al toro. Todo gira, en el ruedo, alrededor del toro».

LAS GANADERÍAS

> «Si los toros no se universalizan más es
> porque no es posible, porque no tienen
> en todos los países la posibilidad de tener
> nuestras ganaderías».
>
> RAMÓN PÉREZ DE AYALA

Según el veterinario Cesáreo Sáenz Egaña, el toro bravo supone «la única aportación original de España a la zootecnia universal».

Hay muchas noticias sobre ganaderías de toros bravos en la Edad Media y los Siglos de Oro. Sin embargo, es a fines del siglo XVIII cuando surgen las ganaderías en el sentido actual de la palabra: implican una selección con vistas a la lidia y hacen posible las corridas de toros modernas.

De las castas fundacionales (Navarra, Jijona, Vistahermosa, Cabrera, Vazqueña y Gallardo) derivan los diferentes encastes. Actualmente, predomina claramente el encaste Domecq.

Las dos principales asociaciones son la Unión de Criadores de Toros de Lidia, la más antigua, fundada en 1905, y la Asociación de Ganaderos de Lidia. Obtienen antigüedad las ganaderías cuando lidian una corrida completa de toros o de novillos en la plaza Monumental de Madrid (o en sus antecesoras). Se consideran las más antiguas las de José Vázquez (1788) y Juan Pedro Domecq (1790). Se identifican las reses de cada ganadería por su divisa y por una señal en la oreja. En 1990 se instauró el registro, llamado Libro Genealógico de la Raza Bovina de Lidia.

Se crían los toros bravos en las dehesas, donde conviven con flora y fauna autóctonas, contribuyendo así a conservar el ecosistema. Esto exige grandes extensiones de terreno y supone un elevado coste por la alimentación del ganado, la dificultad de manejarlo y los cuidados sanitarios.

España es el principal país europeo de ganado vacuno. Aunque es difícil citar estadísticas fiables y recientes, se suele decir que las dehesas dedicadas a la cría de toros bravos ocupan más de 500.000 hectáreas (el 20 por ciento del total) y que existen cerca de 1.000 ganaderías: los toros de cada una tienen unas determinadas características zootécnicas y morfológicas.

La cría del toro bravo incluye muchas tareas, pero la fundamental es la selección. La define Álvaro Domecq: «Seleccionar, en ganadería, es tratar de hallar caracteres para volverlos más positivos».

Teniendo en cuenta cómo ve el ganadero la situación de sus reses, intenta reforzar, mediante la selección, algunas cualidades y disminuir otras. Puede referirse al tipo físico, los pitones, la fuerza, la nobleza, las capas o pintas…

Para elegir a los sementales que van a ser padres y a las vacas reproductoras, ha de conocer perfectamente todos sus animales y su reata. Para ello, antes utilizaban los libros de las ganaderías y sus libretas; últimamente, han incorporado la ayuda de los ordenadores, con programas especiales que atienden a varios factores.

Se selecciona a los sementales entre las reses que han obtenido una nota muy alta en la tienta. (Y, excepcionalmente, entre los que hayan sido indultados, en una corrida). Luego, se les suele someter a una retienta.

Los seleccionados pueden ser echados a las vacas, también seleccionadas por sus cualidades, que deben ser complementarias. Después de la primera cubrición, se comprueba si han ligado bien. (Últimamente, se han extendido mucho también técnicas de inseminación artificial, que abren nuevos horizontes).

Todo esto supone una labor larga y compleja. En ella, el ganadero puede acertar o equivocarse, y de eso depende el futuro de su hierro. Al cabo de cierto tiempo, los criterios de selección acaban configurando un determinado tipo de toro. A Ignacio Sánchez Mejías se atribuye la conocida frase de que «los toros tienen el mismo carácter que sus dueños».

Los ganaderos históricos tenían fama de románticos. Una conocida leyenda atribuye al poeta Fernando Villalón su ilusión por criar toros con los ojos verdes… Evoca el encanto de aquellas ganaderías Luis Fernández Salcedo en sus libros: *Trece ganaderos románticos*, *Veinte toros de Martínez*, *Diano* y *Los cuentos del viejo mayoral*.

Hoy, pesan más las razones económicas: los aficionados exigentes llaman a algunos «ganaduros». Censura José Bergamín a los que no buscan criar toros bravos, sino «desbravar toros, respondiendo a la demanda comercial de su mercado más común».

Está claro que acertar en la selección del ganado tiene mucho de misterioso, de arte. Y también que la forma más razonable de conseguir que un ganado sea de verdad bravo es ser exigente en la selección.

LABORES DE CAMPO

«La corrida del domingo
no se encierra sin mi jaca.
Mi jaca, la marismeña,
que por piernas tiene alas.
Si no se me parte el palo,
aquel torillo berrendo
no me hiere a mí el caballo.
Que me entierren con espuelas
y el barboquejo en la barba,
que siempre fue un mal nacido
quien renegó de su casta».

FERNANDO VILLALÓN

En su clásico tratado, *El toro bravo*, Álvaro Domecq evoca con poética nostalgia las faenas del campo bravo que él vivió en su juventud: «El mundo del toro ha sido siempre un mundo de respeto y seriedad. Un mundo a caballo, que es como decir categoría, dominio y belleza a manos llenas. Las faenas tenían su preceptiva. Los vaqueros, su disciplina. El ganadero, su responsabilidad. El campo era la gran academia de las tradiciones taurinas».

Eran faenas necesarias, no festeras, y se realizaban con la solemnidad de un rito. Comento tres: el herradero, la tienta y el acoso y derribo.

Cuando el becerro está próximo a cumplir el año, se realiza el destete, separándolo de su madre. A continuación, viene el herradero: marcar a cada res (igual brava que mansa) con el hierro candente, indicador de la ganadería, el número que la individualiza y el guarismo que indica su año de nacimiento. Además, suele hacérsele una señal en la oreja con la navaja.

Varios hombres sujetan al becerro y lo derriban al suelo, a veces con la ayuda de un palo y un lazo, en la corraleta de la plaza de tientas. (También se hace ahora en un cajón de curas, con el toro inmovilizado). Se aprovecha el momento para aplicar al animal las vacunas y productos veterinarios aconsejables. Todo ello se lleva a cabo bajo el control de la autoridad, atendiendo a que el animal no aprenda, llegue virgen a la plaza.

Simbólicamente, esto equivale al bautismo de fuego del becerro; para el ganadero, es su signo definitivo de propiedad. (En uno de los entremeses de Cervantes, una mujer pide una *S* candente para sus mejillas como prueba de absoluta entrega). Es una faena festiva que conserva un sabor primitivo, con los hierros en una hoguera, que tradicionalmente se hacía con boñiga de vaca para mantener más el calor.

La tienta supone la operación decisiva para valorar la bravura de las reses. Ya la describen las *Tauromaquias* clásicas. Por ejemplo, la de *Paquiro*: «Sufren una tienta en la cual el que no es muy bravo se apartará para buey o para el matadero».

Suele realizarse la tienta cuando la becerra es erala, tiene dos años. Puede ser de vacas y de machos. Puede hacerse en la plaza de tientas o a campo abierto. Se somete a la res al castigo de la puya para valorar cuántas veces acude, desde dónde se arranca, si lo hace andando o al galope, si está fija en el peto, si aprieta o se deja pegar...

Aconseja Fernando Domecq que el caballo sea ligero y el peto, flexible «para que la becerra lo pueda mover», no se sienta derrotada.

Cuando lo considera oportuno, el ganadero da la orden para que la toreen: primero, los toreros; luego, algunos aficionados, si les dan permiso. Con la primacía que hoy se da a la faena de muleta, esta etapa ha cobrado mayor importancia: si la res humilla, si embiste con fiereza o dulzura, con fijeza y templanza… En solo quince minutos —ponderaba Leopoldo de la Maza— el ganadero ha de decidir si conserva la vaca para reproductora o la desecha. Del acierto en esas decisiones dependerá, en definitiva, el futuro de la ganadería.

Nadie discute la utilidad de la tienta de vacas; muchos, en cambio, lo hacen con la tienta de machos para probar al futuro semental. En los dos bandos hay autoridades. Son contrarios a ella Domingo Ortega y José María de Cossío; favorable, en cambio, Álvaro Domecq. Si se hace en la plaza, los tentadores usan solo una varita y corren al toro por derecho, sin quiebros ni regates, para que no aprenda.

El acoso y derribo es, sin duda, una de las más hermosas faenas camperas. Su finalidad es doble, como ejercicio hípico de gran dificultad y como otra forma de tienta de las reses, a campo abierto. La realizan una pareja (collera): el garrochista y su amparador. Corren los dos al toro y, cuando disminuye la velocidad del animal, el garrochista aprieta el palo, empuja al animal en el anca y da con él en el suelo: eso es la «echada». Supone una preciosa reliquia de la época en la que las faenas camperas se hacían a caballo (ahora, cada vez se usan más los medios mecánicos).

Lo explica sabiamente Álvaro Domecq: «En el acoso y derribo de los machos hay becerros que parten como una flecha y se mantienen en su carrera de vértigo hasta el momento que los caen; otros salen sin querer correr y es necesario que el amparador, generalmente, o el mismo garrochista, si apunta más hacia su lado, lo hostiguen con un palo o con la garrocha para obligarlo. Pero aquí surge la precisión del oficio. Correr un becerro bien es tan difícil como derribarlo. Un refrán antiguo lo indica: "Dámelo bien acosado y te lo daré bien derribado". Jinete y caballo han de verse convertidos en una sola pieza armónica».

Las *Tauromaquias* clásicas distinguen tres formas de derribar: a la falseta, empujando con la garrocha el anca derecha; a la mano, tomando el lado izquierdo del animal; de violín, echando la garrocha por encima del brazo (como en el par de banderillas del mismo nombre). La primera, la más clásica, es la que prefiere *Pepe-Hillo*: «No es buen derribador el que no sea buen falsetero».

Es una faena muy difícil que se transmite por tradición: exige gran dominio del caballo y gran conocimiento del toro. La definió un gran garrochista, Eugenio Luque: posee una belleza «inenarrable».

LA BRAVURA

«¡Oh, tú, toro hermosísimo, piel sorprendida,
ciega suavidad, como un mar hacia
adentro!».

Insistir en la bravura del toro puede parecer una repetición innecesaria: precisamente es la bravura, la casta brava, lo que constituye la identidad del toro, lo que le distingue del buey.

Damos por sentado que son toros bravos todos los que se lidian en las plazas. La realidad, sin embargo, es más compleja. Ante todo, porque es muy difícil definir con precisión qué es la bravura, ese fundamento de toda la lidia. La diversidad de opiniones aumenta nuestras dudas.

Para Cossío, bravura es la «cualidad específica de los toros bravos»: es decir, una pura tautología. Insisten muchos (por ejemplo, Sáenz Egaña, Corrochano) en que se trata de un instinto defensivo, de liberación. Atiende eso a la raíz, de dónde nace, más que a sus consecuencias, que son las que más nos interesan.

Me interesa más una expresión nacida de la suerte de varas, «crecerse en el castigo». La primera vez, el toro acude al caballo, que le llama, sin saber lo que le espera. Una vez que ha recibido el castigo, lo lógico, lo que harían la mayoría de los animales, sería salir huyendo, evitando ser castigado otra vez. El toro bravo, sin embargo, acude de nuevo a la pelea: ese sí que es un síntoma claro de bravura. (Utiliza esa expresión metafóricamente, refiriéndola al ser humano, Miguel Hernández. Le encantó a Mario Vargas Llosa, cuando se la comenté).

Apunta también a algo muy interesante Juan Pedro Domecq y Díez: bravura es la capacidad del toro bravo de luchar hasta la muerte. Cualquier aficionado ha visto cómo, después de una certera estocada, un toro moribundo quiere seguir peleando y todavía es capaz de herir al torero. Claro que eso apuntaría a la duración de la bravura más que a su esencia.

Lo matizan dos ganaderos actuales. Afirma Ricardo Gallardo, de Fuente-Ymbro, que, cuando se le ha dominado, el toro bravo se entrega, mientras que el manso se defiende. Señala Justo Hernández, de Garcigrande, algo que todos hemos visto alguna vez: un toro se comporta como bravo durante cierto tiempo y, luego, se cansa o se aburre. En ese caso, digo yo, su bravura ha sido efímera: empezó como bravo y acabó manseando.

Más fácil es señalar los que habitualmente consideramos signos de bravura de un toro: embestir con prontitud y rectitud, repetir, acudir al caballo de lejos y metiendo los riñones, pelear en los medios, morir con la boca cerrada, tragándose la sangre… Signos de mansedumbre, en cambio, son escarbar (aunque lo niega Álvaro Domecq), salir suelto, huir, saltar la barrera, hacer mala pelea en varas, dolerse en el castigo, refugiarse en tablas, acularse, buscar la cercanía de chiqueros… Claro está que todo eso son orientaciones generales, que deben matizarse en cada caso concreto, no normas generales.

Describe así el comportamiento de un toro bravo Álvaro Domecq: «Arranca pronto, embiste por derecho, siempre para adelante, galopando, no andando, ni trotando. Va siempre más allá de la cornada, tranquilo, reposado, seguro de su fuerza, de su poder, sin temores, sin bronquedad falsa, sin temor al ataque por la espalda. No debe sentir, además, el más insignificante signo de dolor. Es un gladiador que hemos preparado y fortalecido en la soledad, cuatro años largos, para una lucha de solo diez minutos.

Debe aceptar la lucha y entregarse a ella sin una vacilación, sin un extraño».

Da gusto leerlo…, pero no es muy frecuente verlo en las plazas. ¿Por qué? Sencillamente, porque esta bravura indómita puede plantear graves problemas al torero. Recordemos la anécdota del joven que suspiraba por que le tocara un toro bravo en Las Ventas y el muy sabio Juan Belmonte replicó: «¡Dios te libre de un toro bravo!».

A pocos diestros se les ha considerado tan poderosos como a Marcial Lalanda. Sin embargo, con total sinceridad, me contaba él lo mal que lo pasó delante de un toro bravísimo: «De los ocho o diez toros excepcionales que he visto en mi vida, casi ninguno como aquel *Amargoso*, de Albayda, que yo maté. Por su excepcionalidad en todo, ofrecía, para el torero, dificultades casi insalvables. Embestía desde muy largo, como un bólido. Frenaba al llegar a mí. Seguía mis movimientos, corneaba con tal fiereza que fue reduciendo mi coraje hasta vencer mi ánimo. Cuando ya no me quedó otra cosa que hacer, opté por meterle la espada. Murió sin que nadie supiera lo que el toro podía haber sido… Para reducirlo, yo sabía muy bien lo que había que hacer. Simplemente, no me atreví a hacerlo».

Además, resulta muy borrosa la frontera que separa al auténtico toro bravo del toro con genio y del bravucón, que parece bravo, pero no acaba de serlo. Ya *Pepe-Hillo*, en su *Tauromaquia*, nos advierte de los riesgos de este último: «Si el diestro ocupa todavía su terreno, podrá darle una cogida».

Un ganadero que, para subsistir, debe vender sus toros advierte de los riesgos de una bravura excesiva. Así lo hace Álvaro Domecq: «Cuidado con pasarse. Que la diferencia no sea excesiva al mezclar bondad con fiereza, casta y excesiva dureza, porque ni el interés del público ni el del torero lo admitirían a la larga».

Pero, ¿quién define dónde comienza una bravura «excesiva»? El aficionado entendido, exigente, desde luego, rechazará esto, considerándolo una concesión a la comercialidad. Es lógico que el torero busque cierta comodidad; es lógico que el ganadero busque vender sus toros, pero es igual de lógico que el aficionado desee ver toros bravos, los que aportan emoción auténtica a la lidia, los que provocan respeto y temor.

Nos engañamos todos —profesionales y aficionados— cuando pretendemos un toro que sea fiero, salvaje, y, a la vez, que siga con toda dulzura un trapo rojo; que derribe caballos, pero que también permita que le den noventa naturales; que desafíe al mundo con su arrogancia y, a la vez, no tire una cornada… Todo eso, a la vez, es pedir gollerías.

La experiencia nos dice que lo habitual, hoy en día, sobre todo en las corridas de figuras, es que salga un tipo de toros que «se presta», que «sirve»: horrendas expresiones, que un buen aficionado debe proscribir, porque encubren la comodidad.

El diagnóstico está muy claro. Se lo he escuchado, por ejemplo, a diestros como Marcial Lalanda y Juan Bienvenida: «Se ha echado demasiado agua al vino de la bravura. Y, cuando eso se hace, es muy complicado volver atrás».

Lo denunciaba ya hace años don Gregorio Corrochano: «Esa distinción, muy de moda, del toro bueno para el torero o bueno para el ganadero es la más disparatada concepción de la bravura; es un factor negativo. Es larga la lista de ganaderías infectadas de toros buenos para el torero, que es una forma nueva y peligrosa de la mansedumbre».

Es una opinión rotunda, tajante, que suscribo por completo. Aunque sé de sobra que no es eso lo que hoy prevalece; ni lo que busca un público festivo, sin exigencia; ni lo que defienden muchos interesados.

LA CASTA

> «La casta es la salsa de la bravura».
>
> Adolfo Martín

La palabra «casta» está muy ligada al término «raza». Según Américo Castro, las dos desempeñaron un papel decisivo en la constitución psicológica de lo español.

En el mundo taurino, inicialmente significaba el conjunto de los factores hereditarios del toro de lidia. Para Cossío, el toro de casta es el de ganadería brava conocida.

Ya lo advertía *Paquiro*: «La casta debe ser buena, no porque todos los toros de casta salgan buenos, sino porque hay más posibilidad en que sea bravo el toro cuyos padres lo fueron que no aquel que no sabemos de quién fue hijo».

Los profesionales y los verdaderos aficionados conocen las peculiaridades de cada encaste y de cada ganadería importante, tanto en la presentación del toro como en su comportamiento: en función de todo eso, lo valoran.

También se suele hablar de la casta brava de algunos diestros, que son capaces de sobreponerse con gallardía a las dificultades y riesgos de su profesión: Juan José Padilla puede ser un ejemplo claro.

Creo que, en los últimos tiempos, esta palabra ha adquirido un nuevo significado: equivale al ímpetu ofensivo del toro; lo que coloquialmente se conoce en el mundo taurino como «motor». Por eso, no es idéntica a bravura: un toro manso puede ser encastado.

Un signo claro de ignorancia, que, por desgracia, cada día resulta más frecuente, es ver a un público que protesta y pide la devolución de un toro solamente porque ha dado muestras de mansedumbre de salida. El aficionado sabe de sobra dos cosas: ante todo, que el comportamiento de los toros evoluciona, especialmente, después de la suerte de varas. Además, que los toros mansos también tienen su lidia, que puede ser muy interesante para el buen aficionado y hasta muy hermosa.

Muchas de las grandes faenas que hemos visto en Las Ventas y que han servido para consagrar a un diestro, ante la exigente afición madrileña, se han hecho a toros que mostraban claros síntomas de mansedumbre, pero que eran encastados, transmitían emoción.

Personalmente, prefiero, sin la menor duda, una faena de dominio y riesgo a un toro manso pero encastado antes que una faena vistosa a un toro que algunos consideran bravo, pero que tiene una embestida bobalicona, aborregada. Esa es la opinión común de los buenos aficionados.

LA EDAD

«Doblad, que murió Fernando,
vaca, añojo, utrero, eral…».

ADRIANO DEL VALLE

Es la primera condición exigible a los toros de lidia. Según su edad, reciben distintos nombres: recentales durante la lactancia, añojos los que han cumplido un año, erales los de dos, utreros los de tres, cuatreños los de cuatro, cinqueños los de cinco.

Algo borrosas son las fronteras que existen entre el becerro, el novillo y el toro. Solemos llamar becerro al de un año o dos; novillo, al de tres; toro, a partir de cuatro.

Más complicado es denominarlos por hierbas: las que las reses han pastado cada primavera. Como suelen nacer en invierno y pastan ya antes de cumplir un año de vida, lo habitual es que se diga que tienen una hierba más que años.

Un semental puede vivir cubriendo vacas bravas hasta cerca de los quince años.

Desde que existe la tauromaquia, siempre se ha discutido cuál es la edad más apropiada y exigible para que se lidien las reses. (Para el cómputo, se tiene en cuenta, como límite, el mes en que cumplen los años). En la actualidad, los toros de lidia deben tener un mínimo de cuatro años y un máximo de seis; en las novilladas con picadores, la edad será de tres a cuatro años; en las demás novilladas, de dos a tres años.

En los comienzos del toreo moderno, se lidiaban toros con más edad que ahora. Esta es la que *Paquiro* prefería: «La de cinco a siete años es la mejor, pues gozan en ella de la fuerza, viveza, coraje y sencillez que les son propios y los hacen tan a propósito para la lidia. Sin embargo, son muchos los toros que a los cuatro años están perfectamente formados».

Marcial Lalanda era fiel al criterio antiguo: «Para mí, no es verdadero toro el bovino que no ha cumplido los cuatro o cinco años, con toda la fuerza de una crianza natural». Consideraba «utreros adelantados» a los que tienen cuatro hierbas, pero solamente tres años.

Es creencia común que, con la edad, los toros suelen estar más cuajados, adquieren *sentido*, tienen más complicaciones y más peligro. Por eso, los matadores suelen preferir lidiar toros de cuatro años, no de cinco. La metáfora habitual dice que, en una pelea, es un contrincante más peligroso un hombre de treinta años que un joven de dieciséis, aunque este pueda ser más alto. Con una curiosa expresión, afirman los taurinos que, a los toros cinqueños, se les ha puesto «cara de hombre».

La disminución de corridas por la pandemia ha traído como consecuencia que se lidiaran muchos más toros de cinco años, que habían quedado en el campo. Muchos de ellos han hecho honor a su fama. Sentencia el refranero: «El toro, de cinco; el torero, de veinticinco».

EL PESO

«Si a un niño de diez a doce años le ponen con noventa kilos, no puede abrocharse las botas».

RAFAEL EL GALLO

Hasta hace cien años no se reguló el peso mínimo de los toros. El motivo para hacerlo es evidente: evitar que se lidien reses demasiado chicas. Actualmente, se exige un peso de 460 kilos en las plazas de primera categoría; 435, en las de segunda, y 410, en las de tercera.

En el reglamento de 1923, la exigencia era mayor: un mínimo de 545 a 570 kilos, según los meses del año.

El caso extremo de fraude se produjo en los años inmediatamente posteriores a la guerra: por la escasez de toros, lidiaron las figuras del toreo en plazas de primera toros que hoy consideraríamos novillos chicos. Da vergüenza leer las cifras.

A todo esto se une la llamada tablilla, la obligación de exponer en las plazas de primera y segunda los datos del toro: ganadería, peso, año y mes de nacimiento.

Nadie discute la conveniencia de poner freno a los fraudes, pero la solución adoptada es muy discutible. Cualquier aficionado sabe de sobra que el peso de un toro no tiene nada que ver con su bravura y bastante poco con su trapío.

Cada ganadería tiene un tipo de toro que exige un determinado peso, según su *caja*. Ejemplos claros: un Miura puede parecer escurrido, aunque pese cerca de 600 kilos. Por el lado contrario, querer poner más peso a los toros del encaste Santa Coloma para que fueran aceptados en plazas de primera ha resultado contraproducente.

Algunos ganaderos ceban a sus toros de modo artificial, sobre todo en los últimos meses, y llegan a la corrida *regordíos*, acochinados, atacados, zambombos: su peso no corresponde a su esqueleto ni a su fuerza. Lógicamente, suelen tener menos movilidad y caerse más. Tampoco nos gusta un toro demasiado flaco: vareado, apretado, escurrido de carnes, asardinado.

Lo importante es que el toro esté bien rematado por delante (pitones, morrillo) y por detrás (culata). Lo que impresiona a cualquier profesional no son los kilos, sino la cabeza del toro, su seriedad, y la fuerza de sus riñones, al embestir.

En esta materia no cabe dar reglas fijas. Recuerdo que *Bastonito*, el célebre toro de Baltasar Ibán, que ha quedado como ejemplo de bravura extraordinaria, fue pitado por chico cuando apareció en el ruedo de Las Ventas. Y un caso contrario: se iba a lidiar en Pamplona un toro de Fuente Ymbro tan enorme que los taurinos apostaban que, con tantos kilos, no podía embestir. Pues bien, ese fue el que ganó el premio al toro más bravo de la Feria. Son ejemplos extremos pero reales.

En los años sesenta, se lidiaban toros más chicos que ahora, pero con más casta, movilidad y peligro. En San Isidro abundaban tanto las cornadas que se llenaban las camas del Sanatorio de Toreros…

Durante algunos años, la gran plaga han sido las *caídas* de los toros. Aparte de los problemas sanitarios, resulta evidente que aquellos animales tenían más peso que fuerza y casta. Se popularizó entonces una máxima indiscutible: cuando se caen los toros, se derrumba la fiesta.

Tampoco ayuda el exceso de peso de los toros a su movilidad. Sin ella, si el toro no repite las embestidas, no cabe ligar los pases, surge el encimismo y desaparece la emoción.

Me contaba con modestia Alfredito Corrochano cómo había conseguido cortar un rabo en la plaza de Madrid, ligando pases naturales: «El toro no paraba y yo no me podía ir…». Resumía así la evolución de la fiesta: «En mis tiempos decías: "¡Je!", y el toro embestía siete veces. Si el torero aguantaba, la faena era emocionante. Ahora has decir siete veces "¡je!" para que el toro embista una vez y el público se aburre». Me temo que mi querido amigo tenía muchísima razón. Así seguimos…

Mi opinión es muy clara: hoy en día, tal como está la fiesta, yo suprimiría la tablilla. No creo que ahora resulte útil. Hoy se lidian, quizá, toros más grandes que nunca, pero no podría decir lo mismo de su fuerza ni de su casta.

Más aún, cuando aparece la tablilla, predispone al público (sobre todo, claro, al no muy experto): si indica muchos kilos, todo se admite, aunque el trapío sea escaso. Si indica pocos, predispone al público en contra, aunque sea un toro serio y bravo. Bastaría con el criterio del presidente y con la exigencia de los públicos para luchar contra los fraudes sin necesidad de tablilla.

Me gusta aplicar a esto un ejemplo muy claro: si voy a comprar un coche, me importa mucho más el motor que la carrocería. Igual sucede con los toros de lidia.

LOS CUERNOS. EL AFEITADO

«De la gloria a tus pitones
bajé, gorrión de oro,
a jugar contigo al toro,
no a pedirte explicaciones.
¡A ver si te las compones
y vuelves vivo al chiquero!
¡Qué salero!
¡Cógeme, torillo fiero!».

RAFAEL ALBERTI, «Chuflillas al Niño de la Palma»

A primera vista, lo que más impresiona, en un toro, son los pitones: producen temor lo mismo a los profanos que a los profesionales, aunque estos saben que deben y pueden vencerlo con valor y oficio.

Recuerdo lo que decía mi amigo Manolo Vázquez: «A mí nunca me han preocupado los pitones de los toros, sino sus intenciones. Cuando el toro las tiene malas, todo el mundo a correr. Si son buenas, a soñar el toreo».

Es verdad, pero solo hasta cierto punto. La realidad es que hasta los toreros menos «gladiadores» deben sobreponerse al miedo que inevitablemente causan unos pitones espectaculares. En la Feria de San Fermín de 1988, Roberto Domínguez mató un toro de Miura, *Ojeroso*, que medía 95 centímetros de pitón a pitón. Al entrar en la plaza de Bilbao, impresiona ver la descomunal cabeza disecada de *Carjutillo*, un toro de Samuel Flores que mató Enrique Ponce el 22 de agosto de 2003. Además de admirar el valor de estos diestros, nos preguntamos cómo pudieron «meter» dentro de las dimensiones de la muleta tales cornamentas.

La fascinación que ejercen los pitones se refleja en el lenguaje taurino por la abundancia de sinónimos: astas, puntas, cornamenta, arboladura, agujas, puñales, perchas, velas, leña… Si están vueltos hacia arriba, el toro es veleto; hacia abajo, capacho; si son abiertos, playero; si se cierran, cubeto; si uno es más alto que el otro, el toro es bizco; según su forma, gacho, caído, delantero, abrochado, vuelto, recogido…

Fuera del ámbito taurino, se utiliza también el término en metáforas de la vida cotidiana: a veces, estamos metidos entre los cuernos del toro. Si debemos afrontar un problema difícil, tenemos que coger el toro por los cuernos.

En poesía, los pitones del toro han inspirado muchas metáforas. Góngora los define como «media luna las armas de su frente». En el poema *La Toriada*, Fernando Villalón los ve como «las testas en puñales arboladas». Rafael Morales abre sus *Poemas del toro* con un soneto:

> *Es la noble cabeza negra pena*
> *que en dos furias se encuentra rematada.*

La relación con el tema del cornudo ha inspirado a poetas cultos, como Quevedo, que se burla de Pedro Vergel, un alguacil de Corte, cogido por un toro:

> *Aunque en esto de cuernos es maestro*
> *y de la facultad es el decano (…).*
> *Pero como jamás hombres han visto*
> *un cuerno de otro cuerno horadado…*

En la poesía popular anónima, abundan mucho más las bromas, como esta:

En nuestra plaza de toros
y desde el palco cuarenta,
admiró la cornamenta
de un Miura, Juan Amores,
y su esposa (esto es notorio)
le dijo con mucho mimo:
«Cuernos como esos, mi primo
te ha puesto en el dormitorio».

En las plazas de toros se repiten chistes tradicionales. Cuando un toro se estrella contra un burladero, un gracioso comenta en voz alta: «¡Con lo que eso duele!».

En todas las épocas se ha hablado del afeitado de los toros: reducir la longitud del pitón cortándolo y luego, raspándolo, darle apariencia de normalidad. «Afeitado» es una metáfora popular que ha dado lugar a otras de la misma esfera: barbería, serrucho, olor a loción... Más técnicas son las voces que califican al toro como desmochado, arreglado, tocado, astillado, manipulado, despuntado, despitonado, despitorrado o, con irónico diminutivo, *tocaíto*.

En el año 1952, después de triunfar en Las Ventas, Antonio *Bienvenida* denunció el fraude del afeitado en una campaña que tuvo resonancia internacional: «Lo que no puede hacerse en ningún caso es torear becerrotes desmochados y considerarse matadores de toros. No estoy dispuesto más que a torear toros en puntas, o no torear, me retiro y en paz».

La afición aclamó su gesto, al que se sumó el diario *ABC*. Resumía el crítico *Curro Meloja*: «El toro desmochado es un toro de desecho. Hay que aplicar el reglamento». Como argumentaban algunos que los toros afeitados también hieren, aclaraba: «No deseo la desgracia de nadie, pero no es lícito jugar con trampas».

Se tomaron medidas legales y concluyó oficialmente el escándalo. Eso no impide que periódicamente vuelva la polémica. Algunos críticos y aficionados afirman que se continúa afeitando los toros. Los veterinarios sostienen que los medios actuales para detectar los fraudes son muy fiables, cosa que niegan los ganaderos, alegando los casos de los toros astigordos o que se estropean los pitones en el campo. En este problema, las autoridades siguen actuando tarde y mal. Más de una sanción a un ganadero ha sido revocada por los tribunales por no poderse demostrar suficientemente el delito... Un verdadero laberinto.

No parece probable que se afeiten los toros que se van a lidiar en los principales cosos con todos los ojos puestos en ellos. En plazas de menor importancia, cualquier aficionado ha visto casos que parecían claros... No veo fácil una solución definitiva a corto plazo.

EL TRAPÍO

«El trapío, en los toros y en los toreros, es
la estampa peculiar del individuo. Pero,
¡ojo!, que la estampa engaña: el hábito no
hace al monje… ni al toro».

PACO MEDIA-LUNA, *Diccionario cómico-taurino*

En su discurso de ingreso en la Real Academia Española, Emilio Alarcos mostraba su fino sentido del humor al comparar la novela con el tomate, que todos saben lo que es, aunque no sean capaces de definirlo. En el ámbito taurino, lo mismo cabe aplicar al trapío, elogiado por todos como algo decisivo.

Así lo afirma Marcial Lalanda: «Lo más importante, sin discusión, es el trapío, la presencia de un toro de lidia: la cara, el morrillo, el cuajo. Es —perdón por la comparación— lo mismo que un hombre. No es lo mismo un chico rollizo que un adulto en la plenitud de su virilidad».

Para subrayar su importancia, Álvaro Domecq recurre a una exclamación repetida: «Trapío, trapío, trapío, he replicado siempre, triplicando la palabra, cuando me preguntan sobre lo fundamental de un toro bravo».

La definición académica es sencilla: «Buena planta de un toro de lidia». Cabe alargarlo más: un conjunto de caracteres que, al verlos, indican un posible comportamiento durante la lidia.

Por supuesto, eso supone una valoración subjetiva, discutible. Lo esencial —añade José Carlos Arévalo— es la sensación de respeto que produce. Y también depende de las plazas: no es el mismo el trapío que se exige en Madrid, en Sevilla y en Olivenza.

Al definirlo, enumera más condiciones *Paquiro*, en su *Tauromaquia*: «Para que un toro sea fino, ha de reunir el pelo luciente, espeso, sentado y suave al tacto; las piernas, secas y nerviosas, con las articulaciones bien pronunciadas y movibles; la pezuña, pequeña, corta y redonda; los cuernos, fuertes, pequeños, iguales y negros; la cola, larga, espesa y fina; los ojos, negros y vivos; las orejas, vellosas y movibles. Esto es lo que se conoce por buen trapío».

No seré yo, desde luego, el que compruebe si la piel de un toro vivo es suave al tacto… Sí me parece lógico y acertado que los aficionados sean escépticos ante la rígida exigencia del peso y clamen, en cambio, por toros con trapío. Es un concepto atractivo, aunque siempre discutible. Metafóricamente, se usaba también como piropo admirativo (cuando no se condenaba como muestra de machismo heteropatriarcal): una mujer «de mucho trapío».

Tiene que ver con esto el *tipo*, el conjunto de características morfológicas que posee una ganadería o un encaste. Cuanto más cercano a ese modelo ideal esté un toro, cuando esté en tipo o entipado, más posibilidades —se supone— tiene de comportarse con bravura; lo contrario sucede al que está fuera de tipo.

Avanzando por ese terreno, tan subjetivo, exigen algunos cronistas que un toro sea *bonito* y rechazan previamente al que les parece feo. Demasiadas veces falla ese prejuicio puramente estético.

Desde Las Ventas, se ha generalizado ahora la exigencia del tamaño del toro, como si este garantizase casta o bravura: «Ande o no ande», dice el refrán. Pero, si un toro no anda, mal asunto.

En el programa de mano de Las Ventas, acuden muchos a ver lo que llaman «el color» de los toros que se van a lidiar. La palabra correcta sería la capa, pelo o pinta. Evidentemente, contribuye en gran medida a su belleza. Cossío anota casi sesenta variedades. Voy a mencionar solamente unas pocas, que forman parte de cuatro grupos: las pintas simples, mezcladas, mixtas y las que poseen alguna particularidad.

En las pintas simples, los pelos del toro son de un solo color: el más habitual, el negro, con sus matices; por ejemplo, el negro zaíno, mate puro. También puede ser blanco amarillento (albahío) o totalmente blanco (ensabanado), como fue *Atrevido*, al que hizo una extraordinaria faena *Antoñete*.

Se llaman pintas mezcladas las que forman combinaciones de pelos de varios colores, que dan la impresión de ser uno solo. Los más frecuentes son los cárdenos, que mezclan pelos negros y blancos. Así son los que presenta Goya en los grabados de la *Tauromaquia*; hoy suelen ser cárdenos los toros de Victorino Martín y La Quinta. Algunos toros de Miura son sardos, muy espectaculares, con su mezcla de pelos negros, blancos y rojos.

En las pintas mixtas, hay manchones de varios colores; los más clásicos, los *berrendos*, que pueden ser en negro, en colorado…

Dentro de los que tienen alguna particularidad, llamamos chorreado al que tiene rayas verticales oscuras; si estas son rojas, se llama chorreado en verdugo.

Son frecuentes los toros negros que tienen una mancha blanca en alguna parte de su cuerpo: si es en la cabeza, capirote o careto; en la frente, lucero; si es una lista a lo largo de la columna vertebral, listón; en las patas, botinero o calcetero; en el prepucio, meano; en la tripa, bragado. (Hacían los revisteros de este último un chiste fácil: «El que usa calzoncillos por pudor»).

Una anécdota curiosa tuvo lugar en 1944 en Valencia: un toro de Escobar lucía, en la frente, una mancha blanca en forma de V y el ganadero le envió una fotografía a Churchill por su gesto de la V de la Victoria.

No deben utilizarse como excusas el trapío, el tipo, la pinta o el volumen de un toro o de una corrida. Si no da buen juego es simplemente porque le falta casta brava.

LOS NOMBRES DE LOS TOROS

> «¿Qué hay en una rosa? Eso que llamamos
> rosa, con cualquier otro nombre olería
> con igual dulzura».
>
> WILLIAM SHAKESPEARE, *Romeo y Julieta*

Cada vez recurren más los críticos taurinos a comentar el nombre de cada uno de los toros lidiados: es una anécdota puramente externa, pero puede dar cierto juego literario, a veces. Como sucede con cualquier otro recurso, el exceso empalaga.

Saltó a la actualidad este tema cuando una alcaldesa de Gijón, del PSOE, cerró la plaza de toros porque le parecían ofensivos los nombres de dos toros. Muy pronto se comprobó que se trataba de un puro pretexto para una feroz campaña antitaurina. El rechazo que causó todo esto acabó provocando que, en las siguientes elecciones, ni siquiera su propio partido político volviera a presentarla como candidata…

En realidad, cada res recibe un nombre, igual que cada persona. El nombre de los toros suele ser la derivación masculina del de su madre: es fácil que el becerro de *Gitana* se llame *Gitano* u otra palabra del mismo campo semántico. Hasta la tienta, las becerras mantienen el nombre de la madre; una vez tentadas, adquieren su nombre definitivo, que suele derivar del de la madre o comenzar por la misma letra.

A lo largo de la historia, algunos nombres de toros se han hecho famosos —para bien o para mal— y suelen repetirse:

Bailador, Capirote, Perdigón, Artillero, Jaquetón, Cigarrero, Matajacas, Gorrión...

Hay casos más curiosos. José Carlos de Torres ha encontrado, en una reseña del siglo XIX, toros que llevaban el nombre de políticos del momento: *Canoveño, Sagastino, Gamazón...* Hoy no sería posible: imagínense la que se armaría si saltaran al ruedo toros llamados *Sanchecino, Feijoyano, Gonzalón, Iglesiano, Aznareto, Ayusero...*

Algunos nombres de vacas parecen más bien un piropo cariñoso con tono poético: *Chiquilla, Cara de Rosa, Chulita, Presumida, Retrechera...*

Suele funcionar aquí la derivación dentro del mismo campo semántico: las hijas de la vaca *Discreta* pueden llamarse *Reservada, Callada, Silenciosa, Mudita...*

Algunos nombres de toros que realmente han existido nos dejan perplejos. ¿Qué características pudieron ver en un toro para llamarlo *Comesangre, Comediante* o *Cafetero*? Quizá, simplemente, la búsqueda de palabras que comenzaran con la letra c.

Algunas veces, los nombres de los toros lidiados han dado lugar a curiosas anécdotas. A Luis Francisco Esplá se le conoce cariñosamente como *Bambino*. En la Feria alicantina de Hogueras, en 1989, le tocó un toro llamado justamente así a Juan Antonio Esplá, hermano de Luis Francisco: matarlo, ¿suponía un fratricidio? Imaginen lo que se puede decir de un diestro que pincha repetidamente a un *Inquisidor, Judío, Cristiano, Religioso...*

En el programa de cada corrida, averiguamos el nombre de los toros: cada uno supone una incógnita y una esperanza. Los aficionados guardamos en el recuerdo el nombre de los toros que nos han hecho vivir una emoción especial.

MIURA

«¿Cómo se pasa la noche antes de torear
Miuras? ¿La noche antes, has dicho? Di
mejor los tres meses antes».

PEPE LUIS VÁZQUEZ

La ganadería de Miura ocupa un puesto realmente único, es una
leyenda viva. Ninguna otra lleva tantos años en manos de la
misma familia. Baste con recordar que don Juan Miura, el creador,
debutó con sus toros en Madrid el 30 de abril de 1849.

A lo largo de los años, los Miuras han mantenido su singularidad. Ante todo, por su tipo, inconfundible: son altos, variados de
capa, abiertos de pitones, agalgados, largos («como un tranvía» o
«como un día sin pan», según las expresiones castizas). Aunque
pesen cerca de 600 kilos, parecen escurridos, con un cuello (gaita)
muy largo. Suelen lucir una estampa espectacular que impresiona.

Todos los aficionados, además, conocen su leyenda terrorífica.
Me lo comentaba, hace años, don Eduardo Miura padre: «El toro
nuestro no es que sea más difícil, es que es diferente, mantiene una
personalidad propia». Por eso, salgan más o menos bravos, los aficionados los esperan siempre con ilusión.

Este mítico nombre ha llegado hasta el *Diccionario de la Real
Academia Española:* «Toro de la ganadería de Miura, famosa por la
bravura e intención atribuida a sus reses». Y añade otra acepción:
«En sentido figurado, llamamos "miureño" a la persona aviesa, de
malas intenciones».

Su fama se extiende también a la poesía popular, como en esta soleá:

> *Ya no me importan los Miuras*
> *si atropiezo en el paseo*
> *con tus miradas oscuras.*

Y a los refranes humorísticos. Por ejemplo, para ponderar la vaguería de uno: «Tiene más miedo al trabajo que a un toro de Miura».

Estos toros tienen también fama de listos, de aprender muy pronto. Me acuerdo del Miura que, en la plaza de Murcia, saltó dos veces al callejón: la primera, hacia el burladero donde estaba el empresario; la segunda, hacia el alcalde de la ciudad… El público se partía de risa al ver lo bien que se orientaba.

Según don Gregorio Corrochano, los toros de Miura *piensan*: «Esta ganadería da también toros muy bravos, pero, si no fuera por los otros, su fama se reduciría a la mitad».

En la historia de la tauromaquia, varios toros de Miura han sido causantes de cornadas mortales: *Jocinero* a *Pepete* (1862), *Chocero* a Mariano Canet (1875), *Perdigón* a *Espartero* (1894), *Desertor* a Domingo del Campo *Dominguín* (1900), *Agujeto* a Faustino Posada (1907), *Islero* a *Manolete* (1947). Esta última ha contribuido más que ninguna a su leyenda trágica.

También muchas figuras del toreo se han consagrado con los toros de Miura. Antes de la guerra, por supuesto, *Joselito* y Juan Belmonte. Cuenta la leyenda que, en 1914, don Eduardo, «el de las patillas» —así le llamaban— lloró cuando le contaron que Juan le había cogido el pitón a uno de sus toros: «¡No puede ser!».

También los torearon Ignacio Sánchez Mejías, Manolo *Bienvenida*, Marcial Lalanda, Domingo Ortega… En las grandes Ferias, la afición exigía a las primeras figuras que mataran dos corridas, la de Miura y otra, como un doble examen.

Después de la guerra, un torero artista, no catalogado como valiente, Pepe Luis Vázquez, mataba siempre en la Feria de Abril los toros de su íntimo amigo Eduardo Miura. Diego Puerta se consagró con la heroica faena en Sevilla al Miura *Escobero*, más alto que él. También los han matado con éxito Luis Miguel *Dominguín*, Paco Camino, *Limeño*, Ruiz Miguel, *Manili*, Manolo Cortés, José Antonio Campuzano, Luis Francisco Esplá… Últimamente, han culminado la gesta de encerrarse con seis Miuras Antonio Ferrera, en San Fermín, y Manuel Escribano, en la Feria de Abril.

Han cambiado muchas cosas en la fiesta, pero los Miuras, fieles siempre a una línea, continúan siendo ejemplo de toros serios, encastados, espectaculares, con personalidad propia.

VICTORINO MARTÍN

«Victorino es más estable que el dólar».

JOSÉ ANTONIO CAMPUZANO

«Cuando te embiste un Victorino,
te sientes torero».

EL CID

Ha sido, sin duda, una de las más importantes figuras de la ganadería brava en el siglo XX. Le llamaban «paleto» —igual que a Domingo Ortega—, pero poseía una de las mayores inteligencias naturales que yo he conocido.

Nació en 1929 en Galapagar. En 1945, entró a trabajar en la carnicería de su tío. La familia empezó a comprar ganado morucho, primero, y luego, reses bravas. En 1960, tomó una decisión que cambió toda su trayectoria: por poco más de un millón de pesetas compró 150 cabezas de la ganadería de Escudero Calvo (antes, de José Bueno, procedente del Marqués de Albaserrada). Apostó por un ganado que en ese momento nadie quería y, con muchísimo trabajo y gran inteligencia, logró colocarlo en lo más alto.

Lidió su primera novillada en 1961. Al año siguiente, compró un segundo lote de vacas. En 1968, fue corneado gravemente por un semental. Un año después, lidió su primera corrida en Madrid y *Baratero* fue premiado con la vuelta al ruedo.

El 1 de junio de 1982 fue una fecha histórica para su ganadería. Lidió Victorino, en Las Ventas, la llamada «Corrida del siglo», en la que triunfaron Ruiz Miguel, Luis Francisco Esplá y José Luis Palomar: se dio la vuelta al ruedo a un toro y otro fue declarado el más bravo de San Isidro. (La retransmisión televisiva tuvo tanto éxito que se repitió muchas veces). Unos días después, el 19 de julio, otro triunfo inolvidable: Ortega Cano indultó a *Belador* (es dudoso si se debe escribir con uve, *Velador*), el único toro que ha conseguido este honor en Las Ventas.

El año 1987, Victorino fue propuesto para sanción y emprendió una larga batalla contra los sistemas de análisis de las astas. En 1995, compró la histórica ganadería de Barcial. A partir de 1996, repitió en la Maestranza sus grandes triunfos de Madrid. Tres años después, llegó a lidiar 100 toros en 19 festejos. En el nuevo milenio, compró los Galaches de Urcola, se sucedieron los indultos y los éxitos.

El 3 de octubre de 2017, pocos días después de recibir de manos del rey de España el Premio Nacional de Tauromaquia, falleció en su finca cacereña de Monteviejo. Una gran manifestación del mundo taurino lo despidió en Galapagar. Su hijo, también Victorino, ha continuado su línea como ganadero.

Victorino Martín no recibió nada como herencia. Todo lo consiguió a base de trabajo. Tuvo muy claro lo que quería y puso los medios para lograrlo, con notable independencia. Eligió un encaste ganadero en decadencia, logró recuperarlo y moldearlo: hace mucho que los aficionados hablamos de «los Victorinos», sin más.

Su aportación esencial fue apostar por la casta, la fiereza del toro bravo. Así, se recuperaba la emoción del toro en una época en la que tantos ganaderos habían elegido criar un toro «toreable», manejable, dócil; como él mismo decía, el «toro moderno», el «toro burra», que va y viene y que «aburre a las ovejas». Con eso, volvía Victorino a la raíz más clásica de la tauromaquia.

Al seleccionar sus toros, seguía él sus preferencias personales y se ponía en el lugar del público, que tantas veces se aburre cuando las reses apenas transmiten emoción y la fiesta se convierte en algo *light*. Pensaba en el consumidor, en el público, no en el toro que preferían las figuras. Buscaba un tipo de toro que «pide el carné» (así decía él) y que marca la verdadera categoría de los diestros.

Con sus toros, han triunfado rotundamente, entre otros, Andrés Vázquez, Miguel Márquez, Víctor Mendes, Ruiz Miguel, Ortega Cano, Esplá, *El Niño de la Capea*, Roberto Domínguez, Manuel Caballero, Pepín Liria, Padilla, *El Cid*, Escribano, Diego Urdiales… Gracias a los encastados toros de Victorino alcanzaron el nivel más alto de su trayectoria. En 2016, Manuel Escribano logró el histórico indulto de *Cobradiezmos* en Sevilla. En octubre de 2023, el triunfo de Borja Jiménez, en Las Ventas, con toros de Victorino le ha servido para confirmarse como gran promesa.

Muchas veces se ha repetido la misma historia: en una Feria en la que se anunciaban buenos toreros, la flojera y la falta de casta de los toros provocaban un creciente aburrimiento. En el último festejo, llegaban los toros de Victorino (o los de Miura, diferentes pero de parecido significado) para emocionar a los aficionados y salvar la Feria. Así, se reivindicaba también el protagonismo —hoy perdido— del ganadero de reses bravas.

Por desgracia, muy pocos ganaderos han seguido su camino. Muchas veces me comentaba: «Esta gente no tiene solución…». Los dos sabíamos de sobra a quiénes se refería.

Defendió siempre la fiesta y al toro bravo, todavía más que a su propia ganadería, que forma parte ya de la historia de la tauromaquia. Cuando tantos toros nos parecen hermanos, supo triunfar «vendiendo» singularidad. El tiempo le ha dado la razón.

IV
LA CORRIDA DE TOROS

LAS INSTALACIONES DE LA PLAZA.
RECONOCIMIENTO, SORTEO
Y APARTADO

> «Madrid. Domingo. Calle de Alcalá…
> Miro por las ventanas abiertas el tumulto
> que corre al coliseo de toros: en mis venas
> se despierta la fiebre de un viejo instinto
> oculto».
>
> José Santos Chocano

Además de recinto para espectáculos, una plaza de toros —sobre todo, claro está, las más importantes— puede tener un valor cultural y ha de incluir una serie de dependencias.

Joselito no solo fue el más grande torero de la historia, sino que dedicó su vida entera a la fiesta y tenía ideas muy claras sobre la organización del negocio taurino. Hace poco, Luis Francisco Esplá me contaba su sueño: que *Gallito* no hubiera muerto joven y hubiera llegado a ser empresario de Las Ventas. Probablemente, eso habría cambiado el rumbo de la historia de la tauromaquia.

A *Joselito* se debe la idea de las plazas Monumentales para aumentar el aforo y disminuir el precio de las localidades, haciéndolas asequibles al pueblo. La de Sevilla compitió con la Maestranza, pero perdió la batalla y fue derribada. La de Madrid es el prototipo y nos puede servir como ejemplo.

Se llama de Las Ventas porque está ubicada en ese barrio (sucede a otras que hubo en Madrid, más pequeñas). Se inauguró durante la Segunda República, el 17 de junio de 1931: en el cartel de ese primer festejo figura la bandera tricolor. El primer toro, de Domecq, lo lidió el diestro *Fortuna*. Luego se cerró para completar las obras de urbanización de la zona. Volvió a abrirse tres años después.

Es de estilo neomudéjar. La proyectó el arquitecto Espeliú. Luego, la completó Muñoz Monasterio, coautor, con Alemany, del primer estadio Santiago Bernabéu. Tiene capacidad para 23.798 personas: es la tercera más grande del mundo, después de las de México y Valencia (Venezuela).

El ruedo, uno de los mayores, tiene un diámetro de 60 metros. Hay en la plaza 10 tendidos, repartidos en 3 sectores: de sombra, los números 9, 10, 1 y 2; de sol y sombra, 3 y 8; de sol, 4, 5, 6 y 7. Además de un tipo de café y un combinado alcohólico, este sol y sombra simboliza dos mundos, dos formas de asistir a la fiesta.

En los cosos más antiguos, el ruedo terminaba directamente en el muro de piedra que sostenía el tendido. Para hacer más difícil que el toro saltara, se hicieron las vallas o barreras: como son de madera, se llama «tomar el olivo» a la acción apurada en la que el diestro la salta en un momento de riesgo. Es una expresión coloquial frecuente para cualquiera que huye.

Para facilitar la actuación de los toreros, a veces mermados de facultades, se crearon los burladeros (de la raíz burlar, tan importante en tauromaquia), con sus huecos o troneras; hoy están adosados a la barrera o dentro del callejón.

Ahora, en las corridas importantes, este suele estar abarrotado de personajes y personajillos que entorpecen la lidia e irritan a los aficionados. El refugio del burladero es también metáfora frecuente en la lengua coloquial.

La fila más próxima a la arena se llama barrera, seguida de la contrabarrera. Vienen luego las filas del tendido. En su *Llanto por Ignacio Sánchez Mejías*, la «sangre derramada» es «ese chorro que ilumina los tendidos». Se divide en tendido bajo y alto.

El primer piso, cubierto, se llama grada (en otras plazas puede llamarse palcos; o naya, en Valencia). El segundo piso, andanada.

Las Ventas tiene también un palco real y palcos para el presidente, la Comunidad de Madrid (propietaria del coso) y el Ayuntamiento.

Lógicamente, las entradas de sombra cuestan más que las otras. Dentro de eso, el precio va disminuyendo según nos alejamos del ruedo: la entrada más cara será una barrera de sombra; la más barata, una andanada de sol.

El monumento incluye varias instalaciones, indispensables para el desarrollo del espectáculo. Ante todo, unos amplios corrales, con cabida para varias corridas de toros y sus sobreros; el desolladero; el patio de cuadrillas y el patio de caballos; la capilla; la sala de toreros; las oficinas de la empresa y del Centro de Asuntos Taurinos. Y algo esencial, la enfermería, con la dotación más moderna. (En las antiguas, las camas estaban cubiertas por el *hule*, que las simbolizaba).

Además de todo eso, en Las Ventas existen otras dependencias para actividades culturales: varias salas para exposiciones y conferencias; una notable biblioteca taurina, a la que hace muy poco se han incorporado los valiosos fondos de la Biblioteca Carriquiri, del ganadero Antonio Briones, una de las mejores del mundo; una librería taurina, y un Museo Taurino, inaugurado en 1951, que acaba de sufrir una importante remodelación.

Antes de cada festejo, en la plaza se efectúan ceremonias de gran importancia: el reconocimiento, sorteo y apartado de los toros.

El día anterior a la corrida, el equipo veterinario reconoce las reses que el empresario ha contratado y el ganadero ha enviado, valora si reúnen los requisitos exigidos: sanidad, edad, peso, defensas, trapío… Los veterinarios taurinos son profesionales especializados, pero se trata de una labor difícil, subjetiva, que suele provocar no pocos conflictos. Si existe una controversia, se suelen escuchar también las opiniones del ganadero, el presidente y el empresario. Si los toros no aprueban este examen, todavía queda tiempo para traer otros.

El mismo día de la corrida por la mañana, suele tener lugar un segundo reconocimiento de los toros y se procede a formar los *lotes* que corresponden a cada diestro. Lógicamente, se busca la compensación: el toro más ofensivo se junta con el que tiene menos pitones...

En el sorteo, de acuerdo con la tradición, los números de los toros que forman cada lote se escriben en una papeleta, y las tres que se obtienen se introducen entre dos sombreros de ala ancha, para que no se vean. El representante de cada diestro (habitualmente, su peón de confianza) es el que saca la papeleta que le corresponde. En el mundo taurino, son frecuentes las leyendas sobre los diestros que suelen tener mejor suerte en el sorteo de los toros (*El Cid*, por ejemplo) y los que suelen tenerla peor (Morante, por ejemplo).

El apartado consiste en introducir cada una de las reses en el chiquero que le corresponde. Es una operación muy curiosa, absolutamente artesanal, que se realiza abriendo y cerrando los sucesivos portones con varias cuerdas, desde arriba, teniendo el máximo cuidado para que las reses no sufran ningún golpe.

En algunas plazas importantes (Madrid, Pamplona, Valencia) son numerosos los aficionados que gustan de asistir a este acto para ver los toros y hacer hipótesis sobre su comportamiento. No es eso posible en Sevilla por la peculiaridad del histórico edificio. El acto posee especial seriedad y solemnidad en Bilbao, donde cada día se designa a alguien para que haga un discursito sobre la ganadería correspondiente.

La plaza de Las Ventas está protegida por la ley como monumento histórico artístico. De hecho, su visita turística es una de las que atraen a más público en Madrid. Y, por supuesto, lo que sucede en su ruedo tiene máxima repercusión en todo el mundo taurino.

EL PASEÍLLO

❦

«Ya están aquí los toreros,
la flor de los redondeles,
la terna de los espadas,
las tres cuadrillas más célebres».

ADRIANO DEL VALLE

Se inicia la corrida con este desfile, de enorme belleza y colorido. Se conjugan la música, los colores de los vestidos de torear, el ritmo pausado y solemne con que avanzan los toreros…

Habitualmente, la banda de música interpreta un pasodoble. (Los aficionados considerarían intolerable la música grabada). Cada plaza tiene la suya: la de la Maestranza posee una calidad única. Alguna vez, lo que se escucha es un pasacalles de zarzuela; en Francia, es frecuente la «Marcha del toreador», de la ópera *Carmen*.

Encabezan el cortejo, a caballo, los alguacilillos, vestidos de negro, a la usanza de la época de Felipe IV. Antaño, realizaban el despejo o despeje: liberar el ruedo de los aficionados. Ahora, su función es simbólica: recoger la llave del toril que les arroja, desde su palco, el presidente y entregársela al torilero. Durante la lidia, permanecen en el callejón para transmitir a los toreros las indicaciones del presidente.

Detrás de ellos, en la primera fila, van los tres matadores, por orden de antigüedad: a la izquierda, el más antiguo; el siguiente, a la derecha; en el centro, el más moderno. Desfila también un sobresaliente, si es un mano a mano, o dos, si un solo torero mata seis toros, que se harán cargo de la lidia, si sucede un percance. Les siguen los banderilleros: en cada fila, los tres de cada diestro, por el mismo orden. A continuación, a caballo, los dos picadores de cada matador.

Siguen a los toreros los areneros, que se ocupan de mantener el piso en buenas condiciones, y los monosabios, que, armados solo con una varita, ayudan a los picadores. Su vestido tradicional tiene una curiosa historia. Cuenta Sánchez de Neira que, a mediados del siglo XIX, actuaron en un teatro de Madrid una cuadrilla de monos amaestrados, vestidos de rojo. Como los mozos de cuadra de la plaza llevaban un uniforme de ese color y no eran muy agraciados, el público, como chiste, comenzó a llamarles «monosabios» y con ese nombre se quedaron.

Aunque estos dos oficios, areneros y monosabios, tienen una escasa retribución, no es insólito que los desempeñen aficionados, por la emoción de participar de algún modo en el espectáculo. Durante muchos años fue arenero en Las Ventas el pintor taurino César Palacios.

Con su alegría y vistosidad, el paseíllo sirve de pórtico, lleno de esperanzas e ilusiones, para la corrida.

EL VESTIDO DE TOREAR

«Yo pregunto: ¿qué llevaste
al mundo donde hoy estás?
¿Tu amor a los alamares
y a las sedas y a los oros,
y a la sangre de los toros
y al humo de los altares?».

ANTONIO MACHADO, «Llanto de las virtudes
y coplas por la muerte de don Guido»

El traje de luces embellece el espectáculo y engrandece al torero como si fuera la plataforma de un héroe. (Después de verlo en la plaza, nos suele sorprender verlo vestido de calle, disminuido). Responde a los vestidos de la época goyesca. Lo fijó Francisco Montes.

Por su jerarquía, el matador lleva un terno de seda bordado en oro, o en azabache, si lo desea, pero con chaleco dorado. (Los que siguen la línea más estética suelen preferir el azabache). Los banderilleros lo llevan de plata o azabache. También usan el oro los picadores, como recuerdo de su importancia en la lidia antigua.

Consta el traje de luces de la chaquetilla corta y ceñida con hombreras bordadas, el chaleco, la taleguilla, la corbata, el fajín, las medias, las zapatillas y la montera.

La taleguilla es el ajustado pantalón o calzón de torear. Para sujetarla, el diestro se aprieta los machos. En el traje de luces, brillan los alamares, unos adornos de pasamanería. De esa muletilla cuelgan unos flecos, los caireles.

Los picadores llevan calzones de gamuza con la pernera protegida por una funda metálica y, en vez de montera, el castoreño, sujeto por el barbuquejo.

A algunos diestros les ha gustado introducir modificaciones en su traje de luces. En su reaparición, Luis Miguel eligió unos vestidos, diseñados por su amigo Picasso, que fueron muy criticados. (Sus enemigos le llamaban «la Pantera rosa»). En realidad, me contó el torero, lo que buscaba era llevar un vestido más cómodo, de menos peso. También me dijo que ir vestido así, en la época de los aviones a reacción, era un anacronismo, pero un hermoso anacronismo.

En vez de las habituales medias rosa, *Rafael de Paula* y Luis Francisco Esplá han lucido alguna vez medias blancas o de color café con leche. En una corrida extraordinaria, Morante sorprendió con un vestido de dos colores: uno para la chaquetilla y otro para la taleguilla. En general, los aficionados han acogido estas novedades con escaso entusiasmo.

En las llamadas «corridas goyescas», los diestros suelen llevar vestidos de esa época, que parecen sacados de la guardarropía teatral. Lo mismo sucede con otros festejos extraordinarios, como la corrida picassiana de Málaga o la pinzoniana de Palos de la Frontera.

Muchos vestidos de torear suponen una verdadera obra de arte y se han expuesto en museos. Son un ejemplo claro de una artesanía tradicional de gran belleza. Hace poco el Ministerio de Cultura reconoció su categoría al otorgar el Premio Nacional de Tauromaquia a la maestra Nati.

La ceremonia de vestirse de torero, ayudado por el mozo de espadas, es larga, complicada, solemne, hermosa. Lo mostró el director ruso Eisenstein en su película *¡Que viva México!*, con un espectacular *travelling* para el proceso de enrollarse la larga faja.

Hace años, los toreros preferían colores fuertes, viriles, para los que había nombres tradicionales: grana, tabaco, nazareno, verde, corinto, sangre de toro… Luego, se fueron introduciendo colores

más suaves: gris perla, purísima, champán, malva, aguamarina, tór-
tola, marfil… Algunos cronistas taurinos compiten ahora por encontrar denominaciones nuevas, que pueden rozar la cursilería:
catafalco, maquillaje, Soraya (por los ojos de la emperatriz)… No
necesitan eso para ser hermosos los vestidos de torear.

LOS INSTRUMENTOS DE TOREAR

«Capote de grana y oro,
alegre como una rosa,
que te abrías ante el toro
igual que una mariposa…
Como reliquia y tesoro,
te llevo en el alma mía,
capote de grana y oro».

RAFAEL DE LEÓN

Para torear, el diestro utiliza una serie de instrumentos. Pueden llamarse avíos, trebejos, engaños, trastos… Solían llevar los estoques en el fundón; los capotes y muletas, en el esportón. Tan original y tan enamorado de la lectura era Juan Belmonte —nos cuenta Chaves Nogales— que, en cierta época, llevaba el esportón lleno… de libros.

En el paseíllo, el torero va envuelto en el capote de paseo, de seda, ricamente bordado, que luego entregará a algún conocido para que adorne la barrera. Para torear, utiliza una capa o capote de brega, que fue de seda y ahora es de percal. Cambiar la seda por el percal se usa como metáfora en cualquier terreno para bajar a la realidad, a la práctica. Para que pese más, algunos le añaden a la capa piececillas de plomo, en las costuras.

El capote chico, ligero, vuela con más facilidad. Así lo usaban, por ejemplo, Pepe Luis Vázquez y Curro Romero. El más grande y más pesado supone mayor defensa, pero añade empaque: así lo usaba Paco Ojeda y se le solía censurar. Su consistencia depende del apresto: puede llegar a parecer engomado, como los hábitos de los monjes que pinta Zurbarán. Los aficionados no aceptan que se arme por dentro con varillas, como han hecho algunos peones, para mantenerlo planchado con más facilidad.

Lo habitual hoy es que el capote sea de color rosa, con las vueltas amarillas. Algunos diestros han recuperado los de vueltas verdes o azules: la cursilería seudoandaluza de algunos escribidores canta estos capotes *de güerta jasule*.

La puya es la punta acerada que tienen las varas de los picadores. Siempre ha habido polémicas sobre su forma y tamaño para que el toro reciba un castigo suficiente pero no excesivo. El regatón es la punta del palo: Corrochano defendía que, si el toro estaba suficientemente castigado, para lucirlo se le llamara al caballo una vez más y se señalara el puyazo solamente con el regatón.

Las banderillas las describe ya *Pepe-Hillo*: «Es un palo de dos cuartas y media de largo, con un hierro en la punta, a manera de arpón, adornada con papel de varios colores».

Se pueden llamar también palos, palitroques, rehiletes, garapullos; tradicionalmente, avivadores, porque esa era su función, después de haber castigado al toro, en varas. Algunos matadores, que también banderillean, utilizan como alarde banderillas cortas.

A los toros muy mansos, a los que no era posible picar, se les colocaban banderillas de fuego: al clavarse, estallaban unos petardos. Hoy, casi todos los toros que se lidian se dejan picar: a algunos, muy mansos, se les colocan banderillas negras como un castigo simbólico.

Para sujetar la muleta, una capa encarnada, se usa el estaquillador, un palo de 50 centímetros que se fija con un tornillo. En los orígenes, podía ser de varios colores: blanca, roja, amarilla, azul. Lo explica así Cossío: «Solían los diestros cambiar el color de la muleta cuando el toro no acudía, o acudía mal, a la que estaban empleando».

Lo ortodoxo es coger el estaquillador por el centro y embeber al toro en las *bambas* o vuelos de la muleta. El diestro que intenta aliviarse toma el palo por un extremo, alejando así el viaje del toro. Puede ser un recurso admisible con algunos toros, pero no debe practicarse de modo habitual. Si lo hace en Las Ventas, no se librará de escuchar el habitual grito de reproche: «¡Pico!».

La *espada*, el instrumento básico, apenas ha variado desde la época de *Pepe-Hillo*: es una hoja de acero, de dos filos, cortante y flexible, de unos 75 centímetros de larga. Cada torero suele llevar varias, de distintas longitudes, para usar una u otra, según las condiciones del toro. El nombre del instrumento pasa a designar al que lo usa: el espada.

Si el toro no cae después de la estocada, se utiliza el descabello o verduguillo, un estoque con cruceta. (Así se evita que salte al tendido, como alguna vez sucedió). Es una suerte accesoria, aunque la hayan realizado con gran habilidad algunos diestros, como Vicente Barrera, antes de la guerra, o Roberto Domínguez, que la hacía preceder de un vistoso abaniqueo. Hoy, los fallos con el descabello son frecuentes, porque, por motivos sanitarios, no se deja a los toreros que entrenen la suerte en los mataderos, como antes hacían.

Si tampoco es suficiente, se usa la puntilla, una especie de machete corto. La manejan el puntillero de la plaza o el tercero de los banderilleros. Es instrumento de matarifes más que de toreros. «Dar la puntilla» es frase coloquial muy frecuente para rematar cualquier cosa.

Hasta la época de *Manolete*, el diestro muleteaba, llevando la espada en la otra mano. A un torero que tenía una lesión, demostrada por el parte facultativo pertinente, se le autorizó a usar un estoque de madera, menos pesado, más cómodo. Lo que era una excepción se ha convertido, por desgracia, en el uso habitual. Tiene eso un grave inconveniente: cuando el toro está «pidiendo la muerte», hay que esperar a que el diestro vaya hasta la barrera, cambie la espada y vuelva al toro. Lo normal es que ya no esté cuadrado y que el público se haya enfriado. Recuerdo el éxito grande que logró en Las Ventas Juan Mora, que llevaba la espada de verdad, por enlazar un pase natural con la estocada.

Jaime de Armiñán ha recordado una anécdota del *Papa Negro*, el padre de los *Bienvenida*. Una vez, su hijo Pepe, lesionado en un brazo, le pidió permiso para usar el estoque simulado. Don Manuel le prohibió que saliera a torear si no tenía fuerza suficiente para llevar la espada «de verdad». Eso hacían antes los toreros de verdad.

LOS REGLAMENTOS

> «Reglamento taurino es una ley que
> no se cumple, como es natural, más que
> en la parte que favorece a la empresa y
> perjudica al público».
>
> Paco Media-Luna, *Diccionario cómico-taurino*

Desde hace años, leo y escucho con frecuencia las declaraciones de algunos profesionales taurinos que piden la autorregulación de la fiesta; es decir, que el Estado no intervenga, porque se trata de un arte.

El argumento es ingenuo y demagógico. Evidentemente, el arte debe vivir en libertad: nadie puede decirle a un torero cómo debe interpretar una verónica o un natural. A la vez, la tauromaquia supone también un espectáculo al que asisten cientos de miles de personas y que mueve muchísimo dinero. El Estado tiene mucho que decir, por ejemplo, sobre quién preside las corridas, cómo evitar fraudes, qué condiciones deben reunir las enfermerías, cómo se garantizan los derechos de todos los que participan, etcétera.

Desde el comienzo de las fiestas populares con toros, hubo normas que se ocupaban de ellas; sobre todo, normas de los Concejos. Tras estudiarlas, desde 1235 (*Fuero de Madrid*) hasta 1854 (*Reglamento de La Habana*), Beatriz Badorrey escribió *Otra historia de la Tauromaquia*, vista desde una perspectiva distinta de la habitual.

Una nueva etapa se abre a mediados del siglo XIX, cuando se redactan los primeros Reglamentos de Plaza: interviene ya el poder central a través de los gobernadores civiles.

En las reglas que señala *Paquiro* se basa el reglamento de la plaza de toros madrileña (1852). Para las seis plazas principales de España se redactó el reglamento del año 1917. El primero de ámbito nacional es de 1930. En la posguerra, hay que mencionar el reglamento de 1960, válido hasta los años noventa.

Actualmente, están vigentes, a la vez, seis reglamentos: los de Andalucía, Navarra, el País Vasco, Aragón y Castilla-León, más el reglamento nacional. El Estado de las autonomías ha conducido a estos disparates, que suscitan chistes y situaciones chuscas.

Un solo ejemplo: los espadas deberían llevar en el esportón, junto a sus avíos, todos los reglamentos vigentes o ir a las corridas acompañados por un abogado para saber en cada plaza cuántos trofeos se exigen para salir a hombros… No es sorprendente que Andalucía haya anunciado su intención de promover un nuevo y único reglamento nacional, algo que no parece nada fácil por el prurito de cada autonomía de defender sus peculiaridades.

El reglamento actualmente vigente trata de la fiesta «en el amplio sentido de sus diversas manifestaciones, que se encuentra arraigada en la cultura y aficiones populares». Su ámbito de aplicación también es amplio: «La preparación, organización y desarrollo de los espectáculos taurinos y de las actividades relacionadas con los mismos, en garantía a los derechos e intereses del público y de cuantos intervienen en ellos».

Se ocupa ese reglamento de temas tan variados como los registros de profesionales y de establecimientos ganaderos, las plazas, los tipos de espectáculo, las condiciones de los toros, los derechos y deberes de los espectadores, la presidencia, las enfermerías, las distintas partes de la lidia, los requisitos para el reconocimiento y transporte de las reses. Señala como objetivo fundamental «la erradicación de los fraudes en las astas de los toros».

¿Ha cumplido adecuadamente sus propósitos? Me remito a la opinión del máximo especialista en la materia, el profesor Tomás Ramón Fernández: «Las Tauroautonomías —así las llama, con ironía— suponen un barullo que asegura la impunidad; por tanto, no es nada inocente. Refleja con toda nitidez el rostro estólido y deforme de este Estado de las autonomías, al que se ha llegado por la voracidad insaciable de algunos y la irresponsabilidad de otros. Todo vale, nadie es responsable... Antes, al menos, cuando no había más reglamento que el estatal, lo que estaba bien y lo que estaba mal se distinguían sin dificultad».

Añade todavía Tomás Ramón Fernández que, en la preparación del reglamento de Andalucía, «hubo muchas presiones por parte de los ganaderos».Y señala dos claros errores: que se admita el embarque de los toros en el campo sin precintar los cajones y la posibilidad de lidiar unas reses, aunque exista sospecha de su manipulación.

Son frases duras, pero, me temo, bien fundamentadas: así estamos...Y así seguiremos mientras cada uno de los sectores profesionales taurinos atienda fundamentalmente a sus propios intereses.

LOS LANCES DE CAPA. LA VERÓNICA

> «Lenta, olorosa, redonda,
> la flor de la maravilla
> se abre cada vez más honda
> y se encierra en su semilla.
> Cómo huele a abril y mayo
> ese barrido desmayo,
> esa playa de desgana,
> ese gozo, esa tristeza,
> esa rítmica pereza,
> campana del sur, campana».
>
> GERARDO DIEGO, «Verónicas gitanas»

Llamamos lances exclusivamente a los que se dan con la capa. Es algo muy hermoso y también muy difícil por una doble razón: en el primer tercio, el toro está todavía muy entero y es complicadísimo manejar con soltura y gracia el capote.

Distinguían las *Tauromaquias* clásicas los lances en los que no pasa el toro de las suertes en las que sí pasa. En el primer grupo están correr al toro, recortes, galleos, largas, revoleras, serpentinas, mariposas…

Hace algunos años, lo habitual era que, de salida, el banderillero de confianza probara al toro, corriéndolo a una mano, por los dos lados, sin destroncarlo con quiebros o recortes, para que el matador pudiera ver las cualidades de la res antes de intentar lucirse. (Recuerdo, por ejemplo, la maestría con que lo hacía Andrés Luque Gago).

Hoy, esta costumbre se ha perdido, quizá porque, lamentablemente, ya no es necesaria: muchos toros salen de toriles como si ya los hubieran picado.

En las largas, de pie o de rodillas, cita el diestro al toro de frente, sosteniendo la capa con una sola mano, y le da la salida natural (por el mismo lado) o cambiada (por el lado contrario).

Una forma de abrir la faena, muy vistosa pero muy arriesgada, es la larga cambiada de rodillas, a porta gayola (frente a chiqueros). Es muy peligrosa porque el toro puede salir deslumbrado, sin fijeza, y porque todavía no se conocen sus cualidades o defectos. Destacaban en esta suerte, por ejemplo, Luis Miguel y *Paquirri*; ahora, Manuel Escribano. Menor riesgo tiene dar la larga de rodillas cerca de tablas, aprovechando el viaje del toro.

La larga cordobesa, muy elegante, se remata dejando caer el capote sobre el hombro. Algunos (por ejemplo, *Manzanares* padre y Enrique Ponce) la usan para dejar colocado al toro delante del caballo.

Distinguía *Paquiro* los galleos de los recortes, aunque los englobaba en un mismo grupo: «El galleo se hace a favor del capote, mientras que el recorte se ejecuta con solo el cuerpo».

En las filmaciones antiguas, vemos que *Joselito* era un maestro de los galleos. Últimamente, han recuperado estos viejos lances Luis Francisco Esplá y Antonio Ferrera. Sí es habitual llevar el toro al caballo galleando por chicuelinas.

La verónica es la reina del toreo de capa (y, junto con el natural y la estocada, de todo el toreo). El nombre procede de la postura inicial del diestro, que puede recordar a la de la mujer que, en el camino al Calvario, ofreció a Jesús un lienzo, en el que quedó impresa la Santa Faz.

Pepe-Hillo y *Paquiro* pedían que se diera de frente, «en la rectitud del terreno del toro». A partir de *El Guerra*, se da ofreciendo el medio pecho. En todo caso, es mejor, más clásica y se manda más cargando la suerte, ganando un paso hacia el centro del ruedo en cada lance, que con los pies juntos (algo típico de la escuela sevillana). Algunos la dan con una o dos rodillas en el suelo: Marcial Lalanda, Antonio Ordóñez, Victoriano *Valencia*, Julio Robles, José Antonio Campuzano…

En la época clásica, se daba la verónica con las manos altas. Ganó en estética al bajar mucho las manos, como Victoriano de la Serna, Manolo Escudero y algunos gitanos: *Curro Puya, Gitanillo de Triana, Cagancho, Rafael Albaicín, Rafael de Paula.* Una belleza extraordinaria han tenido las verónicas de Curro Romero y, ahora mismo, de Morante de la Puebla: tan lentas que, según la metáfora ya manida, parecen «parar el tiempo».

Cuando ya no se puede prolongar más la serie de verónicas, el remate natural, obligado, es la media verónica (igual que el pase de pecho lo es del natural). Se inicia igual que la verónica, pero, en el centro de la suerte, el torero recoge el capote sobre el cuerpo.

Si se hace con ligazón, con mando, con temple, la media verónica puede ser de una estética emocionante: hay fotografías de Juan Belmonte y de *Antoñete* que lo demuestran. Más cómodo es sustituirla por lances vistosos como una serpentina (una larga por bajo), una revolera (larga afarolada doble) o un simple recorte.

Uno de los lances más antiguos es la navarra, descrita así por *Pepe-Hillo*: «Cuando el toro entra en jurisdicción y está bien humillado, le arranca la capa por bajo y con ella da una vuelta sobre los pies, volviendo a quedar de cara con el toro». La han usado con maestría últimamente Luis Francisco Esplá y *El Fandi*.

Derivada de ella es la chicuelina. Se atribuye su invención al gran torero cómico *Llapisera*. Le dio nombre y categoría estética *Chicuelo*: sujetando el diestro el capote con ambas manos a la altura del pecho, le marca al toro la salida por uno de los lados y gira, mientras pasa la res, quedando colocado para el siguiente lance.

La han ejecutado con especial garbo algunos sevillanos: Pepe Luis, Manolo González, Manolo Vázquez, Diego Puerta, Paco

Camino (trayéndose al toro muy toreado), Morante… *Manzanares* padre las daba con las manos muy bajas.

En el farol, pasa el capote por encima de la cabeza del diestro. Es ahora poco frecuente. De modo sorprendente, Talavante suele recibir al toro con faroles (en vez de pararlo y fijarlo, como mandan los cánones).

El lance de frente por detrás se llama también gaonera, en homenaje al mexicano Rodolfo Gaona, que lo popularizó hacia 1910. Lo usaba frecuentemente Luis Miguel, mandando en el toro. Lo renovó José Tomás, pasándose al toro muy cerca y aguantando estoicamente, al tragantón. Ahora, forma parte de los alardes de valor de Roca Rey.

En los últimos años, se han popularizado muchos lances, más vistosos que profundos (algunos, venidos de México): cordobina, tafallera, saltillera, zapopina (en España, lopecina, por *El Julí*). Tienen mucho eco en los tendidos, pero no se pueden comparar con la belleza única de una buena verónica.

Es raro ver a dos diestros realizando, conjuntamente, la misma suerte de capa: la navarra, por ejemplo. Lo hacían, por ejemplo, los hermanos *Bienvenida* y, hace poco, los Esplá. Eso se llama «torear al alimón». (Se usa también, metafóricamente, para cualquier dúo).

Mención especial merecen los quites para librar a un torero, en un momento de riesgo. Lo más frecuente es que se realicen con el capote. También pueden hacerse con la muleta, a cuerpo limpio, con cualquier instrumento…

Más que su belleza importa su oportunidad. Para eso, hace falta estar siempre atento a la lidia, un mandamiento básico de la tauromaquia clásica (por desgracia, algunos toreros actuales ya no lo cumplen). También es necesario estar situado en el lugar justo. Un banderillero, *Joselito Calderón*, se ganó el afecto del público madrileño por sus oportunos quites.

Cosa diferente es el quite artístico, cuando el matador saca al toro del caballo. Que dos diestros compitan en quites es algo que encanta a los aficionados. Todavía recuerdan los madrileños los quites de Julio Robles y Ortega Cano en 1986; de *Joselito* y Enrique Ponce, diez años después. Por desgracia, hoy en día suelen tener pocas ocasiones de ver algo semejante.

Algunos toreros estilistas suelen utilizar el quite del perdón, unos hermosos lances para hacerse perdonar una actuación deslucida. Durante varios años los realizó Curro Romero al final de la Feria de Abril.

A partir de Pepe Luis Vázquez, se hablaba también del quite de la escoba: tan brillante que barría todo lo que se hubiera hecho antes.

LA SUERTE DE VARAS

«Duda la fiera, el español la llama,
sacude el toro la encastada frente,
la tierra escarba, sopla y desparrama;
le obliga el hombre, parte de repente,
y, herido en la cerviz, húyele y brama,
y en grito universal rompe la gente».

JOSÉ ZORRILLA, «El picador»

Hablando en broma, está muy claro quién es el malo en la fiesta: sin duda alguna, el picador. Algo así como el árbitro, en el fútbol. Pero aquí se está llegando todavía más lejos: en la mayoría de las plazas, apenas coloca la primera vara ya le están pitando para que levante el palo. ¿Existen muchas profesiones en las que se aprecia más al que no la realiza? Se me ocurren los verdugos y los delincuentes habituales, muy pocos más.

En realidad, este chiste no tiene la menor gracia. Al revés: es un síntoma evidente de la decadencia de la fiesta. Ante todo, la suerte de varas es la heredera directa de la primitiva fiesta taurina, en la que los toreros a caballo eran los protagonistas.

Además, en la corrida, esta suerte es absolutamente necesaria: sirve para medir la bravura del toro y para ahormarlo, haciendo posible una lucida faena de muleta.

Cosa distinta es que esta suerte —igual que todas— se realice bien o mal. En época de Primo de Rivera se instauró el peto, una exigencia de humanidad: la sensibilidad actual no soportaría ver

muertes de caballos en las plazas, pero esto también influyó decisivamente en la manera de realizar la suerte.

Amparándose en el peto, los malos picadores (la «acorazada
de picar», los llamaba Joaquín Vidal) dejan que el toro se estrelle
contra el caballo para castigarlo desmesuradamente. Es frecuente,
en esos casos, que el matador haga gestos teatrales para engañar al
público: él es el verdadero responsable de la escabechina, el picador
solamente está obedeciendo sus órdenes.

Corrochano define cómo se debería picar: «Como si el caballo no tuviera la defensa del peto y tuviera que salvar al caballo. De
la suerte de varas se deriva —aunque no lo parezca— todo lo que
luego se hace con el toro».

Hacer bien esta suerte no es nada fácil. Además de la técnica
para clavar el palo, hay que ser un buen jinete, saber mover al caballo, hacer que se fije el toro en él, elegir bien los terrenos, provocar la arrancada. Para eso, se necesita un caballo ligero, bien
domado, no un pesado percherón. Es muy importante que las plazas dispongan de una buena cuadra de caballos.

En la primera vara, conviene colocar al toro en la contraquerencia, el lado opuesto a chiqueros, para valorar su bravura. Si
muestra su mansedumbre, ya habrá tiempo, en las varas siguientes,
para ir cambiando los terrenos. Para el primer puyazo, se debe
colocar al toro a una distancia razonable; si embiste con bravura, se
irá aumentando la distancia, en las siguientes.

Una vez que el toro se ha arrancado, el picador echará el palo
para sujetar su empuje. Es lo más difícil y, a la vez, lo más hermoso.
Debe clavar el puyazo en el morrillo; si acaso, un poco delantero,
para que el toro humille en la muleta; nunca trasero, como suele
ser habitual. No debe barrenar, ni tapar la salida del toro, ni picar a
toro parado.

La suerte de la carioca, cerrando al toro contra las tablas, la
inventó Miguel Atienza para los toros claramente mansos que no
se dejan picar y no se debe extender a los demás.

Los reglamentos estipulan el número de varas obligatorio, según la categoría de las plazas: ahora, dos, en las de primera, y una sola, en las otras. (Antes eran tres en las de primera). A partir de ahí, el cambio lo decide el presidente, que suele atender a la petición del matador.

El número de varas es un debate inacabable: depende de la fuerza de cada toro, de la forma de picar. Zanja la cuestión Corrochano: «¿Cuántos puyazos se deben dar a los toros? La contestación es bien simple: los que necesite».

Es absolutamente necesario graduar el castigo, pero es un tema nada sencillo: hasta los más grandes lidiadores se equivocan en esto alguna vez por exceso o por defecto. Las dos cosas son malas. Si es por exceso, se corre el riesgo de que el toro se pare; si es por defecto, el toro puede poner en aprieto al torero, que deberá suplir con muletazos de castigo la vara que ha faltado.

En todo caso, me parece absurda la práctica actual del mono-puyazo: pegarle al toro todo lo que se pueda en la primera vara y, después de ella, pedir el cambio. El buen lidiador no puede inhibirse nunca en la suerte de varas.

Aunque sorprenda a algunos, esa suerte no solo es imprescindible, sino que, bien realizada, puede ser muy hermosa por la conjunción del hombre, el toro y el caballo. Recuerdo la emoción que sentí, en la Maestranza, cuando sonó la música en honor de un bravo toro de Guardiola, que se arrancó hacia el caballo, galopando con alegría. Y la que sentí, en Las Ventas, cuando un picador, con el castoreño en mano, dio la vuelta al ruedo, junto a su matador. El justo premio a la obra bien hecha.

LOS PARES DE BANDERILLAS

«Ágil, solo, alegre,
sin perder la línea,
—sin más que gracia
contra la ira—,
andando,
marcando,
ritmando
un viaje especial de esbeltez y osadía,
llega, cuadra, para
—los brazos alzando—,
y allá, por encima
de las astas que buscan el pecho,
las dos banderillas
milagrosamente
clavando… se esquiva,
ágil, solo, alegre,
¡sin perder la línea!».

MANUEL MACHADO, *La Fiesta Nacional*

Para el público que sabe poco, es el momento más espectacular de la corrida porque se realiza sin defensa, a cuerpo limpio. Ya lo decía *Paquiro*: «Es una de las suertes más lucidas que se les hacen a los toros, pero no es muy fácil ejecutarla con perfección».

Su misión básica es alegrar al toro, que suele estar aplomado, después de varas. Por eso se llamaba antes, a los palos, avivadores.

Lo habitual es poner tres pares; por lo menos, dos, uno por cada lado, para ver cómo embiste el toro por uno y otro pitón. En ese sentido, el tercer par puede ser superfluo si después de dos entradas se han clavado ya cuatro palos (lo que exige el reglamento).

Se debe colocar al toro para banderillas en el terreno adecuado, pero con el menor número posible de capotazos para evitar que se malicie y que, luego, se pierdan muletazos. Ya lo advertía *Cúchares*: «Para el buen banderillero, hay siempre toro, esté como esté y en todas partes».

Saca la conclusión Corrochano: «El mejor banderillero es el que necesita menos del peón».

Actualmente, la forma habitual de banderillear es al cuarteo, definida ya por *Paquiro*: «Lo citará y, luego que haga por el bulto, saldrá formando un medio círculo igual al de los recortes, cuyo remate será el centro mismo del cuarteo, en donde, cuadrándose con el toro, le meterá los brazos para clavarle las banderillas».

Lo ortodoxo supone elegir el terreno adecuado, citar, deján-dose ver, provocar la arrancada, reunir, levantar los brazos, clavar en lo alto, cuando el torero está situado en medio de los pitones (aso-mándose al balcón, no a toro pasado), y, apoyándose en los palos, salir andando. Ese sería el ideal. Tiene esto mucho más mérito que lo que entusiasma al gran público: carreras hacia delante o hacia atrás (la llamada moviola); ir hacia el toro girando como una peon-za (el molinillo); el violín, con la mano que clava por encima de la cabeza; los saltos espectaculares y los alardes gimnásticos...

Para banderillear bien, hace falta tener facultades, por supues-to, pero no debe basarse todo en ellas, sino en el conocimiento de los terrenos y de los toros.

Lo más meritorio es el par de poder a poder, en el que el torero, dándole ventajas, espera a arrancar hasta que lo haga el toro. (Lo habitual es que lo haga primero el banderillero).

Poner banderillas por dentro es una suerte muy arriesgada en la que brillaba Ignacio Sánchez Mejías. Ya en su tiempo, le decían que, al hacerlo, corría el riesgo de que le clavara el toro en las tablas, como a una mariposa.

También es muy arriesgado el par al quiebro (otros lo llaman al cambio): el torero cita a pies juntos; cuando llega el toro a su jurisdicción, adelanta una pierna, amagando con dirigirse hacia un lado; el toro lo sigue, el torero vuelve a colocarse a pies juntos y clava los palos.

Si el toro tardea, se suele elegir el par de dentro afuera, partiendo de las tablas y trazando un semicírculo hasta llegar al animal.

Con un toro arrimado a tablas, conviene clavar al sesgo. Si está parado como una estatua, a topa carnero. Si es incierto, dificultoso, se recurre a banderillear al relance (aprovechando la carrera del toro), a la media vuelta o, incluso, de sobaquillo.

Habitualmente, se ocupan de este tercio los banderilleros. El tercero suele clavar el segundo par en los dos toros que le corresponden a su matador.

En la tauromaquia clásica, algunos toreros aprendían el oficio actuando como banderilleros para pasar luego a matadores. Son los casos de *Guerrita*, *Maera*, Sánchez Mejías… Modernamente, lo han hecho, por ejemplo, Mario Coelho y Montoliú. Ahora, lo habitual es lo contrario: se refugian en ser banderilleros los matadores o novilleros que no triunfan.

Algunos matadores de toros son también buenos banderilleros. Es el caso de toreros técnicos como *Guerrita* (decían que «encontraba toro» en cualquier terreno), *Joselito*, los *Bienvenida*, los *Dominguín*, los Esplá… Han destacado por su valor y facultades *Paquirri*, Víctor Mendes, *Morenito de Maracay*, *El Soro*, *El Fandi*, Manuel Escribano…

Durante algunos años, tuvieron gran tirón de taquilla las corridas «de banderilleros». Cuando alternan dos o tres, suelen ofrecerse los palos mutuamente: puede ser un gesto generoso o una trampa.

Si un matador también banderillea, demuestra que es un lidiador más completo y llega a la faena de muleta con el público predispuesto a su favor. Pero esto tiene también su inconveniente: que le encasillen como banderillero y el público le exija que ponga banderillas en todos los toros, tengan o no las condiciones adecuadas. Por eso, no son pocos los que, en un momento determinado de su carrera, dejan de poner banderillas, buscando otro tipo de reconocimiento. Así lo han hecho, por ejemplo, José Miguel Arroyo *Joselito*, Ortega Cano, *El Juli*, Antonio Ferrera…

¿Cuándo debe un matador coger las banderillas? Como tantas veces, la fórmula certera la da don Gregorio Corrochano: «Solo para banderillear de una manera excepcional, como no podrían hacerlo los banderilleros». Pero cada torero intenta triunfar, sacando partido a las cartas que él tiene…

LOS MULETAZOS. EL PASE NATURAL

«O bien, en los tres tiempos
del pase natural, tendiendo el brazo,
guarnecido de oro,
la clásica elegancia
con seriedad ejerce y arrogancia».

Manuel Machado, *La Fiesta Nacional*

El toreo moderno atiende sobre todo a la faena de muleta. Y esta se basa en el natural (con la izquierda) y el derechazo. Conviene aclarar los términos.

Para las *Tauromaquias* clásicas, era natural el pase cuando se daba la salida al toro por el mismo lado de la mano que sostenía la muleta. Era cambiado cuando se le daba la salida por el lado contrario.

Según eso, llamaban entonces naturales también a los que hoy llamamos derechazos. A los que se dan con la mano izquierda, los que hoy consideramos auténticos naturales, los llamaban pases regulares en el sentido de «habituales»: lo usual era tener la muleta en la izquierda y la derecha con la espada preparada para entrar a matar, en cuanto el animal pidiera la muerte.

Antes, las faenas eran más cortas. Se cantaba a *Joselito* porque una tarde dio siete naturales a un toro de Gamero Cívico. En aquellos años, todavía se remataba el natural por alto o a media altura; ahora, por supuesto, se hace por bajo. Lo más ortodoxo es el natural cargando la suerte y con una trayectoria curva (en vez del que se da de perfil, en líneas paralelas). El remate lógico, obligado, de una serie de naturales es el pase de pecho.

Frente al abuso del toreo de perfil, Manolo Vázquez volvió a ponerlo de frente, con arrogancia, dando el pecho al toro.

Son más frecuentes ahora los derechazos que los naturales. Para el diestro, son más cómodos porque la muleta se arma con la ayuda de una espada y, así, tiene una dimensión mayor.

Aunque las reglas del natural parezcan rígidas —como las del soneto—, permiten todas las interpretaciones. No hay dos naturales iguales: cada artista le impone su sello personal.

Naturales y derechazos forman el centro de la faena, su meollo. Una forma muy clásica de iniciarla, como hacía magistralmente Domingo Ortega, son los doblones o trincherazos: muletazos ayudados por bajo para dominar al toro y enseñarle a embestir. (Enrique Ponce introdujo la novedad de concluir la faena con una serie de estos muletazos, doblando la rodilla, como prólogo a la estocada).

El ayudado también puede ser por alto, al comienzo o al final de la faena. El más clásico es el que se da cargando la suerte, como hoy hace Morante. Con los pies juntos, no se manda al toro, sino que solamente se aguanta su embestida: así era el estatuario de *Manolete*, seguido luego por José Tomás y Roca Rey. Corrochano lo llamaba el «pase del guardabarreras»: el diestro se limita a levantar un poco la muleta, como la banderita del tren, y, enseguida, la vuelve a bajar.

También puso de moda y dio su nombre *Manolete* a la manoletina: con los pies juntos, de frente o de perfil, el diestro muestra por el lado derecho la muleta, sujeta por la espalda. Cuando acude el toro, simplemente le deja pasar, levantando un poco la muleta. Impresionaba el hieratismo estoico del diestro cordobés, que, además, solía darlas mirando al tendido (una horrible moda, que inventó Ángel Luis Bienvenida, de lo que luego se avergonzaba).

Mondeño solía darlas muy de perfil. (Algunos hablaron de mondeñinas). *Litri* padre remataba su litrazo con manoletinas de rodillas. Cayeron luego en desuso porque Montalvo, medio izquierdo del Real Madrid, encadenó muchas manoletinas en un festival: si hasta un futbolista las daba... Por desgracia, las han vuelto a poner de moda José Tomás y, hoy, Roca Rey.

Otra forma de rematar una serie de naturales es el molinete: cuando el toro llega al centro de la suerte, gira el diestro en dirección contraria a la de su viaje. Es el equivalente, con la muleta, de la navarra. Juan Belmonte lo interpretaba con gran dramatismo. Hoy, lo usa Morante para salirse de la suerte con gracia sevillana. Con luminosa estética levantina, Enrique Ponce solía concluir muchas faenas con una serie de molinetes encadenados.

Otra forma de comenzar las faenas de muleta son los pases cambiados. Pueden ser de frente (Antonio *Bienvenida* sufrió una grave cornada en Barcelona al dar uno) o por la espalda, llamando al toro desde el centro del ruedo, con la muleta plegada. Se han llamado también pedresinas (por *Pedrés*). Hoy, Roca Rey usa y abusa de este recurso, también en medio de la faena; por desgracia, muchos imitan esta moda efectista, que conviene usar con medida.

Victoriano de la Serna inventó el pase de las flores, así bautizado por el pintor Ruano Llopis: el diestro cita de frente, ofreciendo el anverso de la muleta, para seguir con una serie de naturales o derechazos.

Al infortunado Manuel Granero se debe el pase de la firma, un derechazo que se continúa con un pase cambiado por bajo. Lo ha vuelto a realizar Enrique Ponce.

A la estética sevillana se debe el quiquiriquí, un ayudado a la altura de la cintura, retirando la muleta para que el toro no la coja. Lo inventó *Joselito*, lo han practicado con garbo Pepe Luis, Curro Romero...

A Pepe Luis se debe el cartucho de *pescao*. Consiste en llamar al toro de lejos con la muleta plegada y desplegarla solo, en un natural, cuando llega a su jurisdicción: conjuga valor y gracia.

Hace años, Antonio Díaz-Cañabate se quejaba del abuso de los dos pases, derechazo y natural; citaba el menú cotidiano de un albañil, en una obra de Carlos Arniches: «Siempre igual: patatas con tomate o tomate con patatas».

Hoy, frente al abuso de espaldinas y otros efectismos, debemos reivindicar la jerarquía de lo clásico: verónica, natural y estocada. Haciéndolo bien, nunca cansa.

LA ESTOCADA

«Este hombre del Casino provinciano,
que vio a Cara–Ancha recibir un día,
tiene mustia la tez, el pelo cano,
ojos velados por melancolía».

ANTONIO MACHADO

La suerte suprema representa *la hora de la verdad* (así se titula la película de Francesco Rossi, en la que actúa el torero *Miguelín*). Es la conclusión y el remate de la faena: toda la lidia supone, en definitiva, dominar al toro y prepararlo para la muerte. De que la estocada sea buena o mala depende, en definitiva, el éxito o no del torero, puede suponer el hundimiento o la coronación de la faena.

También es la suerte más peligrosa de todas: la única en la que, en cierto momento, el diestro deja de ver los cuernos del toro. Si se hace bien, el pitón derecho pasa rozando el tercio superior del muslo derecho del torero, en una zona especialmente peligrosa, el llamado triángulo de Scarpa o triángulo femoral.

No es de extrañar que muchas cornadas graves se hayan producido a la hora de matar, ni que fuera mortal la de *Manolete*, que solía realizar la suerte con gran honradez, sin aliviarse.

Uno de los más grandes matadores de todos los tiempos ha sido Rafael Ortega. Cuando le pregunté cuál era la técnica que él empleaba, me contestó, con toda sencillez: «¡Si es muy fácil! Basta con que sientas, en tu mano izquierda, la baba del toro».

Es verdad, pero, para eso, es preciso dominar la técnica y, además, tener la decisión necesaria para hacerla bien… Antes de nada, hay que saber elegir el terreno, teniendo en cuenta las querencias, y el momento adecuado, cuando el toro está «pidiendo la muerte». Con la emoción del momento, no es fácil mantener la cabeza fría. Muchas veces, un diestro prolonga excesivamente, se pasa de faena y el toro se pone difícil, a la hora de matar.

Discuten los profesionales a qué distancia se debe entrar a matar. Cada toro, según esté más o menos aplomado, pide una distancia diferente. Además, cada maestrillo tiene su librillo; cada torero, su peculiar forma de entrar a matar. En general, creo que acierta la norma clásica: en corto y por derecho.

Si el diestro entra de lejos, da tiempo a que el toro levante la cabeza y le impida hacer la suerte. Pero un gran matador, José María *Manzanares* hijo, suele entrar de lejos. Cuando se lo comenté, me dijo el consejo que le había dado su padre: «Donde tú lo veas claro».

El torero ha de adelantar el pie izquierdo, como si resbalara sobre la arena, y alargar la mano izquierda con la muleta hasta la boca del toro. Después, ha de cruzar, pasar el difícil fielato del pitón derecho y vaciar por completo la embestida del toro, como si diera un pase de pecho. Todo esto requiere una difícil coordinación de movimientos y un gran riesgo. Por eso, muchos diestros buscan un tranquillo: si dan un salto, como *El Juli*, la espada quedará trasera y desprendida; si se desvían hacia la izquierda, como Roca Rey, quedará atravesada…

Me estoy refiriendo, por supuesto, al volapié o vuelapiés, que se inventó para los toros que llegan al final muy parados: es el matador el que se lanza sobre la res, que permanece quieta. Por eso, no vale excusar un pinchazo diciendo que «el toro no le ayudó».

La estocada puede ser entera, media estocada (si están bien colocadas, suelen ser muy efectivas), pinchazo hondo, en hueso, sin soltar, metisaca (si el diestro se lleva la espada en la mano, rápidamente, después de haber herido). Por el lugar en que está colocado el acero, es una estocada delantera, pescuecera, chalequera, rinconera, trasera, desprendida, caída, bajonazo, golletazo, sartenazo…

Los públicos demuestran su ignorancia si aplauden una muerte rápida, aunque la estocada haya sido defectuosa. Para eso, se podría emplear una ametralladora… Importa más la forma correcta de realizar la suerte que el resultado.

El actual animalismo no tolera, silba cuando el toro tarda en caer; si la causa es que el animal, encastado, se resiste a morir, se ha considerado siempre un hermoso espectáculo, que merece una ovación.

Parece ser que fue *Costillares* el inventor del volapié. Lo elogia Corrochano: «Amplió y completó la tauromaquia, incompleta hasta él. Todas las maneras de ir al toro con estoque son derivaciones del volapié de *Costillares*».

En la tauromaquia clásica, la forma primera de la estocada era matar recibiendo. La define Sánchez de Neira: «Es la suerte de matar toros frente a frente y a pie quieto hasta después de meter el brazo». Era habitual en el siglo XVIII. La practicó con maestría Pedro Romero. En el toreo contemporáneo, no es frecuente.

Con ironía, evoca Antonio Machado a un personaje cuya mayor gloria fue ver a *Cara-Ancha* matar recibiendo. He localizado que se trata de una hazaña histórica: lo hizo en Madrid el 19 de junio de 1881 con el toro *Calceto*, de Aleas. (Eso demuestra, también, que, en contra de lo que muchos han dicho, Antonio Machado sí estaba al tanto de la tauromaquia).

Un término medio entre recibir y el volapié, cuando el toro y el torero arrancan a la vez, es matar a un tiempo. Dentro de eso, se llama aguantando, si se mueve primero el toro; arrancando, si lo hace el torero.

Ha habido muchos grandes estoqueadores en la historia: *Frascuelo*, *Machaquito*, *Guerrita*, *Joselito*, *Agüero*… Después de la guerra, *Manolete*, Rafael Ortega, Jaime Ostos, Paco Camino, *Paquirri*, *Joselito*, *Manzanares*…

Resumió certeramente Paco Camino: «Yo creo que una gran faena merece una gran estocada». Nadie lo puede discutir.

LA CUADRILLA

«Antes que un tal poeta, mi deseo primero
hubiera sido ser un buen banderillero».

MANUEL MACHADO

Es el conjunto de toreros que lidian un toro bajo las órdenes de su matador. Hoy, la forman dos picadores y tres banderilleros. Se atribuye a Francisco Romero, en el siglo XVIII, ser el primer matador que tenía cuadrilla propia.

Es habitual llamarles subalternos. Como esto parece indicar cierta inferioridad, muchos prefieren el término «hombres de plata» para diferenciarlos del oro que lleva en su vestido el matador. (Bastantes de ellos han sido antes matadores de toros).

Cualquier aficionado sabe de sobra lo importante que es, para cualquier matador, llevar una buena cuadrilla. Sobre todo, con los toros difíciles: sirven para que se vea la condición del toreo, ayudan en la lidia, pueden intervenir en un quite oportuno… Un capotazo bien dado puede mejorar la forma de embestir del animal; mal dado, lo contrario.

Aunque sean grandes las diferencias con el fútbol, también se puede hablar aquí de la importancia de contar con un buen equipo. Algunos diestros cambian de cuadrilla cada año. Me gusta más cuando la mantienen durante cierto tiempo: la compenetración, lógicamente, es mayor.

Quizá esto se obtenía antes más fácilmente porque la convivencia de la cuadrilla era mayor. Hace años, eran muy importantes los viajes: en el mismo coche, todos juntos, comentando con el matador cómo había ido la corrida. Y, por supuesto, al comienzo de su carrera, los toreros jóvenes aprendían mucho escuchando a algún banderillero veterano.

En alguna ocasión, una gran cuadrilla ha llegado a constituir un verdadero atractivo por el espectáculo que daban. Recuerdo, por ejemplo, la de Jaime Ostos con los banderilleros *El Vito*, Luis González y Pepe Blanco, y los picadores *Curro Toro* y Cipriano Velázquez. Para Ostos, suponían un motivo de orgullo: «Yo presumo de haber llevado conmigo la mejor cuadrilla de la historia del toreo: eran, todos ellos, unos fenómenos. Eso sí, cuando en el grupo especial de matadores se les pagaban 7.500 pesetas yo les daba 10.000. Bastaba con decirles: "Señores, esto es algo muy serio. Ustedes pueden hacer lo que quieran, comer y alojarse igual que yo, pero a las doce del mediodía han de estar preparados en el reconocimiento de los toros, y a las cinco de la tarde, en la plaza"».

Durante toda la temporada de 1960 les acompañó, en todos sus viajes y corridas, como uno más de la cuadrilla, el escritor Jean Cau, que había sido secretario de Jean-Paul Sartre. Contó luego su experiencia en el libro *Las orejas y el rabo*.

Elogia Corrochano cómo *Joselito*, el mejor lidiador de la historia, cuando salía un toro difícil, se dirigía a su cuadrilla con muy pocas palabras. «Se le oía decir a los picadores: "Afloja, *Carriles*; cuidado, *Camero*"». Y a su peón de confianza: «*Blanquet*, un capotazo y fuera». Es una sabia lección para la vida, comparable a la de Gracián: «Lo bueno, si breve, dos veces bueno».

La categoría de buen aficionado se muestra, entre otras cosas, por la atención y el respeto que dedica a las cuadrillas. Gerardo Diego, que lo era, escribió un *Himno a los subalternos* de tono elevado:

> *Gloria a vosotros, alfiles, jinetes,*
> *gloria y honor. Que mi verso más clásico,*
> *desde el toril al trotar de mulillas,*
> *corona os ciña solemne.*

LAS NOVILLADAS

«¿De qué sirve el esfuerzo antes de la derrota?
Y, frente al imposible, ¿qué obtienes de la audacia?
Un nombre en los carteles, una música pobre,
y, al final, te perdonan con un batir de palmas».

JOAQUÍN CARO ROMERO, *Festival en La Pañoleta*

Aunque tengan menos repercusión social, en una visión general de la tauromaquia no podemos olvidarnos de las novilladas, también llamadas, junto con las becerradas, festejos menores: en ellas, lidian reses de menos de cuatro años los toreros que todavía no han tomado la alternativa. Pueden ser con picadores o sin ellos, según la edad de los animales.

El sabio Marcial Lalanda me insistía con frecuencia en la necesidad de que los que quieren llegar a ser toreros, aunque hayan aprendido los rudimentos en una Escuela Taurina, no se salten ninguna etapa de aprendizaje: «Si, en los estudios de tipo general, después de la EGB llegan el Bachillerato, el COU, la selectividad, la carrera y, después, la oposición y la práctica profesional, en el toreo sucede tres cuartos de lo mismo: se pasa a practicar con la vaquilla, con el becerro, con vacas toreadas anteriormente, con los novillos. Finalmente, con toros de verdad, al lado de figuras consagradas, ante un público exigente y una crítica implacable».

Él lo había comprobado por su propia experiencia: «Yo estuve cinco años de becerrista, porque no tenía la edad exigida legalmente, y tres temporadas de novillero, antes de intentar la alternativa. Creo que este largo aprendizaje fue muy útil para mí».

El caso contrario lo hemos visto muchas veces: por falta de visión o por ansia económica, se provoca que un novillero prometedor tome la alternativa sin estar preparado para ello. (Algún matador actual —no diré su nombre— me ha reconocido que ese fue su caso). El resultado lógico es que lo queman: ha de aprender el oficio sobre la marcha, suele sufrir percances y tiene que remontar una carrera mal iniciada, cosa nada fácil.

Surge este problema porque no son buenos tiempos para las novilladas. Con relación a lo que antes era habitual, ha bajado mucho su número. Tiene esto dos causas evidentes.

La primera, la economía. El alcalde de Villaseca de la Sagra, gran defensor de las novilladas, lo ha mostrado con claridad meridiana: sumando los costes fijos obligatorios (la plaza, las reses, los sueldos y la Seguridad Social de todos los que deben intervenir en el espectáculo, que ahora también quieren percibir derechos de imagen), los números no salen. Conclusión: organizar una novillada no es rentable. Siguen celebrándose si existe algún patrocinio o en las grandes Ferias, porque lo exige el pliego de condiciones de adjudicación de la plaza y porque lo compensan los ingresos de las corridas de toros.

La segunda causa, la raíz del problema, es que ha bajado mucho el interés de los aficionados por acudir a los festejos menores. Existe hoy, sin duda, una mayor competencia en ofertas de ocio; las televisiones ofrecen, sin coste adicional, muchos espectáculos atractivos. Parece inevitable que la atención del gran público se oriente solo hacia los «acontecimientos» —igual que sucede en el fútbol—: esos espectáculos en los que intervienen toreros famosos, conocidos ya a través de la televisión. Es la pescadilla que se muerde la cola.

Hace décadas, los aficionados acudían a una plaza de toros, aunque no conocieran ni de nombre a los jóvenes toreros, con la ilusión de descubrir nuevos valores. Hoy, por desgracia, eso se ha perdido casi por completo. Mantener el interés por las novilladas es un signo claro de ser buen aficionado.

Es un hecho que la disminución de festejos taurinos, causada por la crisis económica y por el covid, ha afectado más a las novilladas que a las corridas de toros. Así ha seguido siendo después. Hace años, todas las ferias importantes incluían en sus carteles alguna novillada. Ahora, no sucede siempre así porque la asistencia de público suele ser escasa.

Hoy en día, Las Ventas es la única plaza de temporada que subsiste: por ello, en Madrid es donde pueden verse más novilladas. Pero aquí se lidia un novillo fuerte; muchas veces, casi un toro. Además, la exigencia del público es muy grande. Son dos dificultades graves para jóvenes toreros que tienen escasa experiencia.

Antes, los jóvenes solían venir a Madrid casi a despedirse de novilleros antes de tomar la alternativa, cuando ya habían toreado mucho en plazas de menor compromiso. Ahora, en cambio, suelen presentarse al comienzo de su carrera para darse a conocer. Intentan que un triunfo en Las Ventas les abra las puertas para que los contraten en plazas de inferior categoría: el mundo al revés…

Dentro de este panorama, nada optimista, los últimos datos que he podido localizar son algo esperanzadores: en 2023 han tenido lugar en España 268 novilladas en 167 localidades: casi igual que en 2022. La cifra de novilleros que se han vestido de luces, aunque fuera una sola vez, ha aumentado: han sido 126. Está claro que no disminuye la cantera, el número de jóvenes que sueñan con ser toreros.

Esta mejoría —pequeña pero indudable— se debe a ciertas iniciativas en apoyo de las novilladas. Por un lado, las ferias de novilladas que organizan con seriedad y profesionalidad algunos ayuntamientos: Villaseca de la Sagra, Arnedo, Moralzarzal, Arganda, Calasparra… Por otro, el apoyo de algunas comunidades autónomas (Andalucía, Madrid, Castilla-La Mancha, Extremadura, Castilla y

León) para organizar estos festejos que transmiten las televisiones autonómicas. A eso se ha sumado la Fundación del Toro de Lidia, que ha creado un Circuito y una Liga Nacional de novilladas.

La conclusión es evidente: las novilladas son el futuro de la fiesta. Los aficionados de verdad deben ser conscientes de ello y apoyarlas. Pero la solución económica solo puede venir de una actuación decidida y conjunta de las Administraciones (incluida la Seguridad Social) y las asociaciones de profesionales taurinos. Por desgracia, esa unidad de acción ni la veo ni la espero.

LAS «SEÑORITAS TORERAS»

*«Tu toreo es legítimo y adulto,
y serio de verdad tras tu sonrisa
triste y alegre de misterio y culto».*

GERARDO DIEGO, «Madrigal a Conchita Cintrón»

Así se ha denominado, tradicionalmente, a las mujeres que eligieron esta dificilísima profesión. Tuvieron que luchar con reiteradas prohibiciones y con prejuicios machistas: la presunta defensa de la salud femenina o de su pudor, la raíz viril de la fiesta… A pesar de ello, los libros de Muriel Feiner han demostrado que la presencia de la mujer en el mundo taurino es mucho mayor de lo que suele creerse.

Es cierto, eso sí, que no se puede llegar a ser buen torero sin un serio aprendizaje, al que, durante mucho tiempo, han tenido muy difícil acceso las mujeres. Sin embargo, es indiscutible la categoría artística de algunas toreras, como Juanita Cruz, Conchita Cintrón, Maribel Atiénzar y Cristina Sánchez.

A fines del siglo XVIII, fue popular *La Pajuelera*, grabada por Goya en su *Tauromaquia* a caballo con la pica. En el Romanticismo, triunfó Martina García, «la intrépida Martina», a la que Pascual Millán llamó «*Lagartijo* mujeril». Por su valor, sufrió cogidas y revolcones, que suscitaron poemas humorísticos sobre las mujeres toreras:

Cuando clavaban el par
y por el suelo rodaban,
ciertas cosas enseñaban
que ocultas deben quedar.

A lo largo del siglo XIX, se hicieron famosas *La Guerrita*, la primera española contratada en México, y *La Fragosa*, la primera que vistió el traje de torear masculino. Dos catalanas, *Las Noyas*, llegaron a torear 68 tardes en 1897.

Muy pintoresco es el caso de María Salomé, *La Reverte* (1878-1945). Toreó en Madrid a fines y comienzos de siglo. En 1908, cuando el ministro La Cierva prohibió la actuación de mujeres, reveló que su verdadero sexo era el masculino. Acabó como guardia jurado, con bigote, en Jaén, con el nombre de Agustín Rodríguez. Todavía se discute si se trata de un caso de transexualidad.

La Segunda República trajo un ambiente de liberación de la mujer, en el que surgió la madrileña Juanita Cruz (1917-1981), que debutó en Cabra, en 1933, junto a *Manolete*. Todos elogiaron sus grandes cualidades. Marchó a México, donde alternó con Gaona y la compararon con Dolores Ibárruri como ejemplo de «la nueva mujer española». La Guerra Civil interrumpió su carrera. Volvió a España, ya retirada, en 1948. He conocido yo a su apoderado y marido, Rafael García Antón, que dedicó toda su vida a defender su categoría artística.

El franquismo solo permitía a las mujeres que actuaran a caballo. A eso se acogió la gran Conchita Cintrón (1922-2009), que se consideraba peruana. Triunfó en España como rejoneadora, pero no le permitieron lucir aquí sus cualidades como torera a pie. Todos coinciden en que eran excepcionales. Cuando la conocí, era una gran señora, inteligente y atractiva, que vivía en Portugal. Es muy interesante su libro de *Recuerdos*.

La alicantina Ángela Hernández (1946-2017), rejoneadora y torera, mostró tanto valor en los despachos y en los tribunales como en los ruedos. Llevó a cabo una larga lucha, casi tres años, para que se le reconociera el derecho a torear y lo consiguió en 1974, al suprimirse el párrafo C del artículo 48 del reglamento taurino. Fue la primera mujer española que obtuvo el carné de torero. Dobló, en algunas películas, a Marisol y Claudia Cardinale (era rubia y de agradable aspecto). Fue gran amiga de *Paquirrí*, *El Cordobés* e Isabel Pantoja. Tenía muy claro lo que quería: «Pretendo lograr que se me contrate como torero, no por novedad y atractivos ajenos a la fiesta de los toros. Soy un torero como cualquiera y así deseo ser tomada por la afición. Mi única verdad es querer ser figura del toreo». Toreó 300 festejos y sufrió 17 cornadas.

Maribel Atiénzar (1959), hija de un empleado de la plaza de toros de Albacete, conocía bien el oficio. Toreó en Las Ventas y llegó a tomar la alternativa en México.

El 8 de junio de 1995, Cristina Sánchez (1972), hija de un banderillero, hizo historia en su presentación como novillera al ser la primera mujer que salía a hombros de Las Ventas. Tomó la alternativa en Nimes al año siguiente de manos de Curro Romero. Fue también la primera torera que ha confirmado su alternativa en Madrid. Algunos compañeros se negaron a torear con ella. Se retiró en Las Ventas el 12 de octubre de 1999. Reapareció por única vez en Cuenca el 20 de agosto de 2016: esa tarde la vi torear bien, con mando y temple, y triunfar, como tantas veces, aunque la espada no era su fuerte. Además de eso, Cristina es una mujer inteligente, con una imagen moderna y atractiva. Después de retirarse, ha seguido vinculada a la fiesta como apoderada y comentarista.

Hoy, los que desean ser toreros no han de pasar ya el calvario de los maletillas, aprenden el oficio en las Escuelas Taurinas. En ellas, el número de chicas matriculadas es alto. Felizmente, esta lucha de las mujeres para que se les reconozca el derecho a ser toreras parece ya haber concluido con una rotunda victoria. Habrá que esperar, eso sí, a que surjan mujeres que sean primeras figuras.

EL PRESIDENTE. LOS TROFEOS.
EL INDULTO

«Estamos viviendo una ola de indultitis».

VICTORINO MARTÍN

El presidente es la autoridad que ejerce las funciones directivas de la lidia antes y durante la corrida, además de proteger el orden público. Tradicionalmente, esto último se consideraba su tarea fundamental. Por esa razón, se encomendaba ese puesto a un policía. La experiencia ha demostrado que los problemas de orden en las plazas de toros son infinitamente menores que los que se plantean en los acontecimientos futbolísticos y en los conciertos populares.

La actuación del presidente es decisiva para garantizar la pureza del espectáculo: ante todo, en el reconocimiento de los toros, antes de las corridas. Durante ellas, desde el palco presidencial, dirige el buen orden de la lidia, concede los trofeos y, en general, garantiza los derechos de los espectadores.

En su labor, le ayudan un asesor veterinario, sentado a su derecha, y, a su izquierda, un asesor artístico (habitualmente, un torero retirado). Suelen discutir los aficionados si siempre les hace caso…

¿Por qué tenía que ser policía un presidente de corridas de toros? Además de guardar el orden, porque eso podía garantizar más su imparcialidad en la concesión de trofeos. Téngase en cuenta, por ejemplo, que otorgar o no una oreja puede suponer la salida en hombros del diestro. En plazas como Madrid y Sevilla, eso tiene unas consecuencias muy grandes en el reconocimiento profesional de un diestro y también en su caché.

Por supuesto, alguien que no sea policía también puede ser absolutamente imparcial. Desde el otro lado, no basta con ser un honrado policía para ser un buen presidente de plaza de toros: hace falta, además de eso, ser gran aficionado, conocedor profundo de la fiesta, tener criterio y personalidad. No es nada fácil reunir a la vez todo eso.

Decía Cañabate que se necesitan más cualidades para ser presidente de una plaza de toros que para ser ministro. Si miramos a los que actualmente ostentan carteras ministeriales, no es pedir demasiado...

En algunos reglamentos recientes, se ha abierto la posibilidad de que ocupen el puesto de presidente personas que no sean policías. No por ello han dejado de existir polémicas sobre su actuación.

Designa a los presidentes la autoridad autonómica competente. Elegir a unas personas y no a otras también suele suscitar suspicacias y polémicas.

En algunas ferias importantes (Bilbao, por ejemplo), actúa como presidente en todos los festejos la misma persona. Eso garantiza la coherencia, pero le otorga un gran protagonismo: con su exigencia, Matías González ha hecho mucho por el prestigio de esa plaza. En Sevilla y Madrid, en cambio, van turnándose distintos presidentes a lo largo de la feria. Los espadas y los aficionados que asisten a un festejo se informan de qué presidente les ha tocado porque el criterio personal de cada uno no es el mismo.

En Pamplona, el problema se agrava porque, en cada corrida de San Fermín, actúa como presidente un concejal del Ayuntamiento, que no tiene por qué ser un experto taurino. Aunque le ayuda el asesor, es dudoso que siempre le haga caso; algún político puede tomar decisiones por su cuenta, buscando demagógicamente un rédito de imagen...

A las cualidades ya mencionadas, como requisitos para ser buen presidente, los aficionados añaden una más, muy importante: que sepa mantenerse al margen del taurineo, del compadrazgo con los profesionales taurinos. Por la tarea que le corresponde, no resulta nada fácil.

En España, en este momento, existen dos asociaciones distintas, en este campo: la tradicional es la Asociación Nacional de Presidentes de Plazas de Toros de España, que impulsó Marcelino Moronta: celebró en octubre de 2023 su Congreso nacional en Madrid. Hace poco, nació la Unión Nacional de Presidentes de Plazas de Toros de España, presidida por José Luque Teruel, sevillano, miembro de la carrera judicial, hijo del banderillero Andrés Luque Gago. Las dos asociaciones organizan cursillos de capacitación para aficionados. Es aspiración común, creo, profesionalizar a los presidentes de corridas de toros, igual que sucede con los árbitros de fútbol.

Téngase en cuenta que ninguna de las decisiones de un presidente se basa en datos objetivos, matemáticos; todas ellas dependen de su criterio personal, son subjetivas, discutibles, suscitan polémica. En el reconocimiento de los toros, ¿dónde está la frontera clara que separa al que tiene trapío del que no lo tiene? En la concesión de trofeos, ¿hasta qué punto debe llevarse la exigencia?

Por supuesto, esos criterios dependen muchísimo de las plazas. No es lo mismo un toro para Madrid que para Sevilla, Pamplona y Valencia. No se exige lo mismo para cortar oreja en cada uno de esos cosos. El presidente debe conocer bien su plaza, conectar con su público, pero no rendirse a él: un equilibrio nada fácil.

Para comunicar sus decisiones, subsiste el sistema tradicional de los pañuelos de distintos colores, que saca el presidente. El blanco sirve para indicar el comienzo del espectáculo, la salida de los toros, los cambios de tercio, los avisos y los trofeos. El verde, la devolución de un toro. (A veces, cuando prevén que se van a lidiar reses inadmisibles, los sectores más exigentes del público de

Las Ventas han acudido a la plaza armados de grandes pañuelos verdes). El rojo, para que se pongan banderillas negras a un toro por su mansedumbre. El azul, para conceder la vuelta al ruedo al toro. El naranja, para indultar un toro. Lógicamente, el que más se usa es el primero, seguido por el segundo. Los otros tres apenas suelen verse.

Las polémicas más frecuentes surgen por la concesión de trofeos. Según el reglamento, la primera oreja se da «a petición mayoritaria del público». ¿Cómo se valora que es mayoritaria cuando muy poca gente lleva hoy pañuelo? De modo habitual, se manifiesta con gritos o exhibiendo cualquier objeto blanco; la almohadilla, por ejemplo. Obviamente, el recuento de los que así piden la oreja es muy difícil.

La segunda oreja «es de exclusiva competencia del presidente, que tendrá en cuenta la petición del público, las condiciones de la res, la buena dirección de lidia en todos los tercios, la faena y, principalmente, la estocada». Si esto se aplicara con rigor, ¿cuántas veces se concedería el doble trofeo?

También le corresponde al presidente una decisión importantísima para los ganaderos: el indulto de un toro, por su bravura y casta excepcionales. En todas las épocas se ha hecho alguna vez, aunque no estuviera previsto por ley. Se reguló por primera vez en 1992 y se mantuvo en el reglamento nacional de 1996.

Para que pueda concederse el indulto, lo debe solicitar mayoritariamente el público; expresamente, el diestro que lo está lidiando; también, ha de dar su conformidad el ganadero. Para limitar excesos, está limitado a las plazas de primera y segunda categoría.

Además de premiar al ganadero, supone el indulto una medida que favorece la conservación de la casta brava, un tesoro genético. Por eso, era una vieja aspiración de muchos profesionales y aficionados.

Muy pronto se planteó un reparo demagógico: ¿es que no puede lidiarse algún toro de excepcional bravura en plazas de tercera categoría? ¡Por supuesto que sí! Lo que se intentaba evitar era abaratar los indultos, en cosos de escasa exigencia.

Me temo que eso es lo que ha sucedido. Veo en la estadísticas que, en el año 2010, se indultaron solo 2 toros en plazas de primera y segunda, frente a 18 en plazas de tercera. En 2013, algo semejante: 3 toros en plazas de primera y segunda, frente a 20 en plazas de tercera. Como en todas las cosas, un equilibrado término medio parece el mejor remedio. Para eso también es necesario que el presidente tenga buen criterio e independencia.

He presenciado más de una vez el indulto de un toro bravo. Siempre, a la salida de la plaza, los más exigentes han discutido si lo merecía plenamente. Lo que yo he vivido ha sido un éxtasis colectivo, el triunfo de la bravura de un toro, que se ha ganado seguir vivo y padrear. Es el más feliz final para una corrida: el triunfo de la vida sobre la muerte.

LA CORNADA

«¡Que no quiero verla!
Dile a la luna que venga,
que no quiero ver la sangre
de Ignacio sobre la arena».

FEDERICO GARCÍA LORCA,
Llanto por Ignacio Sánchez Mejías

El aficionado acude a las plazas con la ilusión de disfrutar de una hermosa faena, no es un sádico que espera ver sangre. Sin embargo, sabe de sobra que la posibilidad de la cornada siempre existe, que siempre puede haber —como en el título de una de las partes del *Llanto por Ignacio Sánchez Mejías*, de García Lorca— *sangre derramada*. Y que eso, justamente, añade grandeza al toreo. Son héroes los toreros porque se atreven a hacer lo que nosotros no haríamos por todo el dinero del mundo.

Se equivocan radicalmente los animalistas que ven al toro bravo como un pobrecito animal, casi un animal doméstico. La realidad histórica no se puede negar: los toros hieren y muchas veces matan. Si ahora mueren menos toreros que antes no es porque el riesgo sea menor, de ningún modo, sino solamente por los avances de la medicina.

El diestro conoce y acepta esa realidad. Un ejemplo llamativo de esa actitud es el caso del valentísimo Ignacio Sánchez Mejías, un personaje con tantas inquietudes que, en 1925, aceptó escribir artículos en el diario sevillano *La Unión* sobre las corridas en las que intervenía. (Publicó las críticas de sus propias actuaciones: un caso único). El 29 de junio, en Burgos, un toro de Miura le hirió de gravedad. En cuanto comenzó su recuperación, el periódico le reclamó, con especial interés, que contara su versión del percance. Se resistió Ignacio, pero acabó cediendo el 8 de julio: «Pasadas aquellas primeras emociones de los primeros días, para un torero no tiene crónica su herida. No es nada extraordinario ni interesante que al que se pasa la vida toreando le griten y le aplaudan los públicos, y le cojan y le suelten los toros. Son cosas corrientes en nuestra profesión. "El que no quiera que le cojan que se meta a obispo", solía decir *El Gallo* padre. Y es verdad. Las cornadas siempre se las dieron a los toreros. A mí me dieron muchas, tantas que, cuando recibo una nueva, me parece tan lógico, tan natural, tan razonable, que ni siquiera se me ocurre el comentarlo».

Verdaderamente, impresiona la naturalidad, el estoicismo con el que Ignacio cuenta su cornada. Todavía más lacónico era otro diestro, *Frascuelo*, famoso también por su valor: «Los toros dan *cornás* porque no pueden dar otra cosa».

Apuntan otros toreros a otra causa, su propio error. Así, *Cúchares*: «Las dudas, ante el toro, son las que dan las cornadas a los matadores».

Lo mismo opina *Lagartijo*: «No son los toros los que cogen, son los toreros los que cogen a los toros».

Luis Miguel *Dominguín* añade cierta novelería (acorde con su biografía, por otra parte): «Todas mis cornadas tienen nombre de mujer».

Algunas cornadas reúnen especiales características. La primera cornada grave suele ser una prueba que mide el carácter, el valor y la resistencia del torero. Especialmente duras son las que tradicionalmente se llaman cornadas de espejo, en la cara: el diestro ve su cicatriz todas las mañanas al afeitarse. Así fue, por ejemplo, una grave cornada de Pepe Luis Vázquez en Santander.

Aunque tengan amplia experiencia de cornadas, es habitual que a cada torero le afecte de modo especial una de ellas porque vio el panorama más feo. Me lo comentaba Ortega Cano sobre una que recibió en América. A *El Juli* le pasó con la que sufrió en Sevilla. En esos casos, suele ser más larga la recuperación; sobre todo, la psicológica: no es fácil olvidarlo. Lo dice una copla:

> *El diestro, para ser diestro,*
> *ha de tener dos partidas:*
> *conocimientos del arte*
> *y desprecio de la vida.*

Me contaba Marcial Lalanda que los toreros de su tiempo temían más el dolor de las curas que las cornadas: «Las curas, en mi época, eran terribles. Al darte la cornada el toro, no la sientes. Las curas, en cambio, a mí no se me olvidó ninguna de todas las que me hicieron en mi vida. Claro, cuando se levantaba uno de la cama para volver a torear, costaba trabajo hasta que volvía uno a coger el sitio. No se puede ignorar lo que los toreros debemos a *san Fleming*».

Por eso, se le dedicó un monumento en la explanada que está delante de la plaza de Las Ventas. Allí solemos citarnos algunos aficionados antes de las corridas. De hecho, antes de la penicilina, algunas muertes de toreros las causó una infección más que la cornada en sí. Añadía Marcial un ejemplo curioso sobre las dificultades de volver a coger el sitio: «Le dices a la pierna: "¡Muévase usted para delante!". Y la pierna replica: "¡Su padre!"».

La cornada ha servido también como metáfora en la poesía. Lope de Vega la usa para referirse al amor, su gran tema. Dámaso Alonso, como símbolo del destino trágico, que se ha llevado a un gran amigo, el poeta Rafael Melero:

> *¿Qué bestia gris burriciega*
> *trota idiota, y te nos siega*
> *al trompicón?*

¿Qué negro toro marrajo
te metió ese golpe bajo,
a traición?

Una vez más, recordamos lo que le dijo *Cúchares* a su gran amigo, el actor Julián Romea: «Aquí se muere de verdad y no de mentirijillas, como en el teatro».

Es verdad. La historia está ahí, con sus toreros caídos, para demostrarlo. Sin ánimo de ser exhaustivo, estos son algunos de los principales nombres: en los orígenes de la tauromaquia, José Cándido, *Pepe-Hillo* (un percance que se ve en un grabado de Goya), *Pepete*, *El Espartero*, *Fabrilo*, Domingo *Dominguín*. En el siglo XX, Antonio Montes, Florentino Ballesteros, *Joselito*, *Varelito*, Granero, *Litri*, *Gitanillo de Triana*, Ignacio Sánchez Mejías. Después de la guerra, Pascual Márquez, *Manolete*, *Carnicerito de Méjico*, Pepe Mata, José Falcón, Antonio *Bienvenida*, *Paquirri*, *Yiyo*, Pepe Cáceres, Manuel Montoliú, Soto Vargas, Víctor Barrio, Iván Fandiño…

¡Cuánta *sangre derramada*! ¡Cuánta *muerte en la tarde*! En la Roma de Nerón, se decía que la sangre de los mártires era semilla de nuevos cristianos. La noticia de la muerte de *Paquirri* sirvió, de hecho, para que la fiesta fuera más respetada y cobrara mayor auge. No es un consuelo, pero es la verdad.

Recuerdo la razón que me dio el mimo francés Marcel Marceau cuando le pregunté por su interés por la tauromaquia: «Porque el torero afronta con lucidez la hora de la verdad, esa que a todos ha de llegarnos».

En una hermosa fotografía, vemos a Ignacio Sánchez Mejías desolado, junto al cadáver de *Joselito*, su ídolo. Algún tiempo después, tras haber reflexionado, le dijo a *El Caballero Audaz*: «El torero no tiene más verdadera vida que la del peligro. Cuando uno se retira, se muere… Su muerte no está en la plaza, sino en su casa. *Joselito* está vivo. Más vivo que Belmonte y que yo, porque se murió valientemente en la plaza».

LA RETIRADA

Aunque a todo el mundo le llega ese momento (naturalmente, a los que tienen la suerte de llegar a esa edad), la jubilación supone siempre un trago duro. A pocos les consuela eso de que la palabra deriva de júbilo, 'alegría'. La dureza aumenta cuando se trata de una profesión muy absorbente, ejercida durante años. Más aún cuando, en esa profesión, como sucede en los toros, comienzas a ser viejo a los treinta años. Todos los diestros me lo han repetido: es trágico que te empiecen a flaquear las facultades justamente cuando más claro ves el toreo…

Comencemos por la anécdota humorística: tradicionalmente, se identificaba la retirada del diestro con cortarse la coleta. De hecho, al finalizar su último festejo, solía tener lugar esa solemne ceremonia. La última vez que lo he visto ha sido hace muy poco: al concluir la temporada de 2023, en la plaza de Jaén, en el centro del ruedo, en medio de un grupo de fotógrafos, *El Cordobés padre* le ha cortado la coleta a *El Cordobés hijo*, sellando así públicamente su reconocimiento y su cariño. En cambio, no ha querido realizar esa ceremonia *El Juli* en su despedida de Sevilla: quizá para mostrar que deja abierta la puerta a su reaparición.

En ese caso, se trataba de una coleta simbólica, el añadido o postizo: la que hoy es habitual desde que el revolucionario Juan Belmonte decidió suprimir esa costumbre, causando un gran escándalo. Por lo que sé, el último que se la dejó crecer de verdad fue mi amigo sevillano Bartolomé Sánchez, *Simón*.

La coleta de verdad identificaba al torero, al que también se le llamaba coletudo o coleta.

«Cortarse la coleta» podía tener también un doble sentido erótico, que se usaba en poemas humorísticos. Uno de ese género le escribió el compositor Barbieri a Frascuelo cuando este anunció su retirada, en medio de una gran polémica:

> *Frascuelo, no te la cortes;*
> *no te la cortes, Frascuelo,*
> *mira que tal colicidio*
> *hace llorar hasta el ruedo.*

Pero sí se la cortó y la dividió en tres pedazos, que repartió a su hija, al director de *La Lidia* y al arzobispo de Madrid: nada menos que los tres símbolos de la familia, los toros y la religión.

Volvamos a lo serio. ¿A qué edad suelen retirarse los toreros? Repasando los datos de las grandes figuras, encuentro que Pepe Luis Vázquez se retiró a los treinta y dos años pero volvió, fugazmente, seis años después. Uno de los más tempraneros fue Manolo González, que se retiró a los veinticuatro años, pero reapareció —solo para una temporada— siete años más tarde.

En el lado opuesto, recordamos que *Antoñete* toreó hasta los sesenta y nueve años, aunque se ahogaba por culpa de «el jodío fumeque», como decía *Juncal*. A su lado, con sesenta y seis años, toreó Curro Romero. Con esa edad, naturalmente, el público que iba a verlos se contentaba con algunos esbozos de su arte.

Repiten muchos toreros una vieja reflexión: cada temporada, ellos son un año más viejos, mientras que los toros siguen teniendo la misma edad… Lo que importa, por supuesto, es saber irse a tiempo, algo muy difícil. Lo subraya la sabiduría castellana de *El Viti*: «En muchas circunstancias de la vida, es mejor marcharse antes de que te echen. En el toreo ocurre lo mismo, pero es más vital. Ese señor no paga para ir a verte toda la vida; paga para verte bien. Si no puedes responder, lógicamente acaba cansándose. Entonces, si no tienes la lucidez para marcharte a su debido tiempo, préstate a que sea la profesión la que te eche».

En lo mismo insistía Marcial Lalanda: «¿Por qué se va un torero de su profesión? Pueden jugar muchas razones: por las cornadas. Porque el público lo echa, se cansa de él. Porque aprietan los toreros que vienen detrás, obligándole a realizar esfuerzos para los que ya no está preparado… Solo pensé en retirarme cuando, después de un par de cogidas, aun sin consecuencias, no me respondieron mis piernas a lo que mi cabeza mandaba. Por eso, me retiré absolutamente en serio, sin pensar en volver a torear nunca más».

Y así lo hizo. Al cansancio físico por las cornadas se refiere también Luis Miguel al final de su *verano sangriento*, el de su competencia con Ordóñez: «Realmente, estaba cansado. Quería liberarme por lo menos durante un año y cambiar de ambiente para desintoxicarme. En aquella corrida de Bilbao, no tenía el menor reflejo, hasta el punto de que me di contra el caballo de espaldas, corriendo, cosa completamente absurda, y allí me cogió el toro… Un hombre tiene sus altibajos, no es una máquina».

Del mismo agotamiento habla *El Cordobés*: «Estaba cansado y me vine un poco abajo… Mi cuerpo no podía más. Estaba toreando en Oviedo y, cuando puse la muleta, vi que entraban dos toros. Corté las orejas casi sin moverme, pero al final de la corrida estaba tan agotado que tuve que cortar la temporada. No tenía fuerza ni reflejos, y con esa visión de dos toros entrando en mi muleta me vine abajo. Mi vista estaba borrosa, pero todavía me acuerdo de esas dos masas negras y de los cuatro cuernos».

Cuentan que, por agotamiento, para liberarse, el mexicano Carlos Arruza tiró un día la chaquetilla del vestido de torear por la ventana del hotel.

Otros diestros aluden a otras causas. Pueden ser muy concretas: creer que se ha alcanzado ya una cumbre (*El Niño de la Capea*). No encontrar apoyo en los empresarios (Dámaso González)...

Cuenta Pepe Luis cómo, al final, le pesaba la responsabilidad a *Manolete*, su gran amigo: «Se metió en un callejón muy difícil, porque empezó a acostumbrar a la gente a que se podía estar bien con casi el 90 por ciento de los toros. Esa cosa imposible, él la consiguió, pues se pasó un año o dos cogiendo un sitio muy cerca del toro, en la pala del pitón. Entonces, los toros, que eran medianos de condición, a él le servían (...). Todo eso le dio mucho dinero y una fuerza descomunal, pero se metió en un callejón. Cuando viajábamos en tren, él me decía muchas veces: "José, qué harto estoy de tanta responsabilidad"».

Apunta Luis Miguel a la necesidad de concentración que exige la profesión taurina: «Hay que estar pensando día y noche en el toro; es una entrega total. En cuanto no lo haga, lo paga. Al toro, cuando está uno toreando, hay que dedicarle el día y la noche. Me acuerdo que había una época en que no podía conducir, porque, como iba pensando en faenas, a veces el chófer que estaba a mi lado me agarraba el volante y me pegaba un tirón, porque seguía derecho en la curva. Era tal la obsesión que no podía hacer nada».

Lo mismo dirían los que están concentrados totalmente en escribir una novela, pintar un cuadro o componer una música... Juan Belmonte utiliza otra anécdota de la vida cotidiana que todos hemos vivido alguna vez. Si hemos comido demasiado, hemos perdido el gusto: estamos indigestados, aborrecemos la comida, nada nos apetece, por bueno que sea. Una dieta temporal es la única solución para volver a sentir apetito. Eso la pasó a Belmonte, en alguna ocasión: «Demasiado comprendía yo que aquello no podía seguir. El público no tardaría en arrinconarme si no era capaz de salir del marasmo en que vivía. Tuve entonces una resolución salvadora. Necesitaba reencontrarme y, para conseguirlo, no hallé más recurso que el de volver atrás y comenzar de nuevo. Me fui a Triana, busqué a los amigos de la pandilla, evocamos nuestras viejas aventuras en cercados y dehesas y, una noche, nos plantamos en Tablada y nos pusimos a torear como en nuestra época heroica. Aquella vuelta al comienzo me hizo reaccionar vivamente. Recobré el gusto de torear, que había perdido en las plazas, sentí de nuevo el ansia del triunfo y, después de unas corridas de tanteo, en las que fui entrenándome y acostumbrándome otra vez a poner el alma en la lidia, triunfé rotundamente al salir en hombros por la Puerta del Príncipe».

Hablando en general, diría yo que un diestro se retira porque, aunque esté toreando bien, se le ha destensado cierto resorte íntimo. Puede deberse eso a varias causas: ha ganado dinero rápidamente; se ha enamorado; el público le exige cada vez más; ha visto demasiado cerca la muerte, le ha cogido miedo a los toros; ya ha conseguido lo que quería; le preocupan sus negocios; echa de menos a su familia; ha toreado demasiado y se ha aburrido, mecanizado; siente que está desperdiciando su vida, quiere disfrutar, hacer otras cosas… Este suele ser el horizonte habitual, con muchos matices personales.

En estos casos, seguir toreando significa sufrir, arrastrarse por los ruedos, desperdiciar su crédito, echar un borrón en su carrera. La única solución útil y razonable es dejar de torear temporal o definitivamente. Algunos no recuperan nunca el hambre de torear; otros, en cambio, sí y pueden hacerlo mucho mejor: así les pasó nada menos que a Belmonte, Domingo Ortega, Luis Miguel, *Pedrés*, *Antoñete*, Manolo Vázquez, Paco Ojeda, Roberto Domínguez… Ahora mismo, le ha sucedido a Castella. Lo advierta o no el público, en su segunda etapa han toreado todavía mejor que en la primera.

¿Cuándo toma un torero la decisión de retirarse? Según su testimonio, lo más habitual suele ser que esté dándole vueltas en la cabeza durante algún tiempo a esa decisión y que un día, sin saber bien por qué, corte por lo sano. Así cuenta cómo lo hizo Antonio Ordóñez: «Yo creo que actúa el subconsciente. Vas pensando que todo esto se tiene que acabar, se va a acabar. Y un día, por circunstancias que se reúnen, tú dices: se acabó. Este es el momento. Pero no estaba pensado. Fue así, sin premeditación ni nada».

Tenemos un ejemplo reciente. Un diestro con tanta experiencia como Enrique Ponce, agobiado por la nueva situación sentimental en que se había metido, al dejar a su mujer por una chica joven, llegó a Burgos, donde iba a torear al día siguiente, y, de improviso, le anunció a su cuadrilla que podían marcharse porque ya no toreaba más (de momento, se entiende). En otras esferas de la vida, todos hemos tomado alguna decisión importante con tan escasa reflexión…

Después de retirarse, algunos diestros han tenido la fortuna de vivir largos años. He anotado algunos datos: Pepe Luis, Vicente Pastor, Antonio Márquez, Rodolfo Gaona y Marcial Lalanda vivieron todavía unos cincuenta años (lo que era antes una vida entera); Domingo Ortega, *Chicuelo* y *El Niño de la Palma*, cerca de los treinta…

A Pepe Luis le tentaron con una buena oferta para que volviera a los ruedos, sintió la tentación, pero, después de reflexionar, supo rechazarla: «Es mucha responsabilidad y siempre piensa uno que pueden salir las cosas torcidas. Lo pasé muy mal en el 59. Tenía tanto temor al posible ridículo que me comía el ánimo muchas veces. No sé si habré quedado mal con la afición de mi tierra por no haber toreado por lo menos una sola vez, pero que me perdonen, que es por el respeto y el cariño que le tengo a esta plaza por lo que me daba miedo torear. El poder defraudarles era una cosa superior a mis fuerzas. En otra parte, me daba igual, pero que pudiera estar mal en Sevilla, eso ya no me cabía en la cabeza».

Aunque muchos lo disimulan, vuelven a los ruedos algunos toreros por dinero. Es lógico, no saben hacer otra cosa en la vida.

Lo reconoce *El Andaluz*: «Yo me volví a vestir de torero porque me hacía falta el dinero. Nadie con más de cincuenta años de edad se puede poner delante de un toro si no es por agobios económicos. Y que conste que yo no he perdido la afición, pero una cosa es torear en el campo y otra, en la plaza. La cosa salió mal. ¿Cómo iba a salir? Para torear bien hay que entregarse. Yo no estaba en condiciones de hacerlo».

Tardó en decidirse Manolo Vázquez: «Yo, ahora mismo, sería feliz instrumentando 20 naturales de los míos en Sevilla o en Madrid. Le entran a uno unas ganas…, pero me las aguanto».

Finalmente, no se las pudo aguantar más. Y acertó: triunfó, como nunca lo había logrado, en la Maestranza y en Las Ventas. En su reaparición, logró eso tan difícil a lo que todos los seres humanos aspiramos: realizó su sueño.

Después de una brillante despedida, Paco Ruiz Miguel volvió a los ruedos. Con toda sencillez, me confesó por qué: «Ni yo mismo me aguantaba, le hacía la vida imposible a mi familia. O iba a un psiquiatra o volvía a los ruedos. Preferí volver». Hizo bien. Ahora, comenta las corridas que retransmite Canal Sur.

Muy singular es el caso de Ignacio Sánchez Mejías. Había triunfado dentro y fuera de los ruedos: figura del toreo, amigo de los poetas del 27, autor de teatro, organizador de un *ballet* flamenco con *La Argentinita*, jugador de polo, periodista, aviador, presidente del Betis y de la Cruz Roja… Pero sintió *la amargura del triunfo* (el título de su novela inédita, que yo publiqué). Con más de cuarenta años de edad y casi ocho retirado, decidió volver a los ruedos. A todos sus amigos les pareció una locura, pero él no aceptó ningún consejo: como los conquistadores españoles, sus héroes, buscaba siempre nuevos horizontes. Un toro lo hirió mortalmente, pero su amigo Federico García Lorca, con su *Llanto,* le hizo inmortal.

Cuando se retiran, algunos diestros se hacen ganaderos: Manolo González, *El Viti*, *El Niño de la Capea*, *Espartaco*… Otros, profesores, en una Escuela de Tauromaquia: Rafael Ortega, Gregorio Sánchez, Joaquín Bernadó. Veedor de toros fue *Gallito*. Apoderados, Roberto Domínguez, Ortega Cano, Cristina Sánchez. Escriben de toros Juan Posada, Pepe *Dominguín*. Poemas, Mario Cabré. Son pintores Antonio Sánchez, Andrés Vázquez, Jaime Ostos, Palomo Linares, Luis Francisco Esplá…

No son pocos los que ponen su esperanza en que les continúe su hijo en los ruedos. No siempre sale bien… Fernando Domínguez se ilusionó con Roberto, su sobrino: «Ese puede llegar donde yo no pude. Es un fenómeno. No se puede malograr. Daría la vida entera porque él fuera lo que apunta».

No se equivocó. En cambio, Marcial, para evitarles a sus hijos las penalidades de una profesión que conocía tan bien, suprimió en su casa todo lo que recordara a los toros: ninguno de ellos fue torero.

¿Les gusta a los diestros retirados acudir a las plazas? Según y cómo. Nicanor Villalta sufría mucho «cuando un muchacho equivoca la lidia de un toro y está a merced del animal». A Luis Miguel no le gustaba ir a las plazas porque la gente le reconocía y le preguntaba su opinión, pero seguía la actualidad taurina: me pedía que le avisara si había un chico en el que yo viera condiciones.

Sentado en el palco, con sus amigos, Juan Belmonte solía canturrear una soleá:

> *Siempre te estoy esperando*
> *y nunca llegas*
> *a horita cierta.*

Así es el misterio del arte: se hace esperar, pero vale la pena…

Marcial no faltaba a su delantera de grada en Las Ventas. Cuando se cayó, dejó de ir porque no quería que le vieran con bastón. Fue su final.

A los toreros retirados no les suele gustar que les pregunten por sus recuerdos, aunque los rumian sin parar. Antonio Ordóñez se lamentaba: «Es una de las tragedias más fuertes del toreo, es lo más trágico. Aparte de que pueda perder la vida la persona, es también tragedia el tener que perderse. Porque no hay ningún documento que recoja la realidad de un artista: ni la escritura, ni la fotografía, ni el cine. Lo que aquel artista haya reflejado en una plaza de toros eso no se recoge nunca, se pierde».

Antonio *Bienvenida* no era vanidoso: «No me gusta hablar de mí ni recordar hazañas pretéritas. Lo pasado pasado está. Las añoranzas quedan para uno, para rumiarlas hacia dentro».

Decía Pepe Luis que él no recordaba tanto una faena como el conjunto, lo que había significado su paso por el toreo: «Es que el toreo es movimiento, una cosa en el aire, que se aposenta y desaparece. No sé si, cuando deje uno este mundo, podrá verse en el otro, en el aire, donde quedan las cosas flotando. A lo mejor me veo yo en ese otro mundo un día haciendo una faena en la Maestranza, y me digo:"¡Caramba, pues yo no toreaba tan mal!"».

¿Qué sentimientos tiene un torero retirado? Juan Belmonte Campoy, el hijo de Juan, daba una respuesta implacable: «Aburrimiento, un grande y terrible aburrimiento».

En cambio, Antonio *Bienvenida* sentía nostalgia: «Amargura no es la palabra. Solo nostalgia. No dejo de torear en el campo. Hasta me hacía mentalmente la ilusión de que me preparaba para torear en San Isidro, pero acepto deportivamente que eso no podrá ser nunca más».

El Cordobés lo explica con su habitual llaneza: «Quien ha luchado toda la vida por esto, y ahora tiene que dejarlo, el público, los aplausos, las orejas, la tele, ¿cómo no va a sentir añoranza? Pero, amigo, no hay más remedio: las arrugas salen, los años, los hijos… ¡A poner olivos!».

El Viti reflexiona con profundidad: «Añoro todo, añoro sobre todo lo más importante, que es la expresión sumamente libre. En mi convivencia actual fuera del toro, no puedo expresar las cosas como yo las siento. No puedo expresarme con la misma claridad que cuando vendo mi sentimiento en la plaza. Esta expresión tan libre de toda mi vida gusta o no gusta a toda la gente, pero es toda mi vida la que yo doy ahí».

En eso consiste el arte, cualquier arte: en la expresión más profunda que puede alcanzar una persona. Creían muchos que Luis Miguel, tan polifacético, no le daba demasiada importancia a su vida como torero. Se equivocaban radicalmente: «Quisiera que me recordaran como un hombre que realmente ha sacrificado toda su vida al toreo, porque creo que lo he hecho».

Charlando de estas cosas con mi amigo Manolo Vázquez, me dijo que, en la guantera del coche, cogiera su pasaporte: «Mira lo que dice ahí, donde pone "Profesión"». Leí, en alto: «Profesión: matador de toros». Entonces, añadió: «Yo me moriré torero». Y así lo cumplió.

EL REJONEO

«Galopando, galopando,
por el ruedo de la vida,
llevo la rienda prendida
en la cintura del mando...
Quiero morir en la Puebla,
que así lo dice mi sino.
Y que vaya mi caballo
bien unido a mi destino».

ÁNGEL PERALTA

El rejoneo actual tiene su clara raíz histórica en los juegos ecuestres con el toro que, durante siglos, realizaban los caballeros como entrenamiento para la guerra. A ellos fueron aficionados, incluso, reyes españoles (el emperador Carlos V) y portugueses (don Duarte, autor de un *Arte de bien cabalgar en toda silla*). Sobre ellos escriben poemas Góngora, Lope de Vega, Medina Medinilla, Quevedo, Villamediana...

Decaen en España estas prácticas cuando nace el toreo moderno, a pie, aunque las *Tauromaquias* de *Pepe-Hillo* y *Paquiro* le dedican su parte segunda. No sucedió lo mismo en Portugal, donde las perfeccionó el marqués de Marialva, que en 1790 publicó su tratado *Luz da liberal e noble arte da caballería*. Por eso, algunos llaman al rejoneo el «arte de Marialva».

De comienzos del siglo XX son dos grandes *cavaleiros* portugueses, Simao da Veiga (1903-1959) y José Branco Nuncio (1901-

1976), que también actuaron con éxito en España. A este último se le suele atribuir el mérito de haber sido el primero en colocar banderillas a dos manos y en matar a estoque desde el caballo.

Con ellos actuó el cordobés Antonio Cañero (1885-1952), que resucitó el rejoneo en España. Era hijo de un profesor de equitación. Fue capitán de Caballería, garrochista, amante de todas las tradiciones del campo andaluz. En los años veinte, creó las nuevas normas del rejoneo español, del que fue un verdadero coloso. Implantó torear a caballo con el traje campero andaluz: chaquetilla corta, calzones, zahones, botos y sombrero cordobés. (Los rejoneadores portugueses visten a la Federica, lo propio de los caballeros del siglo XVIII, con casacas de seda).

Cañero rejoneaba toros en puntas. Por eso, sorteaba las reses con los toreros de a pie. Sus hazañas ecuestres le hicieron muy famoso. Esperaba a los toros en chiqueros y, si salían con pies, su legendaria jaca *Bordó* iniciaba su carrera con un salto de unos cinco metros. Al final de la faena, solía saltar limpiamente, con su caballo, sobre el toro moribundo. La sectaria «memoria democrática» lo ataca ahora por franquista.

También han actuado como rejoneadores algunos matadores de a pie, una vez retirados, como Juan Belmonte y *El Algabeño*; no hace mucho, Paco Ojeda.

En la posguerra, surgió una gran figura del rejoneo español, el jerezano Álvaro Domecq y Díez (1917-2005), importante también como ganadero, muy amigo de *Manolete*, autor de un libro básico, *El toro bravo* (1985), que presenté con él en la Biblioteca Nacional. Instauró normas del rejoneo, considerado como toreo a caballo, que debe hacerse despacio, con ritmo y temple.

El gran renovador del rejoneo ha sido el sevillano Ángel Peralta (1926-2018), al que apodaron *El Centauro de las marismas*. Fue un personaje de grandes inquietudes, enamorado del campo andaluz, el toro y el caballo, a los que dedicó libros en prosa y en verso: *Cabriolas, Caballo torero, El mundo del caballo y del toro, a cielo abierto…*

Para Cossío, «ha sido el rejoneador más espectacular que ha producido esta afición entre españoles». Fue el creador de muchas suertes, adoptadas por todos; por ejemplo, las rosas y citar con el caballo andando de rodillas. Cortó el primer rabo concedido a un rejoneador en la Maestranza. En la temporada 1971, batió un récord al sumar nada menos que 126 actuaciones. Intervino en películas como *La novia de Juan Lucero* (1958), con Juanita Reina, y *Cabriola* (1965), con Marisol y Mel Ferrer. Junto a su hermano Rafael, Álvaro Domecq hijo y José Manuel Lupi formaron un cuarteto, bautizado por la propaganda como *Los cuatro Jinetes de la Apoteosis*, que actuaron en todas las ferias.

Después de ellos, han sido muy populares Fermín Bohórquez padre e hijo, el maestro de ortodoxia Manuel Vidrié, el *niño* Joao Moura (que fascinó en su presentación en Las Ventas, en 1976, con solo dieciséis años), Javier Buendía, el heterodoxo y espectacular Ginés Cartagena (fallecido en 1995, en un accidente).

En la temporada de 2023 está despidiéndose de los ruedos españoles y americanos el navarro Pablo Hermoso de Mendoza (1966), ejemplo de clasicismo, sabiduría y temple, después de más de veinte años de triunfos. Se sobrepuso a las dificultades de no proceder de una familia ganadera y de vivir en una zona con escasa tradición para este arte. En 2003, fue el primer rejoneador que abrió en un año las tres puertas grandes de los tres cosos más importantes del mundo: Madrid, Sevilla y México. Su caballo *Cagancho* ha sido quizá el más famoso de toda la historia del rejoneo.

Actualmente, el indiscutible número uno de los rejoneadores es el hispano-portugués Diego Ventura (1982). Es un incansable trabajador, de fuerte carácter: el caballero que más veces ha abierto la Puerta Grande de Las Ventas, donde también ha cortado un rabo. De su inicial espectacularidad ha sabido evolucionar hacia una depurada maestría. Los aficionados lamentamos que Pablo Hermoso no aceptara el reto que Diego Ventura reiteradamente le lanzó: hubiera sido algo histórico. Suele ahora compartir carteles

con Sergio Galán, Leonardo Hernández, la gentil amazona francesa Lea Vicens y Guillermo Hermoso de Mendoza, hijo de Pablo.

Algunos llamaron despectivamente al rejoneo «el número del
caballito». No es justo. Sí es verdad que atrae a un público diferente que el que acude a ver el toreo a pie, con presencia de mucha
gente joven, mujeres y aficionados al caballo. Suele ofrecer hoy
espectáculos muy brillantes por la difícil conjunción de dos animales tan hermosos como el toro y el caballo.

No me gusta el rejoneo que se acerca a la exhibición ecuestre
o al circo; tampoco, el afeitado excesivo de las reses; ni las colleras,
que dan ventaja excesiva a los caballeros (mucho menos, los festejos con seis rejoneadores).

Sí me gusta el rejoneo que respeta las normas clásicas. Las ha
explicado muchas veces don Álvaro Domecq: clavar de frente, no
a la grupa; con temple, no dando galopadas; por las afueras, sin
aprovechar la ventaja de las tablas…

Si se ejecuta con pureza, es verdadero toreo a caballo: un arte
de una extraordinaria belleza.

LOS FESTEJOS POPULARES

> «El tropel de los toros bravos, y el de los
> mansos cabestros, con la multitud de los
> vaqueros y otras gentes que a encerrarlos
> llevaban a un lugar donde otro día habían
> de correrse, pasaron sobre
> don Quijote y sobre Sancho, *Rocinante*
> y el rucio, dando con todos ellos en tierra,
> echándolos a rodar por el suelo».
>
> MIGUEL DE CERVANTES, *Don Quijote*

> «Un hidalgo de mi linaje no *ze* aparta
> por *unoz bueyez mizerablez*, ni tolera
> que le griten *loz vaqueroz*».
>
> RAMÓN GÓMEZ DE LA SERNA, *Don Ramón María del Valle-Inclán*

La corrida de toros moderna, la que hoy conocemos, supone la culminación y depuración de una larga historia a partir de los juegos populares con el toro. Algunos de ellos forman parte ya de la historia; otros continúan vivos. Voy a mencionar solamente unos pocos.

En Portugal, es muy fuerte la tradición de los *forçados*: colocados en fila india, esperan a cuerpo limpio la embestida de un toro embolado para aguantarlo, cogerlo por los cuernos y, entre todos, sujetarlo. Es una práctica de gran riesgo, en la que no son raros los accidentes, pero no es algo salvaje (como sugería una película sensacionalista italiana, *Mondo Cane*), sino un ejercicio difícil, que exige una gran técnica.

En una amplia zona de Levante, Navarra y Aragón existen los concursos de recortadores, que, a cuerpo limpio, con enorme habilidad, sortean las embestidas de toros muy astifinos. Algunos toreros se han ejercitado también en esta práctica. Por ejemplo, un conocido banderillero actual, Jesús Arruga. Aunque la técnica sea muy distinta, no me cabe duda de que su experiencia como recortador le ayuda a la hora de poner banderillas.

En la Feria del Pilar, los espectáculos matutinos de recortadores abarrotan el coso y los retransmite la televisión autonómica. Últimamente, estos festejos se están extendiendo a muchas plazas donde no existía esa tradición y tienen enorme éxito por su gran espectacularidad.

Cercanas a esto son las corridas landesas. Es una tradición que forma parte del patrimonio cultural de la Gascuña (como los cadetes del *Cyrano de Bergerac*), en el sudoeste francés. Tiene su origen en la Edad Media y no se reguló hasta el siglo XIX. Se realiza con vacas landesas —no con toros— a las que se les ha colocado una cuerda alrededor de los cuernos. Comprende dos tipos de ejercicios y de participantes: los quebradores, que esperan a la vaca para esquivarla en el último momento, y los saltadores, que realizan sobre la vaca el salto del ángel, el salto mortal... Los toreros van vestidos con pantalón blanco y un bolero de colores, adornado con lentejuelas doradas o plateadas.

No debemos confundir este juego con otro, propio de la zona de la Provenza, desde Aviñón a Montpellier, la corrida camarguesa. El participante se llama *cocardier* y ha de coger un atributo colocado en los cuernos de los bueyes. Puede ser una escarapela (cinta roja), dos bolas de lana blanca... (Recordemos que la escarapela tricolor es el símbolo de la República francesa).

En México existe la variedad de juegos taurinos de la charrería a pie y a caballo, en los que muestran sus habilidades los charros. (En 2016, la charrería fue incluida por la Unesco en la lista del Patrimonio Cultural Inmaterial de la Humanidad). Su cuna es el estado de Hidalgo. Se basa en las actividades tradicionales de la ganadería. Por ejemplo, el coleadero, el rodeo mexicano (jaripeo), el jineteo del toro, la terna para atar la cabeza del toro con una cuerda…

Volvemos a España. Los espectáculos cómico-taurinos servían tradicionalmente de introducción para que muchos niños se acercaran a la fiesta. Aunque estos espectáculos sufran ahora ataques y les pongan trabas, cualquier aficionado los estima y defiende.

En ellos ha habido grandes figuras: la Banda El Empastre, *Llapisera, Charlot,* Arévalo, *El Bombero Torero…* En la parte seria de estos espectáculos comenzaron su carrera muchos diestros, incluidas primeras figuras, como Ortega Cano y *Espartaco.* Además, en el toreo cómico han nacido varias suertes que luego han pasado a las corridas.

Me parecen de una hipocresía e incoherencia muy grandes los actuales ataques a los espectáculos cómicos taurinos de los enanitos toreros. Con el pretexto de defender su dignidad, se les impide ganarse la vida honradamente, realizar un trabajo totalmente lícito, bien ensayado y organizado. Los que intentan prohibirlos prefieren, en cambio, enviarlos directamente al paro, desde una ignorancia de lo que es un espectáculo cómico, donde nos reímos *con* alguien, no *de* alguien. Según eso, habría que prohibir también a los payasos, las farsas, los esperpentos y buena parte del teatro humorístico universal. Como tantas veces, la ignorancia acompaña al sectarismo.

En las plazas de toros españolas tenían lugar, en otras épocas, espectáculos que hoy no pasarían el control de la corrección política: por ejemplo, las mojigangas teatrales, las peleas de animales, los parches, el derribar a pie (mancornar). Alguna vez sí hemos visto en los ruedos el salto de la garrocha; lo realizaba, por ejemplo, el excapa Aurelio Calatayud.

Gran repercusión popular tuvo la suerte de don Tancredo. La realizó un valenciano, don Tancredo López, en la plaza de Madrid, el día primero del siglo xx: de pie sobre un pedestal, pintado de blanco, como si fuera una estatua, esperaba impávido la acometida del toro. Habitualmente, el animal se acercaba a él, lo olisqueaba, bufaba y, al no advertir ningún movimiento, se marchaba tranquilamente. Pero no siempre sucedía así, también sufrió don Tancredo algunos percances. Su mérito era indiscutible: ¡hace falta tener dominio de sí para mantener la quietud con el toro al lado!

La novedad tuvo gran repercusión, surgieron muchos imitadores de don Tancredo, incluida una mujer, doña Tancreda. Comenta esta suerte Pío Baroja, en *La busca*; la dibuja Picasso, en su *Tauromaquia*.

Impresionó tanto esta suerte a la imaginación popular que el dontancredismo se convirtió en un símbolo de la actitud imperturbable ante cualquier peligro. Algunos escritores —por ejemplo, Bergamín, López Anglada— lo han interpretado como símbolo del carácter español, valorándolo de formas opuestas: como algo positivo, ejemplo admirable del estoicismo senequista que debemos imitar, o como algo negativo, emblema de la dejadez culpable que es necesario evitar. Al pobre don Tancredo le echaron algunos la culpa del Desastre y de toda nuestra decadencia…

Se han celebrado algunas corridas de toros extraordinarias, que conmemoraban algún acontecimiento histórico. Por ejemplo, como luego veremos, con motivo del llamado Desastre del 98, se celebró en Madrid una gran corrida patriótica, en la que los diestros, en sus brindis, aludieron al acontecimiento. En el cartel de la Feria de Jerez de ese mismo año, un rugiente león hispano despedazaba al león yanqui.

También ha habido algún festejo taurino extraordinario en el que se intentaba resumir toda la historia del toreo. Así, el que organizó, en 1886, la sociedad filantrópica El Gran Pensamiento:

hicieron el paseíllo más de 300 personas y torearon personajes que representaban, entre otros, a *El Cid* y a *Pepe-Hillo*.

Mucho mayor presencia social tuvieron las llamadas capeas: festejos populares que tenían lugar en las plazas de tientas y en las plazas de los pueblos, en las que se soltaban becerros y novillos para que se divirtieran los mozos y probaran sus aptitudes los maletillas (los jóvenes que querían ser toreros). En estos festejos anárquicos, tumultuarios, no faltaban episodios en los que se respetaba poco al animal, en contra de lo que es norma fundamental de las corridas. Por ello, suscitaron numerosas polémicas. Precisamente *Las capeas* dan título a uno de los libros de Eugenio Noel, paradigma de los antitaurinos.

Solían celebrarse festejos taurinos en las fiestas anuales de los pueblos. Por ejemplo, en el carnaval de Ciudad Rodrigo, donde hoy sigue vivo y está muy arraigado el Bolsín Taurino. Todos los años genera una gran controversia el Toro de la Vega, de Tordesillas.

Enorme resonancia popular han tenido los encierros, en los que los mozos corren delante de los toros, que van arropados por los cabestros, hasta la plaza de toros, donde luego se lidiarán. El más antiguo documentado, que sigue gozando de buena salud, es el de Cuéllar (Segovia). Ya en 1215, el obispo de Segovia prohíbe a los clérigos participar en los «juegos de toros» en honor de la Virgen del Rosario. En 1405, se celebró allí un encierro extraordinario para celebrar el nacimiento del príncipe Juan, padre de Isabel la Católica. En 1447, los *Libros de Acuerdos del Regimiento de Cuéllar* mencionan que «dicha villa tiene costumbre inmemorial de correr toros el día de Sant Joan de junio en cada un año». Hoy sigue realizándose con gran asistencia de vecinos y de visitantes.

Por supuesto, los encierros más famosos en el mundo entero son los de Pamplona gracias, en parte, a las novelerías de Hemingway: «Al mediodía del sábado seis de julio, la fiesta estalló. No hay otra forma de expresarlo… La fiesta había empezado de verdad. Siguió día y noche durante siete días. Continuó el bailar, el beber y el ruido. Las cosas que ocurrieron solo podrían haber ocurrido durante una fiesta... Era una fiesta y duró siete días».

Especial afecto siento yo por el encierrillo de Pamplona: la noche anterior a cada corrida, a las once en punto, guiados solo por los pastores con sus varas, corren los toros desde los corrales del Gas, en las afueras de la ciudad, hasta los de Santo Domingo. De ahí saldrán a la mañana siguiente para el encierro multitudinario hacia la plaza de toros.

En el encierrillo no hay corredores. El espectáculo es absolutamente extraordinario: a la luz de la luna —y de unas pocas farolas—, escuchamos, a lo lejos, un cuerno pastoril. En el silencio de la noche, comenzamos a percibir un resonar rítmico: es el sonido de las pezuñas de los toros. Pasan delante de nosotros, muy cerca, sin advertir siquiera nuestra presencia. Un último toque de cuerno anuncia que los toros descansan ya tranquilamente en el corral, esperando el cohete que iniciará el encierro, a las ocho de la mañana siguiente.

El encierrillo es una preciosa reliquia que parece trasladarnos a la Edad Media o al Siglo de Oro. En el capítulo 58 de la Segunda Parte del *Quijote*, se enfrenta el caballero a unos toros con igual valor que al león que hizo sacar de la jaula. La misma actitud heroica adoptó Valle-Inclán, con su peculiar ceceo, cuando, en las afueras de Madrid, vio venir una manada de toros bravos que, al trasladarlos, se habían desmandado.

Subsisten hoy, en muchos pueblos españoles, los juegos taurinos: toro embolado (en el País Vasco, *sokamuturra*), toro ensogado (en Valencia y Cataluña, *correbous*), dominguillos (muñecos de forma humana), toro de ronda, toro jubilo...

A pesar de la globalización, los mozos de nuestras tierras siguen jugado al toro. Esos juegos forman parte de nuestra cultura tradicional. Sin toros, no habría fiesta. A pesar de lo que digan sus detractores, la cultura del toro bravo continúa siendo nuestra fiesta nacional.

V
LAS REGLAS CLÁSICAS

LAS TAUROMAQUIAS

«Siempre se vuelve a lo clásico».

PEPE LUIS VÁZQUEZ

Una lamentable falacia posmoderna pregona que «todo vale»; es decir, que todo vale igual, que no hay jerarquía de valores: mis sonetos valen tanto como los de Quevedo, canto como Pavarotti, juego al tenis como Roger Federer… ¡Qué disparate! En la vida y en el arte, es indiscutible que unas cosas valen más que otras.

En el mundo taurino, suelo escuchar la simpleza de que todo lo que se hace delante de un toro tiene mérito. ¡Por supuesto! Pero no tiene el mismo mérito, ni la misma justificación, ni la misma belleza. No vale igual un buen natural que el salto de la rana. Para percibir unas diferencias tan obvias, lo único que hace falta es tener un criterio sensato, basado en la experiencia. Por desgracia, eso, hoy, suele escasear demasiado en los toros y en todo (la fiesta siempre ha sido espejo y metáfora de la vida). Epatar al burgués con tesis escandalosas es muy fácil y no conduce a ningún sitio.

Otra tontería habitual pretende que en arte no hay norma alguna. Desde el Romanticismo, se suele proclamar que no cabe coaccionar al artista con normas preconcebidas. La realidad es que el arte del toreo, como todas las artes, se basa en una técnica, en un oficio. Es preciso conocer sus reglas para interpretarlas personalmente, para variarlas o para transgredirlas. (Así lo hicieron, por ejemplo, Picasso y Stravinski, que las conocían y las dominaban a la perfección). Si no lo hacemos, corremos el riesgo de descubrir el Mediterráneo.

La cuestión de las reglas del arte se planteó seriamente en la estética ilustrada del siglo XVIII (es decir, justamente, a la vez que nace la tauromaquia moderna). La solución razonable, como estudió Russell P. Sebold, afirma que sí existen reglas, pero no teóricas, impuestas por ningún dómine puritano, sino nacidas de la misma experiencia creadora de los artistas: la pintura no es la misma después de Velázquez y Rembrandt; ni la música, después de Beethoven y Mahler; ni el toreo, después de *Joselito* y Belmonte.

A mediados del siglo XVIII, publicó el aragonés Ignacio de Luzán su *Poética o Reglas de la Poesía en general y de sus principales especies*, que tanto influyó en la estética neoclásica. De modo paralelo, años después, coincidiendo con la aparición de la corrida de toros, en el sentido moderno de la palabra, aparecieron las primeras *Tauromaquias*.

La de *Pepe-Hillo* se publicó en Cádiz en 1796. Su título completo es *La Tauromaquia o arte de torear. Obra utilísima para los toreros de profesión, los aficionados y toda clase de sujetos que gustan de toros*. La de *Paquiro*, algo posterior (Madrid, 1836), se titula *Tauromaquia completa, o sea, el arte de torear en plaza, tanto a pie como a caballo*. Estas dos obras unidas constituyen el fundamento de la lidia clásica. (Existen muchas ediciones modernas de las dos).

Se plantea aquí una evidente cuestión de autoría: ninguno de estos dos diestros eran escritores. Con fundamento, se suele atribuir la primera obra a don José de la Tixera; la segunda, a Santos López Pelegrín, *Abenámar*. No debe extrañarnos. Estos escritores colaboraron probablemente en la redacción de las obras, pero las ideas de ambas nacen de la experiencia de los dos toreros y de sus reflexiones sobre la fiesta. (Así ha seguido sucediendo luego en obras similares).

Quería *Pepe-Hillo* formar buenos aficionados: «Que los espectadores, instruidos a fondo en los fundamentales de la tauromaquia, sepan decidir sobre el verdadero mérito de los lidiadores, adquiriendo por ello un conocimiento que les ha de hacer mucho más grata la diversión».

Es lógico. Por usar un ejemplo de otro terreno, el gran aficionado al cine, el que ha visto muchas películas y conoce suficientemente la historia y la técnica cinematográfica, disfruta más cuando ve una nueva película que sea buena (y sufre más cuando ve una mala). Lo mismo podemos decir del aficionado a los toros: aprecia más lo auténticamente valioso y se enfada más con los sucedáneos y corruptelas. Lo resume bien un refrán tomado del cante flamenco: «El conocimiento, / la pasión no quita».

No se dirigía solo *Pepe-Hillo* a los aficionados; también a los profesionales. Su finalidad fundamental era prevenir los riesgos de esta profesión tan peligrosa si se conocen y se siguen bien sus reglas: «En la inteligencia de que es imposible que el toro coja al diestro como las aplique oportunamente».

La trágica paradoja es que el mismo que había escrito esta frase murió el 11 de mayo de 1801, corneado por el toro *Barbudo*, de Peñaranda de Bracamonte. No destruye esto el valor de sus reglas, que tuvieron amplia difusión. Lo que sí demuestra es que la tauromaquia no puede nunca llegar a ser una ciencia exacta: depende de muchos factores imprevisibles, comenzando, por supuesto, por el comportamiento del toro. Pero es un noble ejercicio intelectual intentar entenderla y explicarla en la medida en que sea posible.

No escribió una *Tauromaquia* Pedro Romero, pero tradicionalmente se le atribuyen una serie de máximas, que reflejan los consejos severos («espartanos», dice Néstor Luján) que daba a sus alumnos. Su orientación es algo distinta a la de *Pepe-Hillo*. Estos son los esenciales: «El espada no debe jamás saltar la barrera después de presentarse al toro, porque esto ya es caso vergonzoso. El lidiador no debe contar con sus pies, sino con sus manos, y en la plaza, delante de los toros, debe matar o morir antes que correr o demostrar miedo. Parar los pies y dejarse coger, este es el modo de que el toro consienta y se descubra».

La *Tauromaquia* de *Paquiro*, algo posterior, se suele considerar el código definitivo del toreo ecléctico, que conjuga el defensivo (el que buscaba *Pepe-Hillo*) con la búsqueda de la perfección que preconizaba Pedro Romero. Se aparta de *Pepe-Hillo* en no pocos puntos: por ejemplo, acepta como lícito el toreo de muleta con la mano derecha. Sus normas han influido mucho en toda la preceptiva taurina.

La siguiente gran *Tauromaquia* es la que suele llevar el nombre de *Guerrita* (1896), aunque fue «escrita por don Leopoldo Vázquez, don Luis Gandullo y don Leopoldo López de Saa, bajo la dirección del célebre diestro cordobés». Tiene el interés de mostrar la evolución que ya había sufrido la fiesta a fines del siglo XIX.

El lector de este libro ya habrá advertido mi fervor por la *Tauromaquia* de don Gregorio Corrochano, que tantas veces cito: *Qué es torear. Introducción a la tauromaquia de Joselito*. Incorporando otros textos, luego se publicó con el título *Tauromaquia* (1989). Cuenta don Gregorio lo que él ha visto hacer a *Joselito* (y, luego, ha corroborado, al ver a Domingo Ortega). Es decir, la línea más clásica: «Torear es mandar en el toro».

Nunca —creo yo— un tratado de tauromaquia se ha acercado tanto a la precisión científica. También aquí se dio, como en el caso de *Pepe-Hillo*, una trágica paradoja: «¿Qué es torear? Yo no lo sé. Creí que lo sabía *Joselito* y vi cómo lo mató un toro». Supone eso una gran lección de humildad para todos los que nos atrevemos a escribir de toros.

El 29 de marzo de 1950, en el Ateneo de Madrid, Domingo Ortega pronunció una conferencia sobre *El arte del toreo*; luego, la publicó la *Revista de Occidente* con un epílogo de Ortega y Gasset. Muy pocas veces había sido admitida la fiesta en niveles intelectuales de tanto prestigio. (Muchos opinaron que no la había redactado *el paleto de Borox*, sino Antonio Díaz-Cañabate, su gran amigo).

Defiende Domingo magistralmente las normas clásicas: hay que reducir al toro antes de buscar la estética. Subraya la importancia decisiva de cargar la suerte.

La última gran *Tauromaquia* clásica es la de Marcial Lalanda (1989), en cuya redacción yo colaboré. No quería Marcial —me lo dijo desde el primer día— un libro biográfico ni de anécdotas, sino plasmar su visión del arte de los toros. Su punto de partida es siempre el toro; su ídolo, *Joselito*; su lección básica, la ineludible necesidad de la técnica. Su conclusión: «Con el toro auténtico y el toreo clásico, nuestra fiesta es única».

No se ha escrito una *Tauromaquia* de Juan Belmonte. (Sí una preciosa biografía de Chaves Nogales: *Juan Belmonte, matador de toros*). No esperaríamos otra cosa del que ha pasado a la historia como gran revolucionario. Pero no conviene precipitarse. Últimamente, Salvador Balil, basándose en las palabras del propio diestro, sostiene que lo que hizo, en realidad, Belmonte fue «restaurar las viejas reglas clásicas del toreo». Las que nunca mueren.

LA LIDIA

«Una querencia tengo por tu acento
y una apetencia por tu compañía
y una dolencia de melancolía
por la ausencia del aire de tu viento.
¡Ay, querencia, dolencia y apetencia!».

MIGUEL HERNÁNDEZ

Son raras las palabras que tienen un significado unívoco, indiscutible. La gran mayoría, además del significado, tienen un sentido, que varía según quién la usa y en qué contexto lo hace. También en el lenguaje taurino conviene saber qué queremos decir cuando usamos algunas palabras clave.

La primera debe ser la lidia, derivada de «lidiar». Según Corominas, procede de *litigare*, que significa 'disputar, combatir'. (Se encuentran ya testimonios en castellano desde el siglo XII). Según eso, lidiar un toro bravo es lo mismo que torearlo: de la pelea con un animal feroz se ha pasado a un arte. Lo dice *Pepe-Hillo*: «En las plazas, es el acto de jugar los toros».

Así la define la Academia: «1. tr. Burlar al toro esquivando sus acometidas según las reglas de la tauromaquia hasta darle muerte».

Por eso se llamó *La Lidia* una importante revista taurina de fines del XIX, estudiada por Luis Nieto Manjón. Además, incluye interesantes artículos de Peña y Goñi, Sánchez de Neira, Mariano de Cavia y muchos más, con hermosas ilustraciones en color; la mayoría, de Daniel Perea (1834-1909).

Bajemos de la historia a la realidad cotidiana actual. Los críticos y los aficionados se quejan de la mala lidia cuando en los primeros tercios se le dan al toro demasiados capotazos innecesarios. Todo el mundo acepta eso. En cambio, pocos son los que se refieren a la lidia como concepto general, básico.

¿Por qué? Porque predomina ahora —creo yo— un concepto esteticista del toreo que, en vez de centrarse en la lidia, prefieren de magia, duende o, como ha dicho *Rafael de Paula*, una presencia del Espíritu Santo, aunque no se le vea, en las grabaciones.

Con implacable sentido común castellano, define Marcial Lalanda: «La lidia es el fundamento de la corrida. Sobre ella se construye, a veces, el maravilloso y frágil edificio del arte en la realización, en la ejecución del toreo».

Muy cerca de lidia están otras voces, como «trasteo», «brega»… Con frecuencia, los comentaristas disculpan al diestro porque el toro «no colaboró, no ayudó, no sirvió». ¡Como si el toro bravo tuviera que colaborar, ayudar o servir al diestro! Lo que sí existen, por supuesto, son toros que presentan un comportamiento más o menos complicado: precisamente para resolver esas dificultades está el torero experimentado.

El concepto clásico de la lidia se basa en un axioma rotundo: cada toro tiene su lidia. ¡Por supuesto! Eso sí, algunos toros, más que otros, permiten un mayor o más fácil lucimiento al diestro. Hoy en día, resulta muy exagerado decir que ha salido un toro ilidiable. Eso son solo ganas de disculpar al torero.

Lo explica magistralmente Gregorio Corrochano en un texto ejemplar: «Todo toro, grande o chico, bueno o malo, bravo o manso, debe lidiarse, necesita su lidia, tiene su lidia, la suya y no otra, pero la tiene, y debe dársela. Y eso es tauromaquia pura, y eso es, en consecuencia, el toreo… Cuanto mejor se lidia, mejor se torea, con más claridad luce el estilo, eso que se llama arte».

Se completa eso con otro mandamiento básico de la religión taurina: torear no es lo mismo que dar pases. Conviene no olvidarlo. La faena debe tener un sentido unitario; cada lance o muletazo ha de tener su porqué, su razón, su justificación: no ser algo arbitrario, aunque resulte estético.

El buen lidiador no busca, ante todo, cortar trofeos, sino lo que señala agudamente Ortega y Gasset: «Hacer que no se desperdicie nada en la embestida del animal, sino que el torero la absorba y gobierne íntegra».

Cuando se escribe de toros, utilizar o no la palabra «lidia» es un síntoma claro de si se sigue o no la línea clásica de la fiesta.

Como el diestro se enfrenta a una fiera temible, que puede matarlo, herirlo o descomponer la faena, la primera preocupación que debe tener, dentro del respeto a las reglas clásicas, es evitar que eso suceda. El mayor o menor lucimiento vendrá luego, por añadidura.

Por lo tanto, el primer verbo que debe conjugar el torero es dominar al toro. Si no lo hace, estará a merced de él, y ese riesgo evidente no puede agradar al buen aficionado. Se resume esto en algunas frases bien conocidas: «O mandas tú, o manda el toro». En su sencillez, expresa una gran verdad: el animal siente muy bien si el hombre está imponiendo su dominio o no. Definía Domingo Ortega: «El toreo consiste en llevar al toro por donde él no quiere ir».

Si intentamos concretar, el torero mandón es el que manda en la embestida del toro durante más espacio, prolongando la embestida hasta allá lejos y más tiempo. Desde otro punto de vista, el diestro que logra dominar mayor número de toros es el que acaba mandando en el toreo.

Se manda en el toro, por supuesto, cuando se domina la técnica. Como todas las cualidades del torero, es algo que se aprende, pero a unos les cuesta más que a otros, que poseen una mayor facilidad innata. Suelen tenerla los que han sido niños prodigio: *Joselito*, Marcial Lalanda, Luis Miguel, Paco Camino, *El Niño de la Capea*, Enrique Ponce... Pero no es algo exclusivo de ellos. Los que le vimos torear no podemos olvidar el estilo de Domingo

Ortega, que dominaba al toro con guante de seda en mano de hierro y que había comenzado a torear de adulto.

Otros diestros, en cambio, suelen limitarse a dejar pasar al toro y componer la figura. De esta forma, pueden lograr grandes éxitos: es bastante fácil apreciar la estética, que entra por los ojos. En cambio, valorar la técnica exige un conocimiento que no todos los espectadores tienen. Pero el auténtico maestro es el que provoca la arrancada, tira del toro, le obliga y conduce su embestida hasta donde él quiere. Eso supone ya el verdadero arte, más que ponerse bonito. Lo resumió con acierto Marcial Lalanda: «El arte es la consecuencia de la lidia. Dominar al toro posee, en sí mismo, su arte, aunque no lo sepa apreciar buena parte del público». Seguimos igual…

Mandan las *Tauromaquias* clásicas que, cuando sale al ruedo un toro con muchos pies, lo primero que hay que hacer es fijarlo en el engaño y pararlo para poder luego realizar las suertes con brillantez. Actualmente, por desgracia, salen de chiqueros muchos toros con una embestida suave y dulce, como si ya los hubieran picado. Evidentemente, no es necesario pararlos ni fijarlos: el matador puede ponerse desde el comienzo a darles lances vistosos. Para el torero, eso supone una comodidad. A mí me parece una degeneración de lo que ha sido siempre la casta brava.

Además de parar al toro, el matador ha de pararse él. Conviene que el espectador se fije en sus pies para comprobar si zapatillea o pajarea (da saltitos, como los pájaros). Sin mantener fijos los pies, no cabe hacer una buena faena. Si no se queda quieto porque su ánimo flaquea, muy pronto el animal se hará el amo.

No es contradictorio con esto que el torero también deba saber andarle al toro, ganando o perdiendo pasos. Si se hace bien, es una técnica eficaz y muy hermosa. La dominaba extraordinariamente Domingo Ortega, que trazaba ochos con el toro. En cierta medida, le han seguido Roberto Domínguez y, ahora, Antonio Ferrera y Morante.

Insisten las *Tauromaquias* clásicas en que hay que citar al toro de frente, dándole el pecho. Es lo más hermoso y, a la vez, lo más arriesgado. Afirma *Paquiro*: «En toda suerte, es necesario ponerse enfrente del toro».

Luego, se fue admitiendo darle al toro el medio pecho. En la inmediata posguerra, *Manolete* impuso un toreo de perfil, ofreciéndole al toro la cadera. Es algo que hoy nos parece muy ventajista. Manolo Vázquez volvió a poner de frente el toreo, que estaba de perfil.

Hoy en día, por desgracia, algunos siguen abusando de este recurso, llamando al toro prácticamente de espaldas para enlazar muletazos circulares, como una noria, agarrando los cuartos traseros del animal. O desviar hacia fuera la trayectoria de la embestida en los naturales invertidos, una de las horribles modas actuales.

Naturalmente, hay que tomar todo esto con cierta flexibilidad. Son las condiciones del toro las que aconsejan la forma adecuada de citarlo. Y no cabe olvidar que el natural totalmente de frente, a pies juntos, de la escuela sevillana (otra especialidad de Manolo Vázquez), inevitablemente tendrá menos longitud, duración y mando; a cambio, puede ser airoso y dramático a la vez. Con inteligencia, Morante suele recurrir a este tipo de muletazo en la parte final de la faena, cuando el toro tiene ya un recorrido más corto.

Con un toro peligroso, o que está muy parado —como ahora tantas veces sucede—, puede ser conveniente, para sacarle algunas embestidas, cruzarse al pitón contrario. José Tomás lo exageraba teatralmente con una serie de pasitos laterales, que muchos han copiado.

Es un buen recurso técnico, pero tampoco debe convertirse en el axioma fundamental de la lidia. El sector duro del público madrileño suele exigirlo como reacción contra el toreo al hilo del pitón. Tienen razón, pero deben tener en cuenta que esa técnica solo es posible en los muletazos uno a uno, sin ligar, y así es muy difícil que el público se emocione, entre en la faena. En todo caso, no se debe lograr la ligazón a costa de mutilar los muletazos. Como una obra de teatro, cada uno de ellos debe tener su desarrollo completo, con un comienzo, un medio y un final o remate.

Para hacer el buen toreo, son fundamentales las distancias. (Ya *Paquiro* hablaba de la necesidad de «ver llegar los toros»). Una vez más, hay que repetir que cada toro y cada momento de la lidia exigen una distancia adecuada. En general, eso sí, no es conveniente ahogar la embestida del toreo.

Paco Ojeda trajo un encimismo meritorio y dramático, que encandiló al público. Hoy, Roca Rey sigue haciéndolo con gran éxito. Al final de la faena, cuando el toro parece ya incapaz de embestir, meterse entre los pitones es arriesgado, sin duda, pero la repetición de este recurso llega a ser tediosa.

Mucho más emocionante es dar al toro su distancia, adelantar la muleta, embarcar la embestida y conducirla hasta detrás de la cadera. Cuando reaparecieron, *Antoñete* y Manolo Vázquez descubrieron a los nuevos públicos la belleza de esa forma de torear, que casi se había perdido. También César Rincón obtuvo éxitos memorables por haber provocado que un toro bravo acudiera galopando hasta su muleta y darle la salida adecuada.

El toreo clásico se basa también en el conocimiento de los terrenos. Para *Paquiro*, son terrenos del toro (suponiendo que sea bravo) los de afuera hasta los medios; del torero, los de dentro hasta las tablas.

Juan Belmonte trajo la gran revolución. Lo resume Marcial: «Se atrevió a pisar un terreno que nadie había pisado hasta entonces». Es decir, demostró que todos los terrenos podían ser del torero, si tenía el suficiente arrojo y conocimiento. En todo caso, el torero debe conocerlos: no es lo mismo, por ejemplo, entrar conscientemente en el terreno del toro para provocar su embestida y torearlo bien que hacerlo por no saber colocarse adecuadamente.

A la hora de matar, se llama suerte natural si el toro sale hacia el centro del ruedo y el matador, hacia tablas. Es la que piden, en principio, los toros bravos. Con los que mansean, en cambio, es conveniente la suerte contraria: para provocar su embestida, darles la salida hacia tablas.

Tiene mucho que ver esto con el misterioso tema de las querencias. Se trata, simplemente, del lugar donde el toro quiere ir: esa misteriosa llamada de la especie que le hace sentir como deseable una zona o un rincón de la plaza. En principio, el toro manso suele tener querencia a tablas y a chiqueros, quizá recordando por donde salió. El misterio aumenta porque cada toro tiene su propia querencia, que puede variar en cada momento de la lidia.

Paquiro dedica a las querencias un capítulo completo de su *Tauromaquia*, subrayando su importancia: «Pues no pocas veces darán una suerte lucida al que las conozca y las atienda, y una cogida, al que las ignore o las desprecie».

Conociendo bien las querencias, el matador puede plantear su faena en el terreno más adecuado y hasta realizar desplantes aparentemente temerarios: a contraquerencia es más difícil que un toro manso se arranque.

Hoy en día, la casta de los toros es más uniforme que antes, las querencias suelen ser menos marcadas. De todos modos, existen y propician éxitos o fracasos. Más de una vez ha triunfado en Las Ventas un diestro con un toro muy manso, que parecía que no iba a embestir, planteando la faena en chiqueros. Lo han hecho toreros poderosos, como *El Niño de la Capea*, Enrique Ponce, Antonio Ferrera…

En uno de los sonetos de su libro *El rayo que no cesa*, Miguel Hernández usa la metáfora de la querencia para un amor fatal, irremediable (lo que los surrealistas franceses llamaban el *amor fou*).

Si el toro es poderoso —algo que debería ser obvio, pero que, por desgracia, ahora no lo es—, el diestro necesita castigarlo, reducir su fuerza. Lo lógico es doblarse con él por bajo; eso sí, midiendo el castigo. Iniciar así las faenas de muleta se ha convertido casi en una rutina que no siempre es oportuna.

Opinan algunos —críticos y espectadores— que ese toreo por bajo es solo el prólogo al verdaderamente importante. Escuchamos, a veces, cuando el diestro concluye una tanda de doblones: «¡Ponte ya a torear!». Me parece un error: el toreo por bajo puede ser tan hermoso como el otro. Lo defiende así Corrochano: «¡Pues no es bonito y eficaz y emocionante y difícil y muy torero el toreo por bajo, para que digan que no le gusta al público! Nosotros decimos: a quien no les gusta el toreo por bajo es a los toreros. Y añadimos: ni les gusta ni saben torear por bajo, que es más difícil que torear por alto, y más peligroso, porque se emplea en toros que quieren coger, que tienen dificultades que corregir y mucho poder».

Se inventó Enrique Ponce concluir sus faenas con una serie de ayudados por bajo. No se trataba de quebrantar a un toro ya agotado, sino de prepararlo para la muerte con gran plasticidad.

Últimamente, Morante de la Puebla, en su deseo de recuperar viejas suertes, ha vuelto a torear por bajo y a dos manos al comienzo y al final de la faena: una auténtica belleza.

Las normas clásicas tradicionales eran tres: parar, templar y mandar. En la conferencia del Ateneo de Madrid ya citada, Domingo Ortega propone añadir una cuarta: cargar la suerte. No se trata solo de abrir el compás en vez de torear con los pies juntos (lo propio de la escuela sevillana). Es algo más: «Con el compás abierto, el torero alarga, pero no profundiza; la profundidad la toma el torero cuando la pierna avanza hacia el centro, no hacia el costado».

Coincide, así, con la vieja fórmula popular: «Echar la pata *p'alante*». Lo explica Domingo Ortega con precisión y belleza: «Echándole el capote o la muleta delante para, a medida que el toro va entrando en la jurisdicción del torero, ir templándolo, ir inclinándose sobre la pierna contraria, al mismo tiempo que esta avanza hacia el frente; es decir, alargando el toreo al mismo tiempo que por sí se va profundizando».

Gerardo Diego, buen aficionado, comprende la importancia histórica de ese momento para la fiesta y le dedica una décima o espinela definitoria, no anecdótica:

> *Cátedra del Ateneo.*
> *El maestro Fray Domingo*
> *va a hacer un sutil distingo*
> *al definir su toreo.*
> *—Cambia la aguja al correo,*
> *para, carga, templa y manda,*
> *y, si el tren te duda y anda,*
> *aguanta, quieto y torero*
> *(el fraile fue cocinero)*
> *y échatelo a la otra banda.*

El verso sexto enumera los cuatro mandamientos de esta nueva tauromaquia: «Para, carga, templa y manda». Lo malo es que esto, tan bonito, lo vemos pocas veces en las plazas. Lo más frecuente, hoy, es torear echando la pierna atrás para ligar más fácilmente el siguiente muletazo. A eso Domingo Ortega lo llamaba «destorear». Las pocas veces en que vemos de verdad cargar la suerte, suben mucho la emoción, el mando y la belleza.

En una de las anteriores citas de Domingo Ortega se ha mencionado ya un gerundio, que explica cómo debe hacerlo el diestro: «Templándolo». Es otro concepto básico del toreo, el temple. Todos proclaman su decisiva importancia, aunque difieran bastante las definiciones.

Lo identifican muchos con torear despacio. No es exactamente así, aunque esa pueda ser una de sus consecuencias. Consiste más bien en acomodar el capote o la muleta a la velocidad del toro, a lo largo de toda su embestida.

Es más fácil ver su importancia por el lado negativo con dos posibilidades. Si el diestro mueve el engaño demasiado rápido, queda al descubierto, y, con solo alargar la cabeza, el toro lo herirá. Si lo mueve demasiado lento, el toro tropezará en el engaño y aprenderá, yendo cada vez a peor. Esto último le puede suceder a algunos toreros estilistas por querer ponerse bonitos, sin mandar de verdad en el toro. Por eso, en cualquier lance o muletazo, conviene fijarse no solo en cómo se inicia, sino, sobre todo, en cómo se remata.

Claro está que el ideal es que el toro embista imantado al capote o a la muleta y, de esta forma, vaya poco a poco haciendo más lenta su embestida. Es fundamental, para eso, que el diestro posea una especial sensibilidad en la muñeca y en la palma de la mano. Me lo explicaba Domingo Ortega, ya muy mayor, dándose un golpecito en la palma de la mano: «Torear es muy fácil. Hay que sentir el toreo aquí. Se lo digo a los jóvenes que me preguntan, pero no me hacen caso». Y todavía, a pesar de la lesión de su cadera, dibujaba en el aire un pase suavísimo…

Esa especial sensibilidad es la que han tenido algunos maestros del capote, como Curro Romero, *Rafael de Paula* y, ahora, Morante de la Puebla. Gracias a ella, sus verónicas poseen un especial ritmo, cadencia y empaque.

Mirando más atrás, si *Joselito* fue el maestro máximo del mando, Juan Belmonte lo fue del temple. La unión ideal de los dos representa la cumbre de la tauromaquia.

Se ha popularizado últimamente la máxima de otro sabio del toreo, Pablo Lozano: el temple es una de las mejores «medicinas» del toreo, da fuerza al toro que la necesita y se la quita al que le sobra.

La palabra, por supuesto, no es exclusiva del toreo. Un ejemplo claro de la vida cotidiana: si no acabo de encontrarme bien, sin llegar a estar enfermo, solemos decir que «estoy destemplado». Igual que una guitarra, por ejemplo.

Corrochano formuló una especie de teoría general del temple: «Es un vocablo preciso que pone de acuerdo sonidos, instintos y movimientos. Se templan las cuerdas de una guitarra para buscar la armonía; se templa el toreo, esto es, se busca la armonía del movimiento del toro que acomete y del movimiento del torero que torea; se templa el instinto con el instinto. Para torear, hace falta temple (...). Acaso el temple no esté bien definido y pueda confundirse con la lentitud. Esto equivaldría a confundir el agua templada con el agua caliente; ni caliente, ni fría: a su temperatura, a su temple».

También algunos grandes escritores, como don Gregorio Corrochano, escriben con temple.

LAS CUALIDADES DEL LIDIADOR

«Belmonte es pequeño, feo, desgarbado y,
si se me apura mucho, ridículo. Pues bien,
coloquemos a Juan ante el toro, ante la muerte.
Y Juan se convierte en la misma estatua de
Apolo. Solo le falta morir en la plaza».

RAMÓN MARÍA DEL VALLE-INCLÁN

«Se hará lo que se pueda…».

JUAN BELMONTE, réplica a Valle-Inclán

Se dice —y con razón— que cada persona es un mundo; si es un artista, más de un mundo; si se ha de enfrentar a un toro bravo, no digamos… En cualquier caso, hay algunas características que pueden considerarse frecuentes.

Comienza *Paquiro* su *Tauromaquia* con una idea básica: «Las condiciones indispensables al torero son valor, ligereza y un perfecto conocimiento de su profesión. Las dos primeras nacen con el individuo; la última se adquiere».

Añado yo: unos toreros son más precoces y adquieren antes ese conocimiento; otros tardan más en adquirirlo. No supone esto una primacía de ninguno de los dos grupos.

Le preguntaron una vez a Orson Welles cuáles eran, en su opinión, los tres mejores directores de cine norteamericanos. No dudó ni un momento: «John Ford, John Ford y John Ford». Algo semejante podría decirse de las cualidades que necesita un torero: «Valor, valor y valor». Así sentenció el valeroso *Frascuelo*, por ejemplo.

Sin valor, desde luego, no se puede ser torero. Es una cualidad necesaria, pero no suficiente: al valor han de sumarse otras cualidades para llegar a figura.

Más atinado me parece lo que me dijo Marcial Lalanda: «Se suele decir que el buen torero ha de reunir tres cualidades: técnica, valor y arte. En realidad, poseer las tres es más que difícil. Yo, realmente, no he visto a ningún torero que tuviera las tres en grado eminente. He conocido a varios, eso sí, que tenían dos, y ya va bien… Tener una es lo normal en los buenos toreros».

Añadía Marcial algunos ejemplos: unían técnica y valor Domingo Ortega y Luis Miguel *Dominguín*; técnica y arte, Pepe Luis Vázquez y Paco Camino; arte y valor, Juan Belmonte y Antonio Ordóñez…

Al buen aficionado no le gusta un torero medroso pero tampoco un *chalao*. Por mucha valentía natural que tenga, es preciso que le añada conocimiento del oficio. Si su valor muy superior a su técnica, sufrirá demasiados percances; usando la jerga taurina, será carne de cañón. Fiel siempre a su defensa de la técnica, Marcial Lalanda sorprendió a los aficionados hace años al afirmar que «se compra hasta el valor». ¿Qué quería decir el maestro castellano? «Sencillamente, que hay que conocer al toro para no tenerle miedo; que hay que tener el valor suficiente para ir al peligro sabiendo lo que se tiene que hacer, no con un valor alocado, inconsciente».

Ya lo advirtió *Pepe-Hillo*: «Los toros no dan tiempo para consultar libros ni pareceres, ni menos para meditar; por tanto, es menester ir bien instruido». Sentenció *Paquiro*: «El conocimiento es la principal cualidad de buen torero».

He titulado yo *La inteligencia del toreo* uno de mis libros, en el que recojo conversaciones mías con grandes maestros. Al repasarlo, advirtió el editor, David González Romero, que esa era una línea común que unía a todos ellos, aunque tuvieran estilos muy diferentes.

No es de extrañar: con su sabiduría popular, nos advierte el refranero que se necesita inteligencia hasta para ser... (pongan la profesión que quieran). Mucho más para enfrentarse a un animal peligrosísimo y cambiante que, en pocos instantes, puede causar la muerte o el fracaso del torero.

La inteligencia práctica suele concretarse en la rapidez para entender algo y reaccionar apropiadamente. Cuando han pasado algunos días, a todos se nos ocurre esa frase final que no pronunciamos en su momento... El buen torero comienza por ver rápidamente las condiciones del toro. Eso le permite dar a cada toro la lidia adecuada. (Los que tardan en verlo no suelen llegar a figuras).

También necesita el diestro notable inteligencia para gestionar su carrera: elegir apoderado, dirigir a su cuadrilla, conocer las peculiaridades de cada plaza... Y algo mucho más importante y mucho más difícil: no perder la cabeza ante el cúmulo de tentaciones que la fama y el dinero proporcionan. Tengamos en cuenta que, con solo una tarde de triunfo, un joven de unos veinte años puede ver cómo caen a sus pies la buena sociedad, hombres y mujeres... No todos lo consiguen: no es nada fácil.

A partir de ese momento, vivirá en una burbuja, perseguido por los periodistas, aislado de sus antiguos amigos, adulado por todos. Sin una formación cultural, ¿cómo irá aprendiendo? Me lo repetía Marcial. «Hay que ser orejero». Y también hay que ser inteligente para discernir a quién escuchas, a quién haces caso y a quién no.

Muchos toreros que he conocido no habían tenido la oportunidad de realizar estudios, pero poseían una inteligencia extraordinaria: Marcial Lalanda y Luis Miguel son dos de las personas más inteligentes que he conocido en esta vida. Algunos diestros llegaron a ser auténticos filósofos: *Guerrita,* Rafael *El Gallo*, Juan Belmonte, Ignacio Sánchez Mejías, Domingo Ortega...

Para ser torero, hay que vencer el miedo. El torero valiente no es un inconsciente. Aporta un dato físico Juan Belmonte: «El miedo que se pasa en las horas que preceden a la corrida es espantoso. El que diga lo contrario miente o no es un ser racional. El día que se torea, crece la barba. Es el miedo; sencillamente, el miedo».

La abundancia de sinónimos para censurar al torero cobarde en el lenguaje popular lo demuestra. Un personaje de *Juncal* recoge unos cuantos: follón, pávido, cagueta, menguado, mandilón, caco. Podemos añadir otros: cara, caradura, carota, camelista, birlongo, truquista, ventajista. Puede sentir canguelo, canguis, jindama, mieditis, cerote, julepe, repollo, fatiguitas de muerte, pasarlas moradas, negras, putas, de todos los colores, las de Caín… La sabiduría del refranero concluye: «¡El miedo es libre! El que tiene culo tiene miedo».

En cambio, el torero valiente es el que tiene coraje, gallardía, guapeza, agallas, cojones, vergüenza, pundonor, hígados, redaños, riñones, lo que hay que tener…

El valor del torero consiste en vencer al miedo. Recuerdo el caso de Jaime Ostos. La película que cuenta cómo se sobrepuso a una cornada que lo colocó al borde de la muerte se titula, sencillamente, *Valiente* (1964), de Luis Marquina. Lo que él era, sin duda alguna.

Lo mismo le sucedía a Diego Puerta, al que apodaron *Diego Valor*, nombre de un personaje de tebeo, «piloto del futuro». En un festival en la Maestranza, ya retirado, con una evidente «curva de la felicidad», seguía arrimándose como una fiera… Igual que se decía de don Tancredo, «en su vida tuvo miedo». Mejor dicho, sí lo tuvo, pero lo venció siempre.

Además de valor y conocimiento, el torero necesita también transmitir sentimiento. Y tenerlo él mismo, por supuesto: nadie da lo que no tiene. Es muy triste si alguna vez vemos a un torero que parezca rutinario, repetitivo, como un muñeco mecánico al que le han dado cuerda… Como tantas veces, Juan Belmonte nos da su versión, a la vez apasionada e inteligente: «Yo tengo la convicción de que el arte de torear es, ante todo y sobre todo, la versión olímpica de un estado de ánimo, y creo, además, que el torero solo cuando está hondamente emocionado, cuando sale a la plaza con un nudo en la garganta, es capaz de transmitir al público su íntima emoción».

Lo más complicado es que esa emoción no le nuble la lucidez necesaria para torear bien. (Es el viejo tema que trató Diderot, referido al teatro, en su *Paradoja del comediante*).

En el campo, muchas veces, hemos visto torear a un joven —frecuentemente, de familia de ganaderos o toreros— que conocía bien el oficio; ese mismo joven, cuando actuaba en una plaza, no decía nada. Hoy en día, gracias a las Escuelas Taurinas, es más fácil que antes adquirir la técnica; gracias a internet, es más fácil que antes estudiar —y, quizá, copiar— el estilo de los grandes maestros. (Lo mismo le pasa a un pianista de música clásica). No es suficiente.

Para triunfar en el toreo, hace falta algo más: tener personalidad propia, inconfundible, con sus virtudes y sus defectos. Es lo que han tenido siempre los llamados fenómenos: Juan Belmonte, *Manolete*, *El Cordobés*, Paco Ojeda, José Tomás…

Reza un viejo dicho que a todos ellos, en una fotografía, toreando, se les reconoce, aunque no se les vea la cara: imponen un estilo propio. (Entre los actores de cine, es lo que les sucede, por ejemplo, a John Wayne, Gary Cooper, Humphrey Bogart, Audrey Hepburn o Marlon Brando). Eso suele cautivar al público, aunque los aficionados más expertos discutan su estilo.

El torero necesita tener también una capacidad física que le permita ejercer adecuadamente su profesión. Eso es lo que solemos llamar facultades. No es casual que varios diestros hayan adoptado esa palabra como apodo.

El público admira las facultades de los grandes banderilleros: Víctor Mendes, Luis Francisco Esplá, *El Fandi*… Pero todos los toreros necesitan tenerlas. Lo trágico es que, en la madurez, ven más claro el toreo, pero tienen menos facultades…

La constitución física de cada diestro influye en su estilo de torear. No ayuda a la armonía el que sean muy altos (igual sucede con los bailarines de *ballet*): con más o menos cariño, según las personas, a Luis Miguel le llamaban *Patas Largas* y *Grullo*. Cierta corpulencia —sin llegar al exceso— ayuda a la estética de Curro Romero, Paco Ojeda y Morante de la Puebla.

Una vez más, el caso de Juan Belmonte es paradigmático. Cuenta a Chaves Nogales que sus limitaciones físicas le llevaron a torear de cierta manera: «En la calle, era incapaz de dar un paso. En la plaza, en cambio, la gente se levantaba de los asientos, con un nudo en la garganta, al verme torear. Hago notar esto en apoyo de mi tesis de que el toreo es, ante todo, un ejercicio de orden espiritual. En una actividad predominantemente física, jamás ha podido triunfar un hombre físicamente arruinado, como yo lo estaba entonces. Si en el toreo lo fundamental hubiesen sido las facultades y no el espíritu, yo no habría triunfado nunca».

Hubo una etapa, incluso, en la que Belmonte apenas podía moverse, pero, con un régimen casi hospitalario, siguió toreando: «Me hice mi composición de lugar. Todo se reducía a ir economizando el esfuerzo físico hasta reponerme. Para torear, no hacen falta demasiadas energías. Con el ánimo basta. El quid estaba en torear quietecito y despacio. Me levantaba de la cama para ir al ruedo y, desde la barrera, avanzaba la media docena de pasos necesarios para citar al toro. Cuando el animal se iba, liaba tranquilamente la muleta y, con mi pasito lento, echaba tras él. Aquello no tenía más inconveniente que el de dar un tinte más sombrío a mi toreo. Pero, ¿torear? ¿Quién ha dicho que las piernas hacen falta para torear?».

Parecida es la leyenda de que *Antoñete*, en América, mientras sus compañeros se entrenaban, se quedaba tumbado en un sofá, viendo vídeos de películas subidas de tono. Y Manolo Vázquez me contaba que, en su reaparición, antes de torear en San Isidro, se pasaba unos días en un hotel en la sierra madrileña descansando;

por supuesto, descansando físicamente, pero preparándose psicológicamente.

Hoy en día, no pocos toreros tienen un preparador físico, se entrenan concienzudamente. Pero eso no basta para torear como toreaban *Antoñete* y Manolo Vázquez...

Hay otra cualidad que ineludiblemente debe tener el torero, aunque pueda sonar como algo antipático: el orgullo. No me refiero, por supuesto, a la tonta vanidad personal, sino al legítimo y absolutamente necesario orgullo profesional.

Cualquiera que dedica su vida entera —no solo los domingos, como *hobby*— al arte, en cualquiera de sus ramas, lo vive plenamente: pone en su obra todo su esfuerzo y todo su talento para alcanzar el máximo nivel que pueda. Si yo escribo una novela, me gustaría que fuera como las de Cervantes; si es una obra de teatro, intentaré acercarme a Shakespeare. Etcétera. Todo eso no impide que, si uno no es rematadamente fatuo, sepa que se va a quedar a una enorme distancia. Pero, si no aspiramos al máximo, ¿para qué escribir?

Usando la hermosa expresión de Jorge Manrique, el torero, en la plaza, pone «su vida entera al tablero». Si no aspira a lo máximo, se quedará en una medianía. Así de sencillo. Eso incluye defender su condición profesional con actitudes que pueden parecer antipáticas. *Joselito*, Ignacio Sánchez Mejías y Luis Miguel *Dominguín* tuvieron ese orgullo, lo defendieron en la plaza y, por eso, fueron primeras figuras.

Toreaba *Joselito* en solitario —lo que ahora llaman, con una fea palabra, una «encerrona»— y un espectador le gritó: «Eso, ¡con Miuras!». El diestro tomó buena nota: al año siguiente, en la misma Feria, mató seis toros de Miura.

Viajando en barco hacia México, leyó Ignacio Sánchez Mejías, en un periódico mexicano, que Rodolfo Gaona, el ídolo de allí, era mejor que *Joselito*, que ya había fallecido. Al desembarcar, pidió que le llevaran al periódico y le dijo al director, con una arrogancia digna del marqués de Bradomín: «Yo soy mejor que Gaona y no era más que banderillero de *Joselito*».

Al domingo siguiente, Ignacio toreó en la plaza de toros México: ya se puede imaginar con qué ambiente se encontró. Sin importarle nada, brindó a los partidarios de Gaona, llevó su toro delante de ellos, lo toreó allí, hizo una gran faena y le cortó las orejas. Sin ese final, todo lo demás se hubiera quedado en una bravuconería.

El 17 de mayo de 1949, toreaba Luis Miguel en Las Ventas. El público madrileño estaba claramente en contra de *Dominguín* y a favor de Manolo González, que cortó una oreja, pero Luis Miguel le dijo a *Parrita* que, esa tarde, solo hablarían todos de él. En el cuarto toro realizó una faena extraordinaria que puso al público en pie. La concluyó con un gesto que cuenta *K-Hito*: «Cuando todos estábamos boquiabiertos, se lleva la mano diestra al pecho y luego yergue el brazo con el índice enhiesto». Se había autoproclamado el número uno del toreo. La mitad del público lo quería matar; la otra mitad se rindió a sus pies. Ya, para siempre, había quedado Luis Miguel como *el número uno* (así he titulado yo mi biografía, publicada por La Esfera de los Libros). Sentenció entonces Corrochano: «En el toreo, solo es modesto el que no puede ser otra cosa. Dios nos libre y, sobre todo, libre a las empresas de toreros modestos».

Ni *Joselito*, ni Ignacio Sánchez Mejías ni Luis Miguel eran unos modelos de humildad, desde luego, pero lo que decían lo mantenían luego en el ruedo. La carencia de ese orgullo profesional, de esa ambición, de ese deseo de mandar en el toreo es lo que ha impedido a algunos diestros ser primeras figuras.

Hoy en día, bastantes toreros saludan a sus compañeros con besos en el patio de cuadrillas, no entran al quite en sus toros, declaran que disfrutan viendo torear a sus compañeros... Bastantes buenos aficionados echan ahora de menos las rivalidades que antes existían, las competencias, las peleas, el orgullo profesional. Recordaba hace poco *Espartaco* que, cuando advirtió que se alegraba con el triunfo de un compañero, comprendió que le había llegado la hora de la retirada...

El orgullo profesional debe ir unido a la responsabilidad de figura del toreo. Es duro, pero es inevitable, como señala Corrochano: «Lo difícil, lo molesto y lo incómodo es sostenerse de figura del toreo. Cuesta trabajo tener fama y dinero, y tener que torear los toros que no gustan, y alternar con los toreros que vienen a quitarle el puesto. Pero esa es la historia de todo campeón».

¿Habrá leído alguna vez estas frases, por ejemplo, José Tomás? Me temo que no. Además, como dicen los taurinos, una gran figura debe «tirar del carro», pensar en la fiesta, no solo en su carrera.

Hay otra cualidad indiscutible que necesita un torero para ser figura: cierta fortaleza psicológica para afrontar su soledad. La mayoría de ellos comienzan muy jóvenes, no viven nunca como adolescentes, se relacionan solo con gentes mucho mayores que ellos. Cuando pasa cierto tiempo, advierten que han perdido su infancia y su adolescencia: es duro, no todos lo soportan bien.

A eso hay que añadir la soledad básica de cualquier verdadero artista, que vive consagrado a su creación. En el caso del torero, con el agravante paradójico de que la realiza delante de miles de personas que han pagado para verla. ¿Torea para ellos o para sí mismo? Sin duda, las dos cosas.

Por un lado, el diestro inteligente no pierde nunca de vista al público, calcula perfectamente lo que debe hacer para que reaccione. El que no lo es, por ejemplo, hace en Las Ventas cosas que en esa plaza solo provocarán rechazo. Y lo hace sin enterarse, no para provocar, como quizá las hubiera hecho Luis Miguel. Me contaba este que él escuchaba perfectamente cualquier cosa que le gritara cualquier espectador. Y, toreando o, incluso, de palabra solía responderle...

A la vez, el torero está siempre solo, en su mundo; solo, con el toro. Esta es su grandeza y esta es su cruz. Lo explica con llaneza castellana Domingo Ortega: «El torero debe, sobre todo, concentrarse o está más perdido que Carracuca».

Cuenta Antonio *Bienvenida* una curiosa historia. Una vez, en el campo, estaba toreando muy a gusto cuando le interrumpió el «olé» de un aficionado. A pesar de su educación, Antonio se volvió a él, indignado: «Me has estropeado esa gozada. ¿No comprendes que así solo se puede torear a solas y con una becerra que sienta también el arte?».

Desarrolla el tema Juan Belmonte, recordando una de sus faenas más triunfales: «Cuando salió mi toro, me fui hacia él y, al tercer lance, oí el alarido de la muchedumbre, puesta en pie. ¿Qué había hecho yo? Prescindir del público, de los demás toreros, de mí mismo y hasta del toro para ponerme a torear como había toreado tantas noches a solas en los cerrados y dehesas (...). Toreé como creía que debía torearse: ajeno a todo lo que no fuese mi fe en lo que estaba haciendo. Conseguí, por primera vez en mi vida, entregarme por entero al placer de torear, haciendo abstracción de la muchedumbre».

Ese es el sueño de todos los verdaderos artistas. A la vez, corren el riesgo de perder el sentido de la realidad, de aislarse en una burbuja de autocomplacencia: les ha sucedido a numerosos artistas, dentro y fuera de los ruedos. Para evitarlo, es básico que el diestro no haga caso al coro de aduladores y que se rodee de gente con los pies en el suelo: su apoderado, su familia, los amigos de verdad...

Debe seguir buscando siempre la perfección, pero sin caer en el estilismo amanerado, en esa afectación que es la caricatura del buen estilo. El arte verdadero no nace de mirarse en el espejo, sino que brota espontáneamente desde dentro, como el agua clara. (Cuando se posee ese tesoro, naturalmente). En el toreo, como en cualquier arte, la naturalidad, la difícil facilidad es la cumbre a la que solo llegan los artistas de verdad extraordinarios.

VI
EL TOREO
Y LA SOCIEDAD

AFICIÓN Y PÚBLICO

«Porque, como las paga el vulgo, es justo
hablarle en necio para darle gusto».

Lope de Vega, *Arte nuevo de hacer comedias*

La sociología ha demostrado que el destinatario forma parte de cualquier obra de arte: creación y público son las dos caras de la misma moneda. Un ejemplo claro: Antonio Gala utiliza metafóricamente a Troylo, su perrito, para charlar con todos nosotros. El escritor imagina siempre un «lector ideal», un tú al que se dirige. Carmen Martín Gaite resume la tarea del escritor en una «búsqueda del interlocutor». El pintor Delacroix define un cuadro como «un puente entre el alma del artista y la del espectador».

Lo que también nos dicen los sociólogos —por ejemplo, Noël Salomon— es que, en vez de hablar de público, conviene hablar de públicos, en plural, porque, en la sociedad actual, tan trasversal, atribuirle la uniformidad sería grave error.

También sucede eso en el arte de la tauromaquia: el diestro torea siempre pensando en alguien que sepa apreciar lo que él está haciendo. Si es mínimamente avisado —y un diestro que no lo sea está condenado al fracaso—, modulará su estilo de torear según la plaza en que actúe. Es bien sencillo: sabe de sobra, por ejemplo, que en Sevilla y Madrid no debe utilizar, porque provocarán rechazo, ciertos recursos que en otras plazas levantarán ovaciones seguras.

Cada artista necesita encontrar o crear su público, que le dará apoyo moral —y económico—. Recordemos al pobre Van Gogh, que en toda su vida no logró encontrar ningún comprador para sus cuadros, los mismos que ahora se cotizan a millones. Sí obtuvo fama y dinero con sus artículos Mariano José de Larra, pero, aun así, se sentía muy solo en el Madrid de 1830. Por eso se preguntaba: «¿Quién es el público y dónde se le encuentra?».

Del mismo modo, cada torero necesita crear su público: admiradores, partidarios («apasionados», los llamaba Moratín) que lo seguirán de plaza en plaza, aclamarán sus faenas brillantes y lo disculparán en las tardes malas.

Los diestros de la línea estética, que suelen ser irregulares, conocen de sobra la importancia de ese apoyo. Aun en sus momentos peores lo tuvieron siempre Curro Romero, esperando que destapara «el tarrito de esencias», y *Rafael de Paula*, esperando que apareciera el Espíritu Santo de la inspiración gitana. Ahora mismo, lo está empezando a tener —y bien que le ayuda— Juan Ortega.

Es habitual distinguir los públicos toristas y toreristas, aunque todos los que hablamos o escribimos de toros hemos dicho alguna vez que esta separación no debe hacerse: sin el toro, nada tiene sentido en este arte.

Los aficionados admiramos la belleza de este precioso animal, pero no vamos a la plaza como si acudiéramos a un parque zoológico: lo que ansiamos ver es una hermosa faena hecha a ese toro. La verdadera categoría de un diestro solo puede calibrarse en función de las condiciones de las reses que le tocaron en suerte. Así pues, todos somos —debemos ser— a la vez toristas y toreristas.

Todo eso está muy bien, en teoría, pero la realidad manda. La experiencia nos dice que en algunos cosos se atiende especialmente, se exige el trapío y la casta brava del toro: así sucede en Madrid, Pamplona, Bilbao… En otras plazas, se valora más la calidad estética de la faena: eso pasa, en general, en Andalucía y en Levante. Son dos conceptos de la fiesta: los dos, por supuesto, perfectamente legítimos, pero, si nos escoramos mucho hacia uno de los lados, los dos resultan incompletos.

En nuestro teatro del Siglo de Oro, aunque fuera un género tan popular, el autor lanza a veces invectivas contra el público. Juan Ruiz de Alarcón lo increpa así en el prólogo a sus obras: «Allá van esas comedias, trátalas como sueles, no como es justo, sino como es gusto, que ellas te miran con desprecio y sin temor».

El problema es que entender de verdad de toros no es nada fácil; sobre todo, saber ver las condiciones del toro. No es raro, por tanto, que el público taurino se equivoque. Lo denuncia Marcial Lalanda: «Yo he llegado a torear en Madrid un toro que estaba toreado y la gente ni se enteró. No lo advirtió porque yo no le daba respiro ni un momento. De lo contrario, no hubiera podido con él».

El público de toros tiene sus cosas buenas y malas, como el de cualquier espectáculo. Por educación y por respeto, es mejor, en todo caso, que el del fútbol y los conciertos populares, donde suceden tantos actos vandálicos que en una plaza serían imposibles. Es peor que el del tenis —Curro Romero sentía envidia de sus silencios— y el de la música clásica. Unos lo tratan de «respetable público»; otros, de «bestia fiera».

Una de las más populares novelas de tema taurino, *Sangre y arena*, de Blasco Ibáñez, lo fustiga con especial dureza; cree que es injusto, caprichoso, cruel, vengativo, cobarde: «La gente parecía gozarse en su terror, con la valentía intransigente del que se halla en lugar seguro (…). ¡Ah, el público! Muchedumbre de asesinos que ansían la muerte de un hombre, como si solo ellos amasen la vida y tuviesen una familia». Opina Blasco que la fiera no es el toro, sino el público. A él le dedica la última, implacable frase: «Rugía la fiera: la verdadera, la única».

La otra cara de la moneda sería, por ejemplo, el público de la Maestranza sevillana, educado en seguir unos ritos de comportamiento y hasta de vestimenta, como si se tratase de la ópera. (Si en Las Ventas algunos diestros pueden temer las reacciones del Tendido 7, también en la Scala de Milán los cantantes temen las furibundas protestas de los espectadores de Paraíso).

Cuando el diestro ha estado mal, se suele decir que ha pegado un petardo, un mitin, un sainete. Hace décadas, las broncas taurinas podían ser apocalípticas. Las recordaba Rafael *El Gallo*, que las conocía por experiencia: «El público ya no tira cosas… A mí, me han sacado a hombros y me han besado la calva, y también me han tirado piedras. ¡Aquellos bárbaros!».

Hoy en día, felizmente, la raza hispana está ya muy suavizada. De todos modos, yo he visto no pocas veces a Curro Romero salir de la plaza entre un diluvio de rollos de papel higiénico (que, obviamente, algunos espectadores habían llevado a la plaza con esa finalidad).

En las tardes malas, se suelen amparar los diestros en la sabia frase de Rafael *El Gallo*: «Las broncas se las lleva el viento y las cornadas se las queda uno».

Pueden buscar los toreros el triunfo un poco más fácil, recurriendo a efectismos populistas: ahora mismo, torear de rodillas, mirando al tendido, los quiebros por la espalda, el encimismo, los circulares invertidos… Algo semejante se ha dado en todas las épocas. Ya lo denunciaba Corrochano: «Cuando se dice despectivamente torea para la galería, es un brindis al sol, se insinúa una fórmula clara de descontento con que la minoría denuncia al torero poco escrupuloso, que se vale de mañas falsas, de escaso mérito y aparente valor, y señala a la masa, ignorante de lo que es la verdad del toreo».

Son expresiones muy frecuentes, también, en la oratoria parlamentaria: «Torear para la galería, hacer un brindis al sol».

En el lado contrario, el público de toros expresa su entusiasmo con una exclamación de origen enigmático: «¡Olé!». Gerardo Diego canta así un momento triunfal:

> *Relumbrar de faroles*
> *por mí encendidos*
> *y un estallido de oles*
> *en los tendidos.*

Se discute si esa palabra debe acentuarse al final o al comienzo; si ha de ser algo instantáneo, como un estallido, o puede prolongarse. Don Gregorio Corrochano vincula esto a dos formas de torear: «El toreo de adorno, breve, ágil, lo recibe con un "olé" rápido, como este toreo; el toreo de parar, templar y mandar, el verdadero toreo, que da lugar al lance y pase largo, lo recibe con un "oooo…lé" largo, profundo, prolongado, emocionado, como este toreo. Por esto, ya dijimos en otra ocasión que hay toreros de "olé" y toreros de "oooo…lé"».

La teoría es bonita, pero me temo que, en la práctica, las cosas se confunden, no están tan claras.

Toda la vida se ha distinguido entre el público, mayoritario, y la minoría de aficionados. A este último grupo lo llama Pérez de Ayala «la cátedra»: «El público de toros (…) se figura estar, con respecto al actor, en una relación de superioridad y magisterio. Con frecuencia se lee en los periódicos este vocablo: la "cátedra". ¿Qué es la cátedra? La cátedra es… el público de aficionados».

Nadie da un carné de buen aficionado, pero la diferencia existe. ¿Se pueden señalar algunos criterios objetivos para distinguir estos dos grupos? Creo que sí: cada temporada, el gran público asiste solo a un par de festejos en la feria de su ciudad, y, aparte de eso, no se interesa más por la fiesta; los aficionados, en cambio, asisten a todas las corridas que pueden y siguen con fervor la actualidad taurina. Para acudir o no a un festejo, el público se fija solo en los toreros; los aficionados también atienden a la ganadería. Los aficionados valoran la suerte de varas; el público está deseando que dure lo menos posible. A los aficionados les interesan las novilladas; al público, solo las corridas con diestros famosos (si han salido en la televisión, mejor). El público quiere que el toro muera cuanto antes, pita si tarda en caer; los aficionados valoran la forma de entrar a matar y la colocación de la estocada, aplauden al toro que se resiste a morir. El público quiere ver tardes triunfales en las que se corten muchas orejas; los aficionados, poder disfrutar con faenas para el recuerdo…

Todo eso es verdad, sin duda, pero la frontera entre las dos cosas no es tan tajante; con frecuencia, se difumina. Es normal —y deseable— que, con el tiempo, una parte del público que asiste a las corridas se acabe convirtiendo en verdaderos aficionados.

¿Cuál es el camino habitual para eso? Ver más corridas de toros; si es posible, acompañado por alguien más experto. (Muchísimos debemos nuestra afición a nuestros padres, que nos llevaron a la plaza, de chicos). Fijarse siempre en el toro. Escuchar a los que saben; si se tiene oportunidad, a los profesionales. No es malo leer algún buen libro de toros… y de todo.

Sentirse aficionado supone haber sido admitido en una atractiva cofradía. Lo explica un personaje de *Fiesta*, la novela de Hemingway: «Siempre sonreía, como si la corrida de toros fuera un especial secreto entre los dos; un secreto más bien chocante, pero realmente muy profundo, que solo los dos conocíamos».

Recuerdo una anécdota algo chusca. Paseaba yo con mi mujer por la madrileña glorieta de Quevedo cuando advertí que un autobús de la Empresa Municipal de Transportes se paraba a nuestro lado, se abría la puerta delantera y el conductor me gritaba: «¡Don Andrés, yo también soy aficionado!». ¿Qué hace alguien tímido, como yo, en esa insólita circunstancia? Lo que pude: sonreír, hacer un gesto de saludo, dar las gracias e instarle a que continuara su trayecto antes de que protestara algún viajero impaciente…

Todos hemos tenido la experiencia de que un vecino pelma, en una plaza, te arruine una tarde de toros. Y lo contrario; sobre todo, si se repite la situación a lo largo de una feria. Algunos buenos amigos he hecho yo gracias a eso. Con su habitual sentido del humor, comenta Federico Jiménez Losantos la especial fraternidad que puede llegar a crearse a lo largo de una feria larga, como es la de San Isidro: «No hay test psicológico en el mundo que pueda proporcionarnos tanta información sobre una persona como compartir un San Isidro».

Numerosos aficionados se agrupan en peñas taurinas para compartir su afición; sobre todo, en el largo paréntesis taurino del invierno. Y no hablo solo de españoles: en la Feria de Abril sevillana, me suelo encontrar con miembros de las peñas taurinas norteamericanas; en Pamplona, con los de Estocolmo; en Bilbao, con los de Italia y Alemania; en todas partes, con aficionados catalanes, desesperados por la situación de su tierra…

La pasión lleva a algunos a convertirse en aficionados prácticos: llevan siempre en el coche un capote y una muleta por si, viajando por Andalucía o Extremadura, surge una oportunidad de probar su destreza. Algunos de ellos tienen cierta edad, ocupan cargos importantes. Recuerdo siempre a Ignacio Aguirre y Juan Manuel Albendea. Su máximo orgullo no era lo que hubieran hecho ellos en el Gobierno o en el Parlamento, sino mostrarme en su móvil cómo eran capaces de dar un natural a un becerro, en el campo…

En los últimos tiempos, acuden a las plazas por primera vez muchas mujeres, muchos jóvenes: los que mi amigo Federico Jiménez Losantos llama «neoaficionados». Bienvenidos sean, desde luego, pero conviene que vayan adquiriendo criterio. En las plazas, se repite ese juego dialéctico entre minorías y masas que señaló Guillermo de Torre en todo el arte contemporáneo.

Más allá del número de festejos y del relumbrón de sus carteles, lo que da realmente categoría a una plaza de toros es la presencia habitual, en ella, de buenos aficionados.

LAS PLAZAS DE TOROS

> «Aquí, en esta plaza del mundo, en esta
> vida que no es sino trágica tauromaquia».
>
> MIGUEL DE UNAMUNO

Inicialmente, los juegos taurinos surgen de modo espontáneo en los campos andaluces, salmantinos, extremeños, castellanos… Pasan luego a las plazas mayores de los pueblos y ciudades como una fiesta aristocrática.

El nacimiento de la corrida de toros moderna exige que se edifiquen las plazas de toros: recintos especializados, construidos ex profeso, de acuerdo con el espíritu razonable del llamado Siglo de las Luces. Esto supone que se trata de una arquitectura funcional, en el sentido actual de la palabra: la más apropiada para este espectáculo. Lo ha definido el historiador del arte Antonio Bonet Correa: «La plaza de toros, fruto de la Ilustración, tiene la geometría más adecuada y perfecta para su uso y función».

Un ejemplo concreto: su forma circular. Algunos ensayistas han especulado sobre presuntos simbolismos esotéricos. Algunos poetas, como Rafael Morales, han cantado la perfección redonda, completa, del círculo, cerrado sobre sí mismo:

> *Y ya estás en el ruedo. En sol y sombra,*
> *redonda está la muerte que te espera.*

O juegan con las metáforas del ojo y del monóculo, como Rafael Laffon:

> *Ronda, ruedo que es.*
> *Ronda, tu único ojo…*
> *Ronda: con él me miras.*
> *Ronda: con él veo todo (…).*
> *Ronda, ruedo que es,*
> *sobre el ojo, el monóculo.*

Gerardo Diego la compara con una ruleta:

> *El ruedo, la ruleta inmóvil, fija.*
> *Azar fascinador. Y no hay quien rija…*

La realidad es más prosaica. La forma circular tiene ventajas evidentes: en cualquier tendido que estén, los espectadores contemplan el espectáculo a igual distancia. Y, sobre todo, se evitan las querencias de los rincones, a donde acudirían y en donde podrían acularse los toros mansos.

La regla tiene su excepción. La placita de tientas de los Miuras y la muy antigua plaza de toros de Santa Cruz de Mudela siguen teniendo forma cuadrada, como las plazas de los pueblos, que cantó Manolo *el Pollero*:

> *Plaza de pueblo torera,*
> *cuadrada, que no redonda.*

Se conservan hoy en día algunas plazas muy antiguas en pueblos de Extremadura, de Salamanca (algunas, adjuntas a una ermita); al lado de Madrid, en Chinchón, donde se sigue celebrando un tradicional festival con talanqueras. (Sirvió de escenario para el rodaje de un episodio taurino, en el que intervenía Luis Miguel

Dominguín, junto a *Cantinflas* —aficionado práctico—, en la película *La vuelta al mundo en 80 días*).

De forma circular o elíptica eran los recintos dedicados a espectáculos públicos en la arquitectura romana. Hoy, sigue habiendo corridas de toros en los anfiteatros franceses (las *Arènes*) de Nimes y de Arlés: son unos escenarios únicos, sin duda, pero su forma ovalada plantea no pocos problemas a los lidiadores que no están acostumbrados a ella.

Quizá la leyenda del origen moro de la fiesta influye para que algunos cosos se adornen con elementos mudéjares. Las Ventas, por ejemplo. En cambio, la «Plaza de los Toros» de Sevilla —así reza su título, como insiste Antonio Burgos— mantiene la severa elegancia del neoclasicismo.

La tauromaquia, nuestra fiesta nacional, se vive de modo algo diferente en las distintas tierras de España, según la sensibilidad de cada una. Lo saben de sobra los profesionales; también, los aficionados que recorren nuestra piel de toro para contemplar su espectáculo favorito. Aunque lo esencial sea idéntico, hay gran distancia entre una corrida en Bilbao o en Almería, en Sevilla o en Pamplona, en Benidorm o en Cuenca…

Las diferencias comienzan por el edificio mismo. En Bilbao, nos asomamos a las comodidades de la arquitectura moderna. En Nimes y Arlés, en cambio, sentimos la emoción de la arqueología.

La plaza de Ronda es, en sí misma, un monumento que sobrecoge por la sobria belleza de sus columnas y de sus barreras, pintadas con guirnaldas goyescas, de estilo rococó; también impresiona, claro está, por lo que representa su historia.

Al entrar en la de El Puerto de Santa María, nos emociona encontrar el azulejo con la conocida frase de *Joselito*: «Quien no ha visto toros en El Puerto no sabe lo que es un día de toros».

A muchos aficionados no les gustan las plazas cubiertas. Lo entiendo: pierden buena parte de su encanto tradicional, no hay sol y moscas, todo resuena de un modo distinto. A cambio, ofrecen comodidades indiscutibles para el público y permiten que el espectáculo se celebre en buenas condiciones sin depender de la meteorología.

En Zaragoza, se evitan los grandes inconvenientes de las rachas huracanadas del Moncayo, tan temidas antes por los toreros.

En San Sebastián, en el viejo y entrañable *Chofre*, veía yo las corridas, de chico, a través de una cortina de continuo sirimiri, que caía sobre la arena de color ceniza, mientras el tendido se había poblado de boinas, paraguas, gabardinas, chubasqueros…

En el polo opuesto, en la plaza de Benidorm, en un tendido con árbol incluido, no pocos extranjeros aprovechan la corrida para tostarse en su habitual traje de baño, incluido el toples de algunas robustas vikingas, algo que alegra la vista al personal masculino.

También ven la corrida en traje de baño los turistas en Ibiza, desde la terraza con piscina de un hotel situado al lado de la plaza. En Valencia, junto a la estación del tren, decorada con hermosas placas de cerámica, estalla de repente una *mascletá* que asusta a algunos espectadores y hasta al propio toro. Gracias al buen clima mediterráneo, allí eran habituales las novilladas nocturnas y la desencajonada de las reses que se iban a lidiar en la Feria.

En Alicante, desfilan las *belleas* antes del paseíllo y el público recibe siempre a los diestros, sean los que sean, con una ovación cerrada. En Almería, los mantones de Manila adornan las delanteras de grada con su belleza multicolor. En Huesca, los jóvenes combaten el calor abanicándose con un ramo de albahaca. En Gijón, algunas señoras llevan preciosos ramos de hortensias para obsequiar a los triunfadores. En Olivenza, se escucha hablar portugués tanto o más que castellano, con acento extremeño…

Leo en una *Guía de los Toros* que, en España, son 10 las plazas de primera categoría, 40 las de segunda, más de 500 las de tercera, repartidas por todas las comunidades autónomas. (Solo en Castilla-La Mancha, por ejemplo, más de 160).

Estos edificios forman parte del conjunto monumental de las ciudades y pueblos españoles; también, de su historia, de lo que ha hecho felices a sus vecinos en tardes inolvidables. Por eso, no pocas de ellas albergan un Museo Taurino, que conserva y alberga esa memoria colectiva.

Los cosos franceses reciben el nombre de Arènes. Las Arenas se llamaba la segunda plaza de Barcelona, hoy salvada de la piqueta, pero reconvertida en centro comercial. En las plazas del norte de España, la arena suele ser plomiza, cenicienta; en Sevilla, brilla al sol el albero dorado. (Dicen que el mejor albero es el que viene —como el pan blanco— de Alcalá de Guadaira).

Con gran visión de futuro, para que el pueblo pudiera seguir acudiendo a los toros, *Joselito* promovió las plazas Monumentales: su mayor aforo permite precios más reducidos. La de Sevilla cayó por la imposible competencia con la Maestranza. Se conservan las de Barcelona —aunque, lamentablemente, ahora esté cerrada— y la de Madrid.

La de Pamplona, neoclásica, ampliada no hace mucho por Rafael Moneo, posee un ambiente realmente único: tiene lugar allí una fiesta increíble, una explosión de vitalidad; para el diestro, supone un reto muy complicado. Algunos toreros lo aceptan, se crecen y les encanta: Antonio Ordóñez, *El Viti*, Padilla, Roca Rey... Luis Francisco Esplá decidió no volver a torear allí después de una tarde accidentada, en la que acribillaron con toda clase de proyectiles a uno de sus picadores. La actitud de los mozos, durante la lidia, contradice casi todo lo que habitualmente se espera de un espectador taurino. Esas peñas que no paran quietas ni calladas ni un segundo han hecho escuela en Vitoria, en Huesca, en Burgos...

Tradicionalmente, las plazas francesas eran fáciles para los diestros españoles, que acudían allí, sobre todo, para ganar dinero. Eso cambió luego radicalmente. El auge de la fiesta en Francia va unido a un público entendido, que, por ejemplo, abronca al picador si no hace bien la suerte. No pocos toreros españoles —últimamente, por ejemplo, Daniel Luque— han podido renacer gracias al apoyo del público francés.

Las plazas de Sevilla y Madrid, con sensibilidades muy diferentes, siguen siendo los templos máximos de la tauromaquia. Su peculiaridad comienza por el edificio y por su situación geográfica.

La Maestranza de Sevilla contiene todos los elementos, todas las piezas que conforman la casa popular sevillana: hasta la azotea blanca, con un pretil sobre el río. Desde allí, al concluir la corrida, vemos deslizarse mansamente las aguas con la luz del atardecer y reflexionamos melancólicamente sobre el paso del tiempo.

Se accede a la plaza de Sevilla por muchas puertas; algunas, disimuladas, como si se tratara de una casa más del barrio. Dentro de la plaza, prácticamente, realizan la formación para su Estación de Penitencia los Hermanos del Baratillo, la capilla vecina.

En esta plaza, nada es desmesurado, todo tiene dimensión humana, armonía; todo es recogido, familiar: el color de las paredes, la cal blanca, la proporción áurea de un ruedo elíptico, no redondo, y unos arcos no uniformes... A un paso quedan la Torre del Oro, los monumentos a Curro Romero, Pepe Luis y Manolo Vázquez; al otro lado del río, el monumento a Juan Belmonte y Triana...

A todo eso se une el sabio público de Sevilla, que respeta como ninguno la solemnidad del rito taurino. Además del carácter sevillano, se debe eso a una razón concreta: es allí mayor el número de los que han vivido la realidad del toro en el campo.

No conozco una corrida más hermosa, en principio, que la de todos los años del Domingo de Resurrección en la plaza de los toros sevillana: ha pasado ya la tristeza de la Semana Santa —aunque en Sevilla sea tan poco triste— y renace la alegría de la primavera, del sol y de la fiesta de los toros. Lo resume una copla:

> *Plaza de la Maestranza,*
> *¡viva la gracia!*

Y un poeta andaluz, Ricardo Molina:

> *Abril. Pura invasión de ríos y alamedas.*
> *Todos vamos a ser felices en Sevilla.*

Todos lo hemos sido allí, si somos aficionados a los toros. Le preguntaron una vez, en Madrid, a uno de los *Bienvenida* si prefería el público madrileño o el sevillano. Contestó con la educación propia de su familia, pero con toda claridad: «Al torear, miro a los tendidos de la Maestranza y reconozco muchas caras: ese quiso ser torero, ese es hijo de un mayoral, aquel fue mozo de espadas… Miro en Las Ventas, en cambio, y veo filas enteras de indios, de japoneses».

Evidentemente, la plaza de Madrid es otra cosa: una plaza Monumental, un edificio exento, con los tradicionales adornos mudéjares. En la gran explanada de delante, juegan al balón unos niños; se hacen fotos unos japoneses; se besan unos novios. Hay espacio de sobra, allí, para las bocas del Metro, los quioscos de flores, las casetas de la reventa y varios monumentos: a Fleming, a Luis Miguel *Dominguín*, a Antonio *Bienvenida*, al *Yiyo*.

La afición madrileña ha sido siempre entendida y exigente. A veces, por esa exigencia, puede parecer antipática, pero eso es lo que mantiene la categoría de la plaza. La causa está clara: la importancia que en la capital se ha concedido siempre a la tauromaquia.

En 1872, visitó España el escritor italiano Edmundo de Amicis, el autor de *Corazón*, y anotó en su libro de viajes: «La inauguración de las corridas de toros en Madrid es mucho más importante que un cambio de ministerio». Si vemos lo que ahora son algunos ministros, solo podemos añadir: ¡por supuesto!

En su libro *Los toros en Madrid*, Pascual Millán hace un encendido elogio de esta afición: «El pueblo de Madrid es el más aficionado a toros de todos los pueblos porque es el más inteligente en la materia (...). En la plaza de Madrid se considera el espectáculo con toda seriedad (...). Esta plaza es la que da patentes de maestro».

A un buen aficionado, le gusta ver toros en todas las plazas: grandes y chicas, de ciudad y de pueblo... Pero, sobre todo, le gusta ver toros en Madrid y en Sevilla. Es lógico.

FUERA DE ESPAÑA

«Sevilla se cubre de lilas.
La ciudad enajenada esparce lilas
como si fueran humo enervante.
¿Quién puede hoy no sentirse embriagado?
¡Vamos a la corrida!».

EVGENI EVTUCHENKO

En el mundo entero, el toro bravo remite a España, como el *jazz* a Nueva Orleáns y el Renacimiento a Florencia. Eso no quiere decir, por supuesto, que no haya conciertos de *jazz*, ni edificios renacentistas, ni corridas de toros, fuera de su cuna. Porque el arte, por definición, es universal, con independencia del lugar donde haya nacido. Del mismo modo, no todos los españoles son aficionados a los toros, naturalmente, y también hay grandes aficionados en muchos países del mundo.

No puedo olvidarme en este libro de la realidad de los toros en muchos países, fuera de España. Me limitaré, eso sí, a algunos datos básicos para no alargarme demasiado. Distingo tres escalones: ante todo, Francia y Portugal; después, la mayoría de los países hispanoamericanos. Por último, algunas anécdotas históricas en Europa y África.

Todos los aficionados conocen de sobra la importancia creciente que ha cobrado la tauromaquia en Francia en las últimas décadas. Más aún, muchos españoles la toman ahora como modelo: por el protagonismo de los aficionados, por la creación de instituciones útiles, por las eficaces campañas de defensa de la fiesta.

El origen remoto está en las pinturas rupestres de Lascaux, equivalentes a las nuestras de Altamira. Había ya festejos taurinos en la Feria de Arlés desde 1445. Un siglo después, se mencionan ya cerca de 16.000 toros salvajes en la Camarga. La afición a los juegos con el toro se da en dos zonas del sur de Francia: al oeste, en la cuenca del Garona; al este, en la del Ródano, en unas marismas comparables a las del Guadalquivir.

Igual que en España, los festejos populares desembocaron en las corridas de toros. En el siglo XIX, abundaron las luchas entre taurinos y antitaurinos. Un hito decisivo es la Ley Grammont (1850) de protección de los animales, que incluye una excepción a favor de las corridas en los lugares donde se pueda demostrar que existe una tradición cultural ininterrumpida. (Queda fuera de eso, por ejemplo, París, donde hubo una plaza de toros de estilo Eiffel en la calle Pergolese, en 1899, con motivo de la Exposición Universal. En la corrida inaugural torearon *Gordito*, *El Gallo* y *Lagartija*, que brindó a la reina Isabel II).

Hoy en día, tienen gran categoría Ferias como las de Nimes, Arlés, Dax, Bayona, Béziers, Mont-de-Marsan, Istres… Se programan grandes carteles, se cuida mucho la integridad del espectáculo, se tiene en cuenta la opinión de los aficionados: el éxito suele estar asegurado.

Para defender la fiesta, se han creado instituciones como la Unión de Ciudades Taurinas de Francia, que agrupa a unas 50, y el Observatorio de las Culturas Taurinas. Con un trabajo muy bien hecho, consiguieron, antes que en España, que se reconociera legalmente la fiesta como parte del Patrimonio Cultural Inmaterial. Han desarrollado campañas de publicidad con el lema *Le taureau, nôtre culture* (El toro, nuestra cultura). Hace poco, han logrado que se retire del Parlamento una proposición de ley para abolir los toros.

Francia ha dado figuras como el infortunado *Nimeño II* y Sebastián Castella, el primer torero francés que ha abierto, hace muy poco, la Puerta del Príncipe. Hay allí ganaderías, escuelas taurinas y muchos jóvenes que quieren ser toreros.

En el terreno cultural, los toros han atraído a muchos escritores franceses: Gautier, Alejandro Dumas, Musset, Cocteau, Montherlant, Peyré, Jean Cau… Sentencia Mérimée: «Es el espectáculo más hermoso que puede verse».

Hoy mismo, ser aficionado a los toros en Francia va unido a cierto caché intelectual, está de moda.

Para los taurinos españoles, siempre desunidos, Francia supone, en muchos aspectos, un ejemplo y un modelo.

He mencionado ya las fiestas taurinas populares en Portugal, donde la afición ha ido absolutamente paralela a la de España con dos grandes peculiaridades: la importancia del toreo a caballo y los *forçados*. Existen testimonios de fiestas taurinas desde 1258. Varios monarcas fueron expertos caballeros.

Como reconoce Álvaro Domecq, Portugal se adelanta a España en el nacimiento del rejoneo moderno. En 1892, se inaugura la plaza lisboeta de Campo Pequeño, felizmente activa. (En los últimos años, con la gerencia de Rui Bento, ha cobrado gran protagonismo).

En el siglo XIX, surgieron algunas polémicas antitaurinas. Desde 1928, la corrida de toros «a la portuguesa» no incluye la muerte del toro en la arena. Con una excepción: la localidad de Barrancos, en el Alentejo. En 2018, el Parlamento rechazó una propuesta de prohibir los toros porque «forman parte de la cultura y las tradiciones portuguesas».

En Portugal hay excelentes ganaderías; algunas, tan clásicas, como la de Palha («los Miuras portugueses» los llamaban) y Murteira Grave. También ha dado Portugal no pocas figuras del toreo a pie: Manolo dos Santos, Diamantino Vizeu, José Trincheira, Armando Soares, Amadeo dos Anjos, Paco Mendes, José Julio, José Falcón, Víctor Mendes, Mario Coelho…

Cita Cossío más de treinta escritores portugueses que mencionan los toros, desde Camoens hasta hoy.

En el terreno taurino, igual que en otros, creo que los españoles estamos en deuda, deberíamos prestar más atención al país vecino.

Crucemos el Atlántico: en muchos países hispanoamericanos han existido fiestas populares, primero, y corridas de toros, luego, de modo absolutamente paralelo a lo que sucedía en España. Después de la Independencia, han mantenido esta afición algunos de ellos, no todos.

En mi libro *Escritores ante la fiesta (De Antonio Machado a Antonio Gala)*, me ocupo de una veintena de poetas hispanoamericanos que han tratado el tema taurino, con figuras como Pablo Neruda, Octavio Paz, Leopoldo Lugones, José Eustasio Rivera, Leopoldo Marechal, Santos Chocano, Herrera y Reissig...

Por supuesto, México debe ir a la cabeza en este breve repaso. He mencionado ya las peculiaridades de algunos de sus festejos populares. Existen grandes ganaderías mexicanas —de origen español, por supuesto—. Se ha desarrollado allí un tipo de toro con una embestida más bonancible, que propicia faenas de gran estética; también, triunfos de diestros españoles, que allí han sido ídolos: *Manolete*, Paco Camino, Joaquín Bernadó, *El Niño de la Capea*, Enrique Ponce, José Tomás...

Una lista mínima de grandes figuras mexicanas no se puede olvidar de Ponciano Díaz, «el de los bigotes»; Rodolfo Gaona, rival de Ignacio Sánchez Mejías; Juan Silveti, *El Tigre de Guanajuato*, fundador de una importante dinastía; *Armillita*, Lorenzo Garza, *El Soldado*, Solórzano, Silverio Pérez, Luis Procuna (protagonista de la película *Torero*), Carlos Arruza, *Calesero, Capetillo,* Jesús Córdoba, Fermín Rivera, Joselito Huerta, Manolo Martínez, Eloy Cavazos, Joselito Adame... (Disculpen las omisiones).

En la capital, México D.F., en 1907 se inauguró la Plaza México; en 1946, con una corrida en la que alternaron *El Soldado*, Procuna y *Manolete*, la plaza Monumental, la más grande del mundo, con cabida para unas 65.000 personas, más del doble que Las

Ventas. Si a eso se une el carácter apasionado de su público, se comprende que triunfar allí es una experiencia inolvidable. Todos los diestros españoles que lo han logrado lo proclaman.

Aunque la fiesta sigue muy viva en México, se enfrenta ahora a los ataques del populismo y el animalismo: está prohibida en unos pocos estados. Algo más preocupante: hace poco, un juez admitió una denuncia y decretó la suspensión provisional de la actividad taurina en la Monumental de México. El 6 de diciembre de 2023, la Suprema Corte de la Justicia ha revocado la suspensión.

En el Congreso Internacional de Tauromaquia celebrado en Murcia, en 2018, escuché un importante informe de Francisco López Morales, director de Patrimonio Mundial del Instituto Nacional de Antropología e Historia de México: en 2010, México fue el primer país que realizó un inventario nacional de los festejos taurinos para lograr la protección de la Unesco dentro de las artes del espectáculo. A estos efectos —explicó— no conviene limitarse a la actual corrida de toros, sino tomar en consideración todas las fiestas tradicionales en torno al toro bravo: es decir, los *Ritos y juegos del toro*, como tituló su estudio Ángel Álvarez de Miranda.

Gran afición taurina ha habido siempre en el Perú. La broma tradicional es que, allí, hay más plazas de toros que estadios de fútbol. Por supuesto, la «joya de la corona» de la tauromaquia peruana es la plaza de toros de Acho, la primera que se construyó en América, en el siglo XVIII, a la que suelen comparar nada menos que con la Maestranza sevillana. Recuerdo muy bien el orgullo con el que habla de ella mi amigo Mario Vargas Llosa, buen aficionado. Sigue siendo un gran acontecimiento la Feria del Cristo de los Milagros.

En la tauromaquia peruana ha habido muchos diestros de color y suertes muy variadas: por ejemplo, el capeo a caballo. Entre las figuras, hay que mencionar a Rafael Santa Cruz y a Conchita Cintrón, gran torera a pie y a caballo. En 2020, el Tribunal Constitucional peruano se negó a abolir los toros.

También, ha habido gran afición taurina en Colombia, con plazas tan importantes como la de Santa María, de Bogotá; también las de Cali, Medellín, Manizales, Cartagena... Repasando la historia, vemos que hubo fiestas taurinas para celebrar la independencia y que en 1918 despertó pasiones Manuel *Bienvenida*.

Importantes diestros colombianos han sido Pepe Cáceres, *Joselillo de Colombia*, Óscar Cruz, *El Puno*, *El Cali* y, por supuesto, una primerísima figura, César Rincón. Entre las rejoneadoras, Rosarito de Colombia y Amina Assis, que fue amiga de Juan Belmonte. Un caso curiosísimo es el de un matrimonio en el que los dos cónyuges eran toreros y compartieron carteles, *El Colombiano* y *Morenita de Quindío*. La fotografía de los dos, vestidos de toreros, en el patio de cuadrillas es curiosísima.

No hay que olvidar la afición taurina de dos colombianos ilustres, Fernando Botero y Gabriel García Márquez: los dos asistían a las plazas y solían recibir brindis. Hace muy poco, a fines de 2022, el Parlamento colombiano rechazó un proyecto de prohibir los toros.

También es antigua la afición taurina en Ecuador: tenemos noticias de festejos taurinos en Quito en 1549. En 1960, Luis Miguel *Dominguín* inauguró la Plaza Monumental de Quito. (En Ecuador falleció, años después, su bohemio hermano Domingo). También son importantes las de Ambato, Riobamba y Guayaquil.

Entre los diestros ecuatoriano, podemos recordar a Edgar Puente, *El chulla quiteño*; Edgar Peñaherrera; Fabián Mena; José Luis Cobo, luego ganadero y empresario; Guillermo Albán, discípulo de nuestro Manolo Escudero, un gran artista del capote. Las polémicas antitaurinas han llevado a la prohibición en algunos cantones de la corrida con muerte del toro (sí se permite «a la portuguesa»).

Llegó con algo de retraso la fiesta a Venezuela, pero logró gran arraigo: primero, con mojigangas populares; desde fines del XIX, corridas con diestros españoles. A partir de 1908, apoyó mucho la fiesta el presidente, el general Juan Vicente Gómez, gran aficionado y ganadero, amigo de muchos toreros. (Le dedica un capítulo Chaves Nogales en su gran libro sobre Belmonte).

En 1919, se inauguró el Nuevo Circo. También es muy taurina la ciudad de Valencia, pero pesa sobre ella una leyenda trágica por la abundancia de percances.

Entre los toreros venezolanos, destacan *El Diamante Negro* y, sobre todo, los hermanos Girón: César, Rafael, Curro y Efraín. El primero y el tercero llegaron a ser grandes figuras en España.

No suele recordarse la importancia que tuvo el toreo en Cuba hasta la independencia, con cerca de 20 plazas de toros. Destaca entre ellas la de Carlos III, en La Habana. Allí actuaron, entre otros, *Guerrita* y Mazzantini. En 1868, a los cincuenta años, murió en Cuba *Cúchares* de fiebre amarilla.

En Cuba llegaron a editarse una veintena de revistas taurinas. En los grabados antiguos, comprobamos lo aficionada que era a la fiesta la buena sociedad cubana.

Muy pocos relacionarían hoy la fiesta con Argentina y Uruguay; sin embargo, también hubo, en ambos países, festejos taurinos, en medio de polémicas y prohibiciones. A fines del XVIII, se hizo famoso un argentino, Mariano Ceballos, *El Indio*, matador a pie y a caballo, retratado por Goya en su *Tauromaquia*. En 1882, actuó en Argentina *Cara-Ancha*, el diestro citado por Antonio Machado.

También hubo corridas en Montevideo. En 1885, murió allí *Punteret*. Un caso curioso: en 1937, se erigió un nuevo coso taurino en terrenos cedidos por el club de fútbol Nacional de Montevideo.

Todavía más singular es el caso de la Plaza Real de San Carlos, en Colonia del Sacramento, con un aforo de 10.000 personas, que presumía de ser «la tercera del mundo». Hoy no se dan allí festejos, pero sí se mantiene cierta actividad cultural relacionada con la fiesta.

Concluye tajantemente Antonio Gala: «Lo que tenemos en común con Hispanoamérica: la lengua y los toros».

Tampoco suele pensarse en festejos taurinos en Estados Unidos, pero sí que se han dado en los estados que tienen tradición española o mexicana. Muchos aficionados norteamericanos acuden a las corridas de Tijuana y de otras localidades fronterizas.

Algunas curiosidades históricas: en 1927, dos de los hermanos *Bienvenida*, unos niños todavía, vestidos de corto, participaron, en el Coney Island Stadium (Nueva York), en una becerrada, que presidió el púgil español Paulino Uzcudun. En 1933, hubo un festejo taurino en Hollywood con el diestro neoyorquino Sidney Franklin.

En 1966, tuvieron lugar algunos festejos en el Astrodome de Houston, con la actuación, entre otros, de Paco Camino. (Lo que más llamó la atención de los toreros fue que en una gran pantalla aparecía cuándo debía el público gritar: «¡Olé!).

En su reciente libro autobiográfico, *Capas de olvido*, Robert Ryan cuenta la afición taurina que él vivió, de chico, en los ambientes artísticos de Los Ángeles.

Y una cosa más: en septiembre de 2022, asistí en Sevilla a la reunión anual de los numerosos Clubs Taurinos norteamericanos.

Volvamos a Europa. En octubre de 1971, tuvieron lugar dos corridas en Belgrado, organizadas por Luis Miguel *Dominguín*. Toreó él junto con el torero francés Roberto Piles y el rejoneador portugués Alfredo Conde. El cartel anunciador lo dibujó Rafael Alberti. Se produjeron anécdotas muy pintorescas, que cuento en mi biografía *Luis Miguel Dominguín. El número uno*, publicada por La Esfera de los Libros. (Tengo buena información de todo esto porque actuó como presidente de las corridas mi padre, gran amigo del torero).

Según Plinio, Julio César introdujo los juegos con toros en la Roma Imperial (quizá adquirió esa afición en España). En Italia, ha habido festejos taurinos en dos etapas. La primera, en el Renacimiento y el Barroco, organizados por los Borgia en Roma y el virrey Pedro de Toledo en Nápoles. En la capital, tuvieron lugar en Campo d'Agone (hoy, Piazza Navona), Piazza Farnese, Piazza de

San Pietro y el Testaccio. En 1780, se construyó un anfiteatro junto al Ponte Augusto. Allí, en 1787, presenció una *giostra* (ese era el nombre italiano) Goethe, que viajaba por Italia.

En Florencia y Venecia, estos juegos taurinos iban unidos al carnaval y se acompañaban con cantos carnavalescos como este:

> *Giovanni diestri e coraggiosi siamo*
> *per amazzare il toro*
> *che in sulla Piazza a Santa Croce andiamo.*
> (Somos jóvenes valientes
> que para matar al toro
> acudíamos a la Plaza de Santa Croce).

En época de Mussolini, hubo corridas de toros en Roma, en el Stadio Nazionale. Las organizó Rafael Rubio, *Rodalito*, que luego se casó con una joven italiana de familia aristocrática y se quedó a vivir allí. Leo en el cartel de la corrida del 22 de junio de 1924 que habría un *unico toreador a cuerpo limpio che afronta il toro*. Y una advertencia: *Nel caso di pioggia, la corrida incominciata, la Direzione non é tenuta a restituire l'importe del biglietto* (En el caso de lluvia, iniciada la corrida, la dirección no estará obligada a devolver el importe de la entrada).

Hace muy poco, se han recuperado los juegos con un toro fingido en el Carnaval de Venecia, renovado por el director teatral Maurizio Scaparro.

En *Gog. El Libro negro*, Giovanni Papini publica una entrevista imaginaria con García Lorca, en la que este afirma: «La corrida es el símbolo de la superioridad del espíritu sobre la materia (…). Nada hay de extraño en que un pueblo católico como el nuestro concurra a este juego sagrado».

También ha habido festejos taurinos en Budapest, en medio de polémicas sobre la muerte del toro. En 1904, actuó allí una cuadrilla de toreros bigotudos, con Pouly al frente. En 1924, el torero valenciano José Estrella, ya retirado, organizó un festejo con el matador *Pedrucho*, el novillero *Parejito* y el rejoneador *Boltañés*.

En 2023 ha tenido lugar una gran exposición, *En lucha con la bestia. El toro en la cultura española y mediterránea*, en la Galería Nacional de Hungría, con obras de Goya, Zuloaga y Botero, entre otros.

Después de la experiencia de Belgrado, Luis Miguel *Dominguín*, siempre tan inquieto, intentó llevar corridas de toros a Moscú, pero no lo consiguió. En 1970, hubo un nuevo proyecto de celebrar festejos en el Estadio Olímpico Lenin para 120.000 personas. Raúl Galindo sorprendió a los rusos al pasear junto al Kremlin vestido de luces. En 2018 se creó en Madrid el Club Taurino de Rusia.

La hermandad espiritual que existe entre Rusia y España se manifiesta en algún poema de Oshanin:

> *Todo se hace comprensible*
> *mientras estamos sentados*
> *en la plaza de toros de Madrid.*

En mi libro *Toros y cultura* aparece la fotografía de la plaza de toros de Constantinopla (hoy, Estambul) con un aforo de 15.000 personas. En 1910, tuvieron lugar cuatro festejos taurinos. Las amenazas de prohibición y el escaso rendimiento económico dieron al traste con el proyecto.

También se celebraron algunas corridas en las antiguas colonias portuguesas de África. En Angola, con la participación de Bernadó y *Antoñete*; en Mozambique, inauguró la nueva Plaza de Lorenzo Marques, en 1950, Manolo dos Santos.

Ha suscitado interés apasionado el toro bravo en muchos países, sin olvidar nunca que se trata de un gran símbolo de la cultura española.

POLÉMICAS Y PROHIBICIONES

> «He hecho lo que era mi deber de
> intelectual español y que los demás no
> han cumplido: pensar en serio sobre
> los toros… Opínese lo que se quiera
> sobre aquel espectáculo, es un hecho
> de evidencia arrolladora que, durante
> generaciones y generaciones, fue, tal vez,
> esa fiesta lo que ha hecho más felices
> a mayor número de españoles».
>
> Ortega y Gasset

Las corridas de toros han ido unidas siempre a polémicas, han tenido siempre apasionados y también furibundos enemigos, que, por distintos motivos, querían suprimirlas. Un mínimo repaso a la historia de estos intentos de prohibición será suficiente.

Se suele decir que una de las *Partidas* de Alfonso X condena los juegos taurinos. En realidad, se limita a los clérigos, que no deben «ver juegos ni jugar tablas».

Después del Concilio de Trento (1545-1563), varias bulas papales atacan a los toros. La más dura es la Bula *De Salute Gregis* (1567), de Pío V, refrendada luego con rigor por Sixto V. Limita luego su condena *Exponis nobis* (1576), de Gregorio XIII, y la suprime definitivamente *Suscepti numeris* (1596), de Clemente VIII.

La bula de Pío V excomulgaba —¡nada menos!— a los príncipes cristianos en cuyos reinos se celebrasen festejos taurinos.

Imagínese lo que suponía eso en plena Contrarreforma en aquella España, «martillo de herejes», según Menéndez y Pelayo. ¿Qué hizo Felipe II ante esta condena? Dilatar y dilatar su cumplimiento; en definitiva, no hacer nada. Así lo justifica: «Esta es una antigua y general costumbre de estos nuestros Reinos y para la quitar será menester mirar más en ello. Ansí, por agora, no conviene que se haga novedad».

No en vano se le ha llamado el rey *Prudente*... En las cartas familiares a sus hijas, aparece un monarca mucho más humano, cariñoso e irónico de lo que solemos pensar. Gonzalo Santonja ha subrayado una frase que escribe Felipe II en una de esas cartas, en Lisboa, el 17 de septiembre de 1582: «Si los toros que hay mañana, aquí delante, son tan buenos como la procesión, no habrá más que pedir».

No es esta, desde luego, la frase que escribiría un antitaurino... La Ilustración trae nuevas polémicas y algunas prohibiciones; en cambio, José Bonaparte apoya la fiesta: su proclamación se celebra con dos corridas.

A lo largo del XIX, surgen intentos de prohibición con motivo de las muertes de *Pepete* y *Espartero*. Sí es tajante la prohibición de las capeas, en 1928, refrendada en la Segunda República.

De ahí, hemos de saltar hasta la prohibición catalana. Los hechos son estos: el 28 de julio de 2010, la Generalitat catalana prohibió las corridas de toros en Cataluña. El Gobierno tripartito (PSC, ERC, ICV) lo presidía el socialista José Montilla, conocido aficionado, al que era frecuente ver en la plaza. A la vez, se blindaron los *correbous*, un festejo popular con gran arraigo en algunas zonas catalanas.

El motivo que se alegó fue la protección de los animales. En la discusión, en el Parlamento catalán, se comprobó que era un puro pretexto: se quería suprimir la fiesta porque «huele a España» (frase textual que se escuchó); es decir, que era un peldaño más, simbólicamente muy importante, en el camino hacia el independentismo que algunos partidos catalanes pretenden seguir, como luego se ha comprobado con hechos mucho más graves.

Una vez más, los socialistas catalanes mintieron y traicionaron: aseguraron públicamente que se opondrían a la prohibición y, en el último momento, no lo hicieron, sino que dieron libertad de voto a sus parlamentarios; es decir, lo necesario para que esa prohibición saliera adelante.

Cuando se argumentó que los *correbous* podían ser más lesivos para los animales que las corridas de toros por ser una etapa previa, menos reglada, pareció que iba a extenderse también a ellos la prohibición. Lo evitó un alcalde de la zona donde son muy populares al advertir que, si se hacía eso, en su pueblo nadie votaría a los partidos catalanistas. Consecuencia: no solo no se prohibieron, sino que se blindaron como algo propio de las tradiciones populares catalanas.

Quedaba clarísimo, así, que el motivo de la prohibición no era la compasión por los animales maltratados, como se había dicho, sino algo puramente político: romper lazos con España.

El 25 de septiembre de 2011 tuvo lugar la última corrida en Barcelona: José Tomás, ídolo de esa plaza, y el catalán Serafín Marín salieron a hombros por las calles de la ciudad. Esa temporada asistí a todos los festejos que allí se celebraron y puedo dar testimonio del ambiente enormemente emotivo que se vivió en todos ellos, con miles de aficionados absolutamente desconsolados e indignados.

La prohibición entró en vigor el 1 de enero de 2012. El *ABC* convocó entonces unas jornadas con líderes de todos los partidos políticos catalanes no independentistas en un lugar tan simbólico como el Liceo de Barcelona. Como me tocó organizarlas, recuerdo muy bien que Albert Rivera, representante de Ciudadanos, me dijo que él no se hubiera adherido si las jornadas se hubieran convocado solo para defender la fiesta, porque él no era aficionado, pero que sí lo hacía, sin duda alguna, porque el lema anunciado era «Por la libertad de ir a los toros» (y de no ir, por supuesto, el que no quisiera).

Luis María Gibert, presidente de la Federación de Entidades Taurinas de Cataluña, mi inolvidable amigo, puso en marcha entonces una Iniciativa Legislativa Popular en favor de la fiesta. En principio, nadie creía en ella. El fervor de los aficionados de toda España logró reunir más de 500.000 firmas (lo exigido para ser tenida en cuenta por el Parlamento).

Tomé parte, como experto, en la discusión previa en la Comisión de Cultura del Senado. Pude comprobar cómo al representante de Convergencia no le importaban nada ni el toro ni el espectáculo; lo único que quería impedir, a toda costa, es que el Estado central pudiese legislar algo que en Cataluña fuese de obligado cumplimiento.

Ya el 28 de octubre de 2010, el Partido Popular había presentado un recurso de inconstitucionalidad contra la prohibición. (Queden para la historia los nombres de dos de sus promotores, Pío García Escudero y Juan Manuel Albendea).

Toda esta historia tuvo un final feliz desde el punto de vista legal. El Tribunal Constitucional derogó la prohibición de los toros en Cataluña por tres razones básicas: invade la competencia estatal de regular el patrimonio cultural español, vulnera las libertades fundamentales e infringe el principio de unidad del mercado.

No es legal lo que alegó el letrado del *Parlament* catalán: que la *Generalitat* tuviera competencia exclusiva en materia de cultura y protección de animales. Este es el punto decisivo: más que las corridas de toros, lo que les importaba es que el Gobierno de España ejerciera sus competencias en Cataluña. En el fondo, se trataba de un paso más hacia la independencia.

Aceptó el recurso el Tribunal Constitucional y falló que la tauromaquia es una manifestación cultural presente en la sociedad española, basándose principalmente en dos leyes: la Ley 18/2013, del 12 de noviembre, que incluye la tauromaquia como patrimonio cultural digno de protección en todo el territorio español, y la Ley 10/2015, del 26 de mayo, para salvaguardar el Patrimonio Cultural Inmaterial.

La primera de ellas define así la tauromaquia:

«El conjunto de conocimientos y actividades artísticas, creativas y productivas, incluyendo la crianza y selección del toro de lidia, que confluyen en la corrida de toros moderna y el arte de lidiar, expresión relevante de la cultura tradicional española» (art.º 1).

Y decreta el deber de protegerla:

«En su condición de patrimonio cultural, los poderes públicos garantizarán la conservación de la tauromaquia y promoverán su enriquecimiento» (art.º 3).

Como ninguna de las dos leyes fue recurrida, es innegable que el Estado ha declarado formalmente a la tauromaquia como integrante de su patrimonio cultural. Por lo tanto, todas las autoridades (repito: todas) están obligadas a respetarla y promoverla. Eso no tiene nada que ver con los sentimientos que pueda tener con respecto a este espectáculo una parte de la población española.

Queda pendiente lograr que la Organización de las Naciones Unidas para la Educación, la Ciencia y la Cultura (Unesco, por sus siglas en inglés) acepte incluir la tauromaquia como integrante del Patrimonio Cultural Inmaterial de la Humanidad. Para eso, ante todo, haría falta que se unieran todas las comunidades autónomas españolas para promoverlo: algo, por el momento, imposible.

Un ataque a la fiesta semejante tuvo lugar luego en Baleares: el 3 de agosto de 2017, su Parlamento aprobó una ley que permitía allí solamente un nuevo tipo de corridas, «a la balear», en las que únicamente podrían utilizarse capote y muleta, sin picas, banderillas ni espadas (además de otros disparates: por ejemplo, la obligación de comprar los toros en la ganadería más cercana).

Con el informe, bien argumentado, del Ministerio de Cultura y la Abogacía del Estado, el Gobierno presentó un recurso. El 22 de marzo de 2018, el Tribunal Constitucional declaró que la ley recurrida es igual de anticonstitucional que la muy parecida ley catalana.

En la práctica, sí se han vuelto a celebrar corridas «normales», sin esas absurdas limitaciones, en Baleares. Desgraciadamente, no ha sucedido lo mismo en Barcelona. De hecho, muchos —aficionados o no— creen que las corridas de toros están prohibidas en Cataluña. La respuesta es muy sencilla: no es cierto. Podrían celebrarse mañana mismo, desde el punto de vista legal, si quisiera Balañá, el empresario de la plaza.

Por desgracia, no es así. El enrarecido clima político catalán, con la creciente impunidad de los independentistas, ha conseguido que no se atreva a dar ese paso: teme que surgieran problemas y, sobre todo, teme represalias en sus otros negocios de espectáculos. Cuando se le ha pedido que lo aclare públicamente, se ha negado a decir ni una palabra. Así está ahora Cataluña a fines de 2023 (según Pedro Sánchez, mejor que antes de que él llegara al poder).

En la España actual, los antitaurinos, por política, se unen a los que lo son por un animalismo mal entendido. Baste con recordar algo obvio: si no existiera la tauromaquia, desaparecería el toro bravo o quedaría reducido a una presencia simbólica en un parque zoológico. ¿Es eso lo que quieren los antitaurinos? En algunos casos, he comprobado que sí, por absurdo que parezca. Tampoco sirve de nada mostrarles cómo vive un toro bravo en comparación con un cerdo o un pollo, en una granja.

Algunas ideologías nobilísimas caen en el absurdo, llevadas al extremo. ¿Quién se puede oponer al amor a los animales, lo mismo que a la igualdad de todas las razas o al respeto a las mujeres? La discrepancia es inevitable cuando se proclama, como Peter Singer, la «liberación animal»: más que la igualdad, se afirma su superioridad sobre la raza humana, que debe desaparecer para que los animales vivan felizmente en un mundo idílico… En nuestra sociedad urbana, se ha creado una imagen falsa de los animales, propia de las películas de Walt Disney.

Proclamar los derechos de los animales va contra la lógica jurídica más elemental: los derechos van unidos ineludiblemente a deberes y los animales no tienen deberes, no pueden cometer delitos. Otra cosa es que los seres humanos sí tengamos obligaciones éticas con respeto a ellos.

François Zumbiehl habla de una pancarta con un cordero, un ternero y un bebé y esta inscripción: «¡Todos iguales! ¡Todos con los mismos derechos!». En el mundo actual, salirse de la senda de lo políticamente correcto no es fácil.

Antes y al margen de su tratamiento legal, la tauromaquia moderna suscitaba numerosas polémicas intelectuales. Comenzó esto ya en el siglo XVIII, pues algunos ilustrados, como Jovellanos y Vargas Ponce, consideraban que no contribuía a la educación de los españoles, que era su gran objetivo. En cambio, otros ilustrados tan importantes como Moratín y Goya, fueron apasionados taurinos.

Mayoritariamente contrarios a la fiesta fueron los krausistas y regeneracionistas, como Costa y Giner. Suele decirse que heredan esta actitud los hombres del 98, pero no es del todo cierto. El más ajeno a ella es el vasco Baroja. A Unamuno no le gustan los toros en la plaza, pero matiza: «Algunos de mis mejores ratos los he pasado en una ganadería de este campo de Salamanca, dibujando». Hace poco, se han reunido en una exposición sus dibujos de toros.

Azorín vivió la suspensión del tiempo —su ideal estético— y sintió una de las mayores emociones de su vida cuando dio unos lances en Monóvar, su pueblo.

Además de admirar enormemente a Juan Belmonte, Valle-Inclán veía en la fiesta un modelo estético: «Si nuestro teatro tuviese el temblor de las fiestas de toros, sería magnífico (…). Son la única educación que tenemos».

Suele decirse que Antonio Machado era enemigo a muerte de los toros. No es verdad: se había educado, como su hermano, en la afición a los toros y al teatro. El primer artículo que publicó en su vida era de tema taurino. Hasta su referencia a *Cara-Ancha* demuestra que estaba al tanto de la actualidad taurina. Su hermano Manuel, por supuesto, era un apasionado de los toros.

Eugenio Noel (1885-1936) constituye un caso curioso de antitaurinismo militante, casi profesionalizado. En realidad, los toros forman parte de su cruzada antiflamenca, pues atribuye al flamenquismo todos los males de España. En su *Diario* íntimo, cuenta que de chico quiso ser torero. Ramón Gómez de la Serna lo define como «el antitorero, pero tan flamenco como un torero».

Los escritores novecentistas reflexionan ampliamente sobre lo que significa la tauromaquia en relación con España. Ramón Pérez de Ayala, gran aficionado, titula uno de sus libros *Política y toros*. Madariaga ve la corrida como la síntesis de todas las artes; Américo Castro, como una manifestación de la *vividura* o morada vital hispánica.

La aportación de Ortega es decisiva, en este terreno. Defiende la importancia crucial de la fiesta y la necesidad de reflexionar seriamente sobre ella, como él hizo. A Ortega le debemos el impulso para la enciclopedia *Los Toros*, de José María de Cossío, «nuestra Biblia». Y lamentamos que no llegara a redactar su anunciado ensayo *Paquiro o de las corridas de toros*.

La cercanía de los intelectuales a la fiesta alcanzó su nivel máximo con la generación del 27. Gerardo Diego, el que más sabía de toros, escribió un verdadero tratado de tauromaquia en verso, *La suerte o la muerte*. García Lorca le dio una proyección universal con su poema *Llanto por Ignacio Sánchez Mejías* y la definió con rotundidad: «La fiesta más culta que hay hoy en el mundo».

En la promoción siguiente, Miguel Hernández, colaborador del *Cossío*, alcanzó una cumbre de la poesía taurina al identificarse con el toro bravo en los sonetos de *El rayo que no cesa*.

En la posguerra, una serie de intelectuales reflexionaron con profundidad sobre los toros: Álvarez de Miranda, Bergamín, Laín Entralgo… Baste con recordar esta frase de Tierno Galván: «Ser indiferente ante un acontecimiento de tal índole supone la total extrañeza respecto del subsuelo psicológico común».

La conclusión me parece evidente: la afición a los toros no va unida a ninguna posición ideológica, política, social, económica, estética… Es del pueblo español, que somos todos. Como cualquier arte, debe vivir en un clima de libertad: nadie puede imponernos que amemos o no la fiesta.

ECOLOGÍA Y ECONOMÍA

❧

> «El toro bravo es una pieza insustituible
> del paisaje rural, un defensor de la dehesa».
>
> GONZALO SANTONJA

Seamos o no aficionados a los toros, no se puede negar que la tauromaquia posee indiscutibles valores ecológicos, económicos y culturales.

Ante todo, y aunque a algunos les pueda sorprender, valores ecológicos. Ya hemos visto que el toro es cultura: algo artificial, no natural. Así lo define Alfonso Ussía: «No es un bello animal salvaje, sino un portentoso logro del cuidado y el laboratorio».

Precisa el biólogo Miguel del Pino: «No es especie, sino raza». Si nos apena que el toro muera en la plaza, recordemos que, sin la fiesta, simplemente no tendría oportunidad de nacer.

En un estudio realizado por los ganaderos mexicanos, se subraya que solo el 10 por ciento del ganado bravo muere en las plazas. No existe constancia alguna de que un antitaurino críe y cuide a un toro bravo. Es un animal que necesita vivir en extensiones amplias, donde goza de una libertad y una calidad de vida muy superiores a las de cualquier otro animal de consumo humano: vive más tiempo y en mejores condiciones que todos los demás. A mediados del siglo XIX, lo ponderaba con humor Santos López Pelegrín: «En el campo, los ojos del toro tienen toda la dulzura y tranquilidad del justo. Un toro en la dehesa es un bienaventurado».

Además, la cría del toro bravo permite que subsista la dehesa: un espacio natural protegido para mantenimiento de la biodiversidad, prevención de la desertización y conservación de la flora y fauna autóctonas. Según el estudio de Díaz, Campos y Pulido, es «el ecosistema agrario español más apreciado y conocido en el mundo». Aporta beneficios para otras especies, levanta una barrera contra los incendios y colabora contra el cambio climático. Dicho en lenguaje coloquial: gracias al toro, el campo español no se llena de chalés adosados.

Según la Unión de Criadores de Toros de Lidia, las dehesas españolas de toros bravos ocupan, en explotación, unas 540.000 hectáreas; es decir, la séptima parte de toda la dehesa ibérica: para hacernos una idea, más que la extensión de Cantabria, La Rioja o Islas Baleares.

En 2016, la Fundación del Toro de Lidia organizó una exposición titulada *La Tauromaquia es ecología*, que aportó, entre otras, estas conclusiones:

- El toro bravo es la raza bovina más antigua del mundo.
- Supone una joya del patrimonio genético español. Su grado de diferenciación genética es muy superior al que hoy tienen las razas bovinas europeas: es una raza de razas.
- La suya es una crianza sostenible. Las dehesas se localizan sobre todo en las zonas más agrestes y pobres, no aptas para el cultivo y amenazadas por la despoblación.
- Es un factor de fijación rural de la población en zonas deprimidas.
- El toro bravo tiene capacidad para adaptarse a ecosistemas de poca o nula rentabilidad para otros ganados.

Además de todo eso, la fiesta posee una importancia económica evidente. El espectáculo taurino es el eslabón final de un proceso en el que se unen muchas y muy diversas actividades económicas.

El dato más reciente de que dispongo es el de la temporada 2023, en Las Ventas. Del 26 de marzo al 12 de octubre se celebraron 59 espectáculos taurinos, a los que asistieron 868.874 espectadores, con un aforo medio cubierto del 64 por ciento. Con respecto al año anterior, aunque se celebraron dos festejos menos, se incrementó la cifra de asistentes en 40.000. Eso demuestra la buena salud de la fiesta, que sigue siendo el segundo espectáculo de masas en España, solo por detrás del fútbol y por delante del cine.

Un ejemplo: la corrida de toros de reapertura del coso de Illumbe, en San Sebastián, emitida en directo por TVE, la vieron 877.000 personas (nueve veces más que un lleno en el Camp Nou).

La economía de la fiesta incluye capítulos variados: lo que aporta al Estado como IVA, más de 40 millones de euros (frente a 8 millones que aporta el cine). Los cánones de explotación de las plazas de titularidad pública. Su aportación indirecta a las fiestas de ciudades y pueblos. Además, es una actividad profesional legítima con más de 200.000 empleos vinculados directamente al toro bravo y en torno a 3.700.000 jornadas laborales al año. Se ha estimado la inversión en fincas ganaderas en cerca de 8 millones.

A cambio de todo ello, la fiesta apenas recibe subvenciones directas del Ministerio de Cultura: una cantidad mínima, frente a lo que recibe el cine español, que recauda muchísimo menos. Sí que apoyan algunos ayuntamientos sus Ferias, igual que hacen con un concierto o unos fuegos artificiales, pero con cantidades exiguas. Y los ganaderos españoles luchan duramente por obtener ayudas comunitarias para la cría del ganado.

Según la Sociedad General de Autores (SGAE), los toros son el espectáculo cultural que más recauda: casi seis veces más que el cine, tres veces más que el teatro (que se mantiene, en buena parte, gracias al éxito de los musicales, con entradas no baratas). Cerca de 60 millones de personas de los cinco continentes han acudido en un año a un espectáculo taurino. Esto es lo que el antitaurino Zaldívar califica como «un espectáculo que no tiene clientes». (Por supuesto, menciono datos anteriores al covid, que ha causado un enorme perjuicio económico a la fiesta, igual que a otros muchos sectores económicos españoles).

Además, los toros son un elemento turístico fundamental, aunque algunos antitaurinos, con su falta de realismo habitual, denuncian que España pierde muchos turistas, cada año, que no vienen a nuestro país porque les repugnan las corridas. En la discusión que mantuve con los antitaurinos en el Senado, les daba yo la razón, irónicamente: acababa de llegar de San Fermín y había comprobado cómo las calles de Pamplona estaban tristes, desiertas, silenciosas, sin ningún turista extranjero...

De los estudios realizados por Juan Medina, profesor de Teoría Económica de la Universidad de Extremadura y gran especialista en el tema, junto con Mar Gutiérrez López, secretaria técnica de la Asociación Nacional de Organizadores de Espectáculos Taurinos (ANOET), recojo unos pocos datos llamativos: el impacto de la tauromaquia en el conjunto de la economía española ha sido de unos 3.560 millones; es decir, cerca del 2,4 por ciento del PIB.

Según Medina, una semana de toros puede aportar a una ciudad más de 6 millones; San Isidro, que es una feria más larga, se estima que ha llegado a generar unos 50 millones. En Roquetas de Mar, un pueblo de Almería que apostó por su feria taurina, se calcula que cada euro municipal invertido en los toros generó unos 57.

Las conclusiones de Juan Medina me parecen difíciles de rebatir:

> Los toros son un ejemplo excepcional de industria cultural rentable para la sociedad y el Estado. A pesar de ello, la tauromaquia ha sido marginada sistemáticamente en los presupuestos de todos los niveles de la Administración, menospreciando su arraigo social y sus valores culturales y ecológicos (…).

En relación con el impacto fiscal, no hay manifestación cultural realizada en España que genere tantos ingresos a las arcas públicas como la tauromaquia (…).

Una huella económica tan relevante, lograda sin apenas apoyo público, constituye una notable excepción en el panorama cultural español y una prueba evidente, contra las acusaciones falaces que presentan a la tauromaquia como un espectáculo subvencionado y en decadencia.

No cabe resumir mejor la realidad. No imagino yo lo que sería una Feria de Abril o un San Isidro sin corridas de toros. Ya lo hemos comprobado en la Semana Grande de San Sebastián desde que se cerró el *Chofre*.

La conclusión es evidente: para la economía española sería suicida lo que pretenden los antitaurinos: desmantelar un sector tan vivo. Supondría un riesgo de ruina para el campo, la ganadería, el turismo y muchas empresas de servicios. Lo resume así el economista Lorenzo Bernaldo de Quirós: «Si los taurófobos lograsen su sueño de acabar con la fiesta, miles de personas engrosarían las filas del desempleo».

Además, la supresión atentaría directamente contra la libertad de empresa. Añado yo: desaparecería también el toro bravo, ese hermosísimo animal, y sufrirían un enorme perjuicio las dehesas. Nada de eso les importa…

LA FIESTA NACIONAL

«La tauromaquia es espectáculo nacional
y símbolo del vivir como riesgo absoluto
frente a un destino amenazador, solo
conjurable mediante heroicas destrezas:
un rito solemne, en el que el auténtico
hispano, sin saberlo, rinde culto
a la esencia de su forma de vida».

AMÉRICO CASTRO

Así han considerado siempre los españoles a la tauromaquia: nuestra fiesta nacional. Es decir, la que aquí ha nacido; la que prefieren muchos españoles; la que, en el mundo entero, se identifica con nuestra patria, tanto como las figuras inmortales de Don Quijote y Sancho Panza.

Ya hemos visto que la corrida de toros tiene sus raíces en el culto al toro de muchas culturas mediterráneas. Eso es verdad, y también lo es que ha sido España la que ha recogido y depurado esos ritos hasta convertirlos en algo propio, característico de nuestra cultura.

No estoy cayendo en ningún barato patrioterismo, se trata de un hecho histórico constatable. Me gusta recordar el testimonio del gran antropólogo inglés Pitt-Rivers: «Los españoles son los únicos que siempre han mantenido la corrida contra viento y marea y, al inventar el toreo a pie, han democratizado la lidia. Eso no tiene equivalente en ninguna otra cultura contemporánea.

España es el único lugar que la ha convertido en su fiesta nacional y la mantiene como rasgo esencial de su identidad».

Negar algo tan evidente solo puede suceder en una sociedad como la española actual, tan acomplejada que tiene miedo a hablar de patriotismo por si eso es síntoma de fascismo. No reniegan de sus tradiciones culturales, en cambio, los norteamericanos, ni los franceses, ni los ingleses...

Desde otra línea ensayística menos racionalista, Fernando Sánchez-Dragó sostiene que la fiesta de los toros es el elemento fundamental para entender lo que él llamaba «la historia mágica de España»: «El toro es el arcano más reiterativo, importante y cordial de cuantos figuran en el tarot de las Españas».

Vuelvo a los hechos históricos indiscutibles. Aunque la tauromaquia suscitó ya fuertes polémicas en el siglo XVIII, no faltaron importantes ilustrados que la defendieron como fiesta característica de nuestro pueblo. Por ejemplo, Nicolás Fernández de Moratín:

> *Temeraria y asombrosa hazaña,*
> *que, por nativo brío,*
> *solamente no es bárbara en España.*

O el fabulista Samaniego:

> *Soy torero;*
> *no digo bien, lo fui, que, desde niño,*
> *todo español que con su sangre cumpla*
> *ha de ser con los toros atrevido.*

En vísperas del llamado Desastre del 98 —el que dio origen a la generación literaria—, el conde de las Navas tituló su gran libro sobre la tauromaquia *El espectáculo más nacional*. No olvidemos que, a lo largo de la historia, varios toreros han adoptado ese apodo: *Nacional*.

A fines del siglo XIX, el pueblo madrileño, tan apasionado por el género chico, se aprendió de memoria la pintoresca letrilla sobre la tauromaquia de Ricardo de la Vega y el maestro Chueca, a pesar de la difícil conjugación de un verbo:

> *Es una fiesta española,*
> *que viene de prole en prole*
> *y ni el Gobierno la abole*
> *ni habrá nadie que la abola.*

Muchísimos poetas han cantado este carácter nacional de la fiesta. Por ejemplo, Manuel Machado:

> *Da principio*
> *el primero*
> *espectáculo español.*

Defienden esto muchos poetas de todas las tendencias políticas. Para Rafael Alberti, que no era precisamente un conservador, el toro es el mejor símbolo español.

Es frecuente la metáfora de ver a España como una gran piel de toro, tendida sobre el Mediterráneo. Ese es el título de un poemario de Salvador Espriú: *La pell de brau*. Y Valle-Inclán logra un acierto rotundo al definir a nuestro país, en su trilogía narrativa, como *el ruedo ibérico*.

Define Juan Manuel de Prada lo que somos cuando amamos la fiesta: «Somos, nada más y nada menos, españoles, numantinamente españoles, españoles graves y hondos que miran la muerte de frente».

Se apoya en un precioso texto de Agustín de Foxá: «Los toros son el espectáculo de un pueblo religioso, acostumbrado por su sangre a pasearse tranquilamente sobre el más acá y el Más Allá».

No hace falta añadir más citas. Durante mucho tiempo, estas afirmaciones parecían algo evidente, casi una obviedad. Niegan ahora algunos que la tauromaquia sea la fiesta nacional por la misma razón que, en un partido de fútbol, silban nuestro himno nacional: porque no creen que España sea una nación, sino, como afirmó el presidente del Gobierno Rodríguez Zapatero, un concepto «discutido y discutible»; o, simplemente, porque, aunque sea una nación, no quieren formar parte de ella.

Volvamos a lo que muestran la razón y el sentido común: no todos los españoles son aficionados a la tauromaquia. Tampoco todos ellos aman el cante flamenco, la zarzuela o las procesiones de Semana Santa. (En cualquier arte, solo caben adhesiones libres, personales, es imposible la unanimidad). Eso no impide que las consideremos manifestaciones culturales típicamente españolas.

Mirándolo desde el lado opuesto, no hace falta haber nacido en España para ser un excelente aficionado y un conocedor de los misterios de la fiesta. En todas nuestras Ferias vemos, con sus pancartas, a los miembros de las Peñas Taurinas de Londres, de Milán, de Nueva York, de Estocolmo… Todos ellos saben que se han enamorado de una fiesta española y, a través de ella, de nuestro país. Es lo que les sucedió a Orson Welles, a Ernest Hemingway, a Montherlant, a Jean Cau, a Francis Bacon…

Si no nos ciegan los prejuicios, es algo muy fácil de entender: la tauromaquia es una fiesta española por antonomasia. La llevaron los españoles a Hispanoamérica junto con nuestra lengua y nuestra visión del mundo. A la vez, está abierta a cualquier persona que tenga la sensibilidad y el conocimiento necesarios para apreciarla. Es lo mismo que sucede con todas las demás artes.

La tauromaquia es una creación española, una expresión de nuestra forma de ser y un ejemplo claro de lo que podemos considerar la filosofía popular española: la que comparte nuestro pueblo, sin necesidad de haber estudiado en ninguna universidad.

Eso sí, no debe adscribirse exclusivamente a una sola ideología, ni a una sola estética; no es de derechas ni de izquierdas, ni de la aristocracia ni de la clase baja: es del pueblo español, del que

todos formamos parte. Pretender limitarla a una ideología reaccio-
naria, antieuropea, a «la España de charanga y pandereta», supone
una manipulación, es una falsedad absoluta.

En las plazas de toros hemos aprendido todos una serie de
valores esenciales en esa filosofía popular española a la que antes
me refería: el respeto a las normas y a los mayores; la dignidad y el
coraje para crecerse ante las dificultades («como el toro me crezco
en el castigo», dice Miguel Hernández); la aceptación de la soledad; la preocupación por estar cada uno en su sitio, guardar las
formas, no descomponer la figura en los momentos más difíciles...
¡No es pequeña enseñanza!

Vigencia actual de la fiesta

> «Aún hay sol en las bardas…».
>
> Miguel de Cervantes, *Don Quijote*

Sostienen algunos antitaurinos que la fiesta es algo pasado de moda, pretérito, propio de otra época; por lo tanto, algo que no puede interesar hoy a los jóvenes. Los datos objetivos muestran que todo eso es un deseo de los antitaurinos, no una realidad. Ya he mencionado algunos datos y señalado cómo la fiesta ha sabido afrontar la muy difícil coyuntura que supuso el covid para todos los espectáculos. Cualquiera que haya visto, por ejemplo, cómo se llenaban este año Las Ventas y la Maestranza, y el ambiente de pasión que en las dos plazas se vivía, comprenderá que ese presunto diagnóstico de los antitaurinos es una falacia.

La tauromaquia es un arte vivo, que ha ido evolucionando de acuerdo con los cambios de la sociedad. Ha cambiado el toro que se lidia y ha cambiado el toreo que se practica porque ha cambiado el público que paga para contemplar ese espectáculo: es algo lógico y, a la vez, inevitable. Sin esa capacidad de evolución, la fiesta sería un fósil, condenado a la repetición, algo sin futuro.

Eso no supone que todos los cambios que ha experimentado el toreo, en los últimos años, nos parezcan acertados a los que llevamos ya décadas viendo toros. Pero es que, a los que tenemos cierta edad, tampoco nos gustan todas las transformaciones que ha experimentado la sociedad en los últimos años. ¿Tenemos razón? Supongo que no en todos los casos, pero en algunos, sí.

Lo fundamental, en este terreno, es no dejarse llevar por la nostalgia, pero tampoco deslumbrarse por todo lo nuevo. Conviene tener un criterio claro para distinguir lo fundamental de la fiesta, que no debe alterarse, de lo accesorio, que puede y debe ponerse al día.

Puedo dar algunos ejemplos concretos. Es bueno para la fiesta que se puedan adquirir entradas por internet, como en cualquier espectáculo de masas, sin tener que ir a las taquillas. Es deseable mejorar la seguridad de las plazas y la comodidad de los espectadores. Es conveniente que se utilicen, para promocionar los espectáculos taurinos, técnicas de publicidad y *marketing*. En las ganaderías, es necesario aprovechar los avances que hoy existen para el saneamiento y la alimentación de las reses. Etcétera…

A cambio, no sería admisible algo que chocara con lo esencial de la lidia: no es aceptable el afeitado de los toros ni la disminución de su casta brava, para mayor comodidad del torero.

En los aspectos externos, modificables —para bien o para mal—, recuerdo una broma frecuente de Luis Miguel *Dominguín*. Cuando escuchaba el sonido de un avión a reacción, me decía que él, vestido de torero, con medias rosas, se consideraba un anacronismo viviente.

Esto debe suscitar una pregunta: ¿es eso malo necesariamente? En arte, los ejemplos de algo semejante son innumerables: ¿no es anacrónico el *ballet* blanco, como *Giselle* y *El lago de los cisnes*, en el que las jóvenes tienen que bailar con tutú y zapatillas de puntas? ¿No es anacrónico que Madame Butterfly, antes de morir, exprese su sufrimiento con gorgoritos? ¿No es un anacronismo el teatro en la época del cine, la televisión y los vídeos? ¿No es anacrónico que un poeta, al escribir un soneto, encorsete sus pasiones en el rígido cauce de 14 versos endecasílabos? ¿No es un anacronismo que un narrador dedique años de trabajo a escribir un relato que quizá no interese a casi nadie? Si pensamos en algunas ciudades, ¿no son anacronismos las góndolas de Venecia, el Palio de Siena o el sevillano barrio de Santa Cruz?

La conclusión es bien sencilla: el arte siempre es actual, no mejora por ser «moderno». Al revés, es justamente ese anacronismo, cuando se logra la belleza, lo que más nos atrae. Hace algunos años, por ejemplo, se creyó que la ópera era un género caduco, que solo interesaba a los viejos. La realidad ha demostrado que era un error total: en el mundo entero, los jóvenes se apasionan hoy por manifestaciones artísticas tan anacrónicas como la ópera, el canto gregoriano y el arte románico…

En España, estamos viendo, ahora mismo, que acuden a las plazas de toros más jóvenes —y también más mujeres— que nunca. Probablemente, muchos de ellos lo hacen como reacción contra los ataques desmesurados y sectarios que ahora sufre la fiesta: desean ver con sus propios ojos ese espectáculo, descubrir ese mundo tan singular y sacar sus propias conclusiones. A algunos de ellos no les gustará, dejarán de acudir a las plazas. Otros, en cambio, repetirán y llegarán a ser buenos aficionados.

Para el futuro de la fiesta, este es un hecho absolutamente positivo, aunque tiene sus riesgos: inevitablemente, muchos de estos jóvenes desconocen los ritos de la fiesta, todo lo que a los viejos aficionados nos solían enseñar nuestros padres. Tampoco pueden tener criterios claros sobre la lidia. Es deseable que sean «orejeros», según la expresión de Marcial Lalanda: que escuchen a los que saben más, lean, vean vídeos, intenten aprender. (Las posibilidades de información que hoy existen, en cualquier sector, son infinitas: lo único que hace falta es tener curiosidad, ganas).

El riesgo es que estos «neoaficionados» (la expresión es de mi amigo Federico Jiménez Losantos) se dejen seducir por lo externo y fácil en vez de buscar lo auténtico; que, con estos nuevos públicos, la exigencia disminuya: ya he advertido síntomas preocupantes hasta en templos con tanta historia como la Maestranza y Las Ventas.

Aunque suene antipático, la exigencia es imprescindible, en cualquier arte, para que no baje el nivel. Pero el riesgo del puritanismo también existe. El justo equilibrio no es fácil, solo suele adquirirse con sentido común y una amplia experiencia.

En esta situación, gran responsabilidad, para bien o para mal, les corresponde a los críticos e informadores. Pueden orientar o desorientar a los que desean informarse, aprender.

Por ejemplo, es un tópico frecuente escuchar que los periodistas taurinos deben modernizar su lenguaje, adoptar el de los jóvenes. No me parece una buena fórmula: precisamente uno de los grandes atractivos de la tauromaquia es el riquísimo lenguaje a que ha dado lugar. Pretender atraer a un nuevo público imitando su limitada forma de expresarse me parece un error. También en este terreno, bajar el nivel no arregla nada, es contraproducente.

¿Van a lograr su objetivo los antitaurinos, desaparecerá la fiesta? Es imposible conocer el futuro, pero los síntomas no apuntan a eso; por lo menos, a corto plazo. En una sociedad del espectáculo, como es la actual, la fiesta ofrece algo único, con su unión de belleza y emoción.

El mayor riesgo que yo veo no es la desaparición, sino la trivialización, la banalización de una fiesta grande y trágica: espectáculos comercializados, *light*, «para turistas», sin exigencia, con trofeos que se regalan para que todos salgan contentos; un toro con menos casta y menos dificultades, aborregado, «colaborador», «artista»; una lidia repetitiva, populista, donde prima lo accesorio y hasta superfluo sobre lo fundamental; un espectáculo de un esteticismo amanerado, cursi, porque no se orienta a dominar a una fiera, que apenas lo necesita...

Lo que estamos viendo ya en bastantes plazas apunta a ese riesgo. No ha sido eso lo peculiar de este espectáculo terrible, profundamente emocionante, que convierte en belleza un rito trágico y que muestra el dominio de la inteligencia sobre la fuerza bruta, jugando con la muerte. Algunas tardes, seguimos viendo todo eso en una plaza de toros. La principal esperanza: el que lo ha vivido alguna vez no puede olvidarlo ni contentarse con sucedáneos.

Con toda modestia, estas páginas pretenden defender y divulgar esa hermosura. Lo definió el sabio Marcial Lalanda: con un toro auténtico y un toreo clásico, es un espectáculo único, incomparable.

VII
MAESTROS DEL TOREO

PEDRO ROMERO,
EL INFALIBLE
RONDA (MÁLAGA), 1754-1839

«La honra del matador está en no huir ni correr nunca delante del toro, teniendo muleta y espada en las manos».

PEDRO ROMERO

Al toreo navarro, atlético y valeroso, que había dominado hasta entonces en los toros, le sucedió la escuela rondeña de Pedro Romero, creadora del toreo moderno.

Formaba parte Pedro Romero de una importante dinastía de toreros: a su abuelo, Francisco, se le atribuye la invención de la muleta; a su padre, Juan, la organización de las primeras cuadrillas.

Pedro Romero inauguró en 1785 la plaza de Ronda. En Madrid y Sevilla, rivalizó con *Pepe-Hillo* y *Costillares*. Retirado de los ruedos, fue director de la Escuela de Tauromaquia de Sevilla. Discípulos suyos fueron *Cúchares* y *Paquiro*.

En su época, se le consideró el primero de los matadores. Por su facilidad y acierto en la suerte suprema le llamaron *el Infalible*. Mató su último toro a los setenta y siete años (lo brindó a la futura reina Isabel II).

Cuentan que mató unos 5.600 toros y nunca recibió una cornada. Así lo recoge la zarzuela *Pan y toros*, de Picón y Barbieri:

> *Y en veinte años, poco más,*
> *he dao mulé, resibiendo*
> *sinco mil seisientos bichos,*
> *sin tener una corná.*

Su concepto de la lidia se basaba en la preparación del toro para la muerte. Brillaba en los quites oportunos a los picadores.

Dijo uno de ellos: «Con el maestro Romero, se está tan seguro en el ruedo como en el tendido».

Sus reglas para torear se basan en la quietud, el heroísmo, el honor: «El que quiera ser lidiador ha de pensar que de cintura para abajo carece de movimientos. El toreo no se hace con las piernas, sino con las manos. El lidiador, en la plaza, delante de los toros, debe matar o morir antes que correr o demostrar miedo. Parar los pies y dejarse coger, ese es el modo de que el toro se consienta y se descubra».

Fue amigo de Goya, que lo retrató. Antonio Gala lo evoca en la serie de televisión *Paisaje con figuras*. Es una figura mítica. Al toreo se le ha llamado «el arte de Pedro Romero».

PEPE-HILLO,
LA PRIMERA *TAUROMAQUIA*
JOSÉ DELGADO, ALIAS *HILLO*
SEVILLA, 1754-1801

«El Avapiés o el Barquillo,
manolas con redecilla,
cortejan a *Pepe-Hillo*
que es la espuma de la villa».
EMILIO CARRERE

Fue discípulo de *Costillares* y rivalizó con Pedro Romero. Alternó con los aristócratas madrileños de la época. A diferencia de Pedro Romero, *Pepe-Hillo* sufrió 25 cornadas graves. Brilló en el toreo de frente por detrás y en los recortes.

Su majeza se refleja en muchas anécdotas. Cuentan que le dijo a su sastre: «Maestro Félix, o todos han de entrar por bajo de mi pierna, o me han de sacar arrastrando, en un carro».

Ha pasado a la historia como el autor de la primera *Tauromaquia o arte de torear* (Cádiz, 1796), probablemente redactada por José de la Tixera. Su propósito era enormemente ambicioso: señalar unas reglas, «en la inteligencia de que es imposible que el toro coja al diestro, como las aplique oportunamente».

El que había escrito esa frase fue herido mortalmente por el toro *Barbudo*, de la ganadería de Peñaranda de Bracamonte, el 11 de mayo de 1801. (En su *Tauromaquia*, graba la escena Goya, que quizá la presenció). Así es el toreo, un arte que nunca puede explicarse como una ciencia exacta. Eso no destruye, sin embargo, el valor de la obra de *Pepe-Hillo*.

Era muy devoto del Cristo de la Misericordia y la Virgen de la Piedad, en la sevillana capilla del Baratillo. A su hermandad, muy taurina, situada al lado de la Maestranza, regaló *Pepe-Hillo* una imagen de San José.

Aparece como personaje en la zarzuela *Pan y toros*:

> *Yo saqué de mi caletre*
> *por la espalda capear,*
> *la verónica que es mía*
> *y que a nadie debe ná.*

En la cubierta de la primera edición de su *Tauromaquia*, aparece *Pepe-Hillo* de pie junto a un toro muerto. Con la mano derecha blande la espada; en la izquierda lleva un reloj, sujeto con una cadena. Como ha subrayado certeramente Salvador Balil, es un detalle muy significativo: las reglas de la lidia implican que el diestro debe realizar las suertes en el momento oportuno; también, que la faena tiene su justa medida, que no debe excederse. Es una lección absolutamente vigente en el toreo actual.

PAQUIRO,
EL NAPOLEÓN DEL TOREO
Francisco Montes
Chiclana (Cádiz), 1805-1851

«Como Montes nacen pocos toreros. Los seres privilegiados vienen
al mundo en muy escaso número y de tarde en tarde».

Sánchez de Neira

Después de la guerra de la Independencia, *Paquiro* fue la indiscutible figura de la tauromaquia. Por eso llegaron a llamarle
el Napoleón del toreo.

Había sido discípulo de Pedro Romero en la Escuela de Tauromaquia de Sevilla, pero siguió su propio camino. Alcanzó su
cumbre en los años 1830-1850: justamente, los del auge del Romanticismo español. Algunos han puesto en relación su estilo con
la libertad estética que el Romanticismo propugnaba, pero supo
ver con realismo muchos problemas del toreo.

Se le atribuyó la invención del galleo y la restauración del
salto de la garrocha. Era un torero largo, sereno, con grandes facultades, que dominaba todas las suertes y llevaba con orden la lidia.
Se le considera el iniciador de la línea de los toreros poderosos.

Dijo de él su maestro, Pedro Romero: «Puse en él todo mi
conato, por mi obligación y por advertir que carecía de miedo y
estaba adornado de mucho vigor en piernas y brazos, lo que me
hizo concebir sería singular en su ejercicio, a pocas lecciones que
le diese, tal y como se ha verificado».

Destacó también por su capacidad organizativa, como destaca
Cossío con una frase muy rotunda: «En la concepción de la corrida como un todo coherente y organizado, *Paquiro* no tuvo rival y
ninguno, antiguo ni moderno, puede disputarle el primer puesto».

En 1836, publicó su *Tauromaquia completa, o sea, el arte de torear
en plaza, tanto a pie como a caballo.* Tradicionalmente, se ha atribuido

su redacción al periodista Santos López Pelegrín, *Abenámar*, autor de una *Filosofía de los toros* que apareció cinco años después. Otros estudiosos la atribuyen a Manuel Rancés Hidalgo, un médico gaditano, gran aficionado a los toros y buen amigo de *Paquiro*.

Aunque sigue el mismo plan que *Pepe-Hillo*, aporta *Paquiro* muchísimas novedades. Considera que «el conocimiento es la principal cualidad del buen torero». Cree que hay «reglas ciertísimas» para burlar las embestidas. Defiende que hay que procurar torear fuera de las querencias. Ha sido citadísima su distinción de los tres estados del toro: «levantados, parados y aplomados». En las suertes, prefiere las que unen «seguridad, sencillez y lucimiento». (A eso llamo yo «clasicismo»). Exige el cite de frente, no de perfil: «En toda suerte, es necesario situarse enfrente del toro (…), en la rectitud el toro». Admite el toreo de muleta con la mano derecha, pero proclama la supremacía del pase regular, que se da necesariamente con la izquierda y debe rematarse con el de pecho, su consecuencia lógica. Defiende los quiebros, habituales en su tiempo…

Concluye su «pequeño trabajo» —así lo llama— con una parte dedicada a la «reforma del espectáculo»: situación y condiciones que debe tener la plaza, organización de la lidia, actuación de la autoridad… Su objetivo es triple: «Desterrar lo que tiene de incivil y sanguinaria; amenizar y multiplicar su perspectiva, y combinar la destreza y la seguridad».

Pese a la lógica evolución de la fiesta, ¡cuántas de estas reflexiones siguen siendo válidas hoy en día! *Paquiro* debía de ser un personaje extraordinario. Fascinó a varios románticos franceses: Merimée, Gautier, Dumas…

En 1907, en París, nada menos que Rilke le dedica un poema, «Corrida. (In memoriam Montes. 1830)», que concluye:

> *Así, imperturbable, sin odio,*
> *reclinado en sí mismo, sereno, sosegado,*
> *hunde su estoque casi dulcemente*

en la gran ola que rueda de nuevo,
impetuosa, a estrellarse en el vacío.

«El Café de Chinitas», una de las canciones populares españolas recogidas por García Lorca, sentencia:

Era Paquiro en la calle
un torero de cartel.

CÚCHARES,
DA NOMBRE AL ARTE
Francisco Arjona
Madrid, 1818-1868

«Sigue siendo el mismo Currito: no da importancia a lo que hace, juguetea con los bichos de trapío y de pujanza, haciendo creer que son unos chotos».

Juan León

Aunque nació en Madrid, se crio en Sevilla, en el barrio de San Bernardo. Su padre trabajaba en el matadero (igual que, años después, el padre de los Vázquez). Se le considera representante de la escuela sevillana.

Era pariente de *Costillares* y *Curro Guillén*. Mantuvo una gran rivalidad con *El Chiclanero*; al morir este, en 1853, quedó *Cúchares* como primera figura del toreo.

Lo retratan sus contemporáneos como hombre bondadoso, simpático. Se le atribuyen muchas anécdotas divertidas. Seguro de sí mismo, decía a su mujer, al salir para la plaza: «Prepara el puchero, que *aluego* vuelvo».

Era diestro hábil, maestro en recortes y galleos; dio más importancia a la mano derecha y a toda clase de adornos. Conectaba muy fácilmente con el público. Sufrió una lesión en la rodilla; según sus enemigos, la exageraba para ganarse los aplausos. Toreó como único espada en la inauguración de la plaza de Valencia (1859). Parece haber sido también el primer torero que se hizo ganadero.

Se suele hablar de la tauromaquia como «el arte de *Cúchares*». Muchos discuten si no es algo exagerado, si no merecían más ese título otros grandes diestros de su tiempo. *Pepe Alameda* lo defiende con una curiosa comparación: «Vespucio descubre el significado del continente que después llevará su nombre. *Cúchares* descubre las posibilidades de un toreo que también después llevará el suyo».

En la misma línea va el juicio de Cossío: «No adivinaron los que censuraban a *Cúchares* que, con los lances que a ellos les parecían más reprochables, dibujaba rasgos definidos del toreo moderno».

Ha dejado para la historia frases memorables. Una, de implacable sentido común: «De todas las suertes del toreo, la suerte más importante es que no le coja a uno el toro».

Otra frase muy repetida y muy verdadera es la que le dijo al actor Julián Romea: «Aquí se muere de verdad, y no de mentirijillas, como en el teatro».

Y una más, muy divertida, en francés macarrónico, en su ceremonioso brindis a Napoleón III: «Brindo por *vú,* por la mujer de *vú* y por todos los *vusitos*».

El ingenioso sevillano fue a torear a Cuba y allí murió de «vómito negro» (fiebre amarilla). Un crítico respetuoso de las reglas clásicas como Salvador Balil le censura su abuso de martingalas, pero *Cúchares* ha dado nombre al arte taurino: paradojas de la vida…

LAGARTIJO,
EL GRAN CALIFA
Rafael Molina
Córdoba, 1841-1900
Alternativa: 1865

«Ningún torero ha habido más elegante que Rafael Molina».

Azorín

En 1875, el periodista Mariano de Cavia, *Sobaquillo*, inventó el título honorífico de *Gran Califa* del toreo para distinguir a *Lagartijo*. (El consenso popular hizo que, posteriormente, se atribuyera también a otros diestros cordobeses ese máximo elogio: *Guerrita, Machaquito, Manolete* y *El Cordobés*. Hace poco, no llegó a prosperar la propuesta de que merecía incorporarse a esta lista *Finito de Córdoba*).

Nadie discutió entonces los méritos de *Lagartijo*, uno de los más grandes toreros de todos los tiempos. Para algunos, con él comienza la Edad de Oro del toreo, que culminará con *Joselito* y Belmonte. A él le dedicó *Guerrita* una frase que luego se ha aplicado a otros diestros de gran estética, como Curro Romero: «Valía el dinero de la entrada verle hacer el paseíllo».

Toreó en público ya a los nueve años. Ganó su apodo porque no era alto y se movía con gran vivacidad. En los comienzos de su carrera, actuó como banderillero —lo que entonces era habitual— en la cuadrilla de *El Gordito*, que, años después, le concedió la alternativa. Sostuvo duras competencias con *Cúchares, El Tato, Frascuelo* y *Guerrita*.

Su carrera fue dilatada y triunfal: mató cerca de 5.000 toros; solo en Madrid, 421 corridas, más que ningún otro diestro. Comenzó destacando por su valor. Él mismo lo reconocía: «Yo estaba entonces más tiempo por los aires que en el suelo».

Adquirió luego una extraordinaria técnica. Dominaba todas las suertes; además, las interpretaba con su inconfundible personalidad. Más de una vez recibió grandes ovaciones al ir a banderillear simplemente por su apostura, semejante a la de una estatua clásica.

Resume Cossío: «*Lagartijo* fue un torero completo, en la total acepción de la palabra. En algunas cualidades, algún torero habrá podido aventajarle; en el armónico conjunto de aptitudes, condiciones y habilidades, ninguno le ha llegado. Así, si su elegancia personal puede quedar como canon de la elegancia taurina, su concepción del toreo, que plenamente realizó, puede servir de modelo del toreo integral y completo».

Su noble apostura puede apreciarse en la estatua de Julio Antonio. Una leyenda popular —luego desmentida— dice que Mateo Inurria le utilizó como modelo para el rostro, en mármol, del monumento ecuestre al Gran Capitán, en la cordobesa plaza de las Tendillas.

Dentro de su repertorio, destacan su muy elegante larga cordobesa: «Larga como una promesa», decían en su tiempo. También su habilidosa y eficaz manera de matar con una media lagartijera, censurada por sus enemigos. Lo dijo un periódico satírico sevillano:

> *Rafael ha descubierto*
> *una manera de herir*
> *que no la comprende nadie*
> *ni es fácil de definir (…).*
> *Guárdeme usted la receta,*
> *que la quiero para mí.*

El muy exigente Néstor Luján le dedica elogios hiperbólicos: «Fue el creador de la escuela cordobesa, que participaba a la vez de la gravitación matemática y el arte cristalino (…). Por haber hecho de la elegancia una necesidad, ha sido el torero más clásico de la fiesta (…). De él arranca todo el toreo moderno y la visión actual de la fiesta solo es una estilización, en tono muy menor, de la estética del maestro cordobés».

En su dilatada carrera, abundan las anécdotas singulares. El 13 de mayo de 1877, en la plaza barcelonesa El Torín, su faena fue tan extraordinaria que el público exigió a la banda de música que rompiera a tocar. Fue la primera vez que esto sucedía.

Cuando se presentó como novillero en la Maestranza el joven *Joselito el Gallo*, su actuación fue tan brillante que sonó una vez en el tendido: «¡Ha resucitado *Lagartijo*!». No cabía mejor elogio.

Su competencia con *Frascuelo* fue tan dura que, más de una vez, el presidente tuvo que intervenir para que los dos moderaran sus alardes temerarios. Cuenta una de esas escenas Peña y Goñi (a la vez, crítico de toros y de ópera): «*Frascuelo*, en un quite, quedó de rodillas, y *Lagartijo* lo hizo en otro, quedando de espaldas, rodilla en tierra y muy en corto. Declarada la guerra entre ambos matadores, los dos se tendieron en el suelo, a poca distancia del cornúpeta, y el señor presidente les amonestó para que se ajustaran a la lidia, tal como lo recomienda el arte».

¡Ya nos gustaría ver hoy una rivalidad semejante en los quites! Concluye Gerardo Diego su libro *La suerte o la muerte* con el poema «Plaza vacía»: no es el vacío que se produce al final de una corrida, sino una plaza «desierta al amarillo sol de enero». Está el poeta en Talavera de la Reina, donde murió *Joselito,* repasa sus recuerdos taurinos y se pregunta con melancolía: «¿*Lagartijo* existió? ¿Y aquella larga?».

FRASCUELO,
MATAR O MORIR CON HONRA
Salvador Sánchez
Churriana (Granada), 1842-1898
Alternativa: 1867

«Montera sobre el muslo, pie pequeño, entrecejo
poblado, el fogonazo de magnesio detiene
en tu recuerdo, al toro, y, en el sepia, tu imagen
como tuvo la tarde su capote en suspenso.
Yo te quito las medias de seda rosa, el luto
rural de tu corbata, en la cómoda cubren
mi peina de carey, mi mantilla de blonda».

María Victoria Atencia, *Retrato*

Fue el gran rival de *Lagartijo* durante una veintena de años, desde 1868 hasta 1890, cuando se retiró. La afición taurina española se dividió, en esta competencia, como luego sucedería con la de *Joselito* y Belmonte.

Aunque había nacido en un pueblo granadino, se le consideraba madrileño. Era un diestro más corto que *Lagartijo*, menos completo, pero pudo competir con él gracias a su indomable valor. Sobre todo, con la espada, entrando «en corto y por derecho», con gesto de absoluta decisión. Si el refrán patriótico ensalza «morir con honra», para *Frascuelo* se inventó la frase «matar o morir con honra».

A lo largo de su carrera, actuó en 1.236 corridas y mató 3.800 toros. En Valencia, en tres tardes consecutivas, llegó a matar 24 toros. Intervino en la última corrida de la plaza madrileña de la Puerta de Alcalá y en la inaugural de la nueva plaza.

Recibió 15 cornadas graves. Mermado de facultades, tuvo que retirarse en 1890. Cuentan que un amigo le preguntó una vez en la enfermería: «¿Qué es eso, Salvador?». Y él contestó, estoicamente: «*Ná*, lo que dan los toros: una *corná*». Por tener tantas, presumía de que las cicatrices le anunciaban los cambios de tiempo.

Sufrió durante algún tiempo la enemistad de un sector del público madrileño, pero fue una figura popularísima, querido tanto por la aristocracia como por el pueblo. Era muy amigo de la infanta Isabel, *la Chata*, gran aficionada. Cuando ella pasaba por Torrelodones, donde él tenía una finca, mandaba parar el tren para saludarlo.

En 1882, le contrataron para torear en París una corrida «a la española» y, en la estación le recibieron más de 3.000 personas.

Una vez que recibió una grave cornada, el alcalde de Madrid mandó enarenar la calle de Jacometrezo, donde él vivía, para que no le molestaran los ruidos.

Muchos lectores de poesía le recuerdan por la referencia del Antonio Machado más «jacobino» en el poema «El mañana efímero»:

> La España de charanga y pandereta,
> cerrado y sacristía,
> devota de Frascuelo y de María…

Un revistero de la época atribuyó a *Frascuelo* un *Decálogo taurino*. Estos son sus dos primeros mandamientos: «Primero: amar a *Paquiro* sobre todas las coletas. Segundo: no jurar que vas a arrimarte, en el morrillo de los toros, para luego no arrimarte nada».

Frascuelo sí se arrimaba de verdad. Por eso el pueblo lo adoraba.

EL GUERRA,
REY ABSOLUTO
RAFAEL GUERRA
CÓRDOBA, 1862-1941
ALTERNATIVA: 1887

«Pudo con todos los toros y con todos los toreros,
pero no con el público, pues, con su carácter prepotente,
no gozó de la simpatía de sus paisanos».

PACO LAGUNA

Fue nombrado «segundo *Califa* cordobés». Mientras estuvo en activo, mandó en el toreo como un rey absoluto. Por su ingenio extraordinario, se han hecho proverbiales muchas frases suyas.

Guerrita o *El Guerra* —de las dos formas se le conocía— llegó a la alternativa después de un largo aprendizaje como banderillero con Fernando *el Gallo*, *Lagartijo* y otros diestros. Este era entonces un camino habitual para llegar a matador. A Rafael le sirvió, sin duda, para aprender toda la técnica del toreo. Ya se hizo famoso como banderillero: se anunciaba en los carteles con letra mayor que la de los demás y era uno de los alicientes para que contratasen a su matador.

Mató casi 2.500 toros y, en la suerte suprema, solo sufrió una cornada. Le quisieron enfrentar al *Espartero* y a Reverte, pero ninguno de los dos aguantó el pulso. Fue el prototipo del lidiador completo, largo, dominador: un claro antecedente de *Joselito*. A la vez, algunos le criticaban que su toreo producía escasa emoción porque, como mandaba tanto en el toro, parecía eliminar la sensación de riesgo.

Explicó el crítico *Giraldillo* su contribución a la fiesta: «Con líneas rectas, divide la historia del toreo. Después de él, solo *Joselito* y Belmonte, pero estos se beneficiaron ya de la experiencia de

Guerrita y recogieron el mejor fruto de ellas. Con él, la lidia está definitivamente encauzada».

Su línea era la de *Gallito*, al que consideraba su único heredero. Cuando murió José, sentenció: «Se han acabado los toros». En cambio, no estimaba el toreo de Belmonte. Cuentan que le dijo una vez a *Joselito*: «¿Por qué no acabas de una vez con este chavea? Yo lo hubiera hecho en cinco minutos».Y añadió: «El que quiera verlo se ha de dar prisa». (Se entiende: porque lo va a matar un toro). Era lógico, desde su punto de vista, pero la vida y el toreo no siempre obedecen a la lógica: fue a José al que lo mató un toro; Juan, en cambio, llegó a viejo y se suicidó.

Su concepto de la lidia incluía también la responsabilidad, la vergüenza torera. El 14 de mayo de 1894, en Madrid, se iba a lidiar un toro desmesuradamente grande que asustaba a todas las cuadrillas. Rafael exigió que le tocara a él, lo lidió sin problemas y lo vio morir sentado tranquilamente en el estribo.

Sus contemporáneos lo idolatraban o le criticaban con dureza, sin medias tintas.

Fue la actitud del público la que le hizo retirarse, en la Feria del Pilar de 1899. Con su habitual laconismo, sentenció: «No me voy, me *hechan*» (con hache aspirada). Cuando su cuadrilla le preguntó si no sentía haber tomado esa decisión, replicó: «¿Sentirlo yo? ¡*Ezo, utede*!».

Coincidió en una montería con Alfonso XIII y el rey le dijo que lamentaba no haber coincidido con su etapa de torero en activo. Él replicó: «¡Pues haber *nasío* antes!».

Una vez retirado, desde su sillón del Club Guerrita de Córdoba, pontificaba sobre lo divino y lo humano. Allí acudían a presentarle sus respetos los jóvenes que querían ser toreros. Sus juicios taurinos eran implacables.

Nunca destacó por su humildad, sino todo lo contrario: «Después de mí, *naide*. Después de *nadie*, Fuentes». En Sevilla, después de una gran tarde, proclamó: «¡Aquí soy el amo!». Otra vez: «Yo, en lo mío, he *sío* papa».

Pero no solo opinaba sobre toros. Su ingenio era bien conocido y temido. A las frases que dijo realmente, hay que añadirle las que la leyenda le atribuye (igual que les sucedió a Quevedo y a Valle-Inclán).

Para la historia de la filosofía popular española ha quedado su comentario, cuando le contaron una hazaña taurina: «Lo que no puede ser no puede ser y, además, es imposible». ¡Cuántas veces lo ha repetido alguien sin saber que lo dijo un torero cordobés que, evidentemente, no había ido a la universidad! Cuentan que le presentaron a Ortega y Gasset, diciéndole que era catedrático de Metafísica, y sentenció: «¡Hay gente *pa tó*!». Y logró la máxima síntesis del individualismo (o de la tolerancia): «*Ca* uno es *ca* uno».

Le enterraron con chaquetilla corta, camisa blanca y botonadura negra, como él quería. También dejó dicho que cerraran el Club Guerrita para que nadie, después de él, pudiera sentarse en su sillón.

Su leyenda no ha disminuido. En el 2022, en el Museo Taurino de Córdoba, se presentó una exposición titulada *Guerrerías*. ¡Qué gran personaje! Seguimos todos citando sus frases; muchas veces, sin saber que fue él quien las dijo. «*Cá* uno es *cá* uno». La pura verdad.

VICENTE PASTOR

EL SORDAO ROMANO

MADRID, 1879-1966

ALTERNATIVA: 1902

«Su figura tosca, exageradamente seria, le ayudó poco en sus principios. Se le ensalzó con el apodo del *Sordao romano* por su rostro cenceño, de impasibles arrugas, y por sus movimientos adustos y sin armonía. Como artista fue escasamente notable, pero, en cambio, es el símbolo final del lidiador concienzudo».

NÉSTOR LUJÁN

Nació en el distrito de Embajadores de Madrid. Se doctoró exactamente el año en el que publicaron sus primeras grandes obras los escritores de la generación del 98: Azorín, *La voluntad*; Baroja, *Camino de perfección*; Unamuno, *Amor y pedagogía*. Por su rostro estirado y su aspecto poco airoso, parecía un personaje de *La verbena de la Paloma*.

Gracias a su honradez y su modestia, fue queridísimo por el público. Lo explica el crítico *Don Modesto*: «Es el torero que sale a la plaza con mayor número de simpatías. El caso tiene una lógica explicación. El público ha visto subir a Vicente, paso a paso, a fuerza de vergüenza y bravura; le ha visto jugársela muchas veces, por corresponder a la admiración de sus paisanos. Y ha visto que, a pesar de sus triunfos (…), su natural modestia no ha sufrido eclipse alguno. Por eso, Vicente es el ídolo de sus admiradores».

Tenía quince años y trabajaba como guarnecedor de coches cuando, una tarde, vio pasar el coche de los toreros. De un salto, se subió al estribo. Se coló en la plaza por una ventana: «Quedé maravillado del espectáculo y en aquel momento me entró la fiebre del toreo. Con los embolados, fui el primero que se tiró al anillo. Allí, con mi blusa de trabajo, hice locuras».

Comenzaron a llamarle *El Chico de la Blusa*: «Cuando se enteraron, en mi casa, mi padre, que no era manco, me puso tibio».

Su forma de torear era la que tradicionalmente se adscribe a la escuela castellana: sobriedad, buen oficio, nada de filigranas, mucho valor. Y la espada, naturalmente, que entonces se consideraba lo fundamental: «Yo, desde que sale el bicho, no me preocupo más que del momento de matar. Toda la lidia me la paso preparándolo y corrigiendo defectos para que llegue suave a la muerte y, sobre todo, no achuche por el lado derecho».

Ha pasado a la historia como un gran estoqueador. En Bilbao, el 21 de agosto de 1916, escribía Corrochano una frase de enorme rotundidad: «No se recuerda a nadie que haya matado un toro así». Luego, lo desarrollaba con su gran estilo literario: «Se perfiló como se perfilan los grandes matadores en días de acontecimiento y entró despacio, recreándose, saboreando él, en primer término, y nosotros, después, la suerte del volapié. Dobló sobre el pitón, se dejó caer sobre el morrillo, hundió el acero hasta el puño y, cuando terminaba de pasar, en los vuelos de la muleta no sacaba un toro, sacaba una masa de carne, que rodó por tierra con la pesadez de la muerte».

Algo semejante había presenciado *Don Modesto* dos años antes: «Hacía tanto tiempo que no habíamos visto matar un toro bien que casi habíamos perdido la cuenta (…). Miraba al morrillo, que distaba muy poco de la punta del estoque, y todo derecho, como el que va a coger una moneda de cinco duros que ve brillar en el suelo, caía sobre el animal a toma y daca. ¡Así se mata bien un toro!».

También brillaba Vicente con la capa, buscando más la eficacia del quite que la plasticidad. Lo define Cossío: «Sobrio con el capote, con él quebrantaba a los toros, doblándose con ellos, metido en los mismos costillares (…). Huelga decir que el entusiasmo subió de punto. ¡Así se torea! ¡Este es un torerazo! ¡Viva Madrid!».

Con la muleta, su repertorio no era extenso. Todo su toreo se fundaba en el valor auténtico; en los riñones, según la metáfora de

Don Modesto: «Su establecimiento, bien acreditado, de hígados y riñones».

El 2 de octubre de 1910, mató a *Carbonero*, de Concha y Sierra, manso y fogueado y le cortó una oreja. Opina Cossío: «La primera que se concedió en la plaza de Madrid, pues las escasas concedidas anteriormente apenas tuvieron carácter serio».

En Barcelona, cortó las dos orejas de un toro. Con su habitual sencillez, comentaba Vicente: «De ahí vino esa modita de las dos orejas… Ya no sé qué nos van a dar». Igual que lo que hoy suelen comentar los toreros…

El 11 de octubre de 1912, mató «con prontitud y aseo» —como entonces se decía— seis toros de Benjumea en siete cuartos de hora escasos.

El panorama taurino cambió radicalmente con la aparición de los dos colosos, *Gallito* y Belmonte. Haciendo un gran esfuerzo, logró Vicente Pastor algunos triunfos junto a los nuevos ídolos, pero supo comprender que su hora taurina había pasado.

Cuenta *El Caballero Audaz* que, un buen día, después de haber triunfado, llegó a su casa, avisó a su apoderado que no le firmara más corridas, cogió unas tijeras, se cortó la coleta y se la entregó a su madre, que lloraba de alegría. Luego, les explicó a los dos su decisión: «Solo yo sé lo que me ha costado poderle esta tarde a José… Y como ya no estoy en edad ni me encuentro con fuerzas para hacer todos los días lo que hoy, y el no hacerlo sería quedar en ridículo, no vuelvo a coger un capote ni una muleta en todo lo que me resta de vida».

Y lo cumplió. Así de formal era Vicente Pastor: un madrileño serio, sin escándalos ni flamenquerías. Recuerdo yo haberlo visto, muy mayor, con su cara imperturbable, que parecía tallada en madera: como un *sordao romano*. Un ídolo del pueblo de Madrid.

MACHAQUITO,
LA ESTOCADA DE LA TARDE
RAFAEL GONZÁLEZ
CÓRDOBA, 1880-1955
ALTERNATIVA: 1900

«El capital que *Machaco* lleve a su casa, cuando deje de torear, será
el más de verdad de los que se ganaron con los toros».

RAFAEL *EL GALLO*

Es el tercero de los *Califas* cordobeses. Se considera que su alternativa es la última del siglo XIX. Compitió con *Bombita* en la primera década del nuevo siglo, hasta la Guerra Mundial. Estuvo también a su lado en el llamado «pleito de los Miuras».

Inició su declive cuando aparecieron nuevas figuras como Vicente Pastor y Rafael *El Gallo*. Se cortó la coleta, sin aviso previo, en 1913, cinco días después de haber concedido la alternativa a Juan Belmonte.

Como muchos diestros, Rafael conoció los toros en el matadero de su ciudad natal. Formó parte pronto de una «Cuadrilla de jóvenes cordobeses». A lo largo de su carrera, toreó 754 corridas, mató 1.856 toros y recibió 17 cornadas.

El valor y las estocadas fueron sus grandes armas. *Don Modesto* le proclamó «Maravilla *Machaquito*». En cambio, F. Bleu cuestiona su falta de serenidad, le llama «matador nervioso y riñonudo».

Algunos críticos exigentes pusieron pegas a su forma de matar por precipitarse y dar un paso atrás, pero el público esperaba con ilusión ese momento. Lo cuenta *Chispero*: «Llegado el momento supremo de la fiesta, el de la *estocá*, Rafael sabía de 100 veces 90 poner en pie a los públicos y llevarlos al paroxismo del entusiasmo».

Era un matador valiente, espectacular y seguro. En una temporada, para 126 toros, solo necesitó entrar a matar 135 veces; es decir, que falló en su primer intento solamente 9 veces.

Lo muestra también una anécdota. El 29 de agosto de 1902, toreando como único espada en Herrera del Duque, se vino abajo parte del tendido y cayó al ruedo mucha gente. Para evitar una catástrofe, sin más preparación, *Machaquito* mató al toro de una certera estocada. Por esta hazaña, le concedieron la Cruz de Beneficencia.

En *Troteras y danzaderas*, de Ramón Pérez de Ayala, la gran novela de clave del Madrid bohemio de comienzos de siglo, un personaje «de virilidad dudosa» afirma, «en tono equívoco»: «El torero que más emoción da es el *Espartajo*. Aquella palidez morena… y, sobre todo, la erección que tiene al torear… Hay que verle armarse, cuando se echa la escopeta a la cara…».

Por la similitud fonética del apodo, algunos críticos literarios han pensado que el torero aludido era el *Espartero*: en realidad, había muerto dieciséis años antes de la fecha interna de la novela (1910). Pensaron otros en Vicente Pastor, también gran estoqueador. Creo yo que se refiere a *Machaquito*, amigo y rival de *Bombita*, al que también alude el libro.

El 9 de mayo de 1907, una magistral estocada de *Machaquito* al toro *Barbero* suscitó una crítica entusiasta de *Don Modesto*, en *El Liberal*, escrita en forma de carta al escultor Mariano Benlliure para animarle a inmortalizar ese momento: «Un toro herido de muerte, con una estocada monumental, hasta el puño, se tambalea como un beodo. En el pitón derecho lleva prendido un trozo de pechera de la camisa del matador. Nadie vacilaría al pronunciar el nombre del diestro: ¡*Machaquito*! ¿Quién puede haber dado esa gran estocada, dejándose en los cuernos las chorreras de la camisa? Solo… ¡*MACHAQUITO*! ¿Qué te parece, artista insigne, esta mi modesta idea? ¿Te parece bien? ¡Pues manos a la obra!».

Le hizo caso Benlliure: así nació *La estocada de la tarde*, una de las cumbres de la escultura taurina y un precioso testimonio de cómo mataba los toros *Machaquito*.

BOMBITA,
EL TORERO DE LA ETERNA SONRISA
Ricardo Torres
Tomares (Sevilla), 1897-1936
Alternativa: 1899

«Su capital característica fue la valentía, terminando su carrera
materialmente cosido a cornadas. Ninguno de los diestros
conocidos puede ponerse en parangón con él en este terreno».

José María de Cossío

Formaba parte de una familia de toreros: en sus comienzos, fue
banderillero de su hermano Emilio. Retirado *El Guerra*, la pareja de *Bombita* y *Machaquito*, rivales y amigos, dominaron la fiesta de
1899 a 1913. Actuó él en 692 corridas y mató cerca de 1.800 toros.

Al valor y las estocadas de *Machaquito* oponía *Bombita* su mayor dominio, un toreo vistoso y alegre. Se hizo proverbial su sonrisa, incluso en los momentos más duros (lo mismo que harán
luego los *Bienvenida*). *Don Modesto* lo retrató, una tarde, cuando lo
llevaban sus compañeros a la enfermería: «Cubierto por la sangre
que manaba de sus grandes heridas, iba sonriendo».

Después de un sonado triunfo en la corrida del Montepío de
1908, el mismo crítico proclamó solemnemente: «¡*Habemus papam*!». Lo veía como «un segundo *Guerrita*, con muchas cosas menos y algunas cosas más». Menos partidario suyo era F. Bleu, pero
reconocía su afición y su constante deseo de agradar: «Un olímpico», le llama.

Sufrió nada menos que 36 cornadas. Según Néstor Luján, ha
sido uno de los diestros más castigados de la historia, junto con
Carnicerito de México y Luis Freg. Cuentan que, de novillero, cuando partía para la plaza, sus amigos no lo despedían deseándole
buena suerte, sino «¡que no sea mucho!» Daban por descontado el
percance.

Encabezó el llamado «pleito de los Miuras»: por su leyenda trágica, se les consideraba los toros más peligrosos. Un grupo de toreros decidió pedir una subida de honorarios para torearlos. Eso le costó a *Bombita* estar ausente de Madrid durante dos temporadas.

Era un hombre educado, tenía una cultura superior a la de los diestros de la época. Los revisteros le apodaron *Torero de la alegría* y *El torero de la eterna sonrisa*. Así lo retrata su amigo y admirador Ramón Pérez de Ayala, en *Troteras y danzaderas*, con el nombre de *Toñito*: «Tenía la cara aniñada y la sonrisa sin doblez de los hombres que han nacido con una vocación y han confiado siempre en su destino. Tanto como el arrojo y maestría en la lid con reses bravas, su sonrisa le había hecho célebre: sonrisa que conservaba en los lances más azarientos y ante los toros más temerosos y difíciles».

Confesó el escritor a *El Caballero Audaz*: «Una de mis mayores tristezas fue la retirada de *Bombita*. Estaba yo en Norteamérica y me quedé muy preocupado y triste: ¡ya no volveré a ver más a *Bombita*! Era mi mocedad y juventud, mi vida sin asidero, quienes se despedían con *Bombita*».

Algo semejante hemos sentido muchos aficionados cuando se retiraba un torero que nos había hecho felices… Uno de los mayores logros de *Bombita* fue la creación, en 1909, del Montepío de Toreros, que dio lugar luego al Sanatorio de Toreros.

Como persona inteligente, supo ver *Bombita* los nuevos rumbos que tomaba la fiesta y decidió retirarse. El cartel de su corrida de despedida, en Madrid, era impresionante: con él, Rafael *El Gallo*, *Joselito* y Juan Belmonte (aunque este, lesionado, no pudo actuar). En su último toro, después de una gran faena y de media estocada, el ruedo se llenó de flores y de palomas. Con una de ellas en la mano, atronó al toro de un certero descabello. Entonces, se echaron al ruedo los toreros retirados para agradecerle su labor benéfica y le sacaron en hombros: una estampa inolvidable. (Años después, vivió lo mismo Marcial Lalanda).

Era sevillano, pero tuvo amplia relación con Cataluña, una región tan taurina entonces. Se casó con la hija de un industrial catalán; compró una finca en el delta del Ebro. Era una figura tan popular que, si iba a tomar el tren en la estación de Montcada y se retrasaba un poco, el maquinista ordenaba: «¡Esperemos al torero!». Su cuerpo descansa en tierra catalana.

Antonio Santainés cuenta una curiosa historia. Descubrieron Muñoz Seca y él que habían nacido exactamente el mismo día. Don Pedro tenía la superstición del *paralelismo*: creía que morirían también en la misma fecha. Por eso, le rogaba al torero: «No se arrime Ud. tanto, que no tengo ganas de morir». Y el diestro le contestaba: «No hay *cuidao* mientras Ud. se encuentre tan joven y sano». Casualidades de la historia: don Pedro Muñoz Seca fue asesinado en Paracuellos el 28 de noviembre de 1936. Solo un día después falleció el torero en Sevilla, después de una operación quirúrgica…

Queda *Bombita* en la historia como una de las grandes figuras, antes de la cumbre de *Gallito* y Belmonte.

RAFAEL EL GALLO,
EL DIVINO CALVO
Rafael Gómez Ortega
Madrid, 1882-1960
Alternativa: 1902

«Ha sido el que inventó el toreo moderno, el que mejor ha toreado de toda la historia».

Juan Belmonte

Una figura única, un auténtico genio, distinto a todos. Aunque había nacido accidentalmente en Madrid, representa una de las cumbres de la escuela sevillana.

Pertenecía a una ilustre dinastía taurina, la de los *Gallos*: hijo de Fernando, hermano mayor de *Joselito*, cuñado de Ignacio Sánchez Mejías.

Empezó a torear de becerrista a los nueve años. Se anunciaba como *Gallito* hasta que debutó su hermano José y le cedió el diminutivo para usar él, completo, el apodo de su padre.

En todos los cosos de España y América, lució su arte singularísimo, alternando triunfos gloriosos con tremendas broncas. Se casó con Pastora Imperio: el matrimonio duró menos de un año por causas que nunca se aclararon.

Le afectó muchísimo, por supuesto, la muerte de su hermano José. Con cincuenta y cuatro años, todavía le cortó un rabo, en Sevilla, a un toro, condenado a banderillas negras.

Se retiró en Barcelona en 1936. Vivió hasta el final en Sevilla como una auténtica institución taurina. Le apodaron *el Divino Calvo*.

En la preciosa película *Historias de la radio*, una de las mejores de todo el cine español, le entrevistan, ya mayor, Paco Rabal y Bobby Deglané. Resume ahí sus números: cuarenta y cinco años como matador; catorce cornadas, dos de ellas, graves. Y su leyenda: «He tenido mucho miedo y me han cogido mucho los toros».

Inventó muchas suertes; según algunos, más de la mitad de las que forman parte de la lidia moderna: el *pase del celeste imperio,* el par de banderillas *al trapecio*… Lucía en los adornos y filigranas sevillanas: el quiquiriquí, el pase de la firma… Pero Corrochano subraya que dominaba los secretos de la lidia clásica: por ejemplo, los macheteos con la mano izquierda, teniendo la derecha preparada para entrar a matar…

No era un atleta. Igual que Belmonte, toreaba sobre los brazos, no sobre las piernas. Era un genio de la improvisación. Llevó al extremo la irregularidad que suelen tener algunos diestros de la línea estética. Pero, a diferencia de ellos, sí podía con los toros; lo que le fallaba era la voluntad, el ánimo, no la técnica de lidiador.

Dejaba de torear cierto tiempo, pero, si necesitaba dinero, no le importaba volver, anunciándose con toros de Miura. En medio de una brillante faena, de pronto dejaba de torear y se tiraba de cabeza al callejón. Nadie sabe qué le había visto al toro en ese momento para ese ataque de pánico repentino. Para justificarse, decía que «tenía química». Eran sus *espantás*, que le hicieron famoso. Ningún otro diestro de primera fila se ha atrevido a hacerlo. En la citada película, las explica: «Es que no se puede con un toro y has de hacer una cosa fea…».

Tenía una singular psicología, combinando rasgos de sabio con otros de niño chico. Era bondadoso y generoso con sus compañeros necesitados, pero absolutamente pródigo. En las vueltas al ruedo, le tiraban puros, su gran pasión. Ya retirado, sus partidarios le ayudaban, pero Juan Belmonte, su gran amigo, no le entregaba el dinero, porque sabía que lo iba a derrochar, sino que se lo administraba, dándole una pequeña cantidad cada día…

Un dato muy revelador: todos los diestros que le vieron torear se hicieron partidarios acérrimos suyos. Especialmente significativo es el elogio de Marcial Lalanda, de una línea estética tan lejana de la suya: «Tenía, desde luego, una clase excepcional. Y, como muchos toreros gitanos, una personalidad tremenda en todo lo que hacía, una gracia especial. Además de eso, poseía un conocimiento del toro extraordinario, quizá excesivo. Por eso, solo se arrimaba con los toros que a él le gustaban. No era únicamente un problema de miedo o valor. Se daba con frecuencia el caso curioso de que Rafael estaba bien con toros difíciles y mal con otros mucho más sencillos. Era un torero desigualísimo. Toreaba muy bien con estilo antiguo».

Todos los críticos lo admiran. Menciono solamente cuatro testimonios. Para Miguel Ríos Mozo, «era el torero más genial de todos los tiempos». Antonio Díaz-Cañabate lo veía como encarnación de «el mundo de la fantasía, de la torería». Para *Selipe*, «tan único era que anduvo solo». Según Néstor Luján, «el hombre más mitológico y lunático que ha dado el toreo».

Para Gerardo Diego, gran entendido, los dioses máximos del toreo han sido Rafael *El Gallo* y Juan Belmonte. A Rafael —entonces, todavía, *Gallito*— lo vio de chico, en Santander, en 1912, cuando tenía dieciséis años; al año siguiente, en la Feria de Bilbao. Le fascinó: «En síntesis, diría que *El Gallo* ha sido el torero de la pintura —línea y color— y Belmonte, el de la escultura —claroscuro y volumen—».

En su libro *La suerte o la muerte*, le dedica nada menos que tres poemas. Canta sus largas a una mano: «Su repertorio de largas ha sido el más fantástico y bello que yo he podido presenciar». También, su par al trapecio: «Lleva los brazos en alto y agarradas en una sola barra, por sus extremos, las dos banderillas, simulando un ejercicio de trapecio. Las manos no desdoblarán la barra hasta el instante último preciso… Era un espectáculo increíble que tuve la suerte de ver varias veces». Y el toreo sentado en silla, con un último verso que marca el contraste entre la quietud del diestro y la locura colectiva que eso provoca: «Todos de pie. Y él, sentado».

En *El Cordobés dilucidado*, su libro taurino posterior, le dedica otros tres poemas, que culminan con la rotundísima declaración de un soneto:

> *Tú me enseñaste a ahondar hasta el sentido*
> *último del toreo…*

Además de todo eso, Rafael tenía un ingenio extraordinario: se le atribuyen —a él y al *Guerra*— muchísimas frases y anécdotas divertidísimas. Cito unas pocas. En primer lugar, frases certeras sobre el toreo: «La verdad del toreo es tener un misterio que decir y decirlo… Perfecto es lo que está bien *arrematao*… Clásico es lo que no se *pué hace mejó*».

Algunas anécdotas taurinas. En una tarde aciaga, le dijo Vicente Pastor: «¡Cómo está el público esta tarde!».Y Rafael le contestó: «Para vosotros, colosal: os los he *dejao* a *tós roncos*».

En mitad de una corrida, le gritaba un espectador, indignado: «¡A la cárcel con El Gallo!».Y él contestó: «¡Qué más quisiera yo, con lo que me queda ahí dentro…!».

También, anécdotas no taurinas. Le dijeron en La Coruña que Sevilla quedaba muy lejos. Él replicó: «No, la que está lejos es La Coruña. Sevilla está donde tiene que estar».

Y un ejemplo de ingenuidad conmovedora. Poco después del comienzo de la guerra, preguntó: «Oiga, amigo, ¿qué pasa con tantos soldados?». Ni se había enterado… Un torero genial y un personaje único.

RODOLFO GAONA,
EL PETRONIO MEXICANO
LEÓN DE LOS ALDAMAS (GUANAJUATO, MÉXICO), 1888-1975
ALTERNATIVA: 1908

«La gaonera: hay que parar y aguantar, y mandar los brazos, y presentar el pecho a los pitones, generalmente con los pies separados».

RODOLFO GAONA

Fue el primer diestro mexicano que consiguió un reconocimiento internacional como figura del toreo. Antes que él, habían venido a España El Maestro, Ponciano Díaz, Vicente Segura, pero no lo lograron. Gaona, sí.

Ha sido, probablemente, el mejor torero mexicano de la historia. Llegó a competir dignamente con *Joselito* y Belmonte: el cartel de los tres fue uno de los que tuvo más éxito en la Edad de Oro de la tauromaquia.

Hijo de un navarro, había nacido en el estado de Guanajuato. Después de trabajar como curtidor, pasó a las capeas. Le enseñó el oficio el banderillero español *Ojitos*, que había formado parte de la cuadrilla de *Frascuelo*. Antes de venir a España, había toreado ya 120 corridas. Conocía bien la técnica, pero era totalmente desconocido en nuestro país.

En 1908, tomó la alternativa en la plaza de Tetuán de las Victorias, en un momento de pelea entre la prensa y el empresario de Madrid, Mosquera. Según F. Bleu, Gaona se aprovechó de las circunstancias favorables: su éxito fue muy rápido y grande. *Ojitos* organizó hábilmente su lanzamiento.

Destacaba Gaona con el capote; sobre todo, con su creación del lance de frente por detrás, que, por él, pasó a llamarse la gaonera. Era un banderillero espectacular y un eficaz muletero. Bajaba bastante con la espada, su punto flaco, que le hizo perder muchos triunfos.

A sus cualidades taurinas unía una notable apostura con un toque exótico, distinguido. Pronto se ganó el favor de los aficionados y de muchas mujeres. Por su elegancia natural, le llamaron *el Petronio mexicano*; también, *el Indio Grande* y *el Califa de León*.

A partir del año siguiente, compitió ya con las primeras figuras. En 1915, en Pamplona, colocó al toro *Rodillero*, de Saltillo, un par tan extraordinario que se suele considerar uno de los mejores de la historia.

Intervino, por ejemplo, en la célebre corrida del Montepío, en la que el público madrileño les gritó a él y a *Joselito*: «Los dos solos». (Lo hacían para molestar a Belmonte, que acabó borrando a sus compañeros, al cuajar una de las mejores faenas de su vida).

En realidad, ya existía el lance de frente por detrás: lo había mencionado *Paquiro*, lo practicaba *Ojitos*. De él lo aprendió, sin duda, Gaona. A partir del toro *Pinalito*, de Saltillo, en México, y del toro *Sardinito*, de Benjumea, en Madrid, en 1910, Gaona se convirtió en su intérprete definitivo.

Fue el crítico *Don Pío* (Alejandro Pérez Lugín) el que lo bautizó con su nombre. Aclara Corrochano: «Verdad, Gaona no ha inventado estos lances, pero los ha mejorado. No se tienen noticias de que nadie los diera como él. En la actualidad, ni le imitan. Por estas circunstancias, los lances de frente por detrás que da Gaona son suyos exclusivos y, para diferenciarlos, se llaman gaoneras. No es un privilegio de invención, es una patente de mejora, la concesión de una exclusiva, el sello, el control, el aviso que ponen los fabricantes, diciendo: "Huid de las imitaciones"».

También brillaba en las tijerillas y en el pase del centenario (semejante a la gaonera, pero con la muleta). En 1913, actuó más veces que los ídolos *Bombita* y *Machaquito*. De 1914 a 1920 toreó en España 290 corridas. En su segunda etapa, mantuvo una competencia feroz con Ignacio Sánchez Mejías.

Todos los críticos alaban su natural distinción. Por ejemplo, Cossío: «Fue Gaona un torero de verdadera elegancia: esta es su más destacada característica. A ello le ayudaba mucho su figura esbelta, bien proporcionada, armónica como pocas. Sus faenas prodigaban una belleza plástica insuperable. Con el capote, ejecutaba todas las suertes conocidas con perfección de clasicismo».

Un episodio de su biografía le perjudicó bastante. En 1917, se casó, en Granada, con Carmen Ruiz Moragas, dama joven de la compañía de María Guerrero y Fernando Díaz de Mendoza. El matrimonio duró poco. En México, surgieron rumores poco favorables para él: se hizo más huraño y solitario. En España, era un secreto a voces que ella fue amante del rey Alfonso XIII, al que dio dos hijos.

Hace poco, se han reconocidos los derechos de uno de ellos, Leandro, que ha declarado: «La boda con Gaona quería ocultar las relaciones con el rey». ¿Solo ocultar o también acabar con ellas? Si fue esto último, no se consiguió: ella siguió con el rey hasta su exilio. Gaona se casó de nuevo con otra española, Enriqueta Gómez.

Gaona fue un gran lidiador, en la línea de *Joselito*, y supo asimilar después las novedades que trajo Belmonte.

Gerardo Diego canta la gaonera:

> *Lámina pura de oro,*
> *flexible, sonora, huera,*
> *riza y desriza ante el toro*
> *el azteca meteoro*
> *de la sagrada gaonera.*

Y a su creador, como el reformador de una nueva Iglesia taurina:

> *El nuevo Martín Lutero*
> *ya se estira y se apersona*
> *y se estiliza, altanero.*
> *Qué elegancia de torero*
> *la de Rodolfo Gaona.*

IGNACIO SÁNCHEZ MEJÍAS,
EL DEL *LLANTO*
SEVILLA, 1891-1934
ALTERNATIVA: 1919

«Tardará mucho tiempo en nacer, si es que nace,
un andaluz tan claro, tan rico de aventura».
FEDERICO GARCÍA LORCA

Cualquier aficionado a la literatura sabe de sobra que las dos mayores elegías (poemas en elogio de alguien que ha fallecido) son las *Coplas a la muerte de su padre*, de Jorge Manrique, y el *Llanto por Ignacio Sánchez Mejías*, de García Lorca.

El enorme eco que ha tenido este último poema ha difundido, en el mundo entero, el nombre de su protagonista. Curiosamente, creen algunos que fue un invento literario de Federico para reflexionar sobre la muerte, ignoran quién era ese hombre al que dedicó su poema.

El sevillano Ignacio Sánchez Mejías fue un personaje fascinante, con una pluralidad de matices realmente singular. Además de importante matador de toros, fue amigo y mecenas de los poetas de la generación del 27; autor de teatro de vanguardia; organizador de un espectáculo de baile con *La Argentinita*; presidente del Betis Club de Fútbol y de la Cruz Roja de su ciudad natal; piloto de automóviles y aviones; jugador de polo; conferenciante en la Universidad de Nueva York...

Era alto, corpulento, atractivo; tuvo éxito con las mujeres. Siguiendo a una, acudió una vez a París y, por su elegancia, le confundieron con el príncipe de Gales: una figura novelesca, comparable, por ejemplo, a la de Lawrence de Arabia. Si hubiera sido norteamericano —una hipótesis absurda—, ya le hubieran dedicado más de una película biográfica.

Como torero, seguía la línea clásica de *Joselito*, su ídolo (además de su cuñado: Ignacio estaba casado con su hermana). El destino quiso que alternara con él la tarde de Talavera, cuando el toro *Bailador* lo hirió mortalmente. Ignacio sintió como nadie esa tragedia. En una impresionante fotografía, se ve a Ignacio velando a *Joselito*: recuerda la estatua del *Pensieroso*, de Miguel Ángel.

No le caracterizaba una estética refinada: ni era ese su objetivo básico ni le ayudaba su físico. Le preocupaba, sobre todo, ser capaz de dominar a todos los toros. Y tenía un valor fuera de lo común. Lo afirma Cossío: «La valentía más auténtica y sobrecogedora que nunca se haya exhibido en los ruedos». Y Néstor Luján:

«Su valor en la plaza fue sencillamente aterrador. No conoció el miedo, lo ignoró totalmente».

Su facilidad para someter a los toros podía provocar que el público diera menos importancia a sus faenas. Para compensarlo, recurría a hacer alardes de valor: toreaba de rodillas y sentado en el estribo. Se hizo famoso su inverosímil par de banderillas de la mariposa: cerrado en tablas, sin sitio para salir, con un riesgo inminente de ser clavado en la barrera. Sus enemigos llamaban a estos alardes sus trucos: el último de ellos le llevó a la muerte.

Además, tenía un carácter orgulloso, no rehuía las polémicas. (Ya he comentado lo que dijo de Gaona en México). Le gustaba provocar: luchaba con el toro, con sus compañeros de cartel, con los empresarios, consigo mismo… Es la actitud que definió Miguel Hernández en su soneto: «Como el toro, me crezco en el castigo…».

Es bien sabido que, en la literatura española, existen dos generaciones que destacan por encima de todas. La primera es la de 1605, cuando coincidieron, en el centro de Madrid, Cervantes, Lope, Góngora, Quevedo… La segunda gran generación es la de 1927, en la que coincidieron los poetas García Lorca y Alberti, Pedro Salinas y Jorge Guillén, Vicente Aleixandre y Luis Cernuda, además del pintor Salvador Dalí, el cineasta Luis Buñuel, el músico Manuel de Falla…

Esta es la generación que trajo a la literatura española la modernidad, la influencia de las vanguardias europeas, el verso libre, la metáfora irracional. A la vez, profundizaron en las raíces populares de la cultura española: el romancero, el cante y baile flamencos, la tauromaquia.

¿Por qué se llama a esta generación «del 27»? Porque en 1927 viajan varios de ellos a Sevilla a celebrar al gran poeta barroco don Luis de Góngora como una manera de oponerse al chato realismo académico. El mecenas que hizo posible esa reunión fue un torero, Ignacio Sánchez Mejías.

Los ruedos se habían quedado estrechos para las inquietudes de Ignacio, que apenas había estudiado, pero tenía una inteligencia natural extraordinaria. Se hizo amigo de estos poetas, les hizo ir —y les pagó el viaje— a Sevilla. Allí, en su finca de Pino Montano, les ofreció una fiesta, donde Dámaso Alonso recitó de memoria los 1.090 versos herméticos de la *Soledad Primera* de Góngora. Luego, lo coronó con el laurel clásico, en la Venta de Antequera, y los llevó a una travesía nocturna por el Guadalquivir. Por su gran simpatía, Ignacio los unía a todos, evitando cualquier posible roce.

En 1928, ya retirado de los ruedos, estrenó Sánchez Mejías el drama *Sinrazón*, una de las primeras huellas de Freud en el teatro español. Luego, *Ni más ni menos*, un drama sacramental filosófico. También dio una hermosa conferencia en la Universidad de Nueva York sobre el profundo significado de la tauromaquia.

Por su relación sentimental con *La Argentinita*, organizó el espectáculo *Las calles de Cádiz*: un ejemplo de la dignificación del flamenco que entonces estaban realizando también figuras como García Lorca, Falla, los bailarines Vicente Escudero y *La Argentina*…

Ya he mencionado el caso singular, único en la historia, de que, durante algún tiempo, Ignacio publicaba, en el diario sevillano *La Unión*, las crónicas de las corridas en las que él mismo había intervenido.

En 2009, publiqué yo una novela inédita y desconocida de Ignacio, que reconstruí a partir de sus notas manuscritas: *La amargura del triunfo* posee claros elementos autobiográficos y muestra la hondura de sus inquietudes existenciales.

En 1934, con más de cuarenta años, volvió a los ruedos, en contra de la opinión de todos sus amigos. ¿Por qué lo hizo? Porque, en definitiva, esa era su vida, lo que mejor sabía hacer. El 13 de agosto, en la plaza de Manzanares, el toro *Granadino* lo prendió y lo llevó hasta el centro del ruedo, dejando un gran charco de sangre («La sangre derramada», dirá el poema). Me contó Alfredo Corrochano, su ahijado, que entró al quite y, desde los pitones, le corrigió Ignacio: «Por ahí, no, Alfredito, que no me suelta. Por el otro lado».

A todos les impresionó enormemente su lucidez en ese trance. He localizado una fotografía en la que se le ve, herido de muerte, con los ojos muy muy abiertos. (Dirá el poema: «No se cerraron sus ojos / cuando vio los cuernos cerca…»).

Le dedicaron poemas sus amigos: Alberti, Gerardo Diego, Miguel Hernández… Ninguno acertó tanto como Federico. El *Llanto* es su poema más logrado, el que resume mejor su visión del mundo. Se atiene fielmente a la realidad histórica, en lo esencial, pero, gracias a sus deslumbrantes metáforas, logra la universalidad.

No canta al torero, no habla de su capote, ni de sus banderillas, ni de su muleta. Ensalza al ser humano, lo presenta como un modelo porque reúne cualidades opuestas:

> *Aire de Roma andaluza*
> *le doraba la cabeza…*

Para el poeta, «Roma» simboliza la geometría, la racionalidad, el mármol; «andaluza», la pasión, el fuego. Unir las dos cosas parece imposible.

En el *Llanto*, canta el poeta al héroe que sabe afrontar con dignidad esa hora de la verdad que a todos nos llegará alguna vez.

Gracias a Federico, su amigo, Ignacio Sánchez Mejías sigue vivo para siempre.

JUAN BELMONTE,
EL PASMO DE TRIANA
SEVILLA, 1892-1962
ALTERNATIVA: 1913

«José me ganó definitivamente la partida en Talavera».

JUAN BELMONTE

Ante todo, como quería Stendhal, los datos, los «pequeños hechos verdaderos»: aunque se le suele considerar trianero, Juan Belmonte nació en la sevillana calle Feria. Cuenta la leyenda que aprendió a torear por la noche, en los campos de Tablada, a la luz de la luna. Tomó la alternativa en 1913, en Madrid, de manos de *Machaquito*. Desde esa fecha hasta la muerte de *Joselito* se extiende la llamada Edad de Oro del toreo (1913-1920).

Ocupaba Juan unos terrenos y entraba en unas distancias que hasta entonces parecían inverosímiles. No destacaba por su técnica ni por sus facultades; sí, por su temple. Al principio, le cogían mucho los toros. Hacía faenas breves, de gran intensidad dramática. Todos conocían su frase: «El que quiera más, que vuelva mañana».

Decían que a *Joselito* no le podía coger un toro si no le tiraba un cuerno. En cambio, se creía que Belmonte era «carne de cañón». Dictaminó *El Guerra:* «El que quiera verlo que se dé prisa, antes de que lo mate un toro».

Pero la historia no siempre obedece a la lógica: a José lo mató un toro en Talavera. Juan se retiró de los ruedos pacíficamente en 1927; volvió a ellos en 1934, para retirarse definitivamente al año siguiente. (También actuó alguna vez como rejoneador). Se suicidó en su finca de Utrera (Sevilla) el 8 de abril de 1962.

Con laconismo marmóreo, titula Chaves Nogales su preciosa biografía novelada: *Juan Belmonte, matador de toros*. Así, sin más adjetivos. (Curiosamente, un periodista que no era aficionado es el autor de uno de los libros de toros más atractivos que se han escrito).

El mismo valor definitorio tiene llamar a Belmonte artista genial; es decir, el que descarta andar por los caminos trillados para abrir nuevas vías que otros muchos seguirán. Eso es, exactamente, lo que hizo Juan.

En 1932, el año de su alternativa, Stravinski escandaliza al público de París con el estreno de *La consagración de la primavera*, Picasso pinta su serie de *Naturalezas muertas* y Proust lleva al extremo el análisis psicológico en su magna obra *En busca del tiempo perdido*.

No son coincidencias, sino sincronías. Belmonte es una figura absolutamente paralela a esos genios que, en el periodo de entreguerras, revolucionan el arte contemporáneo con los movimientos de vanguardia, los llamados ismos.

La revolución que trae Belmonte está bastante clara: torear sobre los brazos y no sobre los pies, como hasta entonces era habitual; en el momento del embroque, no quitar la pierna contraria, sino adelantarla; conducir con temple la embestida del toro; acompañarla con la cintura. Con Belmonte, ya no hay terrenos del torero y terrenos del toro. (Él decía: «Yo no soy registrador de la propiedad»). Todos los terrenos son del diestro, si tiene el valor suficiente para meterse en ellos.

Haciendo esto, las suertes ganan una nueva plasticidad, predomina la estética sobre el dominio de la fiera: ha nacido el arte de la tauromaquia en el sentido actual del término.

Los espíritus más inquietos advirtieron su genialidad ya antes de que tomara la alternativa. Convocaron un homenaje en su honor, en el restaurante Ideal Retiro, los escritores Valle-Inclán, Pérez de Ayala y Julio Camba; el pintor Romero de Torres y el escultor Sebastián Miranda. Proclamó entonces rotundamente Pérez de Ayala: «Soy taurófilo porque soy belmontista». Y le atribuyó el mérito de la definitiva elevación estética del toreo: «Era menester que, en el arte de lidiar reses bravas, se produjese un artista máximo, de no menor jerarquía que otros artistas, de idéntica consideración en otras bellas artes. Y llegó Belmonte, el artista máximo, el redentor que salvó y purificó las corridas de toros de toda fealdad y repugnancia, que parecían serle consustantivas, hasta elevarlas a puro concepto estético».

A *Joselito*, la suma del clasicismo, le apodaron *Maravilla* y *Rey de los toreros*. A Belmonte, el genio rompedor, le llamaron *el Pasmo de Triana, Cataclismo, Ciclón, Catarata, Diluvio universal*…

Su rivalidad se vivió popularmente con fervor religioso. Se publicaron pintorescos folletos: *Catecismo gallista. Acto de contrición de un belmontista*…

En realidad, los dos eran íntimos amigos y su arte, complementario: como explica Pedro Salinas, no hay originalidad auténtica sin tradición, no hay vanguardia sin clasicismo.

Gallito y Belmonte se complementaban, se influían. Juan aprendió muchísima técnica de José; este logró torear en los terrenos y con el temple de Juan. Si decimos que, a lo largo de la gran novela, Sancho se quijotiza y Don Quijote se sanchifica, también podemos decir que, toreando juntos, *Joselito* se belmontiza y Belmonte se joselitiza…

Un dato significativo. Don Gregorio Corrochano, el máximo definidor y admirador del arte de *Joselito*, cayó rendido también ante la grandeza de Belmonte. Por ejemplo, en su crónica de la corrida madrileña del Montepío, el 22 de junio de 1917:

> Confieso mi flaqueza: ayer, Belmonte me hizo perder la serenidad. Por primera vez en mi vida, he sido uno de tantos en el tendido. Ayer, en un supremo esfuerzo, se me saltaron los tendones y los nervios y, perdido ya el dominio sobre mí, caí como un guiñapo en el tendido, y fui uno más, uno más a dar gritos, a llevarme las manos a la cabeza, a perder la serenidad (…).
>
> ¡Cuánto siento tener que volver a los toros! ¡De qué buena gana me retiraría del tendido, para que otras tardes no vinieran a enturbiarme la visión que tengo de esta faena! Y, cuando cruzara la calle de Alcalá a la hora de los toros, yo

me acordaría de esta tarde, y, cuando la gente me hablase de toreros que hicieran prodigios con la muleta, yo les contestaría maquinalmente: «¡Ah, sí, Belmonte! ¡Juan Belmonte!».

Y esto —repito— lo dice el que ha definido qué es torear a partir de *Joselito*... La genialidad de Belmonte se manifestaba también fuera de los ruedos, en todos los aspectos de la vida. A través de Chaves Nogales, nos han llegado sus reflexiones estéticas, formuladas en frases inolvidables, que los aficionados hemos repetido muchas veces.

Se ha hecho proverbial la sentencia de Picasso: «Yo no busco, encuentro». La podría haber firmado también Belmonte. Como a todos los genios auténticos, le resultaba más fácil descubrir nuevos horizontes estéticos que formular racionalmente sus hallazgos. Se lo dijo al rey Alfonso XIII: «Majestad, yo tampoco sé muy bien cómo me las apaño...». Y a Luis Bollaín, su gran seguidor: «El día en que el arte quepa en el estrecho embudo de una explicación fría, nos habremos quedado sin él».

Últimamente, Salvador Balil ha recuperado una frase de Belmonte: con su revolución, lo que él hizo fue «restaurar las viejas reglas clásicas del toreo».

Veo en viejos noticiarios a Belmonte, toreando en una plaza francesa, y me siguen asombrando su personalidad, su temple, su dramatismo. Luego, se fuma un puro en su finca: al dar una calada y echar el humo, su cara, surcada por arrugas, parece una escultura. No lo harían de modo más impresionante actores como Marlon Brando o Robert de Niro. ¿Qué profundas experiencias vitales y estéticas han ido modulando ese gesto? ¿Qué abismos de melancolía disimula púdicamente esa mirada?

Recuerdo a Gerardo Diego:

> *Todo el ruedo se ha abierto en horizonte.*
> *Y cómo lanceaba y qué armonía.*
> *Apiádate, Señor, de Juan Belmonte.*

JOSELITO EL GALLO,
REY DE LOS TOREROS
José Gómez Ortega
Gelves (Sevilla), 1895-1920
Alternativa, 1912

«El torero no tiene más peligro que dejar de existir. Su muerte no está
en la plaza, sino en la casa. *Joselito* está vivo, más vivo que nunca».

Ignacio Sánchez Mejías

Para muchos, es el mayor torero de la historia. Ya en su tiempo le llamaron *Rey de los toreros*. La etapa en que coincidió con Juan Belmonte es la Edad de Oro del toreo; la posterior a su muerte, la Edad de Plata.

Cuando me preguntan cuál es mi torero preferido, no dudo en contestar: *Joselito el Gallo*. No se trata solo de eludir polémicas sobre la actualidad, ni de proclamar que ha sido el mejor y que sigue siéndolo (ese es el privilegio de los grandes clásicos). Sin hipérbole alguna, suelo añadir algo más importante: *Joselito* es el toreo. Igual que Bach es la música; Velázquez es la pintura; Cervantes es la novela; Shakespeare es el teatro…

En algunos casos —poquísimos, en la historia— se produce esa identificación plena, total, entre un artista y el arte que cultiva. Al margen de gustos personales, los profesionales de ese arte suelen reconocerlo.

Aporto dos testimonios de máxima autoridad. La opinión de Marcial Lalanda, su gran discípulo: «José vivió dedicado del todo, íntegramente, al toro. En cuanto al conocimiento del toro, José no tenía rival, ni lo ha tenido nunca. Desde que salía de chiqueros, lo conocía como nadie. Poseía una intuición verdaderamente única. Era una verdadera enciclopedia viviente, un maestro del toreo, un catedrático, que siempre enseñaba, porque lo sabía todo. Fue ese gran ídolo que, en cualquier disciplina del saber, aparece felizmente, a veces, en el justo momento en que se le precisa».

Gregorio Corrochano escribe su tratado basándose justamente en lo que le vio hacer en los ruedos: *Qué es torear. Introducción a la Tauromaquia de Joselito*. Resume Corrochano: «Es el torero por excelencia. Cuando no torea, piensa en el toro y habla de toros. No sabe hablar de otra cosa ni sabe ser otra cosa que torero».

Esa es una de sus grandes diferencias con Belmonte, su rival y amigo. Si Juan no hubiera sido torero, probablemente hubiera sido un genio en cualquier otra materia. A José, en cambio, no podemos ni imaginarlo siendo otra cosa que torero.

Recuerdo que, en las tertulias que teníamos con Ángel Luis *Bienvenida*, Pablo Lozano y otros profesionales, siempre acabábamos hablando de *Joselito* y de Belmonte…, a quienes ninguno de nosotros habíamos visto torear (pero sí teníamos referencias directas de aficionados fiables, que los habían visto). No importa. Podemos ser platónicos o aristotélicos sin necesidad de haber charlado con ninguno de los dos.

José y Juan representan los dos polos del toreo: para Antonio Burgos, lo apolíneo y lo dionisíaco, las dos caras de Sevilla.

No es extraño que Belmonte haya dado lugar a la mejor biografía novelada que conozco, la de Chaves Nogales. Y que *Gallito* haya suscitado la mejor *Tauromaquia* que conozco, la de Corrochano.

Tampoco lo es que los aficionados más clásicos que yo he conocido fueran, todos ellos, partidarios de *Joselito*: mi abuelo, el abuelo de los Vázquez, Marcial Lalanda, Domingo Ortega, Alfredito Corrochano… Hasta *Camará*, que ha pasado a la historia como apoderado de *Manolete*, de una línea tan distinta. (De joven, cuando era torero, *Joselito* oyó hablar de un triunfo de *Camará*, en Madrid, y reaccionó como solía: «¡Que me lo pongan!». Ahí acabó la carrera de *Camará* como torero).

En cambio, los escritores y artistas eran, todos ellos, partidarios de Belmonte: Valle-Inclán, Pérez de Ayala, Julio Camba, Sebastián Miranda, Antonio Gala…

Juan le ganaba en lo que Bergamín llama «percha literaria»:
para el gran público, eso es lo más atractivo. Los profesionales, en
cambio, valoran más a un gran técnico, que intenta acercar el arte
del toreo a una ciencia.

Joselito había nacido en una familia absolutamente taurina, formaba parte de la dinastía de los *Gallos*: hijo de Fernando, hermano
de Rafael. Fue muy precoz. En el semanario *Sol y Sombra* de noviembre de 1899, he encontrado que el periodista Victoriano de la
Feria visita la casa de los *Gallos*, en Gelves, para hacerle una entrevista a Rafael, que tiene diecisiete años y acaba de presentarse como
novillero en Sevilla. Al final de su crónica, añade un párrafo sobre el
hermano pequeño: «Tuve ocasión de admirar al menor de los hermanos, que cuenta cuatro años de edad, ejecutando, con una destreza impropia, varias suertes del toreo, sirviéndose de un pañuelo. Los
hermanos intentaron traer una becerrita para que prácticamente
viéramos cómo el infante no se arredraba ante ella. No pudieron
encontrar cerca del pueblo ninguna, pero uno de los hermanos avisó
al pequeño, diciéndole que ya estaba encerrada la becerra. A medio
vestir, José salió corriendo en dirección a la placita, en busca de la
becerra, demostrando seguidamente su enojo, al verse contrariado».

Queda claro que torear una becerra formaba parte de lo habitual para aquel niño de cuatro años… Con diez años, se impa-
cientaba porque no le dejaban torear; se quejaba a su madre, la *señá*
Gabriela: «¡Que se me va a pasar el arroz!».

Cuenta Corrochano la primera vez que demostró su conocimiento de los toros:

> Siendo niño, se reveló en un tentadero de Miura. Se lo oímos
> referir al ganadero. Estaba *Joselito* en un burladero, viendo la
> tienta que hacía su hermano Rafael, impaciente por intervenir.

Vista una becerra en el caballo, le dijo don Eduardo a Rafael: «Déjale a tu hermanillo que la toree de muleta». Salió del burladero *Joselito*, que entonces no era más que el hermano de Rafael, y, sin vacilar, se fue con la mano izquierda; la becerra le achuchaba mucho, se defendía y apenas se dejaba torear. Rafael le dijo: «José, ¿no ves que achucha por el izquierdo? Toréala con la derecha». «¿Con la derecha? —exclamó, extrañado, José—. Anda, toréala tú». Y dio la muleta a su hermano. Salió Rafael *El Gallo* con la muleta en la mano derecha y, al dar el primer pase, se le coló y lo derribó. José, riéndose, le hizo el quite. «¿Por qué habías visto que no se podía torear con la mano derecha?», le preguntaron. «Pues porque, desde que salió, hizo cosas de estar toreada. No pueden haberla toreado más que en el herradero y, como los muchachos que torean al herrar las becerritas torean con la derecha, comprendí que, al achuchar por el lado izquierdo, por el derecho no se podía ni tocar. Y ya lo han visto ustedes». Entonces se cayó en la cuenta de que, efectivamente, la habían toreado los muchachos del herradero. Don Eduardo Miura, siempre que relataba el suceso, admirado de la intuición de este torero, añadía: «Parece que lo ha parido una vaca».

A los trece años, actuó ya, vestido de luces, con el nombre de *Gallito chico*. Al año siguiente, formó parte de la cuadrilla de los *Niños sevillanos*. Con diecisiete años, tomó la alternativa en Sevilla: en ese momento, era el matador más joven y había adoptado ya el nombre de *Joselito*.

En siete años de alternativa, toreó 22 corridas como único espada. (En casi todas ellas, además, estoqueó también el sobrero). A lo largo de su carrera, mató más de 1.500 toros. Solo en Madrid actuó en 81 corridas.

Representaba *Joselito* la lidia clásica, llevada a su culminación: el torero largo, que conoce todos los toros y domina todas las suertes. En eso, no ha tenido rival.

Recuerdo alguna de sus frases, que le definen: «Si mil veces naciera, mil veces sería torero. Yo no veo nada más bonito, más artístico ni más emocionante que el toreo. Ni emperadores, ni reyes, ni generales han saboreado el triunfo de una buena tarde en el redondel de la plaza de toros de Madrid. Eso es el delirio: a mí me parece que no hay nada comparable… Yo no había visto jamás un toro de lidia y, la primera vez que me puse delante de él, hice las mismas suertes que hago hoy. Es una cosa especial, que uno no sabe explicarse, y que parece que ya estuvo uno en otro mundo, donde le enseñaron a torear…».

Se decía que un toro no podía herirlo si no le tiraba un cuerno. El 16 de mayo de 1920, toreó reses de la Viuda de Ortega en la plaza de Talavera de la Reina. El quinto toro, *Bailaor,* salió de la suerte de varas con un defecto en la vista, quizá burriciego (veía de lejos, pero no de cerca). En una arrancada imprevista, le hirió mortalmente. Escribió Gregorio Corrochano, el gran crítico: «¿Qué es torear? Yo no lo sé. Creí que lo sabía *Joselito* y vi cómo lo mató un toro».

Totalmente vivo sigue su legado, un siglo después de su muerte.

EL NIÑO DE LA PALMA.
ARTE DE RONDA
CAYETANO ORDÓÑEZ
RONDA (MÁLAGA), 1904-1961
ALTERNATIVA: 1925

«El perfil del día es, en Madrid, un torero. La curiosidad lleva hoy
camino de la plaza de toros, donde se presenta *El Niño de la Palma*,
ese muchacho que es de Ronda y se llama Cayetano».

GREGORIO CORROCHANO

Los lectores de Hemingway recordamos, en *Fiesta* (*The Sun Also
Rises*, 1926), la fascinación que le produjo, en Pamplona, la actuación de un joven torero: «Romero no hacía contorsión alguna,
siempre estaba recto, puro, natural, en línea. Los otros se retorcían
como sacacorchos… El toreo de Romero tenía una emoción real
porque conservó la absoluta pureza de sus líneas en los movimientos y, siempre quieto y tranquilo, dejando pasar los cuernos todo
lo más cerca de él… Romero tenía "lo viejo": conservar la pureza
de líneas a través del máximo peligro».

He podido localizar que el escritor norteamericano había
visto, el 11 de julio de 1925, lidiar toros de Gamero Cívico a Belmonte, Marcial Lalanda y *El Niño de la Palma*. A este último, que
tanto le había impresionado, por ser de Ronda, lo disfraza en la
novela con el nombre del mítico espada rondeño Pedro Romero.

La historia tuvo una segunda parte menos bonita. Siete años
después, en *Muerte en la tarde* (1932), cuenta Hemingway su decepción con palabras duras: «Si usted ve al *Niño de la Palma*, existen
muchas posibilidades de que vea la cobardía en su forma menos
seductora, con su grupa grasa, su cráneo pelado por el uso de cos-
méticos, su apariencia de senilidad precoz. De todos los jóvenes
toreros que aparecieron en los diez años que siguieron a la primera retirada de Belmonte, él es el que suscitó más falsas esperanzas y

provocó una mayor decepción… Fue la temporada más vergon-
zosa que ningún matador haya desarrollado nunca hasta este año.
Lo que había pasado es que la cornada, su primera herida grave, le
había quitado todo su valor. Ya nunca lo volvió a recuperar».

Son frases desagradables, que Antonio Ordóñez hubiera querido borrar, pero que están en el libro de su gran amigo. (La historia tiene una tercera parte: años después, en *El verano sangriento*
(1985), Hemingway vuelve a sentir una fascinación total por Antonio, el hijo de aquel joven torero que le había encantado sesenta
años antes).

Cayetano Ordóñez había tomado su apodo del nombre de
una zapatería que tenía su padre en Ronda. Sus comienzos como
matador fueron muy brillantes: encabezó el escalafón en 1926
(con 78 corridas) y 1927 (con 65). Todos elogiaban entonces la
finura de su estilo, su natural elegancia.

Pronto llegó su decadencia. Con términos menos gruesos
que Hemingway, lo explica Marcial: «*El Niño de la Palma* ha sido
una de las pocas equivocaciones que yo he tenido con un torero.
Cuando lo conocí, creí que iba a ser una gran figura, le vi cuajar
media docena de toros magníficos. Luego, tuvo cornadas y se vino
abajo. Hemingway lo trató con una dureza antipática después de
haberlo adorado. Podía haber sido un gran torero».

Se casó Cayetano con la cantante Consuelo Reyes. En el año
1942, pasó a ser banderillero. En 1954, con motivo del bicentena-
rio de Pedro Romero, creó la corrida goyesca de Ronda, que se ha
mantenido hasta hoy; en la primera, actuó su hijo, también llamado Cayetano.

Ha sido el iniciador de una ilustre dinastía de toreros. Forman
parte de ella sus hijos Cayetano, Juan, Pepe, Antonio y Alfonso
Ordóñez; años después, sus biznietos Francisco y Cayetano Rivera Ordóñez.

Pocos diestros deben tanta parte de su fama a la literatura. El
28 de mayo de 1925, el mismo año en el que lo vio torear por

primera vez Hemingway, Gregorio Corrochano le dedicó una crónica que se ha hecho famosa por su brillante título, *Es de Ronda y se llama Cayetano*.

Una cita literaria más. El día en que Rafael Alberti conoció a Ignacio Sánchez Mejías, como prueba de su afición a los toros, le recitó sus garbosas «Chuflillas al Niño de la Palma»:

> *De la gloria a tus pitones*
> *bajé, gorrión de oro,*
> *a jugar contigo al toro,*
> *no a pedirte explicaciones.*
> *¡A ver si te las compones*
> *y vuelves vivo al chiquero!*
> *¡Qué salero!*
> *¡Cógeme, torillo fiero!*

Con su habitual orgullo taurino, Ignacio se limitó a comentar: «¡Lástima de poema!».

NICANOR VILLALTA,
UN VALEROSO POSTE DE TELÉGRAFOS
CRETAS (TERUEL), 1907-1980
ALTERNATIVA: 1922

«Fue el mejor estoqueador de toros de aquellos tiempos, con una pureza y regularidad en la ejecución de la suerte suprema».

MANUEL *BIENVENIDA, EL PAPA NEGRO*

Este diestro turolense respondía a muchos tópicos que suelen atribuirse al carácter aragonés: honradez, nobleza, valor, escasa gracia. Su físico —alto, delgado, con largo cuello— tampoco le ayudaba a torear con garbo.

Era hijo de un novillero y banderillero que se fue a México con la familia a ganarse la vida. Allí dio Nicanor sus primeros pasos en el toreo. Triunfó en los años veinte en muchos cosos; especialmente, en Madrid, donde cortó 54 orejas y 3 rabos, y salió a hombros 26 tardes (sumando, claro está, sus actuaciones en la plaza de la carretera de Aragón y en Las Ventas). Eso constituye un récord no igualado. Toreó hasta 1943 (aunque estuvo retirado de 1935 a 1939).

En Madrid, alcanzó grandes triunfos. Por ejemplo, matar siete toros, al caer heridos sus tres compañeros de cartel.

A Vicente Zabala le contó que estaba orgulloso, sobre todo, por una cosa: «Llegar a ser un torero importante, que alternaba con todas las figuras de su tiempo, superando el tremendo obstáculo físico, tan difícil de armonizar con el arte».

Tenía razón. Hemingway comenzó gastando bromas sobre su aspecto, pero le ganó la honradez del diestro; en su honor, el escritor llamó a su primer hijo John Hadley (como el astrónomo inglés) y también Nicanor.

Su gran baza, sin duda, fue la espada. Comenta Cossío: «El puro volapié a toro parado, no lo hemos visto practicar con mayor seguridad y emoción los que no alcanzamos los tiempos de Mazzantini y *Guerrita*».

Cuando yo era chico, solía verlo paseando por el barrio de Chamberí, con su sombrero y su bastón. En la glorieta de Iglesias coincidía a veces con el boxeador Paulino Uzcudun, dos ídolos de la afición. Aceptó protagonizar un episodio de *Juguetes rotos* (1966), la película de Manuel Summers: resulta patético ver a un diestro tan mayor, vestido de luces, toreando un becerro, en una plaza vacía.

Su máxima era clara y rotunda: «En los toros, emoción, emoción y emoción». Con esa fórmula, unida a su entrega y honradez, logró ser uno de los diestros más queridos por la afición madrileña.

CHICUELO,
GRACIA SEVILLANA
MANUEL JIMÉNEZ
SEVILLA, 1902-1967
ALTERNATIVA: 1919

«¿Fue realidad o quimera?
¿Fue en la tierra o en el cielo?
¡Si quisiera este *Chicuelo*!
¡Si este *Chicuelo* quisiera!».

DON VENTURA

Tuve la oportunidad, hace años, de visitar el chalé de la familia *Chicuelo*, en la Alameda de Hércules, muy cerca del de los *Gallo*: uno de esos lugares peculiares que solo existen en Sevilla. Lo compró el torero y vivió allí con su mujer, la cupletista *Dora la Cordobesita*, y sus hijos. Todo —el edificio, los muebles, los adornos— es medido, recortado, de talla justa: como su dueño.

Había nacido en Triana, pero se le considera uno de los más puros representantes de la llamada escuela sevillana: gracia, pinturería, inspiración, naturalidad, improvisación… Con los pies juntos y la mano baja, lograba la armonía. Por esa vía han seguido Pepe Luis, Manolo González, Pepín Martín Vázquez, Curro Romero, Morante…

Pero él venía también del clasicismo de los *Gallos*: toreó siete veces con *Joselito*. Le dijeron a este que *Chicuelo* tenía poco valor y contestó: «Tiene tanto arte que no necesita tener valor para ser una figura del toreo».

Cuando le pregunté yo a Marcial Lalanda, el máximo seguidor de *Gallito*, por los diestros de su generación, al primero que recordó fue a *Chicuelo*: «Era un excelente estilista, al que yo admiraba mucho. Era bajo, tenía bracitos cortos. A veces, yo me preguntaba cómo podía matar a aquellos toros. Por su deficiencia física y porque no era torero de dominio, tuvo algunos fracasos. En ese sentido, no era un rival duro. En cambio, tenía una personalidad tan especial, tan airosa, que daba gloria verlo torear muchas veces. Lo suyo era, plenamente, la escuela sevillana: la gracia, el arte. Y, también, la manía de torear con los pies juntos».

Toreó cerca de 800 corridas en España y en Hispanoamérica. Sufrió 24 percances; 7 de ellos, graves. La templanza del toro mexicano le permitió desplegar su estética: cortó allí 11 rabos. Otros 5 obtuvo en Sevilla, donde toreó un centenar de festejos. Se retiró en 1951.

Añadió sustancia estética a un recorte, nacido en el toreo cómico, y le dio nombre: la chicuelina. También brillaba en el delantal, el pase de costadillo…

Ha pasado a la historia del toreo su extraordinaria faena, en Madrid, al toro *Corchaíto*, de Graciliano Pérez Tabernero, el 24 de mayo de 1928. Causó asombro su facilidad para ligar los naturales, como luego hizo *Manolete*, su ahijado. Hoy en día, todos los críticos coinciden en considerar esa faena como una de las fuentes básicas del toreo contemporáneo.

Tenía *Chicuelo* cualidades artísticas muy singulares, pero iba a su aire, era incapaz de pelear con sus compañeros. Su poético estilo inspiró también a sus críticos. Así, a Federico Alcázar:

> *El arte del toreo*
> *bajó del cielo*
> *y en la tierra se llama*
> *Manuel* Chicuelo.

Desde el año 2009, admiramos un busto de *Chicuelo* en la Alameda de Hércules, su barrio, cerca de las columnas romanas de Hércules y Julio César, de los monumentos a Manolo Caracol y *La Niña de los Peines*. A *Chicuelo* y a su hijo les ha rendido homenajes musicales y poéticos José Luis López.

No tuve yo la fortuna de ver torear a *Chicuelo*, pero sí a su hijo, Rafael, que se anunciaba como *Chicuelo hijo* y ha fallecido en 2023. Con un estilo heredado de su padre, triunfó en Las Ventas, que siempre ha sabido saborear el toreo sevillano. También a Rafaelito —así le llamaban— le cantó Gerardo Diego:

> *Chicuelo hijo. Chicuelo.*
> *Chicuelo. Hijo.*
> *Ábreme tú, despégame*
> *el abanico (…).*
> *(El hijo de Chicuelo*
> *volando vino).*

MANUEL GRANERO, EL PRÍNCIPE HEREDERO

VALENCIA, 1902-1922
ALTERNATIVA: 1920

> «Granero, cuando toreas
> en la Plaza de Madrid,
> te dicen las madrileñas:
> "Granero, vas a morir"».
>
> TANGUILLO POPULAR

La muerte de *Joselito* había dejado vacante el trono de la tauromaquia. Varios jóvenes diestros compitieron por ocuparlo. Destacó, entre ellos, el valenciano Manuel Granero, cuyo destino fue también trágico.

Era hijo de una familia burguesa. Recibió una buena educación, tocaba el violín. Vio un festejo en el coso de la calle de Játiva y le impresionó tanto que decidió hacerse torero. Aprendió el oficio rápidamente en el campo salmantino.

Su éxito en los ruedos fue meteórico. En una sola temporada, pasó del debut con picadores a la alternativa, en Sevilla, de manos de Rafael *el Gallo*.

Su primera temporada como matador de toros, la del año 1921, fue una sucesión de triunfos en todas las plazas. En Madrid, cortó dos orejas: «algo insólito», dice Cossío. Gracias a la expectación que despertó en su tierra, comenzaron a organizarse corridas en marzo (la feria valenciana, entonces, era la de julio). En Bilbao, dio a conocer el pase de la firma. Fue ese año el líder del escalafón al torear 94 corridas (había firmado 115).

Comenta Daniel Tapia: «Ni el mismo *Joselito* consiguió, en su primer año de alternativa, levantar tanto revuelo y torear tantas corridas».

Seguía la línea de José como lidiador poderoso; además, tenía facilidad, elegancia natural y hasta el encanto de una cara aniñada. Los públicos de toda España vieron en él al próximo rey del toreo.

La temporada siguiente, en cambio, la empezó mal: quizá había dejado de ser una novedad y se le exigía ya como una primera figura; además, daba la impresión de estar algo desganado. De hecho, en las corridas iniciales, dejó de cortar trofeos.

El 7 de mayo de 1922, toreó Granero en la plaza vieja de Madrid, alternando con Juan Luis de la Rosa y Marcial Lalanda. En su primer toro, estuvo bien, sin más. Dio la casualidad de que el quinto toro, *Pocapena*, de Veragua, ya le había correspondido en el sorteo en Ciudad Real, en una corrida que se suspendió por haber huido el empresario con el dinero. Al aparecer el toro en el ruedo, dijo Granero: «¡Pues en este la voy a armar!».

Al iniciar la faena de muleta, cerca de tablas, el toro lo derribó, lo fue empujando hacia el burladero y, apoyado en el estribo, le metió el pitón por el ojo derecho, causándole graves destrozos en el cráneo. En la enfermería de la plaza, el médico solo pudo certificar su muerte.

La llamada Edad de Plata es una de las más sangrientas de la historia del toreo: no había una primera figura que impusiese sus toros, salían reses muy fuertes, con mucho poder y sentido. Esa misma tarde, en Sevilla, estaba agonizando *Varelito*, que moriría unos días más tarde. También sufrieron cornadas mortales *Litri*, *Gitanillo de Triana*, Ignacio Sánchez Mejías…

La tragedia de Granero causó especial impacto por varias razones: por ser el «delfín» de la corona; por el encanto juvenil de su figura; por el lugar de la cornada…

Me contaba Marcial Lalanda que algunos espectadores le echaron en cara no haber llegado a tiempo para hacerle el quite; tuvo que pasar algún tiempo antes de que los valencianos lo perdonaran: «¿Cómo no voy a recordar al pobre Granero si me tocó presenciar su trágico fin? Con veinte años, ha pasado ya a la historia. Sus principios fueron francamente buenos, prometía mucho. Su estilo lo recuerdo como un poco parecido al que luego ha tenido Joaquín Bernadó. Poseía un arte depurado, fino, elegante. No se puede saber adónde hubiera llegado».

En *Muerte en la tarde*, Hemingway presenta a Granero como el mejor torero que ha dado nunca Valencia: «Después de haber toreado 94 corridas el año anterior, murió sin dejar más que deudas, pues el medio millón de pesetas que había ganado se le fue enteramente en publicidad, propaganda, donativos a los periodistas y sablazos. Tenía veinte años cuando lo mató un toro de Veragua, que le arrojó al aire, lo aplastó luego contra la barrera y no le dejó con el cuerno hasta haberle roto el cráneo como se puede romper una maceta».

Con mucho más morbo, Georges Bataille, en *Historia del ojo*, mezcla el relato de la cornada de Granero con escenas de sexo, en la cuadra de caballos de la plaza, y un disparatado uso erótico de los testículos de un toro muerto.

Una curiosa leyenda taurina es la de *Blanquet*, el banderillero de confianza de *Joselito*, que intuyó la muerte de su maestro cuando percibió un fuerte *olor a cera* (ese es el título del precioso cuento de Foxá, de 1958). Lo mismo le sucedió cuando iba en la cuadrilla de Granero. Años después, acompañando a Sánchez Mejías, volvió a sentir ese misterioso olor, pero Ignacio no le hizo caso y no le sucedió nada: todos se rieron de los presagios de *Blanquet* hasta que, al día siguiente, lo encontraron en el tren muerto por un ataque al corazón: esta vez, había olido su propia muerte.

Cantó al infortunado Granero su paisano Rafael Duyos:

> *¿Qué suerte no fue tu suerte,*
> *qué tercio no superaste,*
> *qué mujer no te adoró,*
> *qué público no te quiso,*
> *qué toro no dominaste?*

MARCIAL LALANDA,
EL MÁS GRANDE
VACIAMADRID (MADRID), 1903-1990
ALTERNATIVA: 1921

> «Marcial, eres el más grande,
> se ve que eres madrileño,
> rival de Belmonte, José,
> *Machaquito*, *Pastor* y *El Algabeño*».
> MARTÍN DOMINGO, pasodoble

Muchos años después de que se retirara de los ruedos, la gente seguía tarareando su pasodoble, de Martín Domingo: «Marcial, eres el más grande». ¿Fue, de verdad, «el más grande»? Es discutible, depende de a qué momento nos refiramos. Hemingway, que no fue su amigo, proclama rotundamente, en *Muerte en la tarde* (1932): «Como torero completo y científico, es el mejor que hay en España. Es, indiscutiblemente, el maestro de todos los toreros de hoy».

Algo semejante afirma Cossío: «La característica principal de su toreo es el dominio, basado en su técnica, en su conocimiento de los toros. Todo es fácil para Marcial. Rara, rarísima vez, en su larga carrera, se vio a Marcial aperreado con un toro».

Actuó por primera vez en público a los once años. Conservamos algunas fotos de su primera actuación en Madrid, el 1 de agosto de 1915, en la llamada becerrada de los zapateros: con una chaquetilla gris, está entrando a matar a un becerro chorreado. La cabeza de la res sigue a la muleta, bien jugada. Impresiona el gesto decidido del chaval: el brazo con que hiere, los ojos clavados en el morrillo, la boca abierta, en una exclamación… Esa decisión le acompañó en toda su carrera.

Le dio la alternativa Juan Belmonte en Sevilla; la confirmó la tarde en que murió Granero. Se retiró en 1942. Había despachado cerca de 2.700 toros en 1.293 tardes.

Siguió Marcial claramente la línea de *Joselito*, su gran ídolo. Se le consideró uno de los mejores lidiadores de toda la historia. También le llamaron *el torero de goma*: si pasaba algún momento de menor tensión anímica, se estiraba luego, en cuanto quería, para volver a colocarse de nuevo en la primera línea.

Era castellano, serio, ordenado, una de las personas de mayor inteligencia natural que he conocido. Durante la guerra, los rojos saquearon su finca y mataron a todos los miembros de su familia que allí estaban.

Fue presidente de la Asociación Benéfica de Auxilios Mutuos de Toreros y del Montepío, luchó mucho por mejorar las condiciones de sus compañeros. Se retiró en 1942 en Madrid. Cuando mató su último toro, se echaron al ruedo un grupo de diestros retirados y lo sacaron en hombros: lo mismo que se había hecho en 1913 con *Bombita*.

Después de eso, no volvió a coger un capote ni una muleta. En su casa, no había ningún instrumento de torear: no quería que ninguno de sus siete hijos varones fuera torero porque conocía la dureza de la profesión y lo consiguió. Pero no disminuyó nunca su pasión por la fiesta, que fue siempre el centro absoluto de su vida. Me decía: «No he sentido la tentación de volver a los ruedos, pero siempre me he considerado torero y no otra cosa. Tengo la misma afición que antes o más».

Durante algunos años, dirigió la carrera taurina de Pepe Luis Vázquez, Manolo Vázquez y Antonio Ordóñez. A él le gustaba decir que fue «asesor técnico», más que apoderado. Lo dejó pronto: su carácter formal encajaba mal con los trapicheos de los despachos taurinos.

Realizó algunas hazañas que hoy nos parecen inverosímiles. En Valencia, el 27 de julio de 1923, mató 5 Miuras de 36 arrobas, en un festejo en el que fueron heridos 2 matadores, 2 banderilleros y 4 picadores, además de morir 21 caballos. El 19 de octubre de 1930, en Barcelona, mató 7 toros, cortó 12 orejas y 6 rabos, realizó 21 quites distintos.

Toreaba de rodillas casi con tanta facilidad como de pie:

> Se ha dicho muchas veces que la facilidad para torear era mi principal defecto. En efecto, el público me veía torear tan fácilmente, que podía no apreciarlo con justicia. En muchas ocasiones, tenía que hacer verdaderos alardes de valor para que el público no se quedara frío. Le ha sucedido siempre eso a los toreros muy técnicos.
>
> He toreado mucho, por ejemplo, de rodillas, pero de rodillas de verdad, con auténtico riesgo, cargando la suerte, estando arrodillado ya desde antes del embroque con el toro. Igual que si toreara de pie.

Inventó el quite de la mariposa: el capote, llevado a la espalda, se flamea alternativamente, de costado a costado, andando hacia atrás. Es una suerte muy vistosa, de gran dificultad. Se ha discutido si, en ella, el toro aprende y se complica su lidia posterior. No fue algo premeditado sino fruto del azar. La practicó por primera vez en 1922, en casa del ganadero Madrazo, en Aguascalientes:

> En aquel tentadero, estaba yo toreando de frente por detrás cuando la vaquilla se me quedó debajo, en la mitad del viaje. Salí hacia atrás y la vaquilla me siguió. Instintivamente, me pasé el capote al otro lado y así seguí. El ganadero mexicano me dijo: «¡Qué suerte más bonita!».
>
> Comencé a hacerlo con otras vacas: me cogieron muchas veces. Es una cuestión de vista, de reflejos y de medir bien la velocidad del toro para ir acompañándolo. Por eso, con los toros de antes, se podía hacer pocas veces. En los toros de hoy, que ya están entregados, agotados, creo que se podría hacer con más frecuencia. Alguna vez lo intenté también con la muleta, pero era imposible por ser demasiado pequeña para eso.

Después de Marcial, lo han realizado algunos diestros de gran técnica, como muestra de su dominio sobre el toro: antes de la guerra, Manolo *Bienvenida* y Vicente Barrera; después, Luis Miguel *Dominguín* y Luis Francisco Esplá.

No se apartó nunca Marcial del toreo clásico, con una regla básica: cargar la suerte. Creía —como Ortega y Gasset— que la evolución de la fiesta ha ido hacia el estilismo, en detrimento de lo esencial, de la emoción que suscita la lidia de un toro auténtico.

Defendió siempre el toreo técnico, de cabeza, basado en el dominio del toro. Para él, eso es imprescindible, el primer mandamiento de la tauromaquia. El arte vendrá luego, como un añadido, según la personalidad de cada uno:

Yo he sido un torero que no he tenido —creo— gran arte. He suplido eso con dominio, con técnica, dando a cada toro la lidia adecuada. No creo haber traído al toreo nada importante, salvo el dominio, en la mayor parte de los toros.

Los aficionados que no me han visto podrían preguntarme: ¿qué hiciste tú, en tus veintiún años de matador? Yo contestaría solo con cinco palabras: torear como mandan los cánones. Nada más y nada menos que eso. No tuve yo la gracia torera de un Pepe Luis ni la vena poética de un La Serna. Fui, simplemente, un técnico del toreo.

Por eso, estimaban su forma de torear, sobre todo, los diestros que han seguido esa línea, como Luis Miguel *Dominguín* (aunque su carácter fuera totalmente distinto): «¡Qué admirable su forma de torear de rodillas! ¡Qué cantidad de recursos en la lidia! ¡Qué inteligencia para ver las condiciones de los toros! Verle actuar es como escuchar las doctas lecciones del más sabio catedrático. Torero para toreros y humano a carta cabal».

En el mundo taurino, todos le respetaban enormemente. Y le querían muchísimo los que más le habían tratado, como Pepe Luis y Manolo Vázquez (uno de sus nietos se llama Marcial). Yo también: ha sido uno de mis grandes amigos.

Le habían propuesto varios periodistas ayudarle a escribir sus memorias: nunca aceptó. En 1986, con ochenta y tres años, fue él el que me buscó para proponerme que escribiéramos juntos un libro. No le interesaban las anécdotas, ni la vanidad; quería dejar claro su concepto de la lidia.

Una serie de tardes, con puntualidad germánica, vino él a mi casa: grabábamos nuestra charla; luego, yo la transcribía, la redactaba y se la sometía. Le fuimos dando un repaso al toro, al torero, a las ganaderías, al público, a la evolución de la fiesta… Lo único que me corrigió, alguna vez, fue alguna expresión que pudiera parecer despectiva para algún compañero…

No quería herir a nadie, pero tenía una visión clarísima de la lidia, un criterio firme, que se apartaba bastante del habitual: la escuela de *Joselito el Gallo*, nada menos. Hablaba siempre con educación, con jovialidad, pero, muchas veces, de modo tajante. Aunque apenas había estudiado, decía verdaderas sentencias. Nunca he escuchado, en el mundo taurino, juicios tan agudos, tan exigentes y tan certeros. El libro, *La Tauromaquia de Marcial Lalanda*, lo firmamos los dos, pero el que habla es él; yo solo redacto, no añado ni una palabra.

También aplicaba a sí mismo esa exigencia. Repasando viejas fotografías suyas, para ilustrar el libro, me encontré con el problema de que ninguna le gustaba plenamente, a todas les ponía defectos: la colocación, el pie, la cintura…

Alguna vez, delante de mí, le dio un revolcón espectacular a algún periodista famoso, deslumbrado con lo que él llamaba «el estilismo» de algunas faenas. El cronista ni se enteraba… Aunque lo hubiera comprendido, ¿quién se habría atrevido a contradecir, en una valoración taurina, a Marcial Lalanda?

Como no hacía ninguna vida social, muchos se habían olvidado de él o creían que había muerto. El libro le dio nueva vida. Le llamaban de muchos sitios, viajamos juntos (en tren, como él prefería) a varias ciudades. Nunca se cansaba de hablar de toros conmigo. Durante el viaje, le dábamos un repaso a la historia de la tauromaquia. Una vez, me dijo: «Ya hemos hablado de todos los matadores importantes, pasemos a los banderilleros y picadores».

Así continuamos… Seguía él yendo a los toros en Madrid, a su delantera de grada. Sin falsas modestias, me decía que, cada tarde, descubría cosas nuevas. Le hablé yo de un grabado de Goya, en el que se autorretrata, decrépito, con este pie: «Aún aprendo». Lo adoptó Marcial como lema, se lo repetía a los periodistas.

Una tarde, en Las Ventas, comprobé, con los prismáticos, que ya no ocupaba su localidad. Me alarmé. Esa noche, le llamé por teléfono. Se había caído, necesitaba ya usar bastón y no quería que le vieran así. Pensé que era el final. Así fue: los toros habían sido, siempre, su vida entera.

Probablemente, no fue *el más grande*, pero sí le anduvo cerca.

CAGANCHO,
EL GITANO DE LOS OJOS VERDES
JOAQUÍN RODRÍGUEZ
SEVILLA, 1903-1983
ALTERNATIVA: 1927

«A la puerta de la cárcel
no me vengas a cantar,
que está *Cagancho* dormido
y lo vas a despertar».
COPLA POPULAR

Me contó mi amigo Luis Miguel *Dominguín* que, una vez, se enteró de que *Cagancho*, ya retirado, iba a torear en México. (Supongo que se refería a un festival, en 1964). Le pilló la noticia a Luis Miguel en Hispanoamérica, no recuerdo si en Venezuela o en Colombia. Ni corto ni perezoso, tomó un avión y se plantó en México para ver torear una vez más a *Cagancho*.

La noticia me sorprendió: en principio, el estilo de torear que Luis Miguel prefería y que él practicaba era totalmente opuesto al del gitano. Mi amigo me aclaró: «Créeme, valía la pena verlo».

Había nacido en Triana. Allí he visto el azulejo que le dedicaron en la calle Evangelistas: «Genio del arte de torear… llevó a los ruedos la magia de los duendes de la Cava».

Procedía de una familia de artistas gitanos. Heredó el apodo de su abuelo, cantaor de flamenco. Hay varias versiones sobre el origen de la palabra: como tenía antepasados herreros, podía referirse a los ganchos para las romanas; o a los ganchos de los que cuelgan las ropas en los mercadillos. Más verosímil parece la referencia a un pájaro de Huelva, negro brillante, con garganta y el pecho rojo vivo, al que llaman pájaro torero.

Cagancho es uno de los ejemplos más claros de la estética de los diestros gitanos; también, de su desigualdad. Logró algunos triunfos extraordinarios en medio de una mayoría de fracasos rotundos. Se le atribuye una frase: «De 100 tardes, prefiero estar una bien y 99 mal a 99 regular y una mal».

Le ayudaba su apostura: le apodaron *el gitano de los ojos verdes*. Pedro Luis de Gálvez, un poeta bohemio y sablista, le dedicó un soneto, cuya clave es el chocante verso final:

> *Juntos los pies, erguido, sonriente,*
> *deja al bruto pasar e, indiferente,*
> *mira en un cuerno un alamar de oro.*
> *Tiene el cañí la chaquetilla rota.*
> *Es todo igual. La plaza se alborota*
> *¡y envidia una mujer tiene del toro!*

Protagonizó dos películas con Carmen Amaya, *Pasión gitana* y *Los amores del torero* (1945). También intervino en *Santos el magnífico* (1955), de Budd Boetticher, un director norteamericano apasionado por los toros, con Anthony Quinn y Maureen O'Hara.

Debutó *Cagancho* en los ruedos en 1923. Resume Cossío: «Muy bien, toreando; muy mal, matando». Al año siguiente, se presentó en Sevilla. Su revelación llegó en 1926, pero solo toreó 12 novilladas: algo insuficiente para adquirir el oficio. Tomó la alternativa en su primera corrida de 1927.

Desde el comienzo de su carrera, llamó la atención la estética solemne de su capote; también su miedo, a la hora de matar. Cortó algunos rabos y escuchó más de una vez los tres avisos. Y sufrió graves cornadas.

A un avispado empresario se le ocurrió reunir, en un cartel, a tres diestros gitanos: *Cagancho*, *Gitanillo de Triana* y Rafael *Albaicín*. En La Coruña, el resultado fue tan desastroso que *Clarito* tituló así su crónica: «Tres gitanos engañan a ocho mil gallegos».

Igual que en el caso de *El Niño de la Palma*, una brillante crónica de Gregorio Corrochano sirvió de altavoz a una tarde triunfal suya, en Toledo, el 10 de mayo de 1927. La tituló «El torero *Cagancho* es una talla de Montañés» y lo explicó así:

> El gitano negro va vestido de blanco. Ya en esto se ve que está influenciado por el contraste. Pausadamente, como un fantasma, se acerca al toro. Con el palillo de la muleta y la espada hace una cruz, y así se presenta a la multitud este hombre seco como un cartujo, del color de la madera que eligiera para sus tallas Montañés (…).
>
> Yo no vi nunca más armonía, ni más bello conjunto, pero una belleza dolorida. ¡Qué gesto, qué colorido, qué movimiento! El brazo largo parecía desprendido del madero, en esas estampas antiguas, en que se rememora el milagro de un quite. Toreando, parece una talla de Montañés.

Y añade Corrochano que el mejor comentario de esa faena sería un lamento gitano de don Manuel Torres, aquel al que cantó García Lorca como «el duende de los duendes, el de los sonidos negros».

Ese mismo año, el 25 de agosto de 1927, en Almagro, *Cagancho* protagonizó una de las broncas más famosas de la historia, con reses de Pérez Tabernero. A su primer toro, le dio 11 pinchazos y 5 descabellos. En su segundo, fue mucho peor. Salió con una muleta enorme y, aprovechando un muletazo, le clavó al toro un espadazo en la tripa. Huyó y, desde dentro del burladero, continuó pinchándolo con la ayuda de sus peones. El público, indignado, se tiró al ruedo para agredirlo, aunque el toro todavía estaba vivo. Tuvo que intervenir un destacamento de Caballería para evitar una carnicería; ocho guardias civiles protegieron a *Cagancho* y lo sacaron de la plaza.

Desde entonces, se ha hecho tradicional la expresión «quedar como *Cagancho* en Almagro» para calificar cualquier desastre. Pero él también dio origen a lo contrario, «quedar como *Cagancho* en Madrid» después de una gran faena. Ya había hablado Corrochano de «los dos *Caganchos*».

Curiosamente, a pesar de su fama de medroso y de todos los avisos que escuchó, *Cagancho* llegó a ser también un artista de la espada con sus medias estocadas, en todo lo alto, de lenta ejecución y efecto fulminante.

Residió sus últimos años en México, donde fue un verdadero ídolo: cortó allí ocho rabos. Decía que no le gustaba volver a España para que no le vieran viejo las mujeres a las que había amado.

Muchos escritores cantaron el arte singular de *Cagancho*. Néstor Luján le dedica frases rotundas: «Quizá haya llegado a disponer del enigma de la plástica del toreo de una manera inconsciente: él no sabía nada de su toreo, porque todo le venía de dentro…».

También se hizo popular un chiste de Xaudaró. En un calabozo, con rejas, dos ratas comentan: «¡Qué raro! Las nueve, y *Cagancho*, sin venir».

Le han cantado muchos poetas. Lo define López Anglada: «*Cagancho*, el de la esencia y las sorpresas».

Y fue el único torero que, por verlo en un festival, Luis Miguel cogía un avión…

DOMINGO ORTEGA,
EL PALETO DE BOROX
DOMINGO LÓPEZ ORTEGA

BOROX (TOLEDO), 1908-1988

ALTERNATIVA: 1931

«El que se salga de las normas clásicas estará a merced de los toros.
Y, estando a merced de ellos, a la larga, se apoderarán de él».

DOMINGO ORTEGA

Se le considera el máximo representante de la escuela castellana, basada en la sobriedad y la técnica, sin adornos innecesarios. Cuenta la leyenda que se enfrentó por primera vez a un toro que se había escapado, solo con la chaqueta en el brazo, cuando trabajaba en el campo toledano.

No fue un diestro precoz. Se dio a conocer en 1929 al realizar un quite, como sobresaliente, en una corrida en Aranjuez que torearon Marcial Lalanda y Manolo *Bienvenida*. Pronto advirtió su talento el muy inteligente Domingo *Dominguín* padre, que lo apoderó.

En los años de la República, impuso ya su dominio a toros fuertes, poderosos. Después de la guerra, con el toro más suave, depuró su estética.

Poseía un secreto casi único: podía a los toros más bruscos con enorme suavidad: parecía, a veces, que los llevaba hipnotizados. (La vieja metáfora: mano de hierro con guante de seda). Sabía andarles a los toros con enorme elegancia, haciendo lo que se llamaban *ochos*.

Su tauromaquia se resume en eso: dominio absoluto sobre el toro, sin aparente esfuerzo; con suavidad y temple, llevar al toro donde el diestro quiere. Era infalible en el toreo por bajo, con el trincherazo, trinchera o doblón, que sirve para castigar al toro, restarle poder y enseñarle a embestir.

Domingo no había estudiado, pero tenía una inteligencia natural extraordinaria. Llegó a ser gran amigo de gente muy ilustre: el médico Jiménez Díaz, el arabista Emilio García Gómez, el pintor Ignacio Zuloaga, el escultor Sebastián Miranda, el escritor Díaz-Cañabate…

El 29 de marzo de 1950, pronunció Domingo Ortega una conferencia, en el Ateneo de Madrid, sobre *El arte del toreo*; luego, la publicó *Revista de Occidente*. Fue un hito decisivo para la cultura taurina. En apenas 40 páginas, desarrolló toda una tauromaquia, basada en las normas clásicas. Estas son algunas de sus frases principales:

> Tenemos delante a un animal al que hay que someter y reducir… Una estética visual, si no lleva consigo la eficacia que produce el bien hacer el arte, será negativa…
>
> El problema fundamental, del que parten todos los demás, es el siguiente: al abrirse la puerta del chiquero, cuando sale el toro, si tú no puedes con él, él puede contigo… Dar pases no es lo mismo que torear… Estos términos debieran completarse de esta forma: parar, templar, cargar la suerte y mandar.

En una excelente película española, *Tarde de toros* (1956), de Ladislao Vajda, podemos ver, junto a Antonio *Bienvenida* y Enrique Vera, dos faenas de Domingo Ortega, verdaderamente magistrales. (Curiosamente, el guion de la película exigía que su primera faena fuera un fracaso. Si se sabe apreciar, resulta que él no sabe torear mal, aunque lo intente).

El 24 de junio de 1932, resumía Gregorio Corrochano: «Me gusta el toreo de Ortega porque no tiene la preocupación de lo que le gusta al público. Torea para él. Tiene el valor y la autoridad de torear para él, para su toro, le guste o no le guste a la gente; que, al final, le gusta y se le rinde, porque hace lo que debe hacer (…). Me gusta el toreo de Ortega porque… Porque es una cosa muy seria».

En mi libro *Toros y cultura*, le dedico el último capítulo a «Las normas clásicas de Domingo Ortega». Otro capítulo le dediqué en *Diez toreros de Madrid*. Uno más, en *Maestros y amigos*. Queda clara mi fijación con él. No soy el único. Me gusta recordar que, en una tertulia con profesionales taurinos, acabábamos siempre hablando —¡cómo no!— de *Joselito* y Belmonte. Luego, enseguida, de Domingo Ortega. He coincidido siempre con José Luis Lozano: «Domingo ha sido diferente a todos».

Tuve la fortuna de ser amigo suyo. Solía repetirme: «O mandas tú, o manda el toro… En los toros, cuando no se va para adelante, se va para atrás… Torear es muy fácil: no hay más que hacer esto…». Se daba un golpe en la palma de la mano y añadía: «Hay que sentir el toreo aquí».

Recuerdo algo extraordinario, que tuve la fortuna de presenciar. En el festival en homenaje a Nicanor Villalta, en Las Ventas, el 2 de septiembre de 1956, Domingo Ortega estaba como espectador en el tendido. El público le pidió que bajara al ruedo y él accedió. Se le veía mayor, vestido impecablemente, de chaqueta y pantalón. Se puso delante del novillo y lo llevó por donde no quería ir, con toda suavidad, sin retorcimientos ni afectaciones. Parecía haberse detenido el tiempo, fue una escena inolvidable. En un programa para Televisión Española, a las imágenes de esos muletazos les puse, como fondo, la sencilla y poética música de Erik Satie.

El fotógrafo Canito, mi buen amigo, tomó una vez una foto histórica. La elegí para la cubierta de mi libro *La inteligencia del toreo*: en una placita de tientas, sobre el fondo de una tapia de piedra, se ve a dos figuras. Cada uno de ellos sostiene una punta del capote, desplegado, al que está embistiendo una becerra.

Uno de ellos es joven, muy moreno, lleva traje campero, se inclina un poco hacia delante para acompañar con el cuerpo el viaje de la res. El otro, más bajo, más mayor, escaso de pelo, alza el brazo izquierdo para dejar pasar la becerra. Este último se llama

José Ortega y Gasset y es filósofo. El primero se llama Domingo Ortega y es matador de toros. Los dos están toreando al alimón. No conozco mejor símbolo de la unión de los toros y la cultura.

ARMILLITA,
EL *JOSELITO* MEXICANO
FERMÍN ESPINOSA
SALTILLO (COAHUILA, MÉXICO), 1911-1978
ALTERNATIVA: 1928

«Fermín entronca con *Joselito* y con la tradición sevillana,
que ofrece, como ninguna, la dualidad de toreros largos
y toreros artistas. Supo ser lo uno y lo otro».

PEPE ALAMEDA

Fue uno de los diestros mexicanos más completos de todos los tiempos. Antes de la guerra, compitió en España con las primeras figuras de la Edad de Plata. Estuvo en activo veinticinco años y mató más de 2.500 toros. Por su gran dominio, algunos le acusaron de frialdad.

Procedía de una familia taurina: a fines del XIX, su padre y su tío ya fueron toreros; también, Juan, su hermano mayor. Por eso, a Fermín, al comienzo, le llamaron *Armillita Chico*. El apodo de la familia parece que lo inventó *Ojitos*.

Por su gran precocidad, le llamaron *el Niño Sabio del Toreo*. Cuentan que, desde chico, tenía un don especial para entenderse con los animales. Fue el matador de toros mexicano más joven de la historia.

Triunfó en Madrid desde su presentación. A la historia ha pasado la corrida de Barcelona del 26 de julio de 1934, en la que

alternó con Juan Belmonte y Marcial Lalanda y se batieron los
récords de trofeos: después de una gran faena, a Fermín le concedieron las orejas, el rabo y las cuatro patas del animal.

Lo estimaba mucho Marcial Lalanda, que toreó con él: «Entre
los mexicanos, el mejor me pareció siempre *Armillita*. Fermín ha
sido uno de los toreros más poderosos que yo he conocido, un gran
técnico. Su problema es que era un poco frío, tardaba un poco en
llegar a la gente. Le faltaba esa fibra, pero a mí siempre me gustó
mucho».

Últimamente, lo ha reivindicado José Carlos Arévalo en su
libro *El secreto de Armillita*. Considera que su faena a un toro de
Terrones, en Madrid, el 24 de mayo de 1931, consolida el toreo en
redondo como eje de la faena moderna: «Transformó el toreo de
parón por el toreo parado, quedándose dentro de la suerte, para
terminar ligando los pases».

Se le consideró un mandón de la fiesta. En su larga carrera,
solamente sufrió una cornada grave. Inventó la saltillera. Dobló a
Tyrone Power en *Sangre y arena* (1941), de Mamoulian.

También han sido toreros sus hijos Manuel, Fermín y Miguel
Espinosa: tomaron la alternativa en 1965, 1974 y 1977, respectivamente. De Miguel (Aguascalientes, 1958-2017) se recuerda especialmente una gran faena en Las Ventas, en un festival, el 24 de
octubre de 1992: sorprendió con un estilo muy estético, que algunos
compararon con Curro Romero. Vicente Zabala padre la calificó
como «la faena de la temporada madrileña». Eso le valió torear en
bastantes cosos españoles.

Otro miembro de la familia torea ahora en México; se anuncia como *Armillita IV*.

MANOLETE,
EL MONSTRUO
Manuel Rodríguez Sánchez
Córdoba, 1917-1947
Alternativa: 1939

«He visto grandes faenas de *Manolete*, pero no
he conocido a ninguna persona que sea más
grande como hombre que *Manolete*. Si yo fuera
español, estaría orgulloso de haber vivido en
el mismo siglo que él».

Orson Welles

El 28 de agosto de 1947, en Linares, un toro de Miura, *Islero*, hirió mortalmente a *Manolete* al entrar a matar. La noticia conmovió al pueblo español y convirtió al torero en un mito: un ídolo que, en la inmediata posguerra, le compensó de muchas frustraciones.

Encarnaba los valores de los *Califas* de su tierra: seriedad, valor sereno, estoicismo. Y una personalidad extraordinaria. Se benefició —como todos— de la reducción del toro después de la guerra; también, de la habilidad de *Camará*, su apoderado.

Se ha discutido su estilo: de perfil, con los pies juntos, sin cargar la suerte. Nadie le discute su honradez, su entrega ni el dominio que imponía, con su estilo, a casi todos los toros. Usaba recursos de dudosa calidad, como las manoletinas y el torear mirado al tendido. No tenía un repertorio amplio, se limitaba a los pases esenciales: era un gran torero corto. Fue también un excepcional estoqueador: se iba detrás de la espada, recto como una vela, sin aliviarse. Así encontró la muerte.

Aguantaba a los toros muchísimo. Los dejaba llegar y les daba salida, impávido, solo con el juego de su muñeca. Su verticalidad y su quietud producían una sensación de enorme majestad. Por eso, muchos diestros intentaron imitarlo. Fascinó a los críticos: *K-Hito* le apodó *el Monstruo*; también, a muchos intelectuales de su tiempo.

Su faena cumbre fue la del toro *Ratón*, en Madrid, en la Corrida de la Prensa de 1944. Cuentan que Foxá, en el tendido, se levantó y alzó los brazos al cielo, clamando: «Señor, no nos lo merecemos».

En julio de 1939, visitó España el conde Ciano. Para su mujer, la hija de Mussolini, Rafael García Serrano le quiso hacer un regalo especial: «Lo mejor que tuviera y lo mejor que tenía era aquella foto de *Manolete* dedicada».

A Linares llegó cansado, sufriendo el empuje del joven Luis Miguel, que quería destronarlo; soñando con que le dejaran casarse con Lupe Sino y vivir feliz.

Cuenta esa tarde Luis Miguel en un episodio de la película *Yo he visto la muerte* (1965), de José María Forqué. Por desgracia, Abel Gance no llegó a rodar completa su película *Manolete* (1944), interpretada por él mismo.

Me insistió Luis Miguel, su rival: «No dejes de poner con mayúsculas que yo te he dicho, que *Manolete* ha sido el torero más honrado que yo he visto». Lo mismo me dijo Marcial Lalanda: «Es el torero más honrado que yo he conocido».

Definía él mismo su actitud: «Por muy malo que sea un bicho, yo trato de sacar partido de él, y jamás pienso en que pueda cogerme. Si la muerte me llega, nunca me cogerá en ese momento feo de la cobardía, sino en el gesto rabioso del luchador».

Según mi amigo Fernando del Arco, es el personaje histórico que ha inspirado más poemas, después de Jesucristo. Su muerte lo convirtió definitivamente en una leyenda, siempre viva.

CARLOS ARRUZA,
EL CICLÓN
CARLOS RUIZ CAMINO
CIUDAD DE MÉXICO, 1920-1966
ALTERNATIVA, 1940

«¿Y Arruza? Si se alquitara
su sangre, si no su cruz,
¿no es toda nuestra esa cara,
veni, vidi, vici, Arruza?».

GERARDO DIEGO

En la inmediata posguerra, Carlos Arruza se hizo muy popular, en España, como el rival de *Manolete*.

Era de familia española: su madre, hermana del gran poeta León Felipe. Descubrió los toros viendo a Domingo Ortega. Tomó la alternativa en su país natal.

Cuando se reanudaron las relaciones taurinas entre México y España, en la inmediata posguerra, fue el primer diestro mexicano que actuó en nuestro país. Lo trajo a España el apoderado Andrés Gago, suegro de Manolo Vázquez. Con hábil estrategia, *Camará* organizó la pareja de *Manolete* y Arruza, que tuvo mucho gancho popular.

Se hizo famoso el estribillo: «Desde que ha llegado Arruza, *Manolete* está que bufa». Se especuló con su rivalidad; en realidad, pronto se hicieron buenos amigos. Tenían dos estilos opuestos: a la hierática quietud del cordobés oponía el mexicano un toreo dominador, vistoso, con grandes facultades físicas.

Fue Arruza un espectacular banderillero: en su presentación en Las Ventas, en julio de 1944, le obligaron a dar la vuelta al ruedo después de banderillas. Era un torero largo, de variado repertorio, que impresionaba por sus faroles de rodillas y el toreo encimista.

Fue el creador de la arrucina, un muletazo muy vistoso, con el brazo de la muleta por detrás del cuerpo (últimamente, lo ha vuelto a poner de moda Talavante).

El 18 de septiembre de 1944, en Valladolid, realizó por primera vez el adorno del teléfono, apoyando el codo en el testuz del toro, basándose en una vieja ilustración de Reverte.

En 1945, Arruza compitió con *Manolete* en 60 tardes y llegó a torear nada menos que 108 corridas: el récord, hasta *El Cordobés*.

Se retiró en 1953. Había toreado 500 corridas de toros: 260, en Europa. Volvió a los ruedos en 1956 como rejoneador. Fue ganadero del encaste Santa Coloma en Benacazón; en México, de Pastejé, encaste Murube.

Interpretó varias películas mexicanas: *Mi reino por un torero* (1943), de Fernando Rivero; *Sangre torera* (1949), de Joaquín Pardavé; también *Arruza* (1968), del norteamericano Budd Boetticher, apasionado por la fiesta. Intervino en *El Álamo*. Publicó el libro *My Life as a Matador*.

Falleció en México en un accidente de automóvil. Cuando recibió la noticia, dijo doña Angustias, la madre de *Manolete*: «Lloraré a partir de ahora por mis dos hijos. Fueron como hermanos».

Actuaron también en los ruedos españoles sus hijos: el torero Manuel Arruza y el rejoneador Carlos (1955-2021), que sufrió una fractura de cráneo en Portugal y se retiró en 1991.

RAFAEL ORTEGA
EL TOREO PURO
San Fernando (Cádiz), 1921-1997
Alternativa: 1949

«Es como cuando llega un señor y lo saludas:"¿Cómo está Ud.?
Muy bien, gracias.Vaya Ud. con Dios". Esto es, citar, parar y mandar…
Lo que yo veo, para hacer el toreo puro, es esta continuidad:
citar, parar, templar y cargar la suerte. El toro tiene que venir
humillado, metido en la panza de la muleta y con la suerte cargada.
Lo que hacen la mayor parte de los toreros es descargar la suerte».

Rafael Ortega

Ha sido, sin duda, uno de los mejores estoqueadores de la historia. No solo mataba con eficacia, sino con lentitud, con academicismo, con verdadera belleza. Esa fue una gran baza para sus éxitos. Paradójicamente, quizá le perjudicó un poco, a la hora de valorar con justicia su toreo.

Fue un gran torero clásico, hondo y puro. A los jóvenes aficionados les recomiendo que vean el vídeo que le dedicó Achúcarro: se quedarán deslumbrados, sin duda, por la calidad y hondura de su estilo.

Un ejemplo concreto: su gran faena, en Las Ventas, a un toro de Miguel Higuero el día de Corpus de 1967, con cuarenta y seis años. Poco más de 20 muletazos y una estocada bastaron para una faena cumbre, cantada así por Ángel F. Mayo: «Un toreo rancio, asolerado. Reivindicó para siempre su arte de torear, clásico entre los clásicos, puro entre los puros, honrado entre los honrados».

Su carrera no fue fácil, tardó en abrirse camino. Lo apoderó Domingo *Dominguín* padre, buen catador de toreros. Sufrió gravísimas cornadas en Barcelona y en Pamplona. Su físico no ayudaba a la estética de su toreo: no era alto ni esbelto. A pesar de eso, triunfó rotundamente en los cosos más exigentes, incluido el rabo que cortó a un Miura en Sevilla.

Era un hombre educado, afable. Le pregunté, como es lógico, cuál era la clave para matar tan bien los toros. Me lo explicó, sin darse importancia: «Hay que citar en corto, de frente. Al perfilarte, la mano derecha tiene que estar apoyada en la tetilla izquierda, no adelantarla ni ponerla a la altura de la cara. Es preciso arrastrar adelante la pierna izquierda y entrar por derecho. Tienes que hacer que el toro venga a comerte la mano izquierda, que te coja la mano con la boca y te la llene de baba…».

Añadía, con una sonrisilla algo pícara: «Es muy fácil…». De sobra sabía él que no lo era… Harían bien los diestros actuales en recordar su lección: el toreo puro y el auténtico volapié.

PEPE LUIS VÁZQUEZ,
EL SÓCRATES DE SAN BERNARDO
SEVILLA, 1921-2013
ALTERNATIVA: 1940

«Es un torero nuevo de Sevilla la vieja
que los rancios saberes perpetúa y destila…
La esencia de un torero de cristal fino fino,
la elegancia ignorándose de la naturaleza».

GERARDO DIEGO

En el mundo del toreo, decir Pepe Luis era y es suficiente. Muy pocos lo han conseguido: José y Juan, Marcial, Domingo, Luis Miguel, Curro… Ha sido uno de los más grandes toreros de la historia; para muchos, el resumen del toreo sevillano por excelencia.

Fue cabeza de una dinastía de toreros del barrio tan taurino de San Bernardo. (Su padre trabajó en el matadero). En la inmediata posguerra, fascinó por la unión de gracia, facilidad, arte e inteligencia. Por su sabiduría, Vicente Zabala padre lo bautizó como *el Sócrates de San Bernardo*.

Se equivocan rotundamente los que lo encasillan en el terreno de los simplemente artistas, que basan su estilo en las posturas más o menos afectadas. Sentía debilidad por Pepe Luis el muy exigente Marcial Lalanda: «Fue el torero más hondo que yo he visto. Le clasificaron, crítica y público, en el marco superficial del sevillanismo. No lo supieron entender, simplemente. Era un gran lidiador, un técnico del arte del toreo».

Me contó Marcial una anécdota de la época en que lo apoderaba: una vez, le dio una indicación sobre las condiciones del toro que le tocaba lidiar. El joven torero no le hizo caso al viejo maestro…, y era el joven el que tenía razón, reconocía Marcial, sonriendo.

Ha pasado a la historia como el inventor del cartucho de *pescao*: citar de lejos, con la muleta *plegá*; desplegarla suavemente, cuando el toro llegaba a su jurisdicción, y ligar una tanda de naturales. Me contaba que lo hizo ya en su debut sin picadores, en la Maestranza: «Se formó una…».

También se le atribuía el famoso quite del perdón después de una mala tarde; o el quite de la escoba, que era suficiente para barrer a todos…

Siempre defendía la necesidad de la técnica para dominar al toro. Así me lo repitió, ya retirado, en su casa del barrio de Nervión: «La técnica es lo principal. Por mucho arte que tengas, sin técnica estás perdido. Eso sí, es imprescindible unir la técnica y el arte: solo así llegas a emocionar al público».

Le pregunté cómo había adquirido su capacidad para ver al toro y me lo explicó con sencillez: «Se aprende a fuerza de ver toros. Yo me fijaba mucho siempre en el toro, tanto en el campo como en

las plazas. No solo en mis toros, también en los que les habían tocado a mis compañeros: cuáles eran sus reacciones, por dónde iban
mejor. Con eso, puedes llegar a acertar, si tienes suerte. Pero el toro
es siempre un gran misterio: crees que sabes de esto y siempre sale
uno que te lo echa todo abajo. Nunca acabas de aprender…».

Pero él parecía que nació ya aprendido. En la Feria de Abril,
todos los años, mataba la corrida de Eduardo Miura, su gran amigo. Lidió 35 corridas de esa divisa; 10 en Sevilla. Con legítimo
orgullo, me decía: «Con toros difíciles, yo habré estado más o menos lucido, pero nunca he estado aperreado». Muy pocos pueden
decir eso… Un dato llamativo: en toda su carrera, no le echaron
ningún toro al corral y, aunque no era un gran matador, apenas
escuchó avisos.

En la posguerra, compartió cartel con *Manolete*, de carácter y
estilo tan opuesto al suyo, nada menos que 120 tardes, pero entre
los dos no era posible la rivalidad: el cordobés quería hacerles faena a todos los toros. Me lo explicaba Pepe Luis: «Él quería ganar
manteca ('dinero') muy rápido; yo, más despacito».

La leyenda atribuye a *Manolete* una frase: «Si este rubito quisiera, nos retiraba a todos…».

Si Pepe Luis tenía tantas cualidades, ¿por qué no llegó a mandar en el toreo? Está muy claro: solo le faltaba empeño, ambición,
carácter. (Lo contrario, por ejemplo, que a Luis Miguel, menos
dotado de estética).

Me contaba mi maestro Federico Sopeña que, cuando apareció Pepe Luis, deslumbró a los intelectuales de la tertulia de Cossío,
historiada por Antonio Díaz-Cañabate. Escribió el exigente Gerardo Diego: «Torear de capa así, creo, de verdad, que no se habrá
visto nunca». Decidieron que, para perfeccionar su arte, a aquel
jovencillo solo le faltaba presenciar una ópera y le invitaron a una
representación de *Carmen*.

He tenido la fortuna de charlar con bastantes maestros del
toreo. Casi ninguno de ellos igualaba a Pepe Luis por su sencilla

lucidez. Me gustaba acudir, el Miércoles Santo, a mediodía, al puente de San Bernardo y encontrarme al maestro, de pie, junto a uno de los faroles barrocos, viendo pasar la cofradía de su barrio: un monumento vivo más de Sevilla.

ANTONIO *BIENVENIDA*, LA SONRISA DEL TOREO

CARACAS (VENEZUELA), 1922-1975
ALTERNATIVA: 1942

«Perfección impecable en el arte más frágil,
viva belleza, hoy mustia en la memoria...
el aire transparente, dibujando la luz:
el capote en las manos de Antonio *Bienvenida*».

JUAN LUIS PANERO

Fue quizá el miembro más destacado de una ilustre dinastía: hijo del *Papa Negro*, hermano de los matadores Manolo, Pepe, Ángel Luis y Juan. Le dio la alternativa su hermano *Pepote* en Madrid, en 1942. Lució su maestría en los ruedos durante treinta y cuatro años. Toreó más de 800 corridas y más de 500 festivales, mató más de 1.500 reses.

Ha sido uno de los diestros más queridos por el público de Madrid. Luchó contra el fraude del afeitado. Puede verse una preciosa faena suya —junto a las de Domingo Ortega y Enrique Vera— en *Tarde de toros* (1955), de Ladislao Vajda.

A todos sus hijos les enseñó don Manuel una forma de sentir el toreo, de cuidar todos los detalles: el compañerismo, la educación, el respeto al público, estar siempre pendientes de la lidia, bien colocados, dispuestos a hacer un quite... Se resume todo en una palabra: torería. Significa vestir y comportarse correctamente, como toreros, dentro y fuera del ruedo.

Toreó de muleta por primera vez a una becerra a los cinco años. Se consagró en Madrid, el 18 de septiembre de 1941, por una histórica faena en la que dio tres muletazos cambiados, ligados a naturales y rematados con el de pecho. Aunque pinchó tres veces, lo llevaron a hombros hasta su casa, al comienzo de la calle General Mola.

Sufrió una terrible cornada en Barcelona, en 1942, por empeñarse en dar el pase cambiado a un toro incierto. Sufrió otro dramático percance el 17 de mayo de 1958 en Las Ventas: un toro manso lo volteó; en el suelo, le corneó en el cuello, de donde manaba mucha sangre. Gravemente herido, volvió al toro para concluir la faena. Escribió Cañabate: «¡Eso es un torero!». En la enfermería, le hizo un gesto a su hermano Juanito. Lo interpretó su padre: «Lo que quiere decir tu hermano es que salgas de viaje ya para Baeza, donde toreas mañana. Si se muere Antonio, pondremos el entierro a la hora precisa para que tú puedas estar en él».

Obedeció Juan, toreó y cortó cuatro orejas y dos rabos. Así eran los *Bienvenida*… Recuerdo bien la jornada del 16 de junio de 1960, en Las Ventas, en la que Antonio intentó matar 12 toros: 6 por la tarde y otros 6 por la noche. Una dolencia muscular le obligó a irse a la enfermería después del noveno.

Quedaba el epílogo trágico. Ya retirado, en octubre de 1975, participó en un tentadero en El Escorial. Una vaca de Amelia Pérez Tabernero, *Conocida*, se quedó junto a la plaza de tientas, por fuera. Cuando abrieron la puerta, volvió a entrar y cogió de lleno a Antonio, que estaba de espalda, causándole una grave lesión de vértebras. Falleció en Madrid dos días después. Había superado gravísimas cornadas, pero no pudo superar el golpe de una vaca. Era Antonio persona muy creyente y sabía que, toreros o no, estamos todos en manos de Dios.

Su estilo puede resumirse así: naturalidad, sencillez, armonía, búsqueda de la perfección. Lo proclamó el exigente *Papa Negro*:

«Cuando mi hijo Antonio hace una cosa bien hecha, no hay, ni ha habido, ni creo que pueda haber torero alguno que lo haga mejor».

Siempre se sentía torero y estaba feliz de serlo. Por eso, sonreía al torear, sin crispación ni esfuerzo. Fue una gran persona y un gran torero: dentro y fuera del ruedo, no podemos olvidarlo los que tuvimos la fortuna de conocerlo.

MANOLO DOS SANTOS,
EL MEJOR TÉCNICO PORTUGUÉS
GOLEGA (PORTUGAL), 1925-1973
ALTERNATIVA: 1948

«El toreo de Portugal realmente no era conocido en México hasta la llegada de Manolo Dos Santos, en la temporada de 1949-1950».

ANTOLÍN CASTRO

Durante sus años de triunfos, Manolo Dos Santos compitió con las grandes figuras de España y de México.

Era nieto de torero: actuó en público por primera vez a los trece años. Obtuvo grandes éxitos en España como novillero: en un mes, toreó 6 tardes en Barcelona.

Marchó luego a México. Allí llegó a cortar 4 orejas y 2 rabos en un festejo en la plaza de México. También toreó 3 corridas en un solo día. Le concedió allí la alternativa *Armillita*, pero renunció a ella al volver a España: la tomó definitivamente en Sevilla, de manos de *Chicuelo*.

Fue el primer diestro portugués que encabezó el escalafón, en 1950, con 80 festejos. Al año siguiente, provocó un gran escándalo al matar un toro en la plaza de Campo Pequeño, en Lisboa, de la que era empresario. Pasó la noche en un calabozo y lo soltaron a la mañana siguiente. Sabía de sobra que estaba prohibido en su patria; lo hizo como reivindicación, para que la corrida portuguesa se igualase por completo a la española. (Todavía no se ha conseguido).

Actuó en varios festejos en Yakarta (Indonesia) y en Angola. Inventó el muletazo llamado dosantina. Se retiró en el mismo festejo que Carlos Arruza.

Intervino en la película *Sol e touros* (1949), de J. Buchs. Falleció en un accidente de automóvil.

Lo recuerdo como un torero completo, buen lidiador, muletero suave y rítmico: el mejor técnico que ha dado Portugal.

LUIS MIGUEL DOMINGUÍN,
EL NÚMERO UNO
Luis Miguel González Lucas
Madrid, 1926-1996
Alternativa: 1944

«Luis Miguel es a Ordóñez lo que *Gallito* es a Belmonte, y viceversa».

Gregorio Corrochano

La pluralidad de las facetas de Luis Miguel *Dominguín* oscurece a veces su importancia como figura del toreo. Es lógico, pero no es justo.

Era miembro de una ilustre dinastía: el padre, Domingo, matador y gran apoderado, uno de los mejores «creadores» de toreros. Sus hermanos mayores, Domingo y Pepe, matadores de toros los dos. El primero destacó con la espada; el segundo ha sido uno de los mejores banderilleros.

Luis Miguel, el benjamín, marchó con la familia a Hispanoamérica y actuó allí cuando en España no se le permitía por la edad. Tomó la alternativa en La Coruña de manos de Domingo Ortega.

Rivalizó con *Manolete*, mayor que él, como el aspirante que intenta arrebatar la corona a un campeón, ya algo fatigado. Alternó con él la tarde trágica de Linares. Después, la responsabilidad de máxima figura cayó sobre Luis Miguel.

Por atender la petición de su padre en el lecho de muerte, compitió con Antonio Ordóñez, su cuñado. Los dos eran grandes figuras, pero tenían estilos y caracteres muy distintos. Es discutible quién era mejor en el ruedo (los dos creían serlo, desde luego).

Fuera del ruedo, es evidente que la personalidad de Luis Miguel era muy superior: eso Antonio no lo podía soportar. Compitieron los dos en lo que un Hemingway ya muy decadente llamó *El verano sangriento*: sus artículos, para la revista *Life*, son absolutamente tendenciosos a favor de Ordóñez. Luego, los deshizo Corrochano en su libro *Cuando suena el clarín*.

Fue esta, probablemente, la última gran rivalidad de la historia del toreo, los dos diestros sufrieron cornadas graves. Los que dicen que fue algo pactado, comercial, no conocen los sentimientos reales de los dos toreros. Puedo atestiguarlo porque lo viví, acompañando a mi padre, íntimo amigo de Luis Miguel. Además de disfrutar, entonces aprendí mucho de lo que es el toreo.

El 17 de mayo de 1949, en Las Ventas, Luis Miguel se autoproclamó *el número uno*, lo que suscitó una enorme polémica. Ese título le acompañó toda su vida, proporcionándole admiradores y enemigos. (Es el título de la biografía que yo escribí, publicada por La Esfera de los Libros). La realidad es que su orgullo profesional —comparable al de Ignacio Sánchez Mejías— le llevó a pelearse con sus rivales, con el toro y con el público.

El 1 de octubre de 1952, en la plaza madrileña de Vista Alegre —propiedad suya— lidió el sobrero y realizó su vieja aspiración de la lidia total, él solo, desde que salió del toril hasta la estocada. Lo más llamativo: vestido de luces, sin más protección, se subió al caballo y realizó la suerte de varas. La fotografía de este momento fue portada de *ABC*, al día siguiente, con este título en mayúsculas: «NUNCA VISTO HASTA AHORA».

Preocupado por la universalización de la fiesta, intentó organizar corridas en Roma y en Moscú, sin éxito. Sí lo logró en Belgrado, el 2 y 3 de octubre de 1971 (las presidió mi padre).

Su línea taurina está clara: era un torero largo, dominador, preocupado por poder a todos los toros, por difíciles que fueran, y dominar todas las suertes, más que por la estética. Seguía a *Guerrita* y a *Joselito*.

Apenas había estudiado, pero era una de las personas más inteligentes que he conocido. Apenas leía, pero se enteraba de todo, como una esponja. Era muy amigo de sus amigos; si quería, el más simpático del mundo. A la vez, le gustaba provocar, romper moldes. No pocas veces se le iba la lengua. Era mal enemigo. Y, desde luego, el peor marido que cabe imaginar. Su arrogancia y su aura de triunfador le atrajeron envidias y antipatías, pero todos sus amigos lo recordamos con enorme afecto.

Rivalizó con Domingo Ortega, *Manolete* y Antonio Ordóñez. Se casó con Lucía Bosé, amó a las mujeres más hermosas: Ava Gardner, María Félix, Romy Schneider, Miroslava… Tuvo amigos muy importantes: Orson Welles, Picasso, Cocteau, Jean Cau, Peter Viertel.

Muchos lo conocen ahora por ser «el padre de Miguel Bosé». Aunque tuvieron grandes diferencias, él se sentía muy orgulloso de su hijo: me lo dijo así, rotundamente.

La pluralidad de sus actividades no debe ocultar que consagró su vida a la tauromaquia, se sintió siempre, ante todo, torero. A François Zumbiehl le dijo unas frases definitivas: «En el conjunto de mi trayectoria, creo que he tenido una absoluta dedicación a mi profesión, he sido fiel a ella y le he dado todo lo que le he podido dar… Quisiera que me recordaran como un hombre que realmente ha sacrificado toda su vida al toreo, porque creo que así lo he hecho».

Como amigo suyo, puedo atestiguarlo: así lo recuerdo yo, sin duda alguna. Y, también, como un personaje excepcional, irrepetible: un auténtico *número uno.*

ANTONIO ORDÓÑEZ,
LA BELLEZA DE LO CLÁSICO
RONDA (MÁLAGA), 1932-1998
ALTERNATIVA: 1951

«¿Cómo puede la gracia acumularse tanto
y mantener su viva tensión ante la muerte?».

ALFONSO CANALES

El hijo de *El Niño de la Palma* ha sido uno de los mayores toreros de la historia y el máximo representante contemporáneo de la escuela rondeña.

En un festival, torearon juntos los cinco hermanos: Cayetano, *Juan de la Palma*, Antonio, Pepe y Alfonso. Se casó con Carmina *Dominguín*, la hermana de Luis Miguel, su gran rival. Tuvo dos hijas, Carmina y Belén; dos nietos toreros, Cayetano y Francisco Rivera Ordóñez.

Tardó en encontrar su estilo de novillero. Tomó la alternativa en contra del criterio de Marcial Lalanda, su apoderado. Ganó dinero cuando lo representó Domingo *Dominguín*, su suegro.

Hemingway, que había admirado a su padre —y, luego, se había desencantado—, volvió a España para dar su versión de su rivalidad con Luis Miguel, en lo que llamó *El verano sangriento*, tomando partido absolutamente por Ordóñez. Esa temporada, los dos diestros sufrieron, cada uno, dos heridas graves.

Para definir su estilo, Hemingway le aplicó exactamente las mismas palabras que le había dedicado a su padre, en su novela

Fiesta: «Tenía lo viejo: conservar la pureza de líneas a través del máximo peligro, mientras dominaba al toro».

Siempre tuvo Antonio un gran orgullo torero. En julio de 1959, en aquel famoso verano, le preguntó Marino Gómez Santos quién era el mejor y él no dudó en contestar: «Antonio Ordóñez». Por eso, era inevitable el choque con Luis Miguel, tan distinto de él en los ruedos y fuera de ellos. Su rivalidad no fue ficticia.

En 14 temporadas, Antonio sufrió 20 cornadas graves; curiosamente, casi todas en el mismo lugar, el muslo derecho.

En su madurez, toreaba Ordóñez con absoluta naturalidad, con una estética solemne, que convertía cada lance y cada muletazo en algo bello y suave. Era un maestro, sobre todo, en los dos pases básicos: la verónica (a veces rematada con una rodilla en tierra) y el natural. Con la espada, era eficaz; para sus estocadas, se popularizó la expresión «el rincón de Ordóñez». Todo su arte se basaba en un valor auténtico, sin alharacas.

Cuando Antonio le brindó un toro al entonces príncipe don Juan Carlos, Corrochano tituló su crónica «Faena de príncipe». Por su sobriedad, le recordaba a Antonio Fuentes: «Qué aplomo, qué sencillez, la sencillez de la elegancia sin ringorrangos, sin afectación, que linda con la cursilería: ¡qué fácil parece lo difícil y qué difícil es esta cosa tan fácil!».

Esa difícil facilidad es privilegio de los más grandes. Vicente Zabala padre cantaba sus verónicas: «En el presente, solo tenemos un capote. Sí, uno solo. La verónica de Ordóñez es no solo la mejor, sino la única que cuenta actualmente».

En plazas exigentes, como Madrid, Sevilla y Bilbao, fue un auténtico ídolo. Fuera de los ruedos, tenía un carácter no fácil. Intervino en la película *La becerrada* (1962), de José María Forqué.

Escribió Antonio Ordóñez, en la revista malagueña *Litoral*, en 1971: «Mi vida ha girado sobre los toros, desde la niñez, junto a mi padre, y espero que cerca de ellos llegará mi final. Y, desde el principio, cuántos sinsabores y cuántas alegrías, siempre junto al toro.

Creo que mis ojos no han mirado nada tanto como a los toros…
En mi vida, en toda mi vida, el toro, siempre el toro».

Era un verdadero maestro, con la suavidad, el temple, la naturalidad, la pureza y la solemnidad del gran arte, basado en la belleza
de lo clásico. Su estatua y la de su padre están en el lugar adecuado,
junto a la plaza de toros de Ronda.

PEPÍN MARTÍN VÁZQUEZ,
CRECE EL RECUERDO
SEVILLA, 1927-2011
ALTERNATIVA: 1944

«Fue un adelantado a su tiempo. En plenos años cuarenta,
toreaba como se llegó a torear mucho después… Toreaba en el sitio
y con la ligazón de *Manolete*, pero con otro acento, muy elegante,
muy sencillo, muy clásico».

DOMINGO DELGADO DE LA CÁMARA

La creciente estimación del toreo de Pepín —así, sin más, suelen
nombrarle— es un fenómeno muy singular. Sobre todo porque,
desde que se retiró, vivió apartado, sin querer aparecer en público
ni dar entrevistas. Parece como si muchos profesionales y aficionados se hubieran puesto de acuerdo para valorarlo con justicia.

Empiezo por una anécdota última. El 10 de febrero de 2011,
publiqué en *ABC* un artículo titulado «Una medalla para Pepín», en
el que me hacía eco de lo que muchos pensaban: «Al acercarse la
fecha de la concesión de la Medalla de Bellas Artes, conviene que se
premie a un artista de la tauromaquia con méritos indiscutibles y que,
en contra de lo que a veces ha sucedido, sea acogida sin polémicas
por los profesionales y aficionados. Creo que muy pocos nombres

reúnen mejor esas dos circunstancias que el de Pepín Martín Vázquez. Aunque vive retirado, el recuerdo de su arte parece crecer cada día… Encarna lo mejor de la revolución manoletista y abre caminos para el toreo de hoy. Por eso, no dejan de evocarlo los profesionales. (Hace poco, se lo escuché así a Morante de la Puebla). Razones de edad y de salud aconsejan que esta distinción no se retrase».

De hecho, Pepín falleció el 27 de febrero. Un par de meses después, se le concedió la Medalla de Bellas Artes a título póstumo, un caso singular.

Procedía de una familia muy taurina, del barrio sevillano de la Macarena. Toreros fueron su padre, Curro Vázquez, y sus hermanos Manolo y Rafael. A los dieciséis años era ya una figura de la novillería. Sus éxitos en Sevilla y Madrid provocaron que, probablemente, precipitaran su alternativa. En tres años, de 1944 a 1947, toreó 17 veces en Las Ventas.

Con distintos estilos, Luis Miguel y Pepín parecían llamados a ser los herederos de *Manolete*. En 1947, Pepín iba a ser el líder del escalafón, firmó 87 corridas; por los percances, solo pudo torear 37.

Le castigaron mucho los toros. Veinte días antes de la tragedia de Linares, el 8 de agosto de 1947, en Valdepeñas, Pepín sufrió una cornada gravísima que puso en peligro su vida. Según el cirujano, tenía la safena y la femoral «completamente seccionadas». Tardó un año en reaparecer y, tres días después de volver a los ruedos, sufrió otra grave cornada. Se retiró definitivamente en Caracas el 22 de febrero de 1953.

Su estilo de torear, verdaderamente único, unía la quietud de *Manolete* con la gracia sevillana: Córdoba y Sevilla, dice Paco Aguado. Toda la crítica lo ensalza. Para Filiberto Mira, es «el lidiador más completo de la llamada escuela sevillana». Para José Luis Suárez-Guanes, «el primer torero moderno».

Fue hombre inteligente, discreto, humilde, que decía: «Ambicioso no fui. Tenía mi amor propio, no me dejaba ganar la pelea, salía entregadito, pero ambición no tuve. Yo dejé de torear muchas más corridas de las que llegué a torear. Si no me gustaba el cartel, o los toros, o el sitio, no iba. Eso de torear como sea y donde sea nunca lo entendí. Cuando no pude seguir en la línea que me gustaba, me fui».

También en eso era muy sevillano… Podemos disfrutar con su arte en el *Currito de la Cruz* (1958) de Luis Lucia, con el magnífico cámara Pepito Aguayo. También, en *El torero* (1954), un melodrama francés de René Wheeler.

Pepín se fue de los toros y del mundo en silencio: como siempre quiso. Hoy, ensalzarlo parece que hasta da carné de buen gusto taurino: así se escribe la historia….

GREGORIO SÁNCHEZ,
FIRMEZA TOLEDANA

Gregorio Lozano Sánchez
Santa Olalla (Toledo), 1927-2017
Alternativa: 1955

«Usted y yo estuvimos en los toros y no volveremos a ver corrida como esta ni triunfo como el de Gregorio Sánchez».

Barico

Se consideró a Gregorio Sánchez sucesor de Domingo Ortega dentro de la escuela toledana, basada en la sobriedad y el temple.

De familia humilde, trabajó como albañil y se curtió en las capeas. Debutó con picadores en 1952. En 1954, toreó ya cinco tardes en Las Ventas, «su plaza». Al año siguiente, cortó dos orejas en la Maestranza y eso le llevó a tomar allí la alternativa.

A pesar de eso, fue indudablemente un «torero de Madrid»: en 16 temporadas en activo, cortó 9 veces las 2 orejas a un toro, saliendo en hombros. (Sus cifras, en Las Ventas, solo las han superado Antonio *Bienvenida*, Paco Camino y *El Viti*).

Dentro y fuera de la plaza, era un ejemplo claro del carácter castellano: serio, formal, un hombre de palabra. El temple, el dominio del toro y el valor eran sus grandes armas.

Alcanzó su cumbre en Las Ventas, en la corrida del Montepío de Toreros de 1960: actuó en solitario, ante toros de Barcial, y cortó siete orejas. Pero el dato que hoy más nos impresiona es que despachó los seis toros en 80 minutos: un ejemplo claro de buen profesional, que ha quedado para la historia.

Una vez retirado, fue elegido concejal de Talavera de la Reina por el PSOE (era hombre de izquierdas). Como director de la Escuela de Tauromaquia de Madrid, enseñó el oficio al *Niño de la Taurina*, Encabo, Uceda Leal, Cristina Sánchez… Y a *El Juli*, su gran ilusión: desde el comienzo de su carrera, apostó que sería una primera figura. No se equivocaba.

LITRI,
EL LITRAZO
Miguel Báez Espuny
Gandía (Valencia), 1930-2022
Alternativa: 1950

«Banderillas de fuego
prohibidas vuelan.
Por el cielo del *Litri*,
la pirotecnia».
Gerardo Diego

Hace poco he lamentado el fallecimiento de Miguel *Litri* padre: un torero valiente y una excelente persona. Fue una de las grandes figuras del toreo en los años cincuenta.

Aunque había nacido en Gandía y los valencianos le consideraban su paisano, procedía de una familia de valientes toreros de Huelva, marcada por varias tragedias. Este *Litri* era nieto, hijo y hermanastro de toreros. Y padre de torero, Miguel Báez Espínola, otro *Litri*, de estilo semejante, que alternó de novillero con Rafi Camino, hijo de Paco, y luego obtuvo grandes éxitos como matador, siguiendo el estilo de su padre.

En 1949, la pareja formada por los novilleros Julio Aparicio y *Litri* obtuvo éxitos arrolladores y fue el centro de los carteles en muchas Ferias. Resultaba atractivo su contraste de estilos: Julio era técnico, dominador; Miguel, el prototipo del valor más puro, natural y auténtico que cabe imaginar.

Los dos tomaron juntos la alternativa en Valencia, de manos de *Cagancho*, el 12 de octubre de 1950. Corrochano realizó el sorteo para determinar quién iba a adquirir primacía en la antigüedad.

Aunque el estilo de *Litri* se puede calificar de tremendista, se rindieron a él los públicos más exigentes, incluidos los de Sevilla y Madrid. Por ejemplo, cortó cuatro orejas en la Corrida de Beneficencia de 1951.

Recuerdo bien, en Las Ventas, la emoción enorme del litrazo: citaba al toro desde el otro extremo de la plaza, con la muleta escondida detrás del cuerpo, y solo la sacaba en el momento justo en que llegaba a su jurisdicción. Luego, encadenaba manoletinas de rodillas, muletazos mirando al tendido. Las certeras estocadas provocaban el estallido de pasión y el corte de trofeos.

Después de varios descansos y reapariciones, volvió a los ruedos por última vez el 26 de septiembre de 1987, en Nimes, para dar la alternativa a su hijo Miguel, la tarde en que Paco Camino hacía lo mismo con su hijo Rafael.

Protagonizó la película *El Litri y su sombra* (1959), dirigida por Rafael Gil.

Ya retirado, lo traté yo en las Ferias de Valencia, a las que le gustaba acudir. Pocas figuras del toreo he conocido de tan extremada sencillez: nos gastaba bromas sobre lo elegante que le hacía vestir su mujer… No le gustaba la vida social; prefería reunirse con sus amigos y prepararles una buena paella (de esa habilidad suya sí que presumía).

En su barrio, en Huelva, solían disparar un cohete para dar noticia de cada oreja que cortaba y una traca por cada rabo. Gerardo Diego lo evoca con cariño en un poema.

La «pirotecnia» del *Litri,* su toreo explosivo, cautivaron a todos los públicos. Queda en la historia como uno de los máximos exponentes del más auténtico valor: una de las grandes verdades del toreo.

MANOLO VÁZQUEZ
EL TOREO DE FRENTE
SEVILLA, 1930-2005
ALTERNATIVA: 1951

«Puede ser una primera figura del toreo, con caracteres tan raros de ver reunidos que no se han dado todavía en nuestro siglo, si no es, hasta cierto punto, con *Joselito*».

GERARDO DIEGO, 1950, sobre Manolo Vázquez cuando era novillero

Miembro de una importante dinastía del barrio sevillano de San Bernardo. Su abuelo y su padre trabajaban en el matadero. No es raro que hayan sido toreros cinco hermanos Vázquez: Pepe Luis, Rafael, Manolo, Antonio y Juan.

A Manolo le llamaron *el Brujo de San Bernardo.* (Pepe Luis era *el Sócrates*). Al comienzo de su carrera, a Manolo lo veían como el hermano de Pepe Luis. Con tesón y arte, logró vencer ese prejuicio. ¡Es tan difícil que en una misma familia haya habido dos genios del toreo! Así sucedió, sin embargo, en este caso.

Manolo debutó como novillero en Madrid el 4 de junio de 1950: cortó una oreja y causó una inmejorable impresión. La refrendó plenamente, una semana después, al cortar dos orejas y abrir la Puerta Grande.

Era un jovencillo de cara aniñada y aspecto frágil, con una clara personalidad: poseía el arte sevillano, pero dentro de una línea del más puro clasicismo. La afición madrileña se le entregó sin reservas. (La sevillana no lo hizo plenamente hasta su última etapa). Su hermano Pepe Luis le dio la alternativa en Sevilla el 6 de octubre de 1951.

Desde el comienzo, Manolo Vázquez le daba todas las ventajas al toro: con gracia alada, en las verónicas y chicuelinas; con gran pureza, con la muleta. Como sello personal, la verdad de su forma de citar, dando el pecho. Proclamó la crítica, en los años cincuenta, que él había vuelto a poner de frente el toreo, que estaba de perfil. (Años después, ese fue el subtítulo de mi libro sobre él: *El toreo de frente*).

Fue una de las principales figuras durante catorce años como matador. Triunfó en las principales plazas de España y América, y sufrió varias cornadas graves. Se retiró en 1965.

Después de un paréntesis, volvió a los ruedos a comienzos de los años ochenta, alternó con *Antoñete* y mostró a los jóvenes la belleza eterna del toreo clásico, dándole al toro las distancias adecuadas.

Se mantuvo siempre fiel a su estética personal. Me dio, una vez, las fotografías de cuatro pases naturales suyos, que se extendían a lo largo de tres décadas, desde 1950 hasta 1983. La coincidencia era asombrosa: el jovencito de diecinueve años se había convertido en un hombre maduro, pero lo esencial de su estilo permanecía: pureza, naturalidad, clasicismo.

Reapareció en Sevilla el 19 de abril de 1981, dando la alternativa a su sobrino Pepe Luis Vázquez. Supo planear su reaparición con una inteligencia fuera de lo común: midió sus fuerzas, triunfó con rotundidad y logró redondear brillantísimamente su carrera.

En su despedida, en la Maestranza, el 12 de octubre de 1983, con cincuenta y tres años, cortó cuatro orejas y abrió la Puerta del Príncipe. Sevilla, por fin, se le entregó del todo.

Poseía una sabiduría de la vida muy superior a sus estudios. Ayudaron mucho a sus triunfos su personalidad equilibrada, prudente, sensata (algo muy poco frecuente en artistas de su categoría) y el apoyo constante de su familia, con Remedín, su mujer, al frente.

Yo lo había admirado de joven como novillero en Las Ventas. Luego, tuve la fortuna de ser su amigo, compartir muchas horas y muchas charlas. (De ahí nació nuestro libro). Además de un gran artista, era un hombre inteligente y bueno, formal: lo que yo suelo llamar «un sevillano serio».

Hasta el final de sus días, seguía soñando con torear. Así me lo dijo: «¡Ojalá pudiera! Es el mejor regalo que me podría hacer Dios».

Todavía lo hizo, en el campo, el 27 de marzo del 2003, con más de setenta años. Fue torero hasta el último día de su vida.

JULIO APARICIO,
CIENTÍFICO Y TEMPERAMENTAL
MADRID, 1932
ALTERNATIVA: 1950

«¿Vuelve el toreo a su quicio
porque apareció Aparicio?».
GERARDO DIEGO, «Aleluyas de Aparicio»

En los años que siguieron a la muerte de *Manolete*, recorrieron España triunfalmente la pareja formada por Julio Aparicio y *Litri*. Primero, como novilleros en todas las Ferias: nada menos que

90 novilladas toreó Aparicio en 1950. Al final de esa temporada, tomaron juntos la alternativa. Luego, siguieron los éxitos, ya como matadores. Tenían estilos opuestos: al valor de Miguel se oponía la técnica de Julio; a la entrega constante del primero, las alternativas de ánimo del segundo.

Julio Aparicio era un torero científico, dominador. Por eso, desde el comienzo, le llamaron «joven maestro», como a Marcial. No es extraño que este lo elogiara: «Cuando empezó Julio Aparicio, me encantaba. Iba un poco en la línea que a mí más me gusta, la dominadora. Además, tenía muy buena clase».

En mis recuerdos, todo lo hacía bien: recoger al toro; estirarse en las verónicas; doblarse con él; hacerle girar en naturales de gran dominio; echárselo por delante en el pase de pecho; adornarse espectacularmente; matar con seguridad.

Era, sin duda, un torero científico, pero con una importante peculiaridad: su temperamento, propicio a los arranques rabiosos, novilleriles, lo mismo que a la apatía, sin aparente justificación.

Cuando no estaba bien, los públicos le pitaban… y le esperaban. Sabían que podía dar la vuelta a la situación, en cualquier momento. En Las Ventas, como le conocían bien, le dedicaron alguna bronca fuerte: era una forma de «pincharle», de estimularle.

A veces, lo conseguían: rabioso, se dirigía hacia el toro, se metía en su terreno, lo castigaba, no le daba reposo, se doblaba con él una y otra vez. En esas ocasiones, los aficionados madrileños sonreían: habían conseguido lo que querían. Cuando Julito —así le llamaban los madrileños— estaba a gusto, era un verdadero maestro. Lo resume muy bien el crítico francés *Paco Tolosa* (A. Lafront): «Con un carácter menos caprichoso y un mejor control de sus nervios, hubiera podido ser el *Dominguín* de su generación».

El 18 de mayo de 1959, en Las Ventas, en un cartel que había despertado muchos recelos (*La corrida del miedo*, la bautizaron, aludiendo a la película *El salario del miedo*), salieron a hombros los tres espadas, Pepe Luis, Antonio *Bienvenida* y Aparicio. Sus compañeros ya habían triunfado cuando salió el último toro. Lo cuenta así Antonio Díaz-Cañabate: «Y Julio Aparicio se va para él, rabioso, le torea con valentía y con reposo. Llama a sus dos compañeros y les brinda. Aparicio realiza una admirable faena en la que se une el valor con el toreo. Valor de novillero. Toreo de veterano. Torero sereno, que hoy ha perdido la serenidad, empujado por el pundonor». Por eso le esperaban los aficionados madrileños: porque conocían su capacidad lidiadora.

Su hijo, Julio Aparicio Díaz, nació en 1969 y tomó la alternativa en 1990. Ha seguido una línea muy diferente a la del padre: un toreo estético, irregular, comparable al de *Rafael de Paula*. En la Feria de San Isidro de 1994, logró una faena histórica a un toro de Alcurrucén: actuó «en trance», contagiando su duende a toda la plaza.

JAIME OSTOS,
JAIME CORAZÓN DE LEÓN
ÉCIJA (SEVILLA), 1933-2022
ALTERNATIVA: 1956

«Ostos le citó para el natural. En uno de ellos, el mansón se le queda y Jaime, a su vez, se queda como si tal cosa. En estas quedadas bruscas e inesperadas se puede contrastar el valor de un torero. El de Jaime Ostos es de oro de ley. ¡Qué hermoso el valor de un torero! ¡Cómo nos llega y nos cala en lo hondo de la sensibilidad!».

ANTONIO DÍAZ-CAÑABATE

Cuando yo era chico, después de ver la película de Errol Flynn, soñábamos todos con ser Robín de los Bosques, luchar contra el malvado Juan sin Tierra, defender a Ricardo Corazón de

León: este apodo se le dio a un joven torero de Écija, de valor auténtico, Jaime Ostos.

Triunfó ya en su presentación como novillero en Las Ventas. Apenas tomó la alternativa, se incorporó al grupo de figuras, teniendo que competir con diestros de la talla de Luis Miguel, Ordóñez, Antonio *Bienvenida*, Julio Aparicio, Manolo Vázquez, Paco Camino… Con su valor y su espada, no se quedaba atrás.

Llevaba una formidable cuadrilla: los banderilleros *El Vito*, Luis González y Pepe Blanco; los picadores *Curro Toro* y Cipriano Velázquez. En toda España los admiraban. En 1960, Jean Cau, que había sido secretario de Jean-Paul Sartre, los acompañó durante toda la temporada, como uno más de la cuadrilla. Lo cuenta en un interesante libro, *Las orejas y el rabo*.

Obtuvo muchos triunfos y también sufrió graves cornadas. La peor, la de Tarazona en 1963, que puso en grave peligro su vida. Al día siguiente, el *ABC* daba detalles dramáticos: «Desde el primer momento se pudo apreciar la gravedad de la herida por la intensa hemorragia producida. Ángel Peralta, que saltó al ruedo, intentó, metiendo los dedos en la herida, detener la continua salida de sangre… Mientras los médicos acudían a atenderle, se trató de taponar la herida con una sábana. Casi la mitad cupo en la herida… Los médicos decidieron operarlo a vida o muerte».

Más de doscientas personas hicieron cola para donarle sangre. Jaime venció a la muerte, aunque tardó un año en recuperarse. En su vuelta a los ruedos, repitió el mismo muletazo y en el mismo sitio. Ninguna cornada logró menguar su valor natural, fuera de lo común.

No se arrugaba Jaime Ostos, ni en los ruedos ni fuera de ellos. Recuerdo muy bien el escándalo que provocó, a fines de los sesenta, cuando, en una corrida transmitida por TVE en directo, brindó así al comentarista, que era también taquígrafo de Franco: «Tengo el gusto de brindar la muerte de este toro a Manuel Lozano Sevilla, que es el trincón más grande y más sinvergüenza que hubo jamás en la crítica taurina».

Así era Jaime. Naturalmente, Lozano Sevilla le demandó, pero Jaime ganó el pleito y se reafirmó en sus declaraciones: «Si quería el dinero de los toreros, que se pusiera el vestido de torear y dejara de robarnos».

Toreaba Ostos muy de verdad, con sencillo clasicismo: buenos lances de capa, excelentes naturales y, sobre todo, extraordinarias estocadas. Cuando coincidíamos, en los últimos años, siempre me sacaba el tema de la suerte suprema y de que hay que atacar de frente, dando el pecho al toro: muchos, hoy, no lo hacen.

Tenía razón. Yo le recordaba una fotografía suya, entrando a matar: la mirada está fija en el morrillo del toro, donde ha llegado ya su mano derecha, mientras la izquierda ha vaciado por completo su embestida. Un modelo para aprender a matar.

Fue el protagonista de su película autobiográfica, dirigida por Luis Marquina. Se titula, escuetamente, *Valiente*. Así era Jaime Ostos.

CÉSAR GIRÓN,
ÍDOLO DE VENEZUELA
CARACAS (VENEZUELA), 1933-1971
ALTERNATIVA: 1952

«César Girón no puede irse sin su oreja. Sería faltar a las costumbres de la casa. Ya he dicho, y no es ocioso repetirlo, que esta clase de toreros bullangueros son estimables».

ANTONIO DÍAZ-CAÑABATE

Ha sido, probablemente, el mejor torero que ha dado Venezuela en toda su historia y una de las grandes figuras, en los años cincuenta y sesenta.

Había nacido en una familia pobre, eran doce hermanos y tuvo que desempeñar oficios variados. Contaba los trucos de que se valía para colarse en el coso de Maracay: para ver a *Manolete*, en 1946, entró en la plaza a las cuatro de la madrugada y permaneció allí, escondido, hasta doce horas después, el comienzo de la corrida. Otra vez, se metió en medio del séquito del presidente de la República...

Aprendió el oficio en la escuela del antiguo torero Pedro Pineda. Tuvo su primer gran éxito en 1950, al matar seis novillos. Lo vio esa tarde y lo recomendó un banderillero de Arruza, Fernando Gago, hermano de Andrés, el famoso apoderado que llevó a España a Carlos Arruza (y padre de Remedín Gago, la esposa de Manolo Vázquez).

Vino a España en 1951, tomó la alternativa el año siguiente y logró colocarse en primera fila, junto a las grandes figuras del momento: Luis Miguel, Aparicio, Jaime Ostos... Fue el líder del escalafón en 1954 y 1956. Dio la alternativa en Barcelona a sus hermanos Rafael y Curro.

Protagonizó hazañas memorables: abrió cinco veces la Puerta Grande de Las Ventas. Fue el único en cortar el rabo dos tardes consecutivas en la Maestranza. En Acho, cortó en una sola corrida dos rabos y una pata (la última vez que se otorgó este trofeo, a partir de entonces prohibido) y ganó el Escapulario de Oro.

En 1969, participó en la campaña de *Los guerrilleros*, con *El Cordobés* y Palomo Linares. Se retiró definitivamente el 26 de junio de 1971 en Valencia (Venezuela).

Se había casado con Danièle Ricard, heredera del imperio de esa marca de Pernod. Falleció en accidente de automóvil el 19 de octubre de 1971 en la autopista de Maracay: fue una tragedia nacional. Se han erigido estatuas suyas delante de los cosos de Caracas y Maracay.

Recuerdo muy bien que ponía las cosas difíciles a las primeras figuras españolas. Era un torero largo, que dominaba todas las suertes, gran banderillero, muletero vistoso. Se entregaba siempre, era muy regular en los triunfos. Contaban los profesionales que era

mal hablado: al llegar a los patios de cuadrillas, en vez de desear
suerte a los demás toreros, decía alguna frase para provocarles...

Fue cabeza de una dinastía de matadores de toros: todos dentro del mismo estilo, fácil y vistoso. Igual que él, arrollaba su hermano Curro. Menor nivel alcanzaron los otros hermanos, Rafael, Efraín y Freddy. Ahora mismo, lucha por abrirse paso como matador, en Sevilla, otro César Girón, nieto suyo, hijo del rejoneador Antonio Ignacio Vargas.

VICTORIANO VALENCIA,
CUATRO FAENAS INOLVIDABLES

Victoriano Cuevas Roger

Madrid, 1933

Alternativa: 1958

«Para mí, el toreo es el único y verdadero de todas las épocas:
el clásico y puro, que es de antes, de ahora y de siempre. Por eso
me siento tan satisfecho, puesto que, sin necesidad de inas ni otros
modernismos, el toreo que hice a *Carpeto* llegó con la máxima
intensidad al aficionado y a la galería».

Victoriano *Valencia*

En la actualidad, es una figura popular por el ser el padre de Paloma, que ha sido la mujer de Enrique Ponce, al que él apoderó. Los aficionados saben que es miembro de una importante dinastía, matador, empresario y apoderado. En su biografía taurina destacan cuatro faenas memorables en Las Ventas, aunque solo una la culminó con la espada. Todos coinciden en que es un caballero educado, formal y siempre amable.

Es el quinto miembro de la dinastía torera de los *Valencia*. El primero fue José, banderillero del *Espartero*: recibió este apodo por haber nacido en Torrente (Valencia). Su hijo mayor, José, *Valencia I*, fue el primero en cortar un rabo en la Plaza Vieja de Madrid. (Cuenta la leyenda que *Joselito* le preguntó cómo lo había logrado). Su hermano Victoriano, *Valencia II*, apodado *El Chato*, se hizo famoso por su valentía y desplantes toreros. Por ser falangista, fue asesinado en Madrid en 1936. El hijo de *Valencia I*, también llamado José, *Valencia III*, fue matador en los años cuarenta y, luego, asesor en Las Ventas. Hace poco se publicó el libro de Marcos García Ortiz *La dinastía Valencia. Grandeza y torería de la familia.*

Victoriano Cuevas nació en Madrid, pero se educó en Barcelona, donde habían trasladado a su padre, comisario de policía. Se licenció en Derecho en la Universidad de Salamanca: ha sido uno de los primeros diestros con un título universitario. Su carrera taurina la inició en Barcelona en la época de don Pedro Balañá: «Me hizo ser torero la forma y estilo de *Manolete* y la tradición familiar».

Toreaba Victoriano con clasicismo, facilidad y elegancia. Realizó faenas muy estéticas, que le valieron triunfar en los cosos más importantes, a pesar de sus frecuentes fallos con la espada. También sufrió varias cornadas graves. Le llamaron *El torero abogado* y *El torero de las faenas memorables* (José Luis Suárez Guanes). Néstor Luján lo define como «artista y capaz en sus mejores momentos».

Dominaba las verónicas clásicas, a veces, con una rodilla en tierra, rematadas con airosos desplantes; los ayudados por alto y los circulares, cargando la suerte.

Su repertorio incluía *el tres en uno*, popularizado por Julio Aparicio: ligar un trincherazo, un muletazo cambiado por la espalda y un pase de pecho. Dio nombre a la rogerina, cercana a la tapatía del mexicano Pepe Ortiz, y a la cacerina del colombiano Pepe Cáceres: un lance a dos manos, de frente por detrás, andando y cambiando la salida al toro, que solía utilizar para llevar el toro al caballo. Parece ser que lo realizó por primera vez en San Sebastián en 1963.

Estando en activo, tuvo fama de atractivo galán, comparable a la de Luis Miguel *Dominguín*. Su romance más sonado fue con

Beatriz de Saboya, *Titi*, la hija de Humberto de Italia, a la que llamaban «la princesa rebelde». Concluyó con un episodio dramático, que pudo ser un accidente o un intento de suicidio, ocultado por el ministro Manuel Fraga.

Protagonizó la película *Los duendes de Andalucía* (1966), dirigida por Ana Mariscal. Se retiró y se casó en 1971. Desde entonces, ganó fama de marido y padre ejemplar. Continuó vinculado a los toros como empresario, con su hermano Pepe, de la Plaza de Córdoba y con Arturo Beltrán, de la de Zaragoza. También ha sido uno de los mejores apoderados, que ha influido de modo notable en la carrera de Julio Robles, Ortega Cano, *Pedrito de Portugal*, *El Juli*, Miguel Abellán y, durante más de dos décadas, Enrique Ponce, su yerno.

Queda en la historia de la tauromaquia, sobre todo, por cuatro memorables faenas en Las Ventas: en 1958, al novillo *Carpeto*, de Palha; en 1960, a *Talaverano*, de Samuel; en 1961, a *Malvaloco*, de Bohórquez; en 1965, a *Arábico*, del Conde de la Corte, que recibió cuatro puyazos. Solo esta vez acertó con la espada, cortó las orejas y salió a hombros.

Especialmente memorable fue la faena a *Carpeto,* en su despedida de novillero, vestido de caña y oro, con brazalete negro, por la reciente muerte de su padre: un trasteo completo, suave, ligado, artístico, redondo de principio a fin. Destacaron especialmente un desplante de rodillas, montera en mano, para rematar una serie de lances, y un doble circular, enlazando los muletazos por la derecha y por la izquierda.

El público estaba enloquecido. Habría cortado los máximos trofeos, sin duda, si hubiera matado bien: «Tenía cortado el rabo», confirmó, luego, el asesor, pero pinchó dos veces antes de la estocada.

La crítica fue unánime. Escribió Manuel Casanova, el director de *El Ruedo*: «Uno de los espectáculos más bellos que nos ha sido dado presenciar». Y *Curro Meloja* recordaba el título de Gregorio Corrochano, *Qué es torear*, para contestar: «Pues lo que hizo Victoriano *Valencia* con *Carpeto*».

El propio Victoriano continúa recordando aquella tarde: «Aquella faena se aproximó mucho a la faena soñada. Hice el toreo perfecto; al menos, eso dijo el padre de los *Bienvenida*».

En sus últimos años, he sido testigo de la ilusión con la que Victoriano *Valencia* ha acompañado y aconsejado la carrera de su yerno Enrique Ponce, un gran torero. La ruptura de la relación sentimental y profesional ha supuesto para él una tragedia, pero ha reaccionado con su habitual caballerosidad y elegancia, apoyando siempre a su hija Paloma.

No fueron cuatro puertas grandes de Las Ventas las que logró Victoriano; solo una, por culpa de la espada. Pero muy pocos toreros pueden presumir de haber realizado, en Madrid, cuatro extraordinarias faenas. Los que tuvimos la suerte de disfrutar con ellas no podemos olvidarlas.

ANTOÑETE, NO NATURALES, *ESCORIALES*
Antonio Chenel
Madrid, 1932-2011
ALTERNATIVA: 1952

«Esta tarde se mojan los pañuelos,
esta tarde, en su patio de Las Ventas,
descumple años Chenel por naturales».

JOAQUÍN SABINA

Fue el ídolo de Las Ventas durante muchos años: uno de los mejores toreros que yo he visto. Hace poco, Salvador Balil lo colocó, junto a Juan Belmonte —¡nada menos!—, entre los restauradores de las viejas normas clásicas.

Muchas tardes, al llegar a Las Ventas, he recordado la frase proverbial: «Torea como en el patio de su casa». Porque justamente allí vivía Paco Parejo, el mayoral de la plaza, familiar suyo: en los duros años de la posguerra, en ese patio se crio y comenzó a soñar con el toreo Antonio. Allí se vistió de luces por primera vez en 1949; con picadores, en 1952. Ese año encabezó ya el escalafón, con 60 novilladas.

Al año siguiente, tomó la alternativa, la confirmó y obtuvo su primer gran triunfo en Madrid, al cortar las orejas a sus dos toros de Fermín Bohórquez.

Su larga carrera se ha comparado muchas veces con un Guadiana taurino: triunfos, cornadas, desánimos, lesiones en los huesos (su punto flaco), campañas americanas, desapariciones y retornos... Una efeméride especial: en 1956, estoqueó seis toros de Miura en Palma de Mallorca.

El 15 de mayo de 1966, *Antoñete* realizó su histórica faena a *Atrevido*, el toro blanco (en realidad, *ensabanao*) de Osborne. Recuerdo su comentario: «A *Atrevido* no lo toreé, lo amé como se ama a una mujer. Cuando pasaba bajo mi mando, el placer me inundaba, temblaba por dentro, gozaba como nunca».

Alterna, esos años, los triunfos con las cornadas; deja la profesión más de una vez y reaparece. Se despidió en Madrid el 7 de septiembre de 1975, matando seis toros; le cortó la coleta Paco Parejo: parecía que había concluido su vida taurina.

Volvió a torear en América, a fines de 1977, y los éxitos le animaron a volver. Esta nueva etapa fue, sin duda, la de mayor responsabilidad y plenitud artística. Con cerca de cincuenta años, Manolo Vázquez y él mostraron a los jóvenes la belleza eterna del toreo clásico, sin tremendismos, dando al toro sus distancias.

Se sucedieron las tardes gloriosas. Menciono solamente dos. El 22 de abril de 1985, en la Maestranza, con toros de Carlos Núñez, en una tarde lluviosa, Antonio, a pesar de sus limitaciones físicas, conquistó definitivamente al público sevillano con una gran faena, que incluyó tres naturales inolvidables. Tituló al día siguiente Vicente Zabala padre, en *ABC*: «¡Viva la Virgen de la Paloma!».

El 7 de junio del mismo año, en Las Ventas, con toros de Santiago Martín y Garzón, abrió la Puerta Grande, al grito enfervorizado de «¡torero, torero!» Había rebasado ya los cincuenta años.

Comentó esa faena Ignacio Aguirre: «Toree usted con perfección técnica, pero con arte celestial. Eso, a pesar de lo que usted piense, sí es posible. *Antoñete* lo hizo ayer, y pongo por testigos a 25.000 espectadores, que salían asustados, porque muchos de ellos, sobre todo los jóvenes, no creían que el arte del toreo pudiese alcanzar cotas tan altas de perfección».

Federico Jiménez Losantos enlazó metáforas entusiastas: «Aquello no eran naturales, aquello eran *escoriales*, que es como, a partir de ahora, se llamará a los naturales del maestro Chenel. Yo no he visto torear así de bien nunca a nadie».

El poeta Félix Grande sacó conclusiones: «¡Qué alegría asistir a una cosa tan seria! Porque resulta que el toreo es una de las más serias alegrías inventadas por la solemne vejez de la cultura».

Llegaron luego los vaivenes —retiradas, vueltas— que han sido constantes en su carrera. Recuerdo la tarde trágica de Burgos, en la que se ahogaba, apoyado en la barrera: el «jodío fumeque», según *Juncal*. «Es mi oxígeno», decía Antonio.

No se resignaba a retirarse: los toros habían sido su vida entera. Y lo siguieron siendo, como comentarista televisivo y aficionado impenitente. Hablaba muy poco y muy bajo, casi con monosílabos, pero era también un maestro al analizar los detalles de la lidia.

Tuvo siempre una clase excepcional. Era un pícaro de la posguerra, un bohemio que toreaba como los ángeles. Le gustaba que yo le recordara que, en uno de aquellos Festivales de Navidad que organizaba doña Carmen Polo de Franco, vi yo cómo le dio él un baño a todos, incluidos Luis Miguel y Antonio Ordóñez…

Toreando así, ¿por qué no fue siempre *Antoñete* una primerí-

sima figura? Por la fragilidad de sus huesos, unida a otras debilida-
des humanas: «Yo soy un hombre que estoy siempre enamorado…
Como uno no tenía de nada, todo lo que ganabas enseguida lo
gastabas».

Se casó con la hija de un banquero, quisieron ponerle un
despacho y la cosa no funcionó. Se fue, sin llevarse nada…

Pero reunía todas las cualidades que necesita un gran torero:
ver claro al toro; dominar la lidia; tener un estilo propio; unir valor,
arte y torería.

Nos deja recuerdos imborrables: las medias verónicas, enros-
cándose al toro; los ayudados por bajo, poderosos y estéticos; los
cites de largo, dejando venir al toro; los naturales hasta allá lejos,
cargando la suerte…

Cuando se retiró definitivamente, Pepe *Dominguín* escribió
una carta a su hermano Domingo: «Te escribo consternado. *Antoñete* se va. Y esto duele».

Nos queda el recuerdo, la alegría de haber visto torear muchas tardes a *Antoñete*. Al final, él añoraba el pasado: «Me ha gustado la vida… Es preciosa. Te pega golpes muy duros, pero hay que
venirse arriba y vivirla». Él la vivió toreando.

CHAMACO,
HETERODOXIA Y PASIÓN DE BARCELONA
ANTONIO BORRERO
HUELVA, 1935-2009
ALTERNATIVA: 1956

> «Aprended, flores, de mí
> lo que va desde *Machaco*
> a *Chamaco*».
>
> GERARDO DIEGO

E ra onubense, pero se convirtió en un auténtico fenómeno de
masas en Barcelona, donde la tauromaquia se vivía con pasión
en sus dos plazas, la Monumental y las Arenas. La habilidad del
empresario don Pedro Balañá fue decisiva al enfrentarlo a un diestro catalán, Joaquín Bernadó, de estilo opuesto. Gracias a esa pareja, la plaza se llenaba y en toda la ciudad se hablaba de toros. La
aparición de *Chamaco* —escribió Juan Segura Palomares— supuso
un acontecimiento social comparable al del fichaje de Kubala por
el Barça, un año antes.

No procedía *Chamaco* de una dinastía taurina, sino que la
inició. Debutó en Huelva en 1953. En Barcelona, el 7 de marzo de
1954. Balañá se dio cuenta de que, con aquel muchacho espigado,
de aspecto casi místico, había encontrado un filón. Aquel año, toreó en Barcelona 24 tardes, cortó 33 orejas, 7 rabos y 3 patas. (En
total, en toda su carrera, fueron 178 tardes).

Permaneció en el escalafón inferior cuatro temporadas, con
grandes éxitos: fue líder de los novilleros en 1954, 1955 y 1956.
No llegó a presentarse en Las Ventas antes de confirmar su alternativa: eso contribuyó, sin duda, a que el público madrileño no se
le entregara.

Su estilo era muy personal, heterodoxo, tremendista. Toreaba
en las cercanías, muy quieto. Por su seriedad, algunos lo compara-

ron con *Manolete*. Prodigaba los pases cambiados. Al dar derechazos, levantaba la mano izquierda exageradamente. No era del gusto de los puristas, suscitó grandes polémicas, pero fue un ídolo del público de Barcelona.

Se retiró en 1961, volvió en 1963 y dejó los ruedos definitivamente en 1967.

Protagonizó la película *El traje de oro* (1959), de Julio Coll.

Últimamente, ha reivindicado su importancia un libro del arquitecto y crítico taurino catalán Antoni González: *Chamaco, un heterodoxo sin causa*. Según él, en su momento, fue el único torero que llenaba las plazas en toda España, a pesar de la oposición de los puristas. El libro es una prueba más de la pasión que suscitó *Chamaco* en Barcelona.

También fue matador de toros su hermano, Sebastián (familiarmente, *Chan*), con el apodo *Chamaco III*. Tomó la alternativa en Huelva en 1984. Perjudicó su carrera una grave fractura en Málaga. Ha fallecido en 2020.

Recogió la antorcha de *Chamaco*, con el mismo nombre artístico y un estilo semejante su hijo Antonio (familiarmente, *Tono*). Nació en Sevilla en 1972. Alcanzó grandes éxitos como novillero, junto a *Jesulín* y *Finito de Córdoba*, una terna que se hizo muy popular. Como tenía mucho cartel en Francia, tomó la alternativa en Nimes, de manos de Paco Ojeda, en 1992, con un vestido diseñado por Maurice Lacroix. Quizá su mayor éxito lo obtuvo en la Feria de Abril de 1994, toreando de rodillas, bajo un impresionante aguacero. Se fue joven de los ruedos y volvió a vestirse de luces veinte años después, en Arlés, el Domingo de Resurrección de 2019.

JOAQUÍN BERNADÓ,
EL MEJOR TORERO CATALÁN
Santa Coloma de Gramanet (Barcelona), 1935-2022
Alternativa: 1956

> «Joaquín Bernadó es un torero de tergal: nunca se despeina.
> Es la elegancia con montera».
>
> *K-Hito*

Su personalidad taurina no se limita a haber sido rival de *Chamaco*, era mucho más que eso. Para muchos, el mejor diestro catalán de toda la historia (y eso que la tradición taurina catalana, que hoy niegan los independentistas, ha dado lugar a varios buenos toreros).

Me explicaba con sencillez el origen de su afición: desde que tenía siete años, en 1942, su padre le llevaba a todas las corridas que se daban en Barcelona, que entonces eran muchas. Afirmaba con rotundidad algo que puede extrañar a algunos: «Barcelona ha sido la mejor ciudad del mundo taurino».

Era verdad y él contribuyó mucho a ello. Debutó con picadores a los dieciocho años. Tomó la alternativa a los veintiuno, en Castellón, de manos de Antonio *Bienvenida*. Muy pronto, triunfó en todos los grandes ruedos españoles: Madrid, Sevilla, Valencia…

También, en Hispanoamérica. En México fue un auténtico ídolo, compitió con los mejores diestros mexicanos en cerca de 200 tardes. Quizá ha sido el torero español que más veces ha toreado allí.

En Barcelona, actuó nada menos que 250 tardes: los buenos aficionados catalanes, los que preferían la ortodoxia, lo adoraban. Don Pedro Balañá tuvo la certera visión comercial de emparejarlo con *Chamaco*. Eran dos estilos y dos personajes opuestos: Antonio, tremendista; Joaquín, un lidiador clásico. Muchas semanas, compartían cartel los dos el jueves y el domingo. Llegaron a actuar dos días seguidos, el 8 y 9 de julio de 1954, con el mismo cartel: Victoriano *Valencia, Chamaco* y Bernadó.

Fue matador de toros treinta y cuatro años, de 1956 a 1990. Alternó con Luis Miguel y Ordóñez, con Pepe Luis y Manolo Vázquez, con Diego Puerta y Paco Camino… Los espejos en que se miraba eran Domingo Ortega y Pepín Martín Vázquez.

Tenía mucha clase, un estilo muy personal: facilidad, elegancia natural, sencillez. Mostraba esas cualidades lo mismo ante toros fáciles que ante los más duros: obtuvo grandes éxitos matando Miuras. Toreaba muy bien con los pies juntos. Era un excelente lidiador. Inventó una nueva forma de manoletina, la bernardina, que ahora ha vuelto a ponerse de moda.

A lo largo de toda su carrera, la espada fue su punto flaco, le privó de numerosísimos éxitos. Sorprende que un diestro tan inteligente y con tanto oficio como él no encontrara, por lo menos, un tranquillo que le permitiera rematar con eficacia sus faenas. Él lo reconocía así, con humildad.

La crítica cantó sus grandes cualidades. Por ejemplo, el también catalán Néstor Luján escribió de él una vez: «Esta faena la hubiera firmado Pepe Luis».

Cañabate elogió su faena a *Campanero,* en Las Ventas, el 12 de abril de 1959: «El toro era un tanque con cuernos, de Francisco Ramírez. Y Bernadó, nada, con un pedazo de tela, con un juego de brazos, domeña, leve, fino, elegante, a aquel mastodonte de terrible poderío».

Ya retirado, participó como comentarista en las retransmisiones taurinas de Telemadrid, junto a Miguel Ángel Moncholi. También fue profesor en la Escuela de Tauromaquia de Madrid: sus alumnos muestran el sello de su buena enseñanza. Estuvo casado con María, la hija de Rafael *Albaicín*.

El Círculo Taurino de Amigos de la Dinastía Bienvenida otorgó su premio Fábula Literaria Vicente Zabala en 2015 al libro *Joaquín Bernadó, hilo de seda y oro*, de Juan González Soto. Con ese motivo, participé en el acto de homenaje al diestro, que tuvo lugar en Madrid, en el Teatro Muñoz Seca, el 4 de mayo. Me dijo, esa tarde: «Ahora, se pegan pases mejor que nunca, con gran perfección, pero no se torea bien: se busca mucha comodidad; se ha perdido la competencia en quites; en vez de ganarle pasos al toro, triunfa la moda del pasito atrás…».Viniendo de un diestro tan sabio y tan educado, son frases para reflexionar.

En 1988, a propuesta de María Aurelia Capmany, Pasqual Maragall le otorgó la Medalla de Oro al Mérito artístico de Barcelona. Nunca pudo entender Joaquín Bernadó la posterior deriva antitaurina de los independentistas. En el pueblo madrileño de Canencia, donde al final vivió, esa fue la cruz de sus últimos años.

A pesar de los pinchazos, seguimos recordando y valorando el gran estilo, clásico y elegante, de Joaquín Bernadó.

CURRO ROMERO,
EL FARAÓN DE CAMAS
Francisco Romero López
Camas (Sevilla), 1933
Alternativa: 1959

«¡Oh tenso instante! ¡Oh delicado esfuerzo!
¡Oh sabia precisión tan deseada!
¡Oh feliz abandono de la lucha,
vencida ya la muerte en el reposo!».
Jacobo Cortines

A unos pocos metros de la Puerta del Príncipe, los turistas se retratan ante el monumento a Curro Romero, en un solemne desplante, típico suyo. Es uno más de los mitos o sueños de Sevilla.

Unas pocas fechas y datos. Toreó por primera vez en Utrera, en 1954. Se presentó en Madrid en 1957; esa temporada, toreó cinco tardes en Sevilla. Ha estado en los ruedos cuarenta y dos años, actuó en cerca de 900 corridas. Ha abierto cuatro veces la Puerta del Príncipe y siete, la Puerta Grande de Madrid. Se despidió en un festival, en La Algaba, el 22 de octubre de 2000.

En lo personal, en 1962 se casó con Concha Márquez Piquer. En 2003, por lo civil, con Carmen Tello (en 2023, han contraído matrimonio religioso). Ha superado una enfermedad en la laringe. Lo he visto hace poco en Sevilla: se conserva bien, recibe con su habitual discreción el fervor de sus adoradores.

Pocos toreros, en toda la historia, han alternado tanto los triunfos y los fracasos, han suscitado tantas polémicas. A lo largo de su dilatada carrera, algunos espectadores le han lanzado orinales y papel higiénico; uno se tiró al ruedo, en Las Ventas, para agredirlo. Y también ha triunfado reiteradamente en la Maestranza y en Las Ventas, sus dos plazas. Lo explica así Cossío: «Pertenece a una especie de toreros artistas, por la gracia de Dios. Nunca supo, o quiso, taparse con los toros que no fueron de su agrado y de ahí los rotundos fracasos que debemos anotar en su debe. Pero en ocasiones, escasas, si se quiere, supo destapar su tarro de las más clásicas esencias».

Es el ejemplo máximo, en nuestro tiempo, del toreo de arte, imprevisible y genial, al que los públicos esperan con paciencia. Le bastaba con unas verónicas, en el quite del perdón, para poner a la gente de pie, en los tendidos. Así lo descubrió Cañabate: «Vino a la Feria de Sevilla y el duende le acompañó, embrujado, en la muleta. Y no fue Curro Romero, fue el duende el que toreó».

Muy pocos diestros han suscitado tales fervores. Sus seguidores son fieles de una verdadera religión, el currismo. Demuestra su trascendencia social el hecho de que ha llegado a ser definido en una sentencia del Tribunal Superior de Justicia de Andalucía: «El currismo es un sentimiento que es indudable y notoriamente altruista a favor del diestro, arraigado y profundo como el que más, creador de una ilusión permanente, de una esperanza incondicional y de una forma de entender la vida».

Es el único caso que yo conozco de que la prosa judicial, tan precisa, intente definir un sentimiento taurino... *Camarón de la Isla*, buen amigo de Curro Romero, sintetizó su arte: «La esencia de los toreros».

Utilizó esto como subtítulo, en su libro sobre Curro, Antonio Burgos, uno de sus máximos partidarios. Lo pone como ejemplo de superación y síntesis de «las dos orillas» que, según él, tiene el toreo sevillano: «Esa suprema contradicción entre Triana y Sevilla, entre lo apolíneo y lo dionisíaco del toreo, tiene su clave en Curro Romero... Siendo el torero de Sevilla, jamás ha toreado con los pies juntos y las manos altas, apolíneo, sino que su hondura ha venido siempre del desgarro dionisíaco trianero».

Así ha sido siempre Curro, no ha engañado a nadie: un diestro de fuerte personalidad, que toreaba con suavidad y plástica especial cuando estaba a gusto con un toro. El público lo esperaba y sus partidarios se encandilaban con su estilo único: su forma de hacer el paseíllo; los andares; las solemnes verónicas; los derechazos suaves; los apuntes de quiquiriquí; un desplante, cimbreándose sobre los talones...

Todo ello, por supuesto, con la repajolera gracia de su tierra. Ha sido un capricho, un sueño de Sevilla. Y de ese Madrid al que le encanta sentirse sevillano.

ANDRÉS VÁZQUEZ,
DE LAS CAPEAS A LOS VICTORINOS
ANDRÉS MAZARIEGOS VÁZQUEZ
VILLALPANDO (ZAMORA), 1936-2022
ALTERNATIVA: 1962

«Un torero de Zamora
y, ¿qué dirá doña Urraca?
Si los ojos no le saca,
será que de él se enamora».

GERARDO DIEGO

Había aprendido el oficio de torear en las capeas de su tierra zamorana con el sobrenombre *El Nono*. Lo cuenta él mismo en el tercer episodio, «La capea», de la estupenda película *Yo he visto la muerte* (1965), de José María Forqué: evoca allí un testimonio dramático auténtico, la muerte de un torerillo, compañero suyo.

No le fue nada fácil triunfar en los ruedos. Como tantos otros, se dio a conocer a la afición madrileña en Vista Alegre. Triunfó como novillero en la temporada de 1961. Tomó la alternativa al año siguiente en San Isidro: esa tarde, abrió por primera vez la Puerta Grande como matador. De 1962 a 1977, consiguió salir a hombros en Madrid nada menos que diez veces.

En los años sesenta y setenta, toreó en todas las ferias, alternando con figuras de la talla de Ordóñez, Diego Puerta, Paco Camino, *El Viti*…

Su carrera estuvo unida definitivamente a Las Ventas. Para la afición madrileña, Andrés Vázquez significó una bandera de clasicismo, junto a Antonio *Bienvenida* y los toros de Victorino Martín, con los que triunfó reiteradamente. Queda para la historia su faena a *Baratero*, al que cortó las orejas. Fue el primer matador que se atrevió a encerrarse en Madrid con seis toros de Victorino.

Encarnaba Andrés Vázquez un estilo de torear castellano, de sobria técnica, sin adornos gratuitos. (Al fondo, la sombra del gran Domingo Ortega). Con el tiempo, fue adquiriendo una mayor solera clásica, con medias belmontinas, hondos naturales, molinetes y algún adorno tan añejo como sentarse en el estribo, después de la estocada, para ver caer al toro.

Las cornadas le obligaron a retirarse. Fue profesor en la Escuela de Tauromaquia de Madrid y comentarista en Telemadrid, junto a Miguel Ángel Moncholi.

Toreó en público por última vez el 25 de julio de 2012, al cumplir los ochenta años, en un festival en su homenaje, en la plaza de Zamora. Esa tarde, lidió una res de Victorino Martín. Me contaba que lo mató clavando la espada en dos tiempos, para espanto de *El Viti*, su querido amigo. En 2021, la Junta de Castilla y León le concedió su Premio de Tauromaquia.

Retirado en su tierra, seguía defendiendo que el toro encastado es la base de la fiesta. Proclamaba la necesidad de la suerte de varas: un Victorino que él lidió recibió nueve puyazos.

Se sentía torero dentro y fuera de los ruedos: «La torería y el honor es lo último que debe perder un matador de toros».

Se indignaba contra los ataques políticos a la tauromaquia: «Están empeñados en que hay que acabar con el toreo, en que no vale. ¿Por qué? La gente sigue queriendo ver toros… Mi tiempo ya ha pasado, aunque a veces ves cosas que te hierve la sangre. Por eso volví a torear, para que la gente viera la verdad de este mundo».

Concluía, con rotunda sencillez: «Hubiera preferido que me matara un toro en el ruedo a ser testigo de cómo muere la tauromaquia».

Felizmente, no ha visto este dislate, sino una fiesta muy viva. Recuerdo yo a Andrés Vázquez como a un torero clásico y un hombre cabal, recio, castellano: un maestro de Zamora.

EL VITI,
VARÓN ESENCIAL
SANTIAGO MARTÍN
VITIGUDINO (SALAMANCA), 1938
ALTERNATIVA: 1963

«Con la muleta, llegaba *El Viti* a cotas de verdadero clímax. Su repertorio no era muy largo, pero sí verdadero. Sobrio en todo, lo era hasta en los adornos. Toreando, se trasfiguraba, componiendo una belleza de escultura… Su escuela, del más puro belmontismo, como todas las cosas difíciles de la vida, no ha tenido muchos seguidores».

JUAN CARLOS MARTÍN APARICIO

Los tópicos hablan de su seriedad castellana y de que era el mejor estoqueador. Lo primero sí es cierto; lo segundo, no, aun siendo un buen matador. No poca gente confundía su preparación para la estocada con los tres tiempos que debe tener la suerte, según las *Tauromaquias* clásicas.

Su toreo tenía sabor campero, técnica impecable. Basaba toda la lidia en su obsesión por el temple y la suavidad. Quizá le influyó una lesión en el brazo para que predominara, en su estilo, la trayectoria circular. Brilló especialmente en la verónica, cargando la suerte; la media belmontina; los naturales y derechazos, dando el pecho; sus peculiares molinetes y afarolados, muy lentos. Por la suavidad de sus trasteos, la crítica lo vio como el enfermero ideal de los toros justos de fuerzas (que, por desgracia, no eran pocos, en su tiempo).

A comienzos de los sesenta, alternó mucho con Diego Puerta y Paco Camino: un cartel inolvidable, con tres grandes matadores de cualidades muy diferentes y complementarias.

Fue un ídolo de Las Ventas, donde llegaron a pedirle un rabo, en 1966. También logró entrar plenamente en La Maestranza, a pesar de que su estilo, tan sobrio, no era, en principio, el preferido por la afición sevillana.

La Junta de Castilla y León le distinguió con su Premio de las Artes en 2010.

Santiago es hombre reflexivo, de hondo pensamiento y pocas palabras. Lo ilustra una anécdota que viví a su lado. En Alicante, en un coloquio, alguien aventuró que un torero puede llegar a amar a un toro como un varón ama a una mujer. Le pregunté yo si eso era cierto. Con laconismo sentencioso, se limitó a contestar: «Más». Ahí quedó eso, como un natural impecable.

Sus opiniones sobre el toreo van unidas a sus reflexiones sobre la vida:

> Mi padre, buen aficionado, me transmitió la pasión de las cosas de la vida, porque no se puede torear sin poner pasión. El toreo es como un abrazo a lo que estás haciendo y tienes que expresarte a través de él en esa unión. Cuando se torea con sentimiento, se transmite también al público…
>
> No existe una forma de torear ortodoxa y única. Cada uno torea como lo siente y, en esa línea, intenta ejecutarlo lo mejor posible.

Casi toda su carrera la dirigió un apoderado independiente, Florentino Díaz Flores (solo en su última reaparición lo llevó Balañá). Ha sido responsable de la ganadería de Garzón, su pariente.

Como enamorado de su arte, le han dolido especialmente los últimos ataques a la fiesta y lo ha dicho con rotunda claridad.

Jugando con las iniciales de su nombre y apellido, le apodaron *Su Majestad*. Prefiero yo otro, que usaban ya los biógrafos castellanos del siglo xv, como Fernán Pérez de Guzmán, y que le encaja como un guante: *El Viti* es un «varón esencial». Queda en la historia como hombre serio y diestro clásico.

EL CORDOBÉS,

UN MITO POP

Manuel Benítez

Palma del Río (Córdoba), 1936

Alternativa: 1963

«El Cordobés,

¿lo ves?,

¿no lo ves?

No es lo que es,

es lo que no es».

Gerardo Diego, «*El Cordobés*» *dilucidado y* Vuelta áel peregrino

Manuel Benítez revolucionó el planeta de los toros. Fue también un fenómeno social en la España de los sesenta. En un reciente libro, Fernando González Viñas lo define como «el milagro *pop*»: una válvula de escape para aquella sociedad española que pedía una ruptura total.

Pasó de robar gallinas a ser un ídolo mundial. Fascinó a Brian Epstein, que proyectó rodar una película con él y con los Beatles. Dos fabricantes de *best sellers*, Lapierre y Collins, le dedicaron su libro *O llevarás luto por mí*, que se vendió en todo el mundo.

El Pipo, su apoderado, confiesa en un curioso libro los increíbles trucos publicitarios que urdió para lanzarlo: organizaba los festejos, vendía las entradas, los presidía, le concedía los trofeos (si era necesario, de otro novillo)… Contaba con la gran baza de la simpatía y la inteligencia natural de un personaje dispuesto a todo por escapar de la miseria.

En los ruedos, *El Cordobés* acabó creando una técnica propia; sobre todo, con la muleta. El salto de la rana y otras excentricidades eran solo el señuelo para las masas ignorantes, pero surgía después de haber pisado un terreno muy comprometido, clavando los pies en la arena y dominando a los toros con un eficaz juego de muñeca. (Lo hacía, eso sí, con un toro muy disminuido). De hecho, logró triunfar también en La Maestranza y en Las Ventas.

Las retransmisiones televisivas de sus corridas paralizaban España entera. Toreó en un festival extraordinario para Franco, en una placita portátil, en El Pardo. Amenazó con retirarse y todos los empresarios acudieron a su finca a rogarle que no lo hiciera. Con Palomo Linares, hizo la gira de *Los guerrilleros*, defendida por el periódico *Pueblo*, dirigido por Emilio Romero.

Protagonizó las películas *Aprendiendo a morir* (1962), de Pedro Lazaga, y *Chantaje a un torero* (1963), de Rafael Gil. Intentaron imitarlo *El Otro, El Platanito*…

Decidió retirarse en Albacete el 14 de septiembre de 1981, cuando su segundo toro hirió de muerte a un espontáneo.

Los defensores del toreo clásico no apreciaron su estilo, pero las masas se le entregaron. Su mejor resumen es su frase: «Yo me debo al pueblo». Un auténtico fenómeno.

Ha seguido su estilo Manolo Díaz, *El Cordobés* hijo, nacido en Arganda del Rey (Madrid) en 1968. Tomó la alternativa en 1993. Después de una larga lucha, ha conseguido que su padre lo reconociera. Como él, es listo y muy simpático, conecta fácilmente con el público. Su padre le ha cortado la coleta en Jaén, al final de la temporada 2023.

MIGUELÍN,
EL MOMENTO DE LA VERDAD
MIGUEL MATEO
MURCIA, 1939–2003
ALTERNATIVA: 1958

«Anda muy suelto con el toro, como si se hubiese habituado a él desde
la niñez, en las dehesas: lo conoce, lo corre, lo quiebra con facilidad,
anda por el ruedo como por la sala de su casa. Es un torero al que no
se ve, al fondo, la camilla y el hospital, sino el campo andaluz».

DON ANTONIO

Ha pasado a la historia por su famoso incidente con *El Cordobés*, pero era mucho más que eso: un diestro completo, con
una gran capacidad, que dominaba todas las suertes, tanto en la
línea del toreo clásico como en la del heterodoxo. Para mantenerse en la cumbre, solo le faltó un mayor equilibrio emocional.

Era hijo de un banderillero. Había nacido en Murcia, pero, de
chico, su familia se trasladó a Algeciras. Estuvo siempre muy vinculado al Campo de Gibraltar. Allí debutó como novillero en 1955.

Fue muy sonada su alternativa en Murcia. Se la dio Luis Miguel *Domínguin*, con toros de Galache, y de testigo, César Girón.
Fue una de las corridas de la historia en la que se cortaron más
trofeos: en total, 12 orejas, 5 rabos y 1 pata. (Obviamente, salieron
a hombros los 3 diestros). Al toricantano le tocaron 4 orejas, 2 rabos y 1 pata.

En los años sesenta y setenta, rivalizó con las máximas figuras.
Los que no le vieron no pueden imaginarse qué difíciles les ponía
las cosas a diestros como Luis Miguel, Antonio Ordóñez o Jaime
Ostos. *Miguelín* era un lidiador completísimo, aunque de reacciones imprevisibles.

En 1968, le cortó las orejas en Sevilla a un manso, condenado
a banderillas negras. En Madrid, no aceptó que le quitaran las reses

previstas para él y que pasaran a una corrida de *El Cordobés*. El 18 de mayo, cuando Benítez estaba concluyendo su trasteo, se arrojó al ruedo un hombre, vestido con traje oscuro, y, a cuerpo limpio, se puso a juguetear con el toro, haciendo gestos de que no tenía ningún peligro. Nadie hubiese podido imaginar una crítica más implacable de lo que significaba el poder de *El Cordobés*. El público se dividió a favor y en contra del singular espontáneo: era *Miguelín*.

El 6 de junio, antes de que se hubiera apagado la polémica, volvió a Las Ventas; esta vez, estando anunciado, en el cartel. Por la cogida de Miguel Márquez, *Miguelín* tuvo que despachar tres toros y le cortó las dos orejas a cada uno de ellos: un récord que nadie ha igualado.

Abrió la Puerta Grande de Las Ventas en dos ocasiones, en 1968 y 1971.

Protagonizó una de las mejores películas de tema taurino: *El momento de la verdad* (1965), de Francesco Rossi. Luego, otra, más convencional, *El relicario* (1970), de Rafael Gil.

Se retiró definitivamente de los ruedos en 1979. Volvió a ser noticia al autolesionarse con unas tijeras.

Delante de la plaza de Las Palomas, en Algeciras, está el monumento a *Miguelín* citando para dar una espaldina, un lance que él popularizó.

Fue un diestro muy capaz pero irregular; en sus horas altas, era arrollador.

RAFAEL DE PAULA,
EL DUENDE GITANO
RAFAEL SOTO MORENO
JEREZ DE LA FRONTERA (CÁDIZ), 1940
ALTERNATIVA: 1960

«Lo que hacía cantando
señor tío José
lo hizo, toreando, Rafael de Paula
y lloró después».

ANTONIO MURCIANO

Muchos han comparado a *Rafael de Paula* con Curro Romero. Les unen, evidentemente, varias cosas; sobre todo, la concepción estética del toreo, la irregularidad, la afición al flamenco… Y también les separan varias: en Rafael, es mucho más fuerte la raíz gitana, el indefinible duende, el *quejío*. Además, las condiciones físicas le han limitado mucho. No se parecen en el carácter; a diferencia de Curro, Rafael se ha visto envuelto en varias polémicas y escándalos a lo largo de su vida.

Era un niño del muy gitano barrio de Santiago, en Jerez. Cuenta la leyenda que impresionaron sus maneras al viejo Juan Belmonte: mandaba a su chófer para que lo recogiera y verlo torear para él solo. Tomó la alternativa en 1960 en Ronda. Tardó catorce años en confirmarla en Madrid.

Ese mismo año, el 5 de octubre, en Vista Alegre, alternando con Antonio *Bienvenida* y Curro Romero, bordó el toreo de capa. Conozco a aficionados que han puesto, en su casa, una enorme ampliación fotográfica de una verónica de *Rafael de Paula,* esa tarde.

Después de verlo, José Bergamín, que, de joven, había sido el gran defensor de *Joselito el Gallo*, escribió el libro *La música callada del toreo*: había nacido el mito.

Otra actuación memorable, en Jerez, el 17 de mayo de 1979, ha quedado inmortalizada en esa plaza en una placa de bronce. Una más en Las Ventas, el 28 de septiembre de 1987, ante un sobrero de Martínez Benavides, cautivó al público madrileño.

Junto a eso, no faltaron broncas ni toros al corral por sus fallos con la espada o, simplemente, por negarse a intentarlo.

Paula es un personaje muy peculiar que ha dado lugar a varios escándalos. En 1985, fue detenido e ingresó en prisión por haber contratado supuestamente a alguien para que atacara a un amante de su mujer. En 2012, abandonó a mitad un acto de homenaje que le dedicaban, en el Parador de Ronda, después de aconsejar al público que no compraran el libro escrito por su hijo. También hizo duras declaraciones contra varios toreros después de otro homenaje que le hicieron y ha tenido problemas con más de un periodista...

Pocos diestros han inspirado a tantos poetas: López Anglada, Antonio Murciano, Felipe Benítez Reyes, Manuel Ríos Ruiz, Carlos Marzal...

Se han hecho famosas muchas de sus frases: «No soy un torero artista, sino un torero de arte, que no es lo mismo... Mi toreo es arte puro, sentimiento puro. Lloro cuando toreo... Mi Dios profesional fue Juan Belmonte... He estado a merced de los toros no porque no supiera, sino por mis rodillas. Desde que estoy operado de las rodillas, ahí se acabó mi vida».

No ha destacado por su humildad: «Yo soy el arte del toreo. Yo soy el que mejor ha toreado de todos los tiempos... Hay tres toreros en la historia que han toreado con los dos, capote y muleta: Juan Belmonte, Antonio Ordóñez y Rafael Soto Moreno» (es decir, él mismo).

Toreando, siempre eligió la línea del arte, no la de la técnica ni el dominio. Personalmente, ha sido un caso único.

DIEGO PUERTA,
DIEGO VALOR
Sevilla, 1941-2011
Alternativa: 1958

«No existe en los anales de la torería de altura rastro ni huella
de valentía semejante».

Clarito

C uando yo era chico, coleccionaba los tebeos y escuchaba por
la radio las aventuras interplanetarias de *Diego Valor, piloto del
futuro*, una especie de ciencia ficción hispana, de andar por casa.
Fue Gonzalo Carvajal, un peculiar crítico taurino, el que tuvo la
idea, muy justa, de aplicar ese sobrenombre a un torero de un valor
natural extraordinario, fuera de serie: Diego Puerta. Creo que le
encajaba perfectamente, y así se repitió en la propaganda de la
época. Vicente Zabala padre le llamó *el Espartero del siglo xx*.

Cuando la revista *Interviú* era muy popular por sus imágenes
escandalosas, publicaron, en doble página, una fotografía en blanco
y negro del cuerpo desnudo de un torero, literalmente cosido a
cornadas, con flechitas y textos que daban los datos de cada una de
ellas. Era el mismo torero: Diego Puerta.

Compartía con los Vázquez vivir en el barrio sevillano de San
Bernardo y que, en las dos familias, el padre trabajara en el matadero. Eso debió de ser decisivo para el nacimiento de la afición
taurina del niño: «Con diez o doce años, yo hacía novillos. Le
pedía permiso al maestro para ir al servicio y me escapaba al matadero, como si fuera un aventurero. Sacaba un saco, que guardaba
en una tubería, y le daba lances y pases tanto al ganado manso
como al bravo de desecho».

Lo mismo habían hecho los Vázquez y otros muchos que
fueron buenos profesionales taurinos. Diego debutó en Aracena,

en 1955; dos años después, en Sevilla; al otro año, en Madrid. Le dio la alternativa Luis Miguel *Dominguín* en Sevilla en 1958.

Su carrera como matador comprende desde entonces hasta 1974: más de 300 corridas. Y el dato tremendo: recibió más de 50 cornadas; cuatro de ellas, muy graves.

En 1960, en una corrida retransmitida en la televisión en blanco y negro, asustó a toda España su heroica faena al Miura *Escobero*, más alto que él. Acabó Diego en la enfermería, donde le llevaron las dos orejas. Durante el trasteo, le había tirado el sombrero el doctor Leal Castaño, el mismo que luego le operó.

En 1962, fue el líder del escalafón con 79 corridas. En 1963, sufrió una muy grave cornada en Barcelona. Otra tarde memorable fue la de Madrid de la Feria de San Isidro de 1967, cuando triunfaron los tres diestros que entonces estaban en plenitud: Diego Puerta, Paco Camino y Curro Romero (que el día anterior se había negado a matar un toro). En 1968, logró cortar un rabo en Sevilla.

Se retiró en 1974, en la Maestranza, en un mano a mano con Paco Camino. Toreó esa tarde con una herida abierta, sufrida tres días antes en Zaragoza. Desde entonces, siguió vinculado al mundo taurino: fue empresario de Castellón y ganadero de éxito.

Aunque le tentaron, ya no volvió a vestirse de luces, pero sí toreó festivales. Recuerdo yo uno en Sevilla. Diego lucía una clara «curva de la felicidad», pero, cuando el novillo lo derribó, se levantó y casi «se lo come». No había perdido su casta torera.

Afirma rotundamente Cossío: «Pocos toreros han sido tan castigados por las reses sin que ello influyera jamás en merma de su ánimo».

Paco Camino, su amigo y rival, me ha repetido siempre que el torero más valiente que él ha conocido era Diego Puerta. Algunas tardes que toreaban juntos, para picarse, hacían apuestas: «El público no se enteraba, pero él y yo nos jugábamos algo de dinero a quién cortaba más trofeos, quién hacía mejor un quite, quién salía a hombros… Y no todas las tardes ganaba yo. Diego era un valiente de verdad. Es muy difícil ser tan valiente y, a la vez, torear tan bien». Así era, sencillamente, *Diego Valor*.

PACO CAMINO,
EL NIÑO SABIO DE CAMAS
Camas (Sevilla), 1941
Alternativa: 1960

«Para triunfar en el toreo, hacen falta cabeza y corazón, las dos cosas. Si no, no se funciona. Pero la cabeza es lo principal. Lo es en todas las cosas de la vida, pero, en el toreo, todavía más… Unos pocos privilegiados saben ver al instante las condiciones de un toro. Ni siquiera todos los matadores lo consiguen. Dar a cada toro la lidia adecuada es lo que distingue a los auténticos maestros… Solo he pensado en el toro toda mi vida. Quisiera que me recordaran, simplemente, como un buen torero».

Paco Camino

Es, sin duda alguna, uno de los más grandes toreros que yo he visto. (Y he tenido la fortuna de ver a muy buenos). Sobre todo, poseía condiciones extraordinarias de nacimiento.

Fue un «niño prodigio», comenzó toreando de pantalón corto, como un Arturito Pomar o un Pierino Gamba, pero del toreo. Cuentan que, de chiquillo, si le apetecía algún capricho, le ponían como condición que cortara las orejas al próximo novillo…, y él no tenía problemas para lograrlo.

Desde muy joven, mostró cualidades fuera de lo común para el toreo; sobre todo, algo que se tiene o no se tiene: una cabeza extraordinaria para entender rápidamente las condiciones de los toros. Por eso le llamaron, desde muy pronto, *el Niño Sabio de Camas*. Carlos Abella le bautizó como *el Mozart del toreo*.

Ha sido, ante todo, un gran lidiador, un torero completo, en la línea de los diestros más poderosos: *Joselito el Gallo*, Marcial Lalanda, Luis Miguel *Dominguín*... Pero este tipo de toreros no suelen tener una gran estética y Paco Camino sí la tenía, con una gracia sevillana natural, sin artificios, que hacía más atractivo su clasicismo.

Salvo las banderillas, que no practicaba, dominaba todas las suertes. Toreaba muy bien a la verónica; dio un sello personal a las chicuelinas de frente, mandando en el toro, con las manos muy bajas. Con la muleta, era poderosísimo: dominaba a los toros mansos con sus naturales, llevándolos lejos, muy sometidos. Y ha sido uno de los mejores estoqueadores de la posguerra, seguro y espectacular.

En una fotografía que se hizo famosa, se ve un volapié suyo simplemente perfecto: los pies, en el suelo, sin saltos; la mano derecha, hundiendo la espada en todo lo alto; la izquierda, llevando embebido al toro en la muleta. Todo ello, tranquilo, sereno, impecable, como si fuese una escultura.

Quizá alcanzó su cumbre el 4 de julio de 1970, en la Corrida de la Beneficencia, al matar siete toros (incluido el sobrero) de diferentes ganaderías con toda facilidad, sin aparente esfuerzo. Muchos buenos aficionados siguen recordando aquella tarde como una de las más grandes de toda su vida.

Fue un ídolo en plazas tan exigentes como Madrid y Bilbao. Tiene el récord de haber salido a hombros diez años consecutivos, entre 1967 y 1976, por la Puerta Grande de Las Ventas. También ha sido uno de los toreros españoles más consentidos por la afición mexicana. En cambio, nunca consiguió entrar plenamente en Sevilla, que se rindió a Curro Romero, su paisano.

Si reunía Camino tantas cualidades, ¿qué le faltaba para ser el torero ideal? Solamente algo de carácter: como les suele pasar a los toreros que lo hacen todo con facilidad, solía caer a veces en la abulia, en cierto conformismo; es lo que Antonio Díaz-Cañabate, gran partidario suyo, bautizó como «la mandanga», aunque al torero no le hiciera ni pizca de gracia. Con un carácter más guerrero, más luchador, hubiera mandado en el toreo todo lo que hubiera querido. Si pudiéramos unir el talento de Paco Camino con el carácter de Diego Puerta, su gran amigo, estaríamos muy cerca del torero ideal.

Ya retirado, reapareció en Nimes el 26 de septiembre de 1987 (igual que *El Litri*) para dar la alternativa a su hijo Rafael. Su sobrino, del mismo nombre, tomó la alternativa y pasó luego a ser banderillero. También se ha vestido de luces alguna vez su hijo Francisco.

Pasó Paco Camino el duro trance de ver cómo su hermano Joaquín, novillero y luego banderillero, recibió una cornada mortal en Barcelona el 3 de junio de 1973.

Protagonizó la película *Fray Torero* (1966), de Sáenz de Heredia.

Como le conozco hace muchos años y sabe lo que le admiro, siempre discutimos porque yo sostengo que, habiendo sido mucho en el toreo, todavía habría podido ser mucho más si hubiera querido. (Me acuerdo de la frase de Manolo Vázquez: «Pero querer querer, de verdad...»). Él lo niega: «Si no llegué a más fue porque no podía, no porque no quisiera». Los dos tenemos parte de razón, supongo.

Con su precisión habitual, lo definió Marcial Lalanda: «Paco Camino poseía un extraordinario conocimiento de su profesión». De muy pocos hizo Marcial un elogio tan rotundo.

JOSÉ FUENTES,
«LINARES NOS LO DEVUELVE»
LINARES (JAÉN), 1944-2023
ALTERNATIVA: 1965

«En el campo, coincidí mucho con José Fuentes: cazábamos,
tentábamos, toreábamos de salón. Fue una gran influencia
para mí. Me fijaba, sobre todo, en su forma de tentar».

ENRIQUE PONCE

A muchos toreros les he escuchado alabar la gran técnica de José
Fuentes, su poderío y su natural elegancia. Desarrolló una
importante carrera taurina en los años sesenta y setenta.

Cuando Rafael Sánchez, *El Pipo*, rompió con *El Cordobés*,
encontró a un joven torero, José Fuentes, nacido en la ciudad donde había muerto *Manolete* y se inventó una frase publicitaria que
se hizo famosa en toda España: «Linares se lo llevó, Linares nos lo
devuelve». Con el tiempo, además de apoderarlo, *El Pipo* se convirtió en su suegro.

José Fuentes debutó con picadores en su tierra en 1963. Al
año siguiente, se atrevió a matar seis novillos en Aranjuez y se
presentó con éxito en Madrid y Sevilla. Solo dos temporadas
como novillero le bastaron: Antonio Ordóñez le dio la alternativa
en 1965.

Toreó Fuentes como figura en los principales cosos de España e Hispanoamérica. El 6 de agosto de 1965, alcanzó un gran
éxito en Barcelona con un toro de Garcigrande que le hirió, pero
no le impidió concluir su faena. Llegó a alternar mano a mano con
Antonio *Bienvenida* en Vista Alegre.

Le costó entrar en Las Ventas, donde toreó 34 tardes y cortó
10 orejas. Ya con treinta y siete años, en 1981, vivió allí una tarde
triunfal, al cortar una oreja a cada toro. Todavía mató un novillo,
en un festival de homenaje, en 2007.

Era un diestro de excelente técnica, dotado de gran facilidad, que dominaba a los toros con el temple de su muleta; también, excelente estoqueador. Transmitía cierta sensación de frialdad. Alternaba momentos de gran decisión con otros de cierta abulia.

Sus detractores le achacaron el abuso del pico de la muleta: una técnica, entonces, muy frecuente. Cuenta la leyenda que una tarde, en Madrid, encorajinado, le pidió a su mozo de espadas unas tijeras para recortar la muleta.

Aunque le criticaron en Las Ventas, muchos profesionales le admiraron por su técnica y su temple.

PALOMO LINARES,
LIDIADOR Y GUERRILLERO
SEBASTIÁN PALOMO MARTÍNEZ
LINARES (JAÉN), 1947-2017
ALTERNATIVA: 1966

«Él encarnó el significado de garra y amor propio, no he visto a nadie
con más ambición por llegar al ruedo y ser el mejor».

CURRO VÁZQUEZ

Fue una gran figura y un torero muy popular. Vivió dos importantes polémicas: la campaña de *Los guerrilleros,* que compartió con *El Cordobés* en 1967, y, en 1972, el último rabo que se cortó en Las Ventas.

Tomó su apodo taurino de su pueblo natal. De familia humilde, trabajó de aprendiz de zapatero. Se dio a conocer el 20 de julio de 1964, en Vista Alegre, en una de las novilladas de La Oportunidad, que organizaban los Lozano. (Ellos fueron siempre sus mentores). Debutó con picadores en 1965; al año siguiente, tomó la alternativa.

Tardó en confirmar su alternativa cuatro años y el sector intransigente de Las Ventas se lo reprochó (igual que le sucedió a *Chamaco*).

En 1967, los Lozano idearon la campaña de *Los guerrilleros*, con *El Cordobés* y Palomo, en plazas de escasa categoría o portátiles. Tuvieron gran éxito popular y también muchas críticas.

El 22 de mayo de 1972, en San Isidro, alternando con Andrés Vázquez y Curro Rivera, realizó una gran faena al quinto toro, *Cigarrón*, de Atanasio Fernández, al que se dio la vuelta al ruedo: el presidente Panguas le concedió las dos orejas y el rabo. (Curiosamente, *Gallito* había cortado también el rabo a un toro del mismo nombre, de la ganadería de Guadalest).

La faena había sido vibrante, espectacular, y la culminó con una gran estocada, de la que salió entrampillado, mientras el toro rodaba. Muchos espectadores pidieron el rabo, pero los más exigentes lo censuraron. Cañabate tituló con ironía «Las orejas y las rosquillas del Santo»: «Dentro de poco, tendremos rabos a tutiplén, rabos hasta en la sopa». Al día siguiente, Panguas tuvo que dejar su puesto. Para Palomo, este trofeo supuso su consagración y también un pecado que algunos no perdonaron.

Se retiró de los ruedos en 1995. Participó en dos películas: *Nuevo en esta plaza* (1966), de Lazaga, y *Solos los dos* (1968), de Luis Lucia, con Marisol.

También ha sido torero su hijo Sebastián.

Sebastián Palomo aprendió con los Lozano su oficio castellano: largo, dominador, poderoso, con técnica y valor. Fue un estoqueador muy seguro. Pasó por el quirófano cerca de 40 veces. Tenía un temperamento luchador extraordinario, mucha casta, nunca se dejó ganar la pelea.

Una vez retirado, volcó su sensibilidad artística en la pintura, con un estilo expresionista abstracto. Fue una persona de gran inteligencia natural, simpatía y fuerza de voluntad.

Antes de entrar en el quirófano, en abril de 2017, declaró: «En peores plazas he toreado. Y, en algunas, hasta he resucitado». Esta vez, Dios no lo quiso así.

PAQUIRRI,
MARINERO DE LUCES
Francisco Rivera
Zahara de los Atunes (Cádiz), 1948-1984
Alternativa: 1966

«Que nadie piense en mí,
soy diferente hoy,
aquel que me llenó la vida
ya no vive aquí.
La voz que me cantó al oído
ya se marchitó,
el sol de su mirada
ya se fue.
Ya nada cambiará,
volver a comenzar es imposible».

José Luis Perales, «Era mi vida él» (para Isabel Pantoja)

Su trágica muerte convirtió a *Paquirri* en una leyenda, más allá del ámbito taurino. Era hijo de Antonio Rivera, que fue novillero, encargado del matadero de Barbate. Debutó con caballos en Cádiz en 1964. Dos años después, cortó tres orejas en Sevilla y eso le impulsó a la alternativa en Barcelona: estaba prevista para el 17 de julio, pero esa tarde sufrió una grave cornada y la tomó el 11 de agosto.

Fue una de las primeras figuras en los años sesenta y setenta: abrió seis veces la Puerta Grande de Las Ventas; triunfó también y sufrió un grave percance en Sevilla.

Se había convertido en una figura muy popular por sus matrimonios con Carmen Ordóñez (1973-1979) e Isabel Pantoja (1983). Tuvo tres hijos: Francisco Rivera Ordóñez y Cayetano, toreros los dos, y Francisco José, apodado *Paquirrín*.

Era un diestro muy poderoso, de grandes facultades físicas, largo, técnico, muy completo, valiente. Solía recibir al toro con la larga cambiada de rodillas, llevaba él la lidia completa, banderilleaba con espectacularidad, realizaba vibrantes faenas de muleta, tiraba al toro patas arriba de una gran estocada… Tenía mucho amor propio, no se dejaba ganar la pelea, pero no era un artista consumado. Seguía —con todas las distancias— la línea de *Joselito* y Luis Miguel.

En 1982, había declarado: «Estaré en los ruedos como máximo tres años. Luego, me dedicaré el campo». No llegó a cumplir esos tres años.

El 30 de abril de 1983, se había casado con Isabel Pantoja en la capilla sevillana del Gran Poder. Tenía pensado dar por concluida en Dax la temporada 1984, pero accedió a torear dos tardes más, aunque parecía fatigado.

El 26 de septiembre de 1984, en Pozoblanco, lidiaron reses de Sayalero y Bandrés *Paquirri*, *Yiyo* y *El Soro*. Francisco cortó la oreja —la última de su vida— del primer toro, que había brindado al joven Manuel Díaz, *El Cordobés*. El cuarto, *Avispado*, pesaba solo 435 kilos. El diestro, muy confiado, muy seguro de sí mismo, lo recibió con lances mirando al tendido. Al querer llevarlo al caballo, el toro hizo un extraño y le clavó el cuerno en el muslo derecho: «Una de las cogidas más terribles que he visto en mi vida», dijo Diodoro Canorea, el empresario de la Maestranza. Le había roto la ilíaca, la safena y la femoral.

En unas imágenes de Antonio Salmador, vemos cómo se dirigió al médico, al llegar a la enfermería: «Doctor, la cornada es fuerte. Tiene al menos dos trayectorias, una para acá y otra para allá. Abra todo lo que tenga que abrir, lo demás está en sus manos. Tranquilo, doctor».

España entera se sobrecogió al ver la serenidad y lucidez con que afrontaba la muerte. (Las mismas que tuvo Ignacio Sánchez Mejías desde los cuernos del toro). Ante la extrema gravedad, decidieron trasladarlo a Córdoba. Se iba desangrando durante el viaje: 67 kilómetros de una carretera con muchas curvas. Cuando llegaron, ya era tarde.

Tenía solo treinta y seis años: se había convertido ya en un mito popular. Su muerte —lo recuerdo bien— sirvió para reforzar la imagen de la tauromaquia, el arte en el que existe la verdad más auténtica.

El 4 de diciembre de 1985, reapareció Isabel Pantoja, en el Teatro Lope de Vega de Madrid, para estrenar el disco *Marinero de luces*, de José Luis Perales, dedicado a *Paquirri*.

Su hermano mayor, José Rivera, *Riverita* (Barbate, 1947), parecía un diestro de más clase, pero fue borrado por la fuerza de *Paquirri*. Su primo, José Antonio Canales Rivera, ha derivado a personaje mediático después de ser matador de toros.

DÁMASO GONZÁLEZ
TEMPLE DE ALBACETE
ALBACETE, 1948-2017
ALTERNATIVA: 1969

«Dámaso González, rey del temple, referencia y espejo de generaciones de toreros, ejemplo de virtudes humanas».

Inscripción en el azulejo de Las Ventas, 2023

En los años setenta y ochenta, fue uno de los diestros que más corridas toreó y más triunfos alcanzó. Su técnica, basada en el temple, el valor y la ligazón, ha influido en muchos diestros posteriores. Perdió bastantes trofeos por el mal uso de la espada. Por su gran temple, algunos críticos le consideran un precursor de la revolución de Paco Ojeda.

Se forjó en las duras capeas de los pueblos. Debutó en 1967. Los triunfos en Barcelona y Madrid le llevaron a la alternativa en 1969. Las graves cornadas que sufrió en Almansa, Castellón y Málaga no le impidieron encabezar el escalafón durante varios años. Salió en hombros en Las Ventas en 1979 y 1981. Fue el primero del escalafón en 1980 con 70 corridas. Se retiró por primera vez en 1988.

La insistencia de su paisano Manuel Caballero hizo que volviera a los ruedos para darle la alternativa, en Nimes, el 20 de septiembre de 1991. Animado por el éxito, continuó toreando. En 1993, logró indultar, en Valencia, a *Gitanito*, un bravísimo toro de Torrestrella, en una faena de gran emoción; también, en Tarazona de la Mancha, a *Pestillito*, de Samuel Flores.

Durante años, el público de Las Ventas le censuraba su estética y las faenas demasiado largas. En sus últimas temporadas, en cambio, valoraron su técnica, su dominio, sus alardes de valor sereno y, sobre todo, su extraordinario temple. Recuerdo especialmente cómo rugieron los aficionados madrileños en una faena suya a un toro del Conde de la Corte, cuyas pavorosas defensas superaban claramente la altura del diestro.

El 15 de septiembre del 2015, se inauguró su monumento, delante de la plaza de su tierra.

Además de gran torero, Dámaso González era una persona muy querida por todos los profesionales. No me extraña: no he conocido a ninguna figura del toreo que fuera tan sencillo, tan natural; tan llano, como su tierra.

FRANCISCO RUIZ MIGUEL
CORTARLE EL RABO A UN MIURA
San Fernando (Cádiz), 1949
Alternativa: 1969

«Yo tenía un pacto con el miedo. Le decía: "Quédate aquí,
en la habitación del hotel, no vengas conmigo a la plaza.
Cuando termine, vendré a recogerte"».

Francisco Ruiz Miguel

En 2023, Morante ha logrado cortar un rabo en Sevilla. Ningún torero de a pie lo conseguía desde Francisco Ruiz Miguel, en 1971: ese triunfo fue decisivo para su trayectoria taurina.

Le llamaron *el Cañaílla*, el nombre de un caracol marino, por haber nacido en San Fernando. De jovencillo, trabajó de lechero y albañil; se tiró de espontáneo en un toro de *Paquirri*.

Toreó 25 novilladas sin caballos y 45 con caballos. Entre otros triunfos, cortó un rabo en cada una de las dos plazas que había entonces en Barcelona: por eso tomó allí la alternativa. Le costó abrirse camino como matador.

Todo cambió para él el 25 de abril, en Sevilla, con el Miura *Gallero*. La anécdota cuenta que, camino de la plaza, su coche tuvo un choque y tuvo que llegar a pie, por las calles sevillanas, vestido de torero: «El toro era extraordinario. Con el capote, toreé perfecto, desde las tablas a los medios. Me expresé como torero. Lo maté recibiendo. Fue algo apoteósico, la plaza estaba blanca de pañuelos. No he visto nada más unánime: me concedieron las dos orejas y el rabo».

Era la primera vez que Ruiz Miguel mataba un Miura. También triunfó con su primer Victorino: tres orejas y rabo en Vic-Fezensac. Y con el primer Murteira, un rabo en Olivenza.

El de Sevilla marcó su carrera. Toreó cerca de 1.500 corridas. De 1973 a 1989, abrió diez veces la Puerta Grande de Las Ventas. Ha sido el diestro que más veces ha toreado en San Fermín. Sufrió

14 cornadas: un toro le partió la femoral. Peor todavía fue que, al final de su carrera, en Tarifa, una cogida provocó que las costillas se le hincaron en el pecho y estuvo en grave peligro.

Fue el gran especialista en las corridas duras: toreó un centenar de Miuras; 86 de Victorino Martín: «Hicimos un tándem casi perfecto»; unas 50 de Murteira Grave; 36 de Pablo Romero... Empezaron a llamarle *el lidiador de alimañas*.

El 1 de junio de 1982, participó en la llamada «corrida del siglo», en Las Ventas, con toros de Victorino, junto a Luis Francisco Esplá y José Luis Palomar. En Pamplona, mató un Miura de casi 700 kilos, con una distancia de 1,20 metros de pitón a pitón: «Si lo mato a la primera, le corto el rabo».

Al principio, le molestaba que le encasillaran con esos toros. Luego, comprendió que ese era su camino y lo aceptó con orgullo. Para matar reses tan complicadas, tuvo que desarrollar una técnica especial: «No tuve más remedio que crearme una tauromaquia para sobrevivir a esas corridas. Había que intentar buscarles las cosquillas a esos toros: quedarse muy quieto, no pegar tirones, confiar en tu mente y tener una gran preparación física».

Se considera un discípulo de Rafael Ortega y de *Paquirri*. La muerte de este último fue para él un palo muy duro: «Me tiré un mes y medio pensando que iba a dejar el toreo».

Logró sobreponerse. Se retiró cuando el cuerpo le pedía descanso, pero volvió a los ruedos en Sanlúcar, en 2011, con sesenta y dos años. En su última corrida, en 2015, le sacaron a hombros Galván y Juan José Padilla.

Después, ha seguido ligado al toro como profesor en la Escuela de Tauromaquia de Algeciras y como comentarista en Canal Sur. En Las Ventas, le han dedicado un azulejo. En Vic-Fezensac, un monumento, delante de la plaza, y han dado su nombre a una de las puertas.

En toda su carrera, nunca escuchó una bronca. Ha sido un diestro respetado y admirado por todos.

ÁNGEL TERUEL
LA ELEGANTE FACILIDAD
MADRID, 1950-2021
ALTERNATIVA: 1967

«Hay que elogiar como se merece la personal elegancia de su toreo. Buen banderillero, de maneras reposadas y repertorio largo, con una inteligencia superior a la normal, es una de las figuras de mayor interés del actual momento taurino».

JOSÉ MARÍA DE COSSÍO

Cuenta Paco Umbral, en *Travesía de Madrid*, que el dueño de un modesto tiovivo tiene un hijo, Angelito, que sueña con ser torero: lo logró pocos años después.

Ángel Teruel fue una importante figura del toreo desde su alternativa, en 1967, hasta su retirada definitiva, en 1985. En 2019, se inauguró el azulejo dedicado a él en Las Ventas.

Había nacido en el madrileño barrio de Embajadores, en 1950. Se dio a conocer en las novilladas de La Oportunidad, en Vista Alegre. Desde entonces, estuvo muy vinculado a la familia *Dominguín*. (De ahí su gran amistad con mi padre).

En 1967, realizó una hazaña insólita: en una sola temporada, pasó de torear sin caballos a tomar la alternativa, en Burgos, de manos de *El Viti*.

Triunfó en todos los cosos de España y América. Abrió la Puerta Grande de Madrid cuatro veces. Cuando tenía veintidós años, era muy apuesto, y la prensa rosa comentó que le seguía con pasión, en un par de coches Rolls-Royce (dos, por si se averiaba uno), la multimillonaria americana Barbara Hutton, con sesenta años.

Desde muy joven, Ángel sorprendió por su técnica, su natural elegancia. Llevaba como peón de confianza a su hermano *El Pepe*, que resumía así sus cualidades: «Cabeza, dominio del toro y seguridad».

Tenía gran facilidad para ver al toro y realizar las suertes con elegancia. Dominaba el toreo de capa tanto en lo fundamental como en la pinturería de chicuelinas y adornos. Llevaba el toro al caballo con vistosidad. Era banderillero muy fácil. Con la muleta, brillaban su suavidad, su lentitud, su estética. Tenía un amplio repertorio y era un matador muy fácil.

En su primera época, su compostura deslumbró, pero acabó empalagando a algunos. Cuando reapareció, demostró una importante evolución, pero sufrió también graves cornadas. El público madrileño, que a veces había sido duro con él, se le entregó sin reservas.

Al comienzo, llamaba la atención por su figura frágil, su aspecto aniñado, su actitud educada y sonriente; parecía casi un chiquillo que jugaba al toro o un bailarín de *ballet*: todo lo contrario del tópico del torero macho. Era madrileño y castizo, pero algunos lo adscribieron a la escuela sevillana.

Supo evolucionar hasta convertirse en un matador poderoso y completo, un gran técnico, un lidiador clásico. Llegó a obtener importantes éxitos con divisas duras, como los Pablo Romero. Así me gusta recordar a mi amigo Ángel Teruel.

Su hermano José Luis Teruel, *El Pepe* (1941-2021) tomó la alternativa en 1966, fue matador, banderillero, apoderado, empresario y, siempre, un apasionado por la fiesta.

Su hijo Ángel (1982) intentó seguir su mismo camino: tomó la alternativa en 2007, pero ha tenido menos fortuna.

ROBERTO DOMÍNGUEZ,
A CONTRACORRIENTE
VALLADOLID, 1951
ALTERNATIVA: 1972

«En el toreo, hasta que logras alcanzar tus sueños, pasas muchos
sufrimientos, muchas dudas, muchas inquietudes y mucha pérdida
de infancia y de juventud… Yo, sin el toro, no soy nada: cuando toreaba
y después».

ROBERTO DOMÍNGUEZ

Ha sido el mejor torero de Valladolid: un personaje inteligente,
inquieto, al margen siempre de los caminos habituales. Desde
chico, descubrió el atractivo del mundo de los toros de la mano de
su tío Fernando Domínguez (1907-1967), que tomó la alternativa
en 1933 y era gran aficionado al flamenco (algo frecuente en Valladolid). Le influyó mucho en lo taurino y en lo personal: «Mi tío
era autodidacta, pero me enseñó muchas cosas. Lo más importante, el valor de la personalidad y la inteligencia que hay que tener
para seguir siendo querido sin dejar de ser respetado. Es muy difícil conseguir que te respeten y te quieran a la vez».

Debutó Roberto en 1966, el día que se retiraba su tío Fernando: el simbólico traspaso de la antorcha. Con caballos, en 1969.
Sus comienzos no fueron fáciles. Guardó siempre el recuerdo do-
loroso de una tarde poco feliz en Lorca (antes de retirarse, quiso
volver allí para quitarse la espina con una corrida de Miura). Inició
estudios de Arquitectura.

Brindó el toro de su alternativa a su padre con esta rotunda
autoafirmación: «Quiero que sepas que voy a ser torero».

En la década de los ochenta, junto con Julio Robles, ilusionó
al público madrileño con la finura de su estilo clásico. Acudíamos
a Las Ventas —recuerdo— con la esperanza de que los dos cuaja-

ran una faena redonda…, que no acababa de llegar, se quedaban siempre a la puerta. Los castizos se impacientaban: «Apuntan, pero no disparan». Un accidente de moto frenó también su carrera.

Tomó entonces una decisión drástica, que iba a marcar su futuro: lo dejó todo y se fue a Inglaterra. Sentía que estaba desperdiciando su juventud, quería vivir en un país donde no supieran que era torero…

Al volver a España, eligió como apoderado a Manolo Lozano, un bohemio, un gran taurino, que le ayudó decisivamente a emprender su nuevo camino. Reapareció en Valladolid, su tierra, el día de San Pedro Regalado de 1987, en un festejo televisado a toda España: triunfó rotundamente y sorprendió con su estilo personal de descabellar, a la vez estético y eficaz, después de un abaniqueo. (Los críticos recordaron a Vicente Barrera, antes de la guerra).

Los aficionados recibieron con entusiasmo a un nuevo Roberto Domínguez. Ya no era un fino estilista, sino un poderoso lidiador: basaba todo en el dominio de las reses, con un gran toreo por bajo, andando al toro, haciendo ochos, como los de Domingo Ortega.

Vivió años de triunfos rotundos: en San Fermín, mató el Miura *Ojeroso*, con más de 1 metro de pitón a pitón. Se consagró como figura matando seis Victorinos en la Corrida de la Prensa de 1989. En 1990, fue el líder del escalafón, toreó 100 corridas (60 de ellas con *Espartaco*). En Las Ventas, logró sus mayores éxitos con toros mansos, difíciles, a los que lidió admirablemente.

Se retiró en 1992. Después de eso, fue brillante comentarista taurino de televisión. Ha sido apoderado de *El Juli* y, ahora mismo, lo es de Roca Rey. En octubre de 2023 ha contraído matrimonio con la periodista televisiva Elena Sánchez.

Dentro y fuera de los ruedos, Roberto Domínguez ha ido siempre a contracorriente.

JULIO ROBLES,
PLATERESCO SALMANTINO
FONTIVEROS (ÁVILA), 1951-2001
ALTERNATIVA: 1972

«Alcanzó la plenitud al cumplir los treinta y siete años. No era
la explosión repentina de una traca deslumbrante, ruidosa, pero
instantánea. Era la evolución de un sentimiento, la maduración de la
filosofía del arte de torear, la profundidad platónica, lo que todos los
toreros soñamos. Julio estaba a los pies del altar de su consagración».

VICTORIANO *VALENCIA*

El 13 de agosto de 1990, en las Arenas de Béziers, el primer toro
de la tarde, *Timador*, de la ganadería de Cayetano Muñoz, volteó a Julio Robles en la cuarta verónica de saludo. La dura caída le
causó una tetraplejia. El resto de su vida, once años, los pasó en
una silla de ruedas.

(Un año antes, el 10 de septiembre de 1989, en Arlés, un toro
de Miura había causado una lesión semejante, que afectó a la mé-
dula espinal, a Christian Montcouquiol, *Nimeño II*, llamado a ser
máxima figura del toreo francés. No pudo soportar su invalidez y
se suicidó el 25 de noviembre de 1991).

Aunque Julio Robles había nacido en el pueblo abulense de
Fontiveros, cuna de san Juan de la Cruz, muy pronto se trasladó
su familia a La Fuente de San Esteban (Salamanca). Allí, el chico se
familiarizó con el ambiente taurino, pudo conocer a varios maestros que acudían a torear en el campo. Se le considera uno de los
grandes de la escuela salmantina: clasicismo, hondura, suavidad…

Le enseñó el oficio de torear Paco Pallarés. Fue compañero
de otros jóvenes, como Juan José y Roberto Domínguez. Debutó
como novillero en 1972. Ya he comentado que ilusionó a los aficionados madrileños por la pureza de su estilo clásico, pero tardó
en cuajar.

También compitió con otro joven salmantino, *El Niño de la Capea*. Llegó a ser «casi un hermano» suyo, aunque su rivalidad dividía a la afición charra. En esta etapa, le frenaron ocho cornadas.

En la década de los ochenta, apoderado por Victoriano *Valencia*, su carrera tomó nuevas alas. Compitió con Ortega Cano en un memorable tercio de quites en Las Ventas y abrió tres veces su Puerta Grande, en 1983, 1985 y 1989; también rozó la Puerta del Príncipe, que quizá había merecido.

La de 1989 fue su mejor temporada: había alcanzado la plena madurez como torero; manejaba los engaños con temple y cadencia, además de ser gran estoqueador.

Un par de días antes de su percance, le vi torear en la Feria de la Albahaca, en Huesca: con gran facilidad, cortó la oreja a su primer toro en una faena clásica, sencilla, perfecta, sin quiebra alguna. Ganó por unanimidad el premio al triunfador de la feria.

Luego, afrontó con entereza su desgracia, no se vino abajo. Desde su silla de ruedas, gracias a su fuerza de voluntad, fue alcanzando sucesivas cotas: volvió a conducir coches y a cazar —una de sus pasiones—, no descartaba volver a caminar. Acudió como espectador a las plazas y creó la ganadería de La Glorieta: el nombre de la plaza de Salamanca. Delante de ella, ahora, está su monumento.

Finalmente, llegó a dar unos muletazos, desde su silla de ruedas, en una fiesta taurina de final de temporada en casa de Enrique Ponce (el yerno de Victoriano *Valencia*, su apoderado). Al final, un grupo de toreros lo sacaron a hombros.

Ese fue el remate feliz a la carrera taurina de un gran maestro, que toreaba con la belleza de una filigrana plateresca salmantina. No sentía amargura ni tenía dudas: «Soñé con ser torero desde que era niño. Soy torero y lo seré siempre, hasta que me muera». Así me gusta recordar a Julio Robles.

CURRO VÁZQUEZ

EL RUBIO DE LINARES

Manuel Vázquez Ruano

Linares (Jaén), 1952

Alternativa: 1969

«¿Quién ha toreado de frente con más pureza y
menos gestualidad que Curro Vázquez? Esencialidad,
desafío a la lógica de la geometría. Curro se ofrece
como una víctima destinada al sacrificio».

Javier Villán

En la placita madrileña de Vista Alegre, propiedad de los *Domin-guín*, en 1969, sorprendió un jovencillo rubio, de expresión aniñada, que había nacido en Linares; tenía solo diecisiete años y debutaba entonces con picadores. Tenía eso que se tiene o no se tiene, dicen los taurinos: clase, estilo, suavidad, finura, buen gusto… Alternó algunas tardes con un novillero de otro corte, Antonio Porras, *El Espejeño*, que aportaba la espectacularidad de practicar el salto de la garrocha.

A muchos aficionados madrileños nos ilusionó *Curro Váz-quez*. Aprovechando ese tirón, *El Pipo*, que había hecho la propaganda de *El Cordobés*, organizó su alternativa: en solo una temporada, de debutar con caballos a matador… Parece claro que fue una decisión precipitada: el 12 de octubre de 1969, en mano a mano con José Fuentes, se doctoró *Curro Vázquez* y fue herido gravemente. Eso supuso un frenazo a su carrera.

Durante tres décadas, paseó *Curro* por los ruedos españoles su torería con desigual fortuna: mostró los altibajos habituales en los llamados toreros de arte. No tuvo fortuna en Sevilla, aunque su estilo parecía adecuado para ese público. En cambio, fue un diestro predilecto de muchos en Madrid. Toreó más de 100 corridas en

Las Ventas. Aunque también tuvo tardes grises, heredó aquí el afecto que habían sentido los aficionados madrileños por Antonio *Bienvenida* y *Antoñete*. Recuerdo, por ejemplo, la adoración absoluta que por él sentía Santiago Amón.

También le castigaron mucho los toros. Fue terrible, por ejemplo, la cogida que sufrió en 1983 con un toro de Moreno Silva, un saltillo que blandeó y fue protestado por los más exigentes. En medio de la bronca, *Curro* citó al natural y sufrió una tremenda cornada: de su muslo manaba un chorro de sangre mientras se lo llevaban a la enfermería y *Bojilla* increpaba a los protestones. El toro le había roto la femoral y la safena.

Sorprendentemente, *Curro* volvió a los ruedos con nuevos ánimos: en 1989, en la Feria de Otoño, abrió la Puerta Grande.

Decidió descansar en 1994. Al sentirse a gusto, en un festival, volvió a los ruedos en 1997. Se despidió definitivamente en 2002, en un mano a mano con *El Juli*.

Se casó con Pati *Dominguín*, la hija de Domingo, que había sido su apoderado. Siempre ha destacado como persona educada y respetuosa. Ha apoderado a diestros como *Cayetano*, Morante y, ahora mismo, Ginés Marín.

Define a *Curro Vázquez* una frase suya: «Lo importante, para mí, es sentirse torero». Así ha sido siempre. Javier Villán le llamó «sombra iluminada».

MANILI,
¡QUE VIENE *MANILI*!
MANUEL RUIZ
CANTILLANA (SEVILLA), 1952
ALTERNATIVA: 1976

«Me fastidiaba escuchar aquel grito en una laza. Molestaba a los demás toreros y mis compañeros me miraban con mala cara. La frase me perjudicó, e impidió que entrara en algunos buenos carteles, porque algunos toreros me vetaron. Y lo curioso es que yo no tenía culpa alguna. Es verdad que daba la cara, que no me quedaba dormido, y que era querido por el público».

MANILI a Antonio Lorca, 2023

Es un hombre modesto, de baja estatura, al que no acompaña la estética. Pero es un excelente profesional, domina la técnica, es capaz de despachar las corridas más duras, con poder, oficio y valor sereno. Le apodaron *El Tigre de Cantillana*.

Debutó con éxito en Sevilla en 1974 y repitió el triunfo al año siguiente. Eso le valió que le diera la alternativa Curro Romero en la Feria de Abril de 1976. Dictaminó el muy sabio Pepe Luis: «Ese muchacho de Cantillana puede ser figura del toreo porque he visto en él algo muy importante: mira a los toros de arriba abajo». Desde entonces, fue habitual en Sevilla en las corridas de Miura y Guardiola.

Después de años de lucha, vivió dos momentos realmente gloriosos. El primero, en Sevilla en 1983, al cortarles las orejas a dos Miuras. El segundo, en San Isidro en 1988, también con Miuras. Recuerdo muy bien aquella tarde. Con toros complicados, *Manili* asustó al público madrileño, que le pedía a coro que los matara. Él, impertérrito, seguía toreando, metido entre los pitones: no era ningún *chalao*, sabía muy bien lo que hacía.

Desde entonces, se convirtió en un ídolo para el público madrileño. Cuando un torero se mostraba dubitativo, la gente le gritaba: «¡Que viene *Manili*!». Esa broma significaba, para el diestro que la escuchaba, una muy dura condena.

De aquellos éxitos salió lanzado como figura para todas las Ferias. Desgraciadamente, pocos meses después, una inoportunísima cornada, en Almería, cortó la racha y le quitó el sitio delante de los toros.

Todavía triunfó en Sevilla el 12 de octubre de 1990 al salir a hombros, después de haber matado seis toros de Salvador Domecq.

Ha explicado *Manili* con sencillez lo que él hizo aquella tarde, realmente heroica, en Las Ventas: «Que nadie vaya con la idea de ponerse bonito con un Miura y marcharse sin despeinarse. Hay que torear y poderlos. Ese 17 de mayo, yo lo conseguí. Nunca habían visto a un tío así, quedándose tan quieto, con un toro de Miura. Se quedaron sorprendidos. Al principio, se asustaron de lo que yo estaba haciendo, pero, cuando vieron que podía con aquello, se entregaron».

Así fue exactamente. Desde aquella tarde quedó para la historia esa frase: «¡Que viene *Manili*!». No cabe mejor condecoración para un torero.

EL NIÑO DE LA CAPEA.
MÁS LISTO QUE LOS RATONES *COLORAOS*

PEDRO GUTIÉRREZ MOYA

SALAMANCA, 1952

ALTERNATIVA: 1972

«Sigo fiel a la lidia clásica, la de siempre: la mano baja y llevar al toro largo. Eso nunca pasará de moda… Si yo volviera a nacer, volvería a ser torero, por muy rico que fuera. No existe nada más bonito en el mundo. Los que hemos tenido esa suerte, así seguiremos».

EL NIÑO DE LA CAPEA

El 19 de junio de 2022, a punto de cumplir los setenta años, volvió a los ruedos, una sola tarde, en Guijuelo, para conmemorar sus cincuenta años de alternativa. Me lo aclaraba, unos días antes: «Me he vuelto a sentir torero, he recuperado mis ilusiones de adolescente. Además, creo que soy el único diestro en activo que puede hacerlo: faltan muchos de mi generación; otros tienen limitaciones físicas que se lo impiden. Gracias a Dios, yo sí puedo hacerlo. ¿Por qué no voy a disfrutar toreando? Además, quiero reivindicar la importancia de mi generación taurina, que dio grandes matadores».

Hace muchos años, vi yo, junto a la plaza Mayor de Salamanca, un cartel en el que se anunciaba la actuación de un joven becerrista, Pedro Moya. Tomó su nombre artístico de la Escuela Taurina «La Capea». Debutó en 1969; con caballos, en 1970, a los dieciocho años.

El Niño de la Capea fue un niño prodigio del toreo, igual que *Gallito*, Marcial, Luis Miguel y tantos más. Quizá le influyó especialmente el ejemplo de Paco Camino. Como él, Pedro Moya vinculó su carrera a la casa Chopera y entró muy pronto en Bilbao, donde tomó la alternativa, justamente de manos de Camino, en 1972. En 1974, la confirmó y fue ya el líder del escalafón.

Más le costó entrar en su ciudad natal: muchos salmantinos eran partidarios de Julio Robles, su rival. Y en Madrid, donde los exigentes le reprochaban el uso del pico de la muleta y los zapatillazos, para provocar la arrancada del toro.

Desde el comienzo, mostró su innata capacidad para el toreo largo, dominador. Como otros niños prodigio, era listo, fácil, capaz; veía claramente las condiciones del toro y conectaba rápido con el público.

En los años setenta, fue seis veces el matador que toreó más tardes. Abrió la Puerta Grande de Las Ventas cinco veces: en 1974, 1975, 1979, 1985 y 1988. A lo largo de toda su carrera, ha toreado 1.178 tardes.

Para su evolución artística, fue fundamental el tipo de embestida del toro mexicano, que le permitió torear con mayor templanza. En México llegó a ser un verdadero ídolo: allí, indultó toros (fue el primer español que lo conseguía) y cortó rabos. No se ha olvidado su histórica faena al toro *Manchadito*, de Garfias, en la plaza de México el 17 de diciembre de 1985: «Aprendí allí a evitar las prisas, descubrí la importancia decisiva del temple: en la plaza y también en la calle, en la vida. Eso me hizo sentirme de verdad artista».

Aunque le costó, logró también demostrar su maestría en Las Ventas; sobre todo, al dar la lidia adecuada a toros con dificultades: el 23 de mayo de 1985, con un toro muy manso de Sepúlveda; el 4 de junio de ese mismo año, con uno muy fiero de Manolo González.

Alcanzó la cumbre de su carrera el 28 de junio de 1988, en Las Ventas, al matar seis toros de Victorino Martín. La tarde se puso difícil, no remontó del todo hasta el quinto toro: unos naturales extraordinarios pusieron al público en pie. Después de sufrir una voltereta, mató bien, cortó las orejas y salió a hombros. Esa tarde supuso su plena consagración.

En Sevilla ya había triunfado el 2 de mayo de 1987. Lo rubricó luego, en 1991, a costa de una cornada, por querer matar bien a un toro difícil. Ese percance le quitó el sitio durante algún tiempo.

Después de haberse retirado, se ha dedicado a su ganadería: una apuesta por el encaste Murube, que es ahora mismo una de las más cotizadas en los festejos de rejones.

Ha vuelto a torear en algunas ocasiones puntuales. En 1995, en Málaga, para cumplir la promesa de dar la alternativa a Javier Conde, su protegido. En 2004, en México, para confirmar la alternativa a su hijo Pedro Gutiérrez Lorenzo (Salamanca, 1979), que ha heredado su nombre artístico, *El Capea*. En 2007, en Alba de Tormes, en un mano a mano con su hijo. Finalmente, en 2022, en Guijuelo, alternando con su hijo y con su yerno, Miguel Ángel Perera, con reses de su ganadería: todo quedaba en casa...

Esa tarde, se llenó la plaza con un gran ambiente. En su primero, hizo una faena extraordinaria, deslumbró con sus naturales y mató bien: dos orejas y rabo. En el cuarto, a pesar de pinchar, logró una oreja más. Fue una tarde realmente especial: el mejor broche para una carrera extraordinaria. Eso si a Pedro no se le ocurre una nueva hazaña... Si se le mete algo en la cabeza, estoy seguro de que lo conseguirá. Como dicen los taurinos, siempre ha sido «más listo que los ratones *coloraos*...».

JOSÉ MARÍA MANZANARES,
ESTÉTICA MEDITERRÁNEA
José María Dols Abellán
Alicante, 1953-2014
Alternativa: 1971

«Ser torero implica un fondo de sentimiento, una manera de ser y vivir
que distingue. A los de verdad los conoces hasta en la calle».

José María *Manzanares* padre

El abuelo, Pepe *Manzanares* (1927-2013), fue novillero y bande-rillero, pero su gran aportación a la tauromaquia fue encami-nar a su hijo José María por la línea del arte más clásico.

Fue este un auténtico superdotado del toreo. Desde el co-mienzo de su carrera, reunía todas las cualidades necesarias para ser una figura. Toreaba de maravilla con el capote, era magnífico mu-letero y —cuando quería— gran estoqueador, uno de los mejores que yo he visto (igual que ahora lo es su hijo).

No poseía solo la finura de estilo, la natural elegancia, la plas-ticidad mediterránea; también, la claridad de mente, la facilidad, el dominio, la técnica, la capacidad lidiadora... Lo tenía todo como torero. Si acaso, le faltaba algo de carácter, de regularidad, no de-jarse llevar en ocasiones por la abulia.

Siempre repito que los dos diestros mejor dotados por natu-raleza que yo he visto han sido Paco Camino y José María *Man-zanares*. Los dos alcanzaron cotas altísimas, pero todavía habrían podido llegar a más. Lógicamente, a ninguno de los dos les ha hecho mucha gracia esta opinión mía: en realidad, es una rotunda proclamación de sus extraordinarias cualidades.

La tarde de su presentación en Madrid, con solo dieciocho años, formando pareja con el portuense José Luis Galloso, ya deslumbró a la afición madrileña: aquel jovencísimo alicantino dirigía la lidia con maestría, dejaba al novillo en suerte con una larga cordobesa, dibujaba los derechazos con hermosa naturalidad, mataba muy bien. ¿Qué más se puede pedir?

Tomó la alternativa en su tierra, el día de San Juan de 1971, de manos de Luis Miguel, el gran maestro que acababa de reaparecer: cada uno de los dos cortó un rabo. En la plaza vi, esa tarde, a Alberto Closas, Yves Montand, Deborah Kerr, Peter Viertel…

Su consagración definitiva en Madrid llegó el 18 de mayo de 1978 al cortarle las orejas a *Clarín*, un toro *colorao* de Manolo González que había brindado a mi padre. Escribió en *ABC* Vicente Zabala padre: «El toreo, señor, el toreo, que esta tarde ha salido en hombros por la Puerta Grande». Y José Luis Suárez-Guanes: «Parece que va a ocupar el trono vacante del toreo, recién retirado Paco Camino».

Desde entonces, fueron muchísimas las tardes de triunfos en todas las plazas. Lo adoptaron como sevillano en la Maestranza, donde toreó 40 corridas y cortó 16 orejas. (Lo mismo le ha sucedido, luego, a su hijo). En Madrid, toreó 66 tardes y cortó 16 trofeos: abrió la Puerta Grande 4 veces. Protagonizó una histórica corrida en solitario en Ronda, el 16 de julio de 1988, en la que indultó un toro de Salvador Guardiola. En total, toreó 1.839 festejos. Le cortó la coleta su hijo en Sevilla el 1 de mayo de 2006.

Así como hay escritores para escritores (Flaubert, Gabriel Miró, Borges), existen también toreros de toreros, a los que los profesionales admiran al máximo. Unánimemente, todos proclaman que *Manzanares* fue uno de ellos.

Ha seguido sus pasos y su estilo su hijo, José María *Manzanares* (José María Dols Samper: Alicante, 1982. Alternativa: 2003). Es una de las indiscutibles figuras del toreo actual. El 30 de abril de 2011, indultó en Sevilla al toro *Arrojado*, de Cuvillo. (Hacía cuarenta y tres años que no se vivía eso en la Maestranza). El 1 de junio de 2016, en la Corrida de la Beneficencia, en Las Ventas, delante de don Juan Carlos, cortó dos orejas —y buena parte del público pidió el rabo— al toro *Dalio*, de Victoriano del Río. Al día siguiente, feliz, me comentaba: «Mi padre estaría orgulloso de mi faena».

JOSÉ ANTONIO CAMPUZANO,
LA TÉCNICA Y LA ESPADA
José Antonio Rodríguez Pérez
Écija (Sevilla), 1954
Alternativa: 1973

«Posee un estilo depuradamente clásico. Su estilo es fino, posee planta.
Torea largo, con duende agitanado a veces, muy templado, pisando
muy bien los terrenos. Su juego de muñecas es perfecto».

Ricardo Díez Manresa

Ha recibido recientemente algunos homenajes al cumplirse los cincuenta años de su brillante alternativa: en Sevilla, una corrida histórica, de manos de Luis Miguel, con *Paquirri* de testigo (que esa tarde se enfrentó a Luis Miguel en banderillas y salió malparado).

José Antonio había debutado solo un par de años antes, en 1971. En los años setenta y ochenta, triunfó en las grandes Ferias, con corridas duras, y también sufrió muy graves cornadas.

En 1976, abrió la Puerta Grande de Sevilla y mató su primera corrida de Miura. En 1982, cortó tres orejas a los toros de Guardiola en Sevilla. Al año siguiente, abrió la Puerta Grande de Las Ventas. La del año 1984 fue una de sus mejores temporadas, pero sufrió una gravísima cornada en Calahorra, que le impidió matar seis Victorinos, en Madrid; al año siguiente, otra grave cornada con un Victorino, en Madrid. En 1987, abrió dos veces la Puerta Grande de Sevilla; también, las de Madrid con Victorinos y Nimes.

Realizó una hazaña insólita en 1990: en un solo día, por la mañana, toreó Miuras; por la tarde, reses de Pablo Romero. ¿Hay quien dé más? Se retiró en 1996; volvió brevemente a los ruedos en el 2000.

José Antonio ha sido un diestro técnico, dominador, con capacidad para enfrentarse a las divisas más duras, de estilo clásico y muy buen estoqueador: un verdadero maestro, respetado por todos los profesionales.

Ha cuajado luego como «descubridor» y apoderado de figuras tan importantes como Sebastián Castella y Roca Rey. (En 2010, sufrió una grave cornada en Cartagena de Indias al saltar al ruedo para hacer el quite a Castella). Dirige ahora la carrera del novillero francés Lalo de María, hijo de María Sara.

Con un estilo semejante, obtuvo también notables triunfos su hermano Tomás Campuzano (Écija, 1957; alternativa: 1978). Al comienzo, además, sorprendió por su buen estilo con el capote, que había aprendido con Manolo Escudero.

También tomó la alternativa su hermano Manuel Campuzano (Sevilla, 1970). Ha sido novillero su hermano Javier Campuzano; picador, su hermano Enrique Campuzano.

José Antonio y Tomás Campuzano han merecido general reconocimiento por su profesionalidad, sencillez y simpatía.

JOSÉ ORTEGA CANO,
TORERO DE SENTIMIENTO
Cartagena (Región de Murcia), 1953
Alternativa: 1974

«No toreaba con la lentitud de los perezosos, sino con el cadencioso ritmo de los que tienen el pulso bien templado para traducir en estética los sentimientos del alma».

Joaquín Vidal

Sus apariciones, por una u otra razón, en la llamada prensa rosa le han convertido en un personaje muy popular, pero han tapado, para algunos, sus méritos como torero. Ha sido una primera figura del toreo.

Vivió desde chico en San Sebastián de los Reyes. Debutó en los ruedos en 1973. Su carrera no ha sido nada fácil, ha tenido altibajos y ha sufrido graves cornadas. Con gran voluntad, logró ser reconocido a partir de los años ochenta.

Ha salido por la Puerta Grande de Las Ventas cuatro veces. El 19 de julio de 1982, indultó en Las Ventas —el único caso— a *Belador*, de Victorino Martín. En 1985, realizó una faena magistral en Madrid a un toro de Martínez Benavides. Rivalizó con Julio Robles en un memorable tercio de quites en la Corrida de la Prensa de 1986.

Sufrió graves cornadas en Zaragoza (1987) y en Cartagena de Indias (1995). Esta última —me lo contó él mismo— le afectó de modo especial por las características de la enfermería…

Su biografía dio un giro cuando contrajo matrimonio con la gran cantante Rocío Jurado en 1995. Él anunció que iba a retirarse en 1997. En realidad, con paradas y reapariciones, ha seguido toreando hasta su retirada definitiva, en 2017, en San Sebastián de los Reyes. Rocío murió en 2006.

En 2014, ingresó en prisión, condenado por conducción de coche temeraria. En 2018, contrajo nuevo matrimonio con Ana María Aldón, de la que se ha divorciado en 2022. Actualmente, es apoderado y pertenece al Centro de Asuntos Taurinos de la Comunidad de Madrid.

He visto varias veces torear admirablemente a José Ortega Cano y también me considero amigo suyo. Más allá de las anécdotas, es un hombre educado, con gran sensibilidad artística, le encanta el flamenco.

En los ruedos, ha seguido una línea clásica, belmontina. Ha sido siempre un torero de sentimiento, desigual, con arrebatos emocionales. Al comienzo, para abrirse camino, tuvo que enfrentarse a divisas duras. De la mano de Victoriano *Valencia*, su apoderado desde 1991, depuró mucho su estilo. Ha manejado capote y muleta con gusto, con un esteticismo algo barroco. También ha sido buen estoqueador. Le acusan algunos de que tarda un poco en ver a los toros.

En los momentos difíciles, dentro y fuera de los ruedos, siempre ha reaccionado con la casta de una figura del toreo.

PACO OJEDA,
EL ENCIMISMO

SANLÚCAR DE BARRAMEDA (CÁDIZ), 1954
ALTERNATIVA: 1977

«Quietos se han quedado muchos; como yo, ninguno.
Acumulé mucha experiencia y hubiera sido capaz de quitarle
la muleta a un toro y que hubiera salido caminando detrás
de mí hasta llevármelo a chiqueros. Me decía: "Si sale esto,
no toreo más". A punto estuve de hacerlo con un toro
en Madrid. Hubiera sido el final de mi carrera».

PACO OJEDA

Es un claro ejemplo de lo que se llama, en toros, un fenómeno: un diestro que rompe todas las reglas y se escapa a todas las clasificaciones.

Nació en una casa humilde, en las marismas del Guadalquivir. Trabajó en diversos oficios antes de intentar la aventura taurina. Triunfó en Sevilla como novillero, pero le costó mucho abrirse camino.

Su destino cambió bruscamente en una tarde. El 25 de julio de 1982, en Las Ventas, fuera de Feria, en una corrida veraniega, con un toro de Cortijoliva, causó sensación con un toreo distinto a todos. El 12 de octubre de ese mismo año, mató seis toros de Manolo González y abrió la Puerta del Príncipe.

En 1983, se consagró al salir a hombros dos veces en la Feria de San Isidro, el 18 y el 30 de mayo. Se convirtió en un ídolo en Francia.

Se hablaba ya del ojedismo. Su triunfo dividió a crítica y público. Ejemplos: Alfonso Navalón lo calificó como «un saco de patatas». Le censuraban que usara un capote demasiado grande. Para José Antonio del Moral, en cambio, ha sido «el último revolucionario del toreo».

El propio Ojeda le ha explicado así a Zabala de la Serna las razones de su éxito: «Sucedió lo que tenía que suceder. Detrás, había muchas marismas, muchas lunas, mucha soledad y mucho abandono. Llevé a la plaza el silencio del campo, su impresionante música, toda la creación de tantas noches».

Surgió la leyenda: se decía que practicaba en el campo con vacas viejas; que hablaba a los animales; que enseñaba a embestir a los caballos… En cambio, cuando no se sentía a gusto con un toro, no sabía taparse. Parecía tener escasa ambición.

En 1987, Ojeda toreó en solitario la corrida goyesca de Ronda y cortó cinco orejas. A partir de 1988, se sucedieron las retiradas y las reapariciones. En 1994, volvió a los ruedos como rejoneador.

En 2103, participé en el jurado que le concedió el Premio Nacional de Tauromaquia. Según la nota oficial, se le premiaba «por su gran personalidad estética y la enorme influencia que su concepción del toreo ha tenido en toda la tauromaquia posterior».

¿Qué novedad aportaba Ojeda? De fuerte complexión, clavaba los pies en la arena y lanceaba con solemne plasticidad. Después de culminar las suertes fundamentales, le gustaba meterse en el terreno del toro y ligar allí pases por uno y otro lado en un palmo de terreno. (Todo eso, claro, cuando el toro se lo permitía). Mataba de forma espectacular, con el tranquillo de dar un salto.

En una época en que predominaba el unipase, restauró Ojeda la emocionante ligazón. Más que conducir la embestida de los toros, usaba la técnica del parón. Su encimismo enloquecía a las masas. Era un estilo anunciado por Dámaso González y continuado, luego, por *Jesulín de Ubrique*.

El propio Ojeda ha matizado lo de su encimismo con paradojas: «Yo opté, no por invadir el terreno del toro, sino por dejar que el toro invadiera el mío. Nunca me he pegado un arrimón, he permitido que el toro se arrimase a mí, que es diferente. Y, desde ahí, sacármelo, traérmelo, sentirlo, crear belleza. Al tercer pase, yo le quitaba la muleta de la cara, me ponía los pitones en el pecho».

Aunque yo no sea partidario de lo que ahora suele llamarse el arrimón, que practican muchos toreros, al final de la faena, hay que reconocer que Ojeda lo hacía con una personalidad propia, uniendo dramatismo y plasticidad.

LUIS FRANCISCO ESPLÁ,
«TORERO DE LAS VENTAS»
ALICANTE, 1958
ALTERNATIVA: 1976

«Ahora mismo, lo que yo más admiro de *Joselito* es su ética taurina: era capaz de renunciar a las ventajas que podía darle su fuerza taurina en beneficio del público, de la fiesta. Sueño yo con lo que *Joselito* hubiera podido hacer, ya retirado, como empresario de Las Ventas, por ejemplo. Con él, sin duda, la tauromaquia hubiera seguido un rumbo diferente, más auténtico».

LUIS FRANCISCO ESPLÁ

Desde fines de los años setenta, los aficionados alicantinos se dividieron en dos grupos, los partidarios de *Manzanares* y los de Esplá: el primero, más estético; el segundo, más lidiador. Los dos, primeras figuras del toreo.

Aprendió el oficio Luis Francisco en la escuela de su padre, Paquito Esplá (1924-2017), que había sido novillero, junto con su hermano Juan Antonio (1960), también matador de toros. Se vistió de luces por primera vez en 1974. Tomó la alternativa en 1976.

Ha sido matador de primera fila durante treinta y tres años. Después de Antonio *Bienvenida*, es el que más veces ha actuado en Las Ventas, casi 90: ha abierto la Puerta Grande 5 veces. En total, ha estoqueado más de 1.100 corridas de toros.

Alcanzó una de sus cumbres en la llamada «corrida del siglo», en Madrid, el 1 de junio de 1982, con toros de Victorino Martín, junto a Ruiz Miguel y José Luis Palomar. Repitieron varias veces por televisión esa corrida y toda España pudo admirar su maestría. Desde entonces, se convirtió en diestro predilecto del sector más exigente de la afición madrileña.

En 2007, sufrió un grave percance en Céret, con una triple cornada en el pecho, testículos y cara.

Culminó su carrera con una apoteosis en Las Ventas el 5 de junio de 2009. Cortó las orejas al bravo toro *Beato*, de Victoriano del Río, *colorao*, de 620 kilos, tras una gran faena en la que lució sus mejores cualidades: después de parear de poder a poder, sin probaturas, realizó cinco tandas por las dos manos en el tercio y mató de una estocada al encuentro. La afición se le rindió. En los tendidos, asomó una pancarta: «TORERO DE LAS VENTAS POR SIEMPRE».

Mientras le sacaban a hombros, bromeaba: «Terminar así mi historia en esta plaza es como despedirse de la mejor novia en el catre de Cleopatra. Así, firmaba el año que viene… No, esto es muy serio. Llevo treinta y tres años de alternativa y es el momento de irse».

Luis Francisco ha defendido siempre y practicado los valores del toreo clásico. (Puedo atestiguar la debilidad que sentía por él Marcial Lalanda). A la vez, siempre ha sido muy consciente de que el toreo es un espectáculo, ha buscado que el espectador medio no se aburra. De ahí la variedad de su repertorio. Le acusaban algunos de inspirarse en la lectura de *Los toros*, el tratado de Cossío: ¡como si eso fuera un defecto y no una virtud!

En sus espectaculares tercios de banderillas, veían algunos solamente un alarde de facultades. Además de eso, lucía Esplá su conocimiento de los secretos de la lidia, cuando banderilleaba por dentro, con gran riesgo, al estilo de Ignacio Sánchez Mejías, o llevaba prendido al toro a la distancia justa por todo el ruedo.

En sus últimas temporadas, practicaba la suerte de matar recibiendo en el mismo platillo, después de haber citado al toro desde muy lejos: algo tremendamente arriesgado y difícil. (Marcial le reñía cariñosamente por hacerlo).

Personalmente, Luis Francisco es listo, divertido, original, huye de los tópicos; curiosamente, siente pasión por los animales, es socio de Greenpeace y, en su finca de Alicante, ha reunido un verdadero zoológico. Estudió Bellas Artes, es pintor y le apasiona la ópera. Dentro y fuera de los ruedos, todo un personaje.

VÍCTOR MENDES,
BANDERILLERO ESPECTACULAR
Vila Franca de Xira (Portugal), 1959
Alternativa: 1981

«Yo era feliz toreando. Sentía el placer de hacer lo que de verdad me agradaba. El verdadero placer es estar en la cara de los toros, dominarlos y saber hasta dónde podrías ir. Esa fue siempre mi mayor ilusión: torear, siempre torear, para mitigar esa fiebre».

Víctor Mendes

Todos los aficionados recuerdan a Víctor Mendes como a un grandísimo banderillero, uno de los más importantes de la historia. Además de eso, ha sido un excelente profesional y un enamorado de la tauromaquia. Procede de Vila Franca de Xira, una de las zonas más taurinas que existen; aprendió el oficio paso a paso; tenía unas condiciones físicas extraordinarias y una gran facilidad, delante del toro.

Debutó en 1981. En los años ochenta y noventa, entró en todas las ferias y triunfó en los cosos más exigentes. Toreó más de 1.100 corridas. Se retiró en 2001. Al año siguiente, toreando un festival en Pedro Bernardo (Ávila), sufrió una cornada con dos trayectorias de 40 y 20 centímetros. Últimamente, ha formado parte del equipo del torero portugués *Luisito*.

Su toreo se basó en el dominio, más que en la estética: se embraguetaba de verdad con los toros. Se fue consolidando como un lidiador poderoso, emocionante, y un gran estoqueador.

Su gran baza, por supuesto, eran los rehiletes. Recuerda él: «Intentaba banderillear puro y cerca». Añado yo: con clasicismo, asomándose al balcón, con gran espectacularidad y mucho riesgo. Llegaba a veces a rozar lo temerario: en esta suerte, sufrió cinco cornadas.

Logró salir a hombros un par de veces en Las Ventas; las dos, con corridas duras: Victorino Martín (1984) y Baltasar Ibán (1987). Ha señalado: «Mi toreo evolucionó al compás de los Victorinos».

Quiero recordar un par de tardes triunfales. En Fallas, el 14 de marzo de 1987, con toros de Victorino Martín, grandes y cornalones, cortó nada menos que cuatro orejas a costa de una cornada grave. Escribió Vicente Zabala padre: «Parece herido de mucha gravedad. Se nos corta la respiración. Lo llevan a la enfermería. Apenas si Dámaso González se hace cargo del toro, sale Mendes de la enfermería en mangas de camisa. El público, que estaba muy asustado, le vitorea… Rápidamente, la estocada a toro arrancado. El Victorino cae sin puntilla. Las dos orejas. Otra vez a la enfermería».

Ese mismo año, en San Isidro, el 23 de mayo, con toros de Baltasar Ibán, bravos y codiciosos, *El Soro* sufrió una grave cornada en el pecho y Víctor Mendes tuvo que matar tres toros: cortó la oreja de su primero, perdió por la espada las orejas de su segundo, pero las consiguió en el último por una faena de gran emoción y entrega absoluta. (A mi lado, Federico Jiménez Losantos bramaba de entusiasmo). Resumen: tres orejas, que pudieron ser cinco.

Es hombre culto y educado (ha estudiado Derecho), de trato agradable; habla muy bien, se apasiona y transmite su pasión por el toreo.

ESPARTACO,
LA INDOMABLE VOLUNTAD
JUAN ANTONIO RUIZ ROMÁN
ESPARTINAS (SEVILLA), 1962
ALTERNATIVA: 1979

«A los toros hay que poderles, me repetía continuamente Pablo Lozano. Insistía en que no solo se trataba de torear bien. En todos los entrenamientos, en cada final de sesión, había que poder al toro, meterse en su costillar, mandar sobre él, para que a la hora de entrar a matar estuviera entregado de verdad. Me costó mucho aprenderlo, pero lo acabé asimilando.

ESPARTACO

Entre 1980 y 1990, *Espartaco* fue ocho veces líder del escalafón, superando el récord de Domingo Ortega. Heredó el apodo de su padre, Antonio Ruiz. (Se lo había puesto *El Pipo*, el lanzador de *El Cordobés*, por la película de Stanley Kubrick sobre el esclavo romano).

También fue matador de toros —luego, banderillero— su hermano menor, Francisco José, *Espartaco Chico* (Espartinas, 1966; alternativa: 1989). Ha triunfado como picador su hermano Manuel Jesús (1971).

Todos coinciden en alabar al padre como incansable «entrenador» de toreros. A él se debe, en buena parte, que Juan Antonio eligiera este camino. Ya se vistió de luces a los doce años; toreó en la parte seria del espectáculo de *El Chino Torero*. De novillero, compitió con Emilio Muñoz. Fue para él decisivo, también, ser apoderado por los Lozano.

Tomó la alternativa en 1979. Logró abrir la Puerta del Príncipe por primera vez en 1982, pero las cosas no acababan de funcionar; tanto era así, que tenía pensado pasar a vestirse de plata cuando llegó la tarde decisiva, el 25 de abril de 1985, en la Maestranza, con el toro *Facultades*, de Manolo González. Recuerdo bien el asombro gozoso del público sevillano esa tarde al descubrir a un diestro que sabía torear mejor, más despacio, con más arte, de lo que pensaban. Ese mismo año, abrió la Puerta Grande de Madrid.

Luego, se encadenaron los éxitos; también, las polémicas. Los exigentes le criticaban su estética. Una tarde muy importante, con serios toros de Alonso Moreno, le sirvió para convencer al público de Madrid. Abrió cinco veces en total la Puerta del Príncipe: en 1982, 1985, 1986, 1987 y 1990.

Siendo ya figura, tuvo el gesto de encerrarse en Sevilla con seis Miuras el 3 de mayo de 1987: aunque no cortó trofeos, es una de las tardes de las que él se siente más orgulloso.

No estaba dotado de especiales cualidades artísticas, pero era un torero muy dominador, en la línea de Luis Miguel o *Paquirri*. Nadie le puede negar su indomable voluntad. (El libro biográfico de Rafael Moreno, su apoderado durante muchos años, se subtitula *El largo y difícil camino del éxito*). Junto a ella, el esfuerzo, el valor y, sobre todo, la técnica.

Sobando mucho al toro, conseguía que casi todas las reses se entregasen a su muleta. Las llevaba muy largo, mandando mucho, con un toreo en línea. Con la espada, era un verdadero cañón.

La carrera de triunfos se interrumpió por una lesión en la rodilla en 1995. La sufrió jugando un partido de fútbol benéfico, y le

tuvo fuera de los ruedos cuatro años. Reapareció en 1999 en Olivenza. En la fase final de su carrera, actuando ya en menos festejos,
consiguió torear con mayor lentitud y gusto, para sí mismo.

Accedió a torear por última vez el Domingo de Resurrección de 2015 en la Maestranza, en Sevilla, para dar la alternativa a
su paisano Borja Jiménez (que ha triunfado rotundamente con
Victorinos en la Feria de Otoño de 2023). Fue un final absolutamente feliz, con un público totalmente entregado. Al final, le cortaron la coleta su padre, Antonio, y su hijo, Juan.

Atrajo la atención de la prensa rosa al casarse con Patricia
Rato en 1991; se divorciaron en 2010.

Ver a *Espartaco* dominar a toros difíciles era una lección y un
verdadero placer. Ahora, se ocupa de sus hijos y de su ganadería.
Como persona, es educado, afable y de una gran sencillez.

EMILIO MUÑOZ,
BARROQUISMO TRIANERO
SEVILLA, 1962
ALTERNATIVA: 1979

«Yo he podido ser mejor torero de lo que he sido. Si yo hoy
quisiera ser torero, sería mucho mejor de lo que fui. Para ser torero,
es fundamental la afición. Ahora tengo más afición que cuando
quería ser torero».

EMILIO MUÑOZ

Nació en Triana, en la calle Pureza: una de las dos caras de
Sevilla, la dionisíaca, según Antonio Burgos. Era hijo de Leonardo Muñoz, que fue novillero y, luego, organizador de espectáculos taurinos, buen amigo de Paco Camino. Emilio fue un niño

prodigio. Simón Casas le bautizó como «el Mozart del toreo». Con solo trece años, toreó 80 festejos sin caballos; con picadores, al año siguiente, llegó a ser novillero puntero.

Tomó la alternativa a los dieciséis años: fue uno de los más jóvenes diestros de la historia. En su primera temporada, toreó 60 corridas. Muy pronto, conquistó Pamplona: cuatro orejas y rabo en su primera comparecencia en San Fermín; cuatro orejas, en la segunda.

Confirmó la alternativa en 1980, sin haber actuado en Las Ventas como novillero; se lo hicieron pagar, no llegó nunca a conquistar a la afición madrileña: «Nunca he triunfado en Madrid porque no fui capaz. La culpa no la ha tenido ni el viento, ni el toro, ni el público. La culpa de que una persona no llegue a donde quiere llegar es por él. Nunca eché la culpa a nadie. Es una espina en mi carrera».

Impresionado por las muertes de *Paquirri* y el *Yiyo*, decidió parar en 1987. Volvió a los ruedos tres años después: «Lo que me motivaba en mi reaparición era ser torero con los cinco sentidos y llegar al esplendor de mi tauromaquia».

Logró entonces alguna de sus mejores faenas: en 1990, triunfó en Sevilla, y en Algeciras indultó a *Comedia*, un gran toro de Cebada Gago. Abrió la Puerta del Príncipe en 1994 y 1995. Al año siguiente, en Sevilla, cortó dos orejas a *Jarabito*, de Zalduendo.

Retirado en el 2000, logró nueva popularidad por dos videoclips junto a Madonna y por ser comentarista taurino en televisión.

Nadie niega su gran capacidad: Vicente Zabala le llamó «Emilio *Temple* Muñoz». Sí discuten algunos su estilo apasionado, barroco, belmontino, algo retorcido: los naturales, la media verónica, los molinetes… Y su carácter inestable, irregular.

Habla ahora de toros en un tono muy alejado de los tópicos habituales: «Delante de un toro no se disfruta. Cuando hoy escucho a muchos toreros que van a disfrutar, yo me pongo de los nervios. Yo me moría de miedo, yo disfrutaba cuando aquello había pasado».

Emilio Muñoz: un buen torero, un artista singular, contradictorio.

EL SORO,
UNA TRACA VALENCIANA
VICENTE RUIZ
FOYOS (VALENCIA), 1962
ALTERNATIVA: 1982

«Son 66 operaciones, 44 intervenciones en esta pierna, 22 con una sepsis, un infarto y dos anginas de pecho. Si esto no es decirle a la vida y a Dios que soy un hombre de suerte, pues la verdad es que sí».

EL SORO

Muchísimas veces se ha mencionado que es el único superviviente del trágico cartel de Pozoblanco del 26 de septiembre de 1984, la tarde en que fue herido mortalmente *Paquirri*, igual que le sucedió luego al *Yiyo*.

Por su carácter vital, apasionadísimo, ha sido un tópico comparar a *El Soro* con una falla o una traca; es decir, con la expresión más populista de cierto carácter valenciano.

Ha estado siempre muy vinculado a Foyos, su pueblo. Era el torero de la huerta valenciana, frente a los más refinados y urbanos Enrique Ponce y Vicente Barrera.

Conocía bien sus armas: la entrega absoluta, el valor, la variedad, el amplio repertorio, la espectacularidad... Solía recibir al toro con largas cambiadas o faroles de rodillas. Encadenaba quites vistosos. Ponía al público en pie con sus pares de banderillas. Con la muleta, intentaba mantener la emoción con su entrega. Era estoqueador fácil y seguro. A todo ello unía una personalidad única, arrolladora, sentimental, abundante en gestos. Conectaba fácilmente con los sectores menos exigentes del público.

Popularizó dos novedades espectaculares en banderillas. En el par del molinillo, avanzaba hacia el toro girando como un trompo. En el par de la moviola, trazaba un amplio semicírculo corriendo hacia atrás para acabar clavando certeramente los palos. En los dos casos, unía el derroche de facultades con el dominio de los terrenos.

En 1994, sufrió una gravísima lesión, se destrozó la rodilla izquierda. Tuvo que permanecer tres años en una silla de ruedas. Con increíble entereza, soportó un calvario de operaciones quirúrgicas. En 2013, se le implantó en la pierna una prótesis de titanio. Eso no le impidió volver a los ruedos: en las Fallas de 2015, recibió a su segundo toro a portagayola, sentado en una silla.

Ha seguido vinculado a los toros como comentarista en Canal 9 y en el programa de radio *Toros con El Soro*, con Eva Rogel, su actual mujer.

El gran público lo ha adorado porque sentía que era de los suyos.

También ha sido matador su hermano Antonio Ruiz, *Soro II* (Foyos, 1963; alternativa: 1989). Y picador su hermano Jaime Ruiz, *Soro* (Foyos, 1969).

EL YIYO,
PRÍNCIPE DEL TOREO
José Cubero Sánchez
Burdeos (Francia), 1964-1985
Alternativa: 1981

«Tenía *Yiyo* conocimientos, técnica y estaba ya bastante cuajado para su edad. Se había prodigado en Madrid, y eso el público lo soporta mal, aunque le sirvió para darse a conocer. Estaba en la línea de *Paquirri* y Luis Miguel. Además, tenía clase».

Marcial Lalanda

Toreó con *Paquirri* y *El Soro* la tarde trágica de Pozoblanco (26 de noviembre de 1984). Al año siguiente, el 30 de agosto de 1985, en Colmenar Viejo, le hirió mortalmente el toro *Burlero*, de Marcos Núñez. Era entonces la gran esperanza del toreo.

Procedía de la Escuela de Tauromaquia de Madrid: el 6 de mayo de 1979, se presentó en Vista Alegre con sus compañeros Lucio Sandín y Julián Maestro. Desde entonces, Tomás Redondo fue su apoderado y gran amigo.

Su carrera como novillero fue muy rápida. Debutó en Las Ventas el 11 de mayo de 1980. Toda España pudo ver por televisión su triunfal alternativa. Le fue difícil la temporada 1982, en la que confirmó la alternativa.

Todo cambió para él en 1983. Lesionado Roberto Domínguez en un accidente de moto, le sustituyó en San Isidro *Yiyo* y obtuvo un gran éxito. Volvió a coger otra sustitución, triunfó de nuevo y toreó la Corrida de Beneficencia. De aquel San Isidro de 1983 salió convertido en figura del toreo. El exigente Joaquín Vidal tituló así su crónica: «*Yiyo*, torerazo».

No lo reconocieron así todos los empresarios y el público le exigía más, ya no era una promesa. Recuerdo mi enfado, en su último San Isidro, el de 1985, cuando el público no valoró su excelente faena.

En Colmenar Viejo, el 30 de agosto de 1985, sustituía a Curro Romero. A las puertas de Madrid, quiso demostrar con una gran faena las injusticias que estaba sufriendo. Después de la estocada, el toro, herido de muerte, hizo por él, lo levantó y, en la arena, volvió a clavarle el pitón: con asombrosa puntería, le partió el corazón.

Aquella tarde, participaba yo en un coloquio en Ronda con Luis Miguel y Antonio Ordóñez. Al recibir la noticia, los dos se quedaron anonadados, igual que toda España. Antonio D. Olano publicó un emocionado libro, titulado *Adiós, príncipe, adiós*.

Tres tardes de San Isidro lo elevaron a la gloria. La muerte lo convirtió en un mito. Había declarado su firme resolución: «Quiero ser figura del toreo y lo voy a ser». Consiguió serlo y lo pagó con su vida.

Su hermano Miguel Sánchez Cubero tomó la alternativa en 1986. Otro hermano, Juan Cubero, ha sido un gran banderillero.

CÉSAR RINCÓN,
CONQUISTADOR DE LAS VENTAS
BOGOTÁ (COLOMBIA), 1965
ALTERNATIVA: 1982

«El presidente de Colombia fue guerrillero, pero dicen que
el asesino soy yo».

CÉSAR RINCÓN

Estalló como primera figura en Madrid en 1991: salió a hombros dos tardes seguidas por la Puerta Grande, en San Isidro, y otras dos, esa misma temporada. Fueron cuatro tardes consecutivas:

un récord inigualado. Luego, volvió a salir a hombros en Las Ventas en 1995 y 2005.

Procedía de una familia humilde, pronto fue un niño torero. Vino a España para abrirse camino en 1981. Al año siguiente, tomó la alternativa. Ese mismo año, estando él en España, murieron su madre y su hermana al incendiarse su casa en Bogotá por las velas que habían encendido para rogar por él.

Toreaba entonces en España con desigual fortuna hasta que llegó el zambombazo de Madrid. ¿Por qué se produjo? Creo que se puede explicar. Frente a la moda del encimismo, deslumbró al público dando distancia a los toros: citaba de lejos, dando el pecho y adelantando la muleta. Al llegar la res a su jurisdicción, desviaba ligeramente su trayectoria y la conducía hasta detrás de la cadera. Hacía todo eso sin mover los pies y cargando la suerte: una técnica muy pura, muy arriesgada, muy emocionante. El exigente público madrileño se le entregó por completo, le hizo su ídolo.

Se confirmó este idilio en la lucha titánica que mantuvo en el San Isidro de 1994 con el bravísimo *Bastonito*, de Baltasar Ibán.

Le costó más convencer al público de Sevilla, solo lo logró a costa de una cornada. Quizá los sevillanos le consideraban un «torero de Madrid».

No sabíamos los aficionados que César arrastraba una enfermedad. En 1990, en Palmira (Colombia), sufrió una gravísima cornada y le tuvieron que hacer varias trasfusiones de sangre. Quizá así se contagió. En 1992, le diagnosticaron que sufría hepatitis C y debía abandonar los ruedos. Aunque el tratamiento era muy duro, quiso seguir toreando: «Estaba en mi mejor momento y no podía dejarlo. Era como bajarse de un tren que va a toda velocidad. Me dije: "No me bajo y sigo hasta que las fuerzas aguanten"».

Toreando en esas condiciones, sufrió entonces varios percances: «Tengo el cuerpo cosido a cornadas».

Descansó de 1999 a 2002 y reapareció en Olivenza en 2003. Su retirada definitiva fue en 2007, en Barcelona, y 2008, en Colombia, en una tarde de gran fervor popular.

Vive ahora en España. En recuerdo de sus éxitos madrileños, a su ganadería le ha puesto el nombre de Las Ventas del Espíritu Santo. Es un firme defensor de la fiesta frente a los ataques del presidente colombiano Gustavo Petro.

Es bajo, educado, habla con suavidad. Todos le conocemos como César, pero se llama en realidad Julio César. Eso ha sido en el toreo: un conquistador de Las Ventas.

JOSELITO,
POR LIBRE
José Miguel Arroyo
Madrid, 1969
Alternativa: 1986

«Existe un gran desconocimiento de lo que es de verdad el mundo del toreo. Además, vivimos en una sociedad hipócrita: no queremos ver la muerte, ni de los animales ni de las personas».

Joselito

No tuvo una infancia ni una adolescencia feliz. Siendo muy chico, les abandonó su madre; a los doce años, murió su padre. Como le ha contado a Paco Aguado, el toreo le salvó, quizá, de la delincuencia juvenil. También vivió tragedias como las muertes del *Yiyo* y de su banderillero *El Campeño*.

Se formó en la Escuela de Tauromaquia de Madrid: allí conoció a sus grandes amigos, *El Fundi* y *El Bote*. El director, Enrique Martín Arranz, fue su mentor y apoderado: acabó casándose con su hija; ya retirado, comparten los dos la ganadería brava.

Se dio a conocer *Joselito* al triunfar rotundamente en Las Ventas el 5 de abril de 1986, en el festival a beneficio de los damnificados de Colombia. Siendo todavía novillero, les ganó la partida esa tarde a figuras consagradas como *El Cordobés*, *Antoñete* y Palomo Linares.

Interrumpió sus primeros éxitos como matador en el San Isidro de 1987 una grave cornada que le dio un enorme toro de Peñajara, que pesó 697 kilos: «Tenía el cuello rajado de la nuez a la oreja, con las venas al aire. Vi que no me venía abajo y ahí cambió mi toreo. Se hizo más reposado, más real. Se acabó aquel *Joselito* que lo hacía todo acelerado».

Poseía un concepto clásico de la lidia: era variado con el capote, resucitaba viejos quites. Con la muleta, toreaba muy relajado, con desmayo. Y su gran arma: era un extraordinario estoqueador.

Alcanzó la cumbre de su carrera el 2 de mayo de 1996 en Las Ventas al matar seis toros con seis estocadas y cortar seis orejas: «Hubo un momento maravilloso durante la lidia del cuarto, cuando, al rematar una tanda de muletazos, vi a toda la gente puesta en pie… Aquella olla a presión era un clamor de 20.000 personas, gritándome: "¡Torero, torero!"».

Ocho días después, en la misma plaza, Ponce y él rivalizaron en un tercio inolvidable: cinco quites en un solo toro.

Quisieron enfrentarle con *Espartaco*, con Ponce, pero no entró al trapo; él iba siempre por libre.

Su temperamento repercutía en los altibajos de su carrera. Se retiró en 1998, cuando parecía haber perdido la ilusión. Decidió reaparecer por una sola tarde en Istres (Francia) el 15 de junio de 2014.

Cuando descubrió que su hija se declaraba antitaurina, escribió un libro: *Los toros explicados a mi hija*. Intervino en defensa de los toros en el Parlamento de Cataluña.

Ha sido un rebelde, un inconformista, una personalidad compleja. Valoraba sobre todo su independencia. Ha ido siempre por libre. Lo explicaba con una frase, digna de un hidalgo del Siglo de Oro: «Mi miedo y mi hambre los administro yo».

ENRIQUE PONCE,
LA DIFÍCIL FACILIDAD
CHIVA (VALENCIA), 1971
ALTERNATIVA: 1990

«Es un maestro en el que nunca han decaído la responsabilidad y la pasión con las que ha practicado el toreo a lo largo de toda su vida».

MARIO VARGAS LLOSA

Sobrino nieto de *Rafaelillo*, sorprendió por su precocidad. Apenas asomaba la cabeza por el burladero y ya demostraba cualidades fuera de lo común. Tomó la alternativa en Valencia, su tierra, en 1990. Tres años después, se colocó ya a la cabeza del escalafón.

Su trayectoria es única en toda la historia de la tauromaquia. Ha cumplido más de tres décadas como matador, manteniéndose siempre como primera figura, sin la menor decadencia.

Sus datos son apabullantes. Durante diez temporadas seguidas, de 1992 a 2001, toreó más de 100 corridas: un récord no igualado por nadie. Ha superado los 2.000 festejos y las 5.000 reses toreadas. Ha abierto las puertas grandes de todas las plazas de España, Francia e Hispanoamérica. No ha rehuido ninguna ganadería ni ningún rival: a todos los ha ido dejando atrás. Ha indultado más toros que nadie.

En 1996, escribí ya que Ponce era la gran figura del toreo, a buena distancia de los demás, y que soportaba la comparación con los mejores diestros de la posguerra. Así ha seguido siendo.

¿Cuáles son sus principales cualidades? Ante todo, su clarividencia: ve rápidamente las condiciones del toro y sabe pensar delante de él. Destaca, además, por la naturalidad, esa difícil facilidad que, en cualquier arte, es privilegio de los más grandes. Une a eso una estética refinada, mediterránea, y un valor de fondo que no todos han sabido apreciar. Todo ello se basa en una afición apasionada que nunca ha decaído.

En resumen, ha sido un diestro completo, que ha sabido sacar partido a casi todos los toros y ha resucitado un bellísimo toreo por bajo.

Hace años, le preguntaron al sabio *Niño de la Capea* hasta dónde creía él que podría llegar Ponce y respondió, tajante: «Hasta donde él quiera. Solo de él depende». Tenía toda la razón.

Muchas veces he sostenido que Ponce brilla de modo especial, da la talla de gran figura cuando se enfrenta a toros difíciles, que ponen a prueba su capacidad lidiadora. Como ejemplo, es forzoso recordar su gran faena a *Lironcito*, un fiero toro de Valdefresno, en Las Ventas, el 27 de mayo de 1996. Esa tarde, hizo un notable esfuerzo que le sirvió para tocar el cielo, consagrarse definitivamente ante la afición madrileña más exigente.

En Bilbao, donde ha sido torero predilecto, el 22 de agosto de 2003 lidió a *Carjutillo*, de Samuel Flores, un toro de impresionante arboladura. En el patio de cuadrillas de la plaza de Vista Alegre, la cabeza de ese toro, disecada, sigue causando sensación.

Al comienzo de su temporada número 25, el 19 de marzo de 2014, en Valencia, su tierra, dictó otra lección magistral y sufrió una cornada de 25 centímetros, que llegó hasta el cuello, por entregarse, a la hora de matar. Esperó, de pie, hasta comprobar que el presidente le daba la segunda oreja y solo entonces marchó por su pie a la enfermería.

El 19 de septiembre de 2015, en Nimes, dio la alternativa a Andrés Roca Rey y sufrió un importante desgarro muscular. Totalmente cojo, sin poder moverse, salió de la enfermería para matar a su segundo toro y logró muletazos templadísimos en una faena de gran emoción: si el toro hubiese hecho cualquier extraño, no se habría podido escapar.

En otro terreno, el 19 de junio de 2016, en Istres (Francia), actuando como único espada, indultó un toro, cortó ocho orejas y dos rabos. Esa tarde, además, toreó mientras sonaban músicas no taurinas: el tiempo lento del *Concierto de Aranjuez*; la canción «El águila negra», de Barbara…

No puedo seguir recordando efemérides. En la breve y extraña temporada de 2020, marcada por el covid, asumió su responsabilidad de primera figura y fue el diestro que más tardes toreó: 16 corridas, en las que cortó 29 orejas y 1 rabo.

Datos finales: el 28 de junio de 2021, anunció que se retiraba de los ruedos «por tiempo indefinido» después de haberse separado de su mujer, Paloma Cuevas, la hija de Victoriano *Valencia*, que también era su apoderado.

Escribo estas líneas en noviembre de 2023: Simón Casas acaba de anunciar que Ponce reaparecerá en Nimes el próximo 17 de mayo. Es perfectamente lógico: una carrera como la suya merece una despedida que esté a su nivel.

En 2013, La Esfera de los Libros publicó la biografía de Ponce, firmada por él y por mí, con prólogo de Mario Vargas Llosa. Elegimos entonces un subtítulo que sigue siendo totalmente válido: Enrique Ponce es *un torero para la historia*.

JUAN JOSÉ PADILLA,
UN HÉROE DEL PUEBLO
JEREZ DE LA FRONTERA, 1973
ALTERNATIVA: 1994

«Padilla es hijo de una España de esfuerzo y resistencia, que hoy ni se estila ni se admira».

LUIS VENTOSO

El 7 de octubre de 2011, una terrible noticia nos conmovió a todos: en la plaza de Zaragoza, Juan José Padilla había sufrido una espeluznante cornada en la cara de pronóstico gravísimo.

No era ese su primer percance grave. Menciono solo dos. El 12 de agosto de 1999, en Huesca, un toro de Teófilo Segura le corneó en el tórax y el abdomen. El 14 de julio de 2001, en Pamplona, un toro de Miura le hirió gravemente en el cuello.

En Zaragoza, el acierto de los médicos logró salvarle la vida, pero había perdido el globo ocular y sufrido múltiples fracturas en el rostro. Durante meses, con una entereza ejemplar, Padilla soportó una cadena de operaciones quirúrgicas.

La sorpresa llegó cuando decidió volver a los ruedos. En Olivenza, el 4 de marzo de 2012, volvió a hacer el paseíllo con un parche negro en el ojo. Todavía no se habían cumplido ni los cuatro meses desde su cornada. Dios, los médicos y su fuerza de voluntad habían hecho el milagro.

Faltaba la segunda parte: torear. Padilla pasó el examen con nota. No se advirtieron secuelas y se fue templando, en series emocionantes. Fue una tarde inolvidable. Se había recuperado al torero y al hombre.

No estaba considerado Padilla un artista, sino un diestro valiente, espectacular, con amplio repertorio, que conectaba fácilmente con el público. Detrás de eso había un lidiador que había aprendido el oficio con Rafael Ortega y Ruiz Miguel, y que lo había consolidado en muchas corridas duras.

En esta nueva etapa, le dieron oportunidades que antes no había tenido (mejores carteles, reses más manejables) y las aprovechó sin dejar de ser fiel a sí mismo, aunque todavía tenía que superar importantes secuelas.

Se sucedieron los triunfos del *Pirata* (era su nuevo apodo por el parche en el ojo). Vivió momentos tan emocionantes como la vuelta a Zaragoza o el fervor de las peñas de Pamplona, que lo habían convertido en su nuevo ídolo y le tiraron banderas negras.

En toda España, Padilla se había convertido en un símbolo de la entereza, la resistencia al dolor, la fuerza de voluntad que vence todas las dificultades: lo que los cursis llaman ahora resiliencia y que en el toreo se había llamado siempre crecerse en el castigo.

La tarde más triunfal de toda su larga carrera la vivió en Sevilla, el 16 de abril de 2016. Después de dos emocionantes trasteos, cortó tres orejas y logró cumplir su sueño. Tituló *ABC* de Sevilla al día siguiente: «Un ciclón pasó por la Puerta del Príncipe». *Ciclón* era el apodo que le daban a Padilla antes del percance de Zaragoza.

Al final de la temporada 2017, anunció que la siguiente sería la última suya: una decisión prudente, acertada. A lo largo de todo el año 2018, Padilla fue recibiendo el cariño y el respeto de todos los públicos de España.

Todavía hubo momentos especialmente dramáticos. En Arévalo, el 7 de julio, el toro, como si fuera un indio de las películas del Oeste, le arrancó parte del cuero cabelludo. España entera se acongojó con la fotografía del «colgajo» —así lo llamó él— de 20 centímetros de piel herida y con la calva recosida con «40 o 50 grapas».

A partir de entonces, además del parche negro en el ojo, llevó un pañuelo negro anudado en la nuca (no podía ponerse la montera): un completo *Pirata*. Su definitiva despedida en España tuvo lugar en la última corrida de la Feria del Pilar, el 14 de octubre.

Muchas veces, cuando tiendo a achicarme ante algún dolor o contrariedad, me acuerdo de mi amigo Juan José Padilla y eso me da nuevos ánimos. Con toda justicia, el pueblo español le ha hecho su héroe.

EL CID,
LA MANO IZQUIERDA
MANUEL JESÚS CID
SALTERAS (SEVILLA), 1974
ALTERNATIVA: 2000

«Soy zurdo y la sincronía mía con la mano derecha no es la misma. No sé cuál es el secreto de mi mano izquierda, pero veo a muchos compañeros que torean muy bien con la izquierda, pero no conectan tanto como yo. Yo es algo que lo hago intuitivamente. Cuando te olvidas de la técnica es cuando aflora lo que tú quieres sacar de ti. Cuando tú eres técnico, eres muy frío. Cuando ocurre la magia, llega arriba».

EL CID

Debutó en 1994, pero tardó mucho en llegarle el triunfo. Supo esperar, seguir entrenando. Estuvo cinco años viviendo en Madrid, solo, antes de la alternativa, que tomó en Las Ventas. Su destino estuvo unido a esta plaza, a la ganadería de Victorino Martín y a su mano izquierda.

Triunfó también en su tierra natal: abrió la Puerta del Príncipe en 2005 (dos veces), 2006 y 2007. En Madrid, solamente dos, en 2005 y 2006, y la perdió no menos de una docena de veces por culpa de la espada. (Solían decir algunos que *El Cid* lograba buenas estocadas justamente cuando no había cuajado la faena).

Madrid lo adoptó por su mano izquierda; algunos la llamaron «la zurda de oro». Su secreto era muy sencillo y, a la vez, tremendamente difícil: adelantar la muleta, llevar embebido al toro hasta muy lejos, con la tela barriendo la arena, con hondura, con naturalidad, con pureza. Si la res humillaba mucho, como hacen algunos Victorinos, la emoción era enorme.

La cumbre de su carrera la alcanzó en Bilbao el 25 de agosto de 2007 al matar seis toros de Victorino y cortarles cuatro orejas.

Fue una tarde histórica, que le valió la Oreja de Oro de Radio Nacional de España y que muchos buenos aficionados siguen recordando.

Vino luego el lógico declive. Se retiró en 2018 y ha vuelto a los ruedos en el 2023: cortar una oreja en la Maestranza no le ha servido para ganar muchos contratos, pero, en la segunda parte de la temporada, ha sabido aprovechar las escasas oportunidades que ha tenido para demostrar que conserva su estilo clásico.

Personalmente, *El Cid* es sencillo, normal, tímido. Se ha ganado el respeto y el afecto de los profesionales. Carlos Crivell tituló así su biografía: *Un torero al natural*. Manuel Jesús lo es en un doble sentido: por su naturalidad como persona y por su honda maestría con la mano izquierda.

JESULÍN DE UBRIQUE, EL TORERO Y EL PERSONAJE MEDIÁTICO

Jesús Janeiro Bazán
Ubrique (Cádiz), 1974
Alternativa: 1990

«Soy positivo, alegre, he venido a esta profesión a jugarme la vida con alegría… A Juan Pablo II lo definiría con dos palabras: im-presionante».

Jesulín de Ubrique

Actuó en los ruedos por primera vez con trece años; con caballos, dos años después. Demostró pronto sus cualidades toreras: capacidad, mando, temple. Y las humanas: inteligencia natural, simpatía, desparpajo. Su alternativa en Nimes, en 1990, supuso un acontecimiento.

De acuerdo con las estrategias publicitarias de Manuel Morilla, su apoderado, se convirtió en un auténtico fenómeno de masas.

Durante tres años seguidos, lideró el escalafón con más de un centenar de corridas toreadas, batiendo todos los récords: en 1994, toreó 153 tardes y cortó 339 orejas; en 1995, 161 corridas, el récord absoluto de todos los tiempos, y 279 trofeos; en 1996, 121 corridas.

Sea porque le gustaba provocar o porque se lo aconsejó su apoderado, incurrió en numerosas extravagancias. Recuerdo, en Fallas, un vestido de color amarillo, bordado con calaveras, que horrorizó a los demás toreros. En un programa de televisión, se bajó los pantalones para enseñar las cicatrices de sus cornadas. Grabó una canción que concurrió al Festival de Benidorm. Se subió a un toro como si fuera un caballo. Se dejó vivo voluntariamente una res. Organizó en Aranjuez una corrida solo para mujeres, con el rótulo «Va por ellas», y declaró que «son lo más bonito que inventó Dios»; en la vuelta al ruedo, le tiraron bragas y sujetadores...

No hace falta decir que todo esto le proporcionó una enorme popularidad y también el rechazo de muchos aficionados.

Se retiró de los ruedos en 1999, con veinticinco años. Se convirtió en un personaje mediático por sus frecuentes apariciones en televisión. También, en un protagonista de la prensa rosa por sus dos parejas, Belén Esteban (desde 1997) y María José Campanario (2002). Sufrió un grave accidente de automóvil.

Volvió a los ruedos en el 2001 en Olivenza. Se retiró en 2007. Lo intentó de nuevo en 2010 para conmemorar sus veinte años de alternativa. Toreaba bien, con temple y mando, pero el público lo acogió con frialdad. Ha intervenido en la película *Torrente 5*.

Recuerdo bien una discusión que tuve en Radio Nacional de España con Manuel Morilla, su apoderado, en el momento de mayor popularidad del torero. Le advertí de que estaban siguiendo un camino muy peligroso a la larga. Me dijo que *Jesulín* era muy joven, que ya tendría tiempo de cambiar... La realidad ha demostrado que en el aspecto taurino se equivocaba: cuando provocas que te pongan un sello, es muy difícil luego cambiarlo.

Jesulín obtuvo mucha popularidad y mucho dinero, pero lo hizo siguiendo un camino equivocado. Luego, lo ha pagado: el personaje mediático devoró al torero.

También es matador de toros y también ha frecuentado las televisiones su hermano Víctor Janeiro (Ubrique, 1979; alternativa: 1999).

JOSÉ TOMÁS,
EL MITO
José Tomás Román Martín
Galapagar (Madrid), 1975
Alternativa: 1995

En otras artes también cuecen habas,
cuando tuve de todo quise más,
una noche soñé que reinventabas
conmigo el rock and roll, José Tomás…
Conque, maestro, acéptame el envite:
te cambio seis sonetos por un quite
de frente por detrás a una vaquilla.

Joaquín Sabina

Su gran calidad artística, unida a su singular personalidad y a una peculiar estrategia, le ha convertido en un verdadero fenómeno popular.

Es sobrino nieto de Victorino Martín. Debutó con caballos en Benidorm el 24 de julio de 1993, en un certamen de noveles de Antena 3. Para abrirse camino, tuvo que marchar a México. En 1994, salió a hombros en Madrid como novillero. Tomó la alternativa en México en 1995; al año siguiente, la confirmó y sufrió una grave cornada en Autlán de la Grana.

En México, se convirtió en un verdadero ídolo. También en Madrid ha abierto siete veces la Puerta Grande. En esta primera etapa, triunfó en todas las plazas españolas y compitió con Enrique Ponce.

Después del bohemio Antonio Corbacho, enamorado de la filosofía zen, tuvo como apoderados a los muy profesionales Emilio Miranda y Santiago López. En 1998, cambió al independiente Martín Arranz. Con él, en el 2000, declaró la guerra a la televisión por los derechos de imagen, negándose a que retransmitieran sus corridas (no así en América): eso le dejó fuera de las grandes Ferias. Alternó triunfos resonantes con escándalos, como dejarse voluntariamente un toro vivo en Salamanca y otro, en Madrid.

Volvió a los ruedos en 2007, con su amigo Salvador Boix como apoderado. Obtuvo triunfos resonantes en Barcelona, que se le rindió. En 2010, sufrió una grave cornada en Aguascalientes. Ha publicado un libro en el que dialoga con el toro que le hirió.

A partir de entonces, su carrera ha seguido caminos singularísimos, que han aumentado enormemente su popularidad. Para la historia han quedado sus triunfales actuaciones en solitario en Barcelona y Nimes.

Según sus partidarios, José Tomás hace prevalecer la calidad sobre la cantidad. Es decir, elige muy bien cuándo y dónde actúa. Defiende un toreo con el máximo riesgo.

Su estilo es vertical, amanoletado; de ahí su insistencia por hacer la estatua: gaoneras con el capote previamente situado a la espalda, al tragantón; impávidos estatuarios iniciales, sin mover un músculo; excelentes naturales; manoletinas…

Es también un perfecto ejemplo de algo muy actual: la sabia utilización de los medios. Evitar por sistema la televisión, tan traidora, impide que se vean los posibles defectos. El silencio, la negativa a realizar declaraciones, resulta ser, paradójicamente, la mejor propaganda en una época de tanto barullo mediático. Su personalidad reservada contribuye a hacer de él una esfinge —con o sin secreto—, un mito.

Estos factores han desencadenado una catarata de elogios hiperbólicos sin precedentes. Le han llamado *El Mesías*, *El Quinto evangelista*, *El torero de otra galaxia*… Sus partidarios forman una verdadera religión, bautizada como el «tomismo» o «tomasismo».

En su última etapa, además, ha calculado al máximo y controlado todos los detalles de sus escasas actuaciones, desde el aforo hasta las reses. Así, convierte cada una de ellas en un acontecimiento único, al que acuden, en peregrinación, sus partidarios. Evita las plazas de mayor exigencia, como Madrid, Sevilla y Bilbao. Elude a sus posibles rivales, no ha aceptado el reto de Enrique Ponce: hubiera sido una competencia memorable. Elige alternar con diestros de menor categoría o torea él solo cuatro toros (una novedad insólita). Cada ciudad elegida (León, Granada, Jaén, Alicante) le agradece el gesto de torear allí porque eso atrae un turismo internacional que dejará grandes beneficios.

Es un gran torero José Tomás, sin duda. Lo demuestra, por ejemplo, toreando al natural. Pero yo soy tan antiguo que sigo con las ideas de siempre: la auténtica primera figura demuestra serlo toreando en las plazas más exigentes y compitiendo con sus mayores rivales. En términos futbolísticos, me gusta ver al Real Madrid en la Champions, no en partidos amistosos.

Al día de hoy, no sé si José Tomás volverá o no a torear, ni siquiera si está o no en activo.

MORANTE DE LA PUEBLA.
ARTE CLÁSICO
José Antonio Morante
La Puebla del Río (Sevilla), 1979
Alternativa: 1997

«El toreo es una especie de droga. Es una pasión y un amor.
Es una locura… Soñar el toreo es aún más hermoso que torear».

Morante de la Puebla

El 26 de abril de 2023, Morante cortó el rabo en Sevilla al toro *Ligerito*, de Domingo Hernández. No se había concedido este premio a un torero de a pie desde Ruiz Miguel, en 1971. La noticia revolucionó a todo el mundo taurino. Llegaron a plantear algunos si se trataba del mejor torero de toda la historia…

Sin exageraciones, parece claro que Morante es uno de los mejores y que, en este momento, no tiene rival. Antes de la faena del rabo, en 2021 y 2022, ya había hecho varias en la Maestranza de ese mismo nivel.

El acontecimiento se produjo porque confluyeron, esta vez, varios factores: un público que deseaba fervientemente ese triunfo; un buen toro; una faena magnífica, con un manejo del capote extraordinario; una estocada efectiva, con la fortuna de que el toro rodara espectacularmente a los pies del diestro; un presidente, José Luque Teruel, hijo del gran banderillero Andrés Luque Gago, que se atrevió a afrontar posibles críticas… Gracias a todo eso, ha quedado ya consagrado Morante como un mito: el sucesor de Curro Romero como ídolo de la Maestranza.

No había profesionales taurinos en su familia, pero se apasionó por los toros desde los cinco años. No fue a ninguna Escuela Taurina; comenzó a torear en el campo con los aficionados. Lo descubrió Leonardo Muñoz, el padre de Emilio. Debutó con picadores en 1994; al año siguiente, en su debut en Sevilla, ya salió en hombros.

Tomó la alternativa en Burgos en 1997. Dos años después, ya abrió la Puerta del Príncipe como matador de toros. Diodoro Canorea le firmó una gran exclusiva.

Desde entonces hasta hoy, Morante ha alternado tardes gloriosas con broncas sonadas: es la irregularidad propia de los diestros de su línea estética. Ha parado varias veces por no sentirse a gusto en los ruedos: en 2004, 2007, 2009... Él mismo ha revelado que ha sufrido, a veces, problemas psicológicos.

Maneja el capote como ninguno de los diestros actuales, con verónicas lentísimas y garbosas chicuelinas. Sin necesidad de tener grandes facultades, banderillea a veces con sencillez y clasicismo. Suele comenzar la faena de muleta con ayudados por alto, cargando la suerte, que nada tienen que ver con los estatuarios, en los que solo se deja pasar al toro. Corre la mano con exquisita suavidad en derechazos y naturales. Ha desempolvado suertes añejas: molinetes belmontinos, macheteos por la cara a lo Rafael *El Gallo*. La espada no es su fuerte, pero, cuando quiere, sabe matar bien, con estilo; frecuentemente, al encuentro.

Se ha hecho famoso también por sus anécdotas: las camisas de colorines; los puros que se fuma en el callejón; sus enfrentamientos con los antitaurinos. En Alicante, le mostró unas grandes gafas de plástico al presidente, que le había negado la oreja. Más de una vez, ha tomado la manguera para regar el ruedo. Cosas de Morante...

¿Cuál es el secreto de sus últimas temporadas triunfales? Está muy claro: siempre ha tenido excepcionales condiciones estéticas; sin hacer literatura, nos ha deleitado con verdaderas borracheras de arte. En los últimos años, además, ha decidido seguir el ejemplo de su admirado *Joselito el Gallo*, ha asumido su responsabilidad de primera figura. Por ejemplo, en 2022, fue el líder del escalafón, toreó un centenar de corridas (algo insólito, en un torero de su línea).

Tuvo que interrumpir la temporada 2023, al final, por una lesión de muñeca. En noviembre, acaba de anunciar que ha comprado el hierro de Pérez de la Concha (la primera ganadería donde él toreó) y vacas de Alcurrucén, encaste Núñez: inicia su proyecto ganadero.

Mientras él quiera, nos seguirá deleitando con su arte único. Como se decía de su admirado *Gallito*, Morante es, ahora mismo, el indiscutible rey de los toreros.

IVÁN FANDIÑO,
SEGUÍA SU CAMINO
ORDUÑA (VIZCAYA), 1980-2017
ALTERNATIVA: 2005

«Yo soy el único dueño de mi carrera, de mi libertad».

IVÁN FANDIÑO

El 17 de junio de 2017, al concluir la corrida de las Ventas, nos llegó la terrible, inesperada noticia: Iván Fandiño había fallecido en el Hospital de Mont-de-Marsan, después de haber sido herido en la plaza francesa de Aire-sur-l'Adour.

En un quite al toro *Provechito*, de Baltasar Ibán, que correspondía a su compañero Juan del Álamo, sufrió una terrible cornada en el costado derecho. Después de haber triunfado en plazas tan exigentes como Madrid y Bilbao, había caído en un pueblecito francés, en un quite no especialmente arriesgado… Así es la fiesta.

Había nacido en un pueblo de Vizcaya; su apellido mostraba raíces gallegas; residía en Guadalajara. Desde el comienzo, su carrera no fue nada fácil. Toda ella la hizo al lado de Néstor García, un apoderado independiente.

Tomó la alternativa en Bilbao en 2005. Se consagró en la temporada 2011 al cortar cuatro orejas en Las Ventas. Al año siguiente, revalidó su éxito en la Maestranza con toros de Victorino. El 22 de mayo de 2013, en Madrid, pagó con sangre su triunfo en la Corrida de la Prensa. Se volcó sobre el morrillo, a cambio de sufrir una cornada de 25 centímetros. Comentó con sencillez Néstor, su apoderado: «Le ha atravesado el muslo».

La ansiada Puerta Grande de Las Ventas llegó el 13 de mayo de 2014. Para amarrar el triunfo, en su segundo toro, tiró al suelo la muleta, entró a matar sin ella (como hacía, en su época, Antonio José Galán, al que cariñosamente le apodaron *el Loco*): a cambio de un topetazo, la espada quedó en todo lo alto. Ya se había ganado que le consideraran «torero de Madrid».

Para inaugurar la temporada 2015, apostó fuerte: en Las Ventas, seis toros de ganaderías duras. Se llenó la plaza, pero los toros salieron deslucidos: ahí quedó su gesto.

La especialidad de Fandiño era la espada. Se situaba muy cerca del toro, colocaba la mano derecha en el pecho, arrancaba de frente, se volcaba sobre el morrillo, cruzaba limpiamente y solía salir con el toro moribundo entre los vuelos de la muleta. Parecía una estampa de Goya.

Fue Iván Fandiño uno de los mejores estoqueadores de los últimos tiempos. No había aprendido a aliviarse. Todo lo que obtuvo lo ganó con su esfuerzo, con su sangre. Siempre siguió su propio camino.

SEBASTIÁN CASTELLA,
VALOR FRÍO COMO EL HIELO

Sebastián Turzack Castella

Béziers (Francia), 1983

Alternativa: 2000

«Los toreros somos locos cuerdos. La locura dura cinco minutos.
El toreo exige cordura e inteligencia muy grande».

Sebastián Castella

El 30 de septiembre de 2023, en la sevillana Feria de San Miguel, Sebastián Castella hizo historia: cortó tres orejas y salió por la Puerta del Príncipe. Era el primer torero francés que lo conseguía. Cerraba así triunfalmente el año de su reaparición.

Este francés, de origen polaco, nació en la taurina ciudad de Béziers. Su padre intentó ser torero. Debutó en 1997. Tomó la alternativa en el 2000. Reside en Gines (Sevilla).

Fue el líder del escalafón en el 2006: toreó 90 corridas, cortó 152 orejas y 8 rabos, y logró indultar a 3 toros. Siguió luego en los puestos más altos del escalafón hasta que se retiró, en el 2020, coincidiendo con el covid. Ha vuelto a los ruedos en el 2023.

Su toreo se ha basado siempre en la verticalidad, la cercanía, la quietud, el temple, la ligazón. Impresiona al público por su valor frío, de hielo. Se le ha criticado que, a veces, alarga demasiado las faenas. Suele concluirlas con un arrimón, metido entre los pitones. Ha perdido no pocos triunfos por la espada.

Daba la impresión, hace unos años, de que su toreo, poderoso y técnico, se había mecanizado. Le vino muy bien la parada. Hasta que un día, en San Miguel, se vio en el tendido de la plaza de Sevilla y comprendió que ese no era todavía su sitio.

Ha vuelto con más frescura, más ilusión; también, con unos trasteos más clásicos, cargando la suerte con el capote y dominando al toro con doblones poderosos. Lo demostró en el San Isidro de

2023, abriendo de nuevo —por sexta vez— la Puerta Grande de Las Ventas: en los premios de Plaza 1, ganó el de triunfador de la Feria y también el de la mejor faena, aunque también lo pagó con sangre.

Pocos meses después, abrió la Puerta del Príncipe, en San Miguel: fue la rúbrica feliz de su temporada y supuso cumplir el sueño de toda su carrera.

Además de torero, Sebastián es persona con notable sensibilidad artística. En los años de descanso, se ha dedicado a pintar sobre telas de capotes. Pero sus inquietudes no son solo estéticas: viajó en coche hasta Polonia, llevando alimentos y medicinas para los damnificados por la guerra de Ucrania.

Le apasionan también los caballos. Tiene una yeguada de pura raza española en la provincia de Huelva: «Aprendí a montar a caballo antes que a torear. El toro me ha dado todo, pero el caballo me hace soñar».

Ahora mismo, Sebastián Castella es, ya, timbre de honor para la tauromaquia francesa. Si mantiene su actual actitud, puede añadirle nuevas tardes de gloria.

MIGUEL ÁNGEL PERERA.
LA FIRMEZA
La Puebla del Prior (Badajoz), 1983
Alternativa: 2004

«Para la gente que te rodea, no es fácil saber que lo más importante; para ti, es el toro».

Miguel Ángel Perera

Hay toreros más valorados por sus compañeros, quizá, que por los públicos. Este parece ser el caso del extremeño Miguel

Ángel Perera. La temporada próxima será la vigésima desde su alternativa y sigue acumulando triunfos. Por algo será…

No tenía antecedentes taurinos en su familia. Su afición nació
jugando al toro con un compañero de colegio, hijo de un ganadero.
Debutó en el 2002 en San Sebastián. En Madrid, dos años después,
en su presentación como novillero, ya abrió la Puerta Grande.
(Como matador, saldrá por ella en hombros seis veces más). Tomó la
alternativa en Badajoz, su tierra, en el 2004. En 2005, el año en que
la confirmó, cortó trofeos en Madrid y en Sevilla.

Alcanzó la cumbre la temporada del 2008: toreó 91 festejos,
cortó 169 orejas y 4 rabos, e indultó 2 toros. En Las Ventas, el 6 de
junio, cortó 4 orejas. Cerró la triunfal temporada encerrándose en
Madrid con 6 toros. Solo pudo matar 5, porque sufrió esa tarde 2
cornadas. Después de la primera, pasó a la enfermería, el público
le esperó y volvió a salir. Recibió la segunda en el quinto toro y ya
no pudo volver al ruedo. Cortó 3 orejas y se ganó para siempre el
respeto del público madrileño.

La regularidad en el número de corridas y en los triunfos ha
continuado desde entonces. Ha sido el primer diestro español que
cortó un rabo en su confirmación en la Plaza México.

En 2023, ha toreado 32 tardes y ha abierto la Puerta Grande
en 20 ocasiones. Quiero subrayar su éxito rotundo en San Fermín,
el 8 de julio, y sus dos tardes triunfales en Salamanca, los días 10 y
12 de septiembre, con un especial valor sentimental para él: está
casado con Verónica Gutiérrez, hija de *El Niño de la Capea*.

Perera es un diestro técnico, valiente, con gran regularidad.
Ha sido fiel siempre a su modo de entender el toreo: firme, man-
dón, de muletazo largo. Se pasa los toros muy cerca (alguno de sus
compañeros ha contado cómo le impresionó ver sus moratones).
La espada no es su fuerte, le ha hecho perder muchos triunfos.
Además de todas sus cualidades taurinas, tiene carácter, es ambi-
cioso, quiere mandar: le he escuchado referirse con admiración a
Luis Miguel *Dominguín*.

Sus datos lo avalan: ahora mismo, es el diestro en activo que más veces ha abierto la Puerta Grande de Las Ventas. Ha triunfado en todas las plazas importantes. También ha sufrido 15 cornadas.

Quizá le ha faltado astucia, saber venderse mejor de cara al público. Alguna vez, cuando parecía que no estaba ya en la primera fila, un éxito resonante atraía sobre él de nuevo los focos. En vísperas de cumplir sus veinte años como matador, sigue siendo una garantía por su firmeza y regularidad.

DANIEL LUQUE,
VOLVER A LA CUMBRE
DANIEL RUFFO LUQUE
GERENA (SEVILLA), 1989
ALTERNATIVA: 2007

«Los éxitos son muy traicioneros. Se aprende mucho más cuando no triunfas».

DANIEL LUQUE

En los toros, como en cualquier otro arte, llegar a la cumbre es difícil; mantenerse en ella, más complicado; perderla y ser capaz de recuperarla, casi imposible. Eso es lo que ha logrado Daniel Luque.

Venía ya dando muestras de cómo se había encontrado de nuevo a sí mismo, pero lo confirmó plenamente el 28 de abril de 2022 al abrir la Puerta del Príncipe, después de haber cortado tres orejas a una encastada corrida de El Parralejo.

Reconstruyo la historia. Era hijo de un mozo de espadas, pero, como él conocía bien la dureza de la profesión, la que más animó al chico a ser torero fue su madre, a la que siempre estuvo muy unido. A los doce años, se fue con su padre a México, a la Escuela Taurina de Aguascalientes. Para el chiquillo, no fue una experiencia feliz.

Debutó en el 2005 y tomó la alternativa en Nimes, en 2007, como una gran promesa. Al año siguiente, afirmaba ya Ignacio de Cossío: «Nace una figura del toreo». Y decía que le traía recuerdos nada menos que de Paco Camino y Antonio Ordóñez.

Todos se rindieron a la innata maestría de Luque. Lo hacía todo fácil y todo bien. En el 2009, en Nimes, cortó un rabo a un toro de Valdefresno, después de haber mostrado por vez primera su invento de la luquesina: una serie de muletazos ligados, con cambios de mano cada vez, por detrás de la espalda. (Ahora mismo, se ha puesto de moda y lo realizan muchos toreros).

Sorprendió también por su calidad con el capote. Llegó a competir en un tercio de quites en Las Ventas nada menos que con Morante. Sin humildad, Daniel lo explicaba así: «Hago fácil lo difícil. Con el capote es muy difícil torear y creo que tengo mucha facilidad para manejarlo».

En 2010, llegó a torear 66 corridas y cortar 86 orejas. Luego, todo se torció. Lo achacaron algunos a su difícil carácter, que él mismo reconocía: «Me gusta llevarle la contra a todo el mundo».

Se le juntaron muchas cosas: murió su madre, cambió de apoderados… O, sencillamente, se dejó ir, no puso toda la carne en el asador en los momentos decisivos. (Es una tentación frecuente para los toreros muy dotados). Lo explica él, ahora, con toda sencillez: «En los primeros años, no me fue muy difícil triunfar, porque yo suponía una novedad. Pero esa facilidad me acabó traicionando: creí que podía con todo. Luego, no fui capaz de mantener ese nivel. La culpa fue mía… Vi que lo tenía todo y llegué a no tener nada».

Tuvo que empezar de nuevo. Fue decisivo, para él, el apoyo de los públicos franceses; sobre todo, cuando se enfrentó a corridas duras. Con Carlos Zúñiga hijo, su nuevo apoderado, demostró que volvía a ser tan buen torero como antes; incluso, mejor, más hondo, más dominador, dentro siempre del clasicismo.

Me ganó cuando le vi cortar cuatro orejas a una corrida de Miura en Sanlúcar y hacerlo casi sin despeinarse. Sus toros fueron buenos, pero lograr eso con dos Miuras no es fácil…

El acontecimiento llegó el 28 de abril de 2022 en la Maestranza: el tercer toro de El Parralejo se lo echó a los lomos y le dio un fuerte pitonazo en el pecho, pero le cortó un trofeo. Con fisuras en dos costillas, volvió de la enfermería para matar al sexto: aguantó muchísimo, se lo pasó muy cerca, puso al público en pie con un cambio de mano, uno de pecho monumental y las luquesinas. Fue una faena de arte, valor y entrega, rubricada con un espadazo: dos orejas y la salida triunfal por la Puerta del Príncipe. Había cumplido su sueño.

Luego, el 13 de agosto, en Dax, mató seis toros de La Quinta, indultó a uno, cortó siete orejas y dos rabos. Fue uno de los grandes acontecimientos de la temporada.

En el año 2023, Luque ha vuelto a demostrar, una y otra tarde, que está totalmente recuperado. A comienzo de la temporada, me atreví yo a apostar, en *ABC*, que este iba a ser «el año de Luque». Para el que ha seguido su evolución, no era muy difícil preverlo. Si Morante ha sido el más artista y Roca Rey, el más taquillero, él ha sido el mejor lidiador.

Pero los toros hieren. Sobre todo, cuando se expone mucho. El 11 de agosto, en El Puerto de Santa María, toreaba con la derecha a un toro de Montalvo. Quizá se confió: al cambiar la muleta de mano, antes del primer natural, el toro hizo un extraño y le cogió: le sacó las tripas, literalmente, además de fracturarle el peroné.

Hizo el esfuerzo y reapareció muy pronto, con igual seguridad que antes. Al final, fue la fractura la que obligó a cortar la temporada, sin poder torear en la Feria de Otoño. Radio Nacional de España le acaba de conceder la Oreja de Oro al triunfador de la temporada.

Ha logrado Daniel Luque lo que parece casi imposible, volver a ser primera figura: «La Puerta del Príncipe me hizo muy feliz, pero ya pasó. A partir de ahora, espero ser más libre, más yo. Tengo un camino muy largo por delante». De él depende que haya aprendido la lección.

ALEJANDRO TALAVANTE, UN GUADIANA
Badajoz, 1987
Alternativa: 2006

«Es el toro el que debe acoplarse a su toreo. Eso puede ser un hándicap para él, pero le hace un torero diferente».

Luis Reina

Una novillada en Las Ventas le lanzó a la gloria en la estela de José Tomás. Todavía se recuerda un natural suyo en la Maestranza. Y también ha protagonizado fracasos: por sus altibajos, le han comparado con el Guadiana.

Su abuelo le llevaba a los toros, de chico, y se emocionó cuando recibió una oreja, que lanzó al tendido José Tomás. Aprendió el oficio en la Escuela Taurina de Badajoz, dirigida por Luis Reina; le ayudó también *Joselito*.

Debutó con picadores en el 2004. Ejerció gran influencia sobre él Antonio Corbacho, su apoderado, de 2005 a 2009: la filosofía zen («hoy es un buen día para morir en la plaza») y el estilo amanoletado de José Tomás.

Su revelación llegó en Las Ventas el 24 de mayo de 2006 con un toreo muy personal ante dos novillos de El Ventorrillo. Eso le llevó a tomar la alternativa.

Ha abierto cinco veces la Puerta Grande de Madrid. Ha triunfado también en todos los cosos. Cambió varias veces de apoderado. El Domingo de Resurrección de 2009, no tuvo fortuna al encerrarse con seis toros en Las Ventas. Sí la tuvo, en solitario, en Mérida, en 2013, ante las cámaras de Televisión Española. En el 2016, le vi una faena extraordinaria, premiada con un rabo, en Valladolid, en el festejo de homenaje a Víctor Barrio.

Sorprendió a todos anunciando su retirada «por un tiempo indefinido» en Zaragoza el 5 de octubre de 2018, la misma tarde en la que se despidió del toreo Juan José Padilla. Su apoderado de entonces, Matilla, ha aclarado luego los motivos: quería cobrar como el que más, porque se consideraba el número uno, y las empresas no se lo daban, porque no tenía ese tirón taquillero.

Volvió a los ruedos a fines del 2021, apoderado por *Joselito*: una temporada solo regular. El 12 de octubre de 2022, en Las Ventas, la tarde en que abrieron la Puerta Grande Roca Rey y De Manuel, se dejó un toro vivo, con una extraña indolencia, a la hora de descabellar (ya lo había hecho, veinte años antes, José Tomás, su ídolo).

La temporada 2023 ha sido algo mejor, con un repertorio heterodoxo, sorprendente: recibe al toro con faroles. Prodiga las arrucinas, el toreo de rodillas y mirando al tendido. En un nuevo bandazo, ha pasado de un apoderado independiente, *Joselito*, a uno de los grandes, Simón Casas.

Es un personaje tímido, callado, introspectivo. A Jesús Quintero le dijo que él solía dialogar con el toro con gestos. En la corrida en solitario de Mérida, sorprendió a todos, por televisión, al escuchar cómo le cantaba flamenco bajito al toro, mientras lo toreaba.

Simón Casas ha desvelado ahora que, hace años, le contó Talavante que le hubiera gustado torear en Nimes de noche, desnudo. Y ha añadido: «Siempre está en la duda. Dice que la duda es el principio del conocimiento».

Alejandro es muy amigo de Joaquín Sabina y de los futbolis-
tas Sergio Ramos y Nacho. Con este último como compañero, ha
iniciado con buen éxito su aventura ganadera.

Como torero, es un artista irregular, que depende de la inspiración del momento. Se le nota mucho si está a gusto o no delante del toro. Nadie discute que la mano izquierda es su gran arma.
Ha perdido muchos trofeos con la espada, aunque, a veces, mata
con gran facilidad. Dice que admira, a la vez, a diestros de estilo
tan diverso como *Manolete*, Paco Camino, *Rafael de Paula* y José
Tomás: este último ha sido, sin duda, su principal referente.

Se puede esperar de él lo mejor y lo menos bueno. Es un
Guadiana: para bien y para mal, no se parece a ningún otro.

ANDRÉS ROCA REY,
FIRME Y MANDÓN
LIMA (PERÚ), 1996
ALTERNATIVA: 2015

«La vida está para vivir la pasión que uno tiene, para apostar por lo que
quieres y, luego, disfrutar con lo que has conseguido».

ANDRÉS ROCA REY

Concluida la temporada 2023, está claro que Andrés Roca Rey
es el rey de la taquilla, el único diestro que casi garantiza el
lleno en sus actuaciones; es decir, el preferido por los espectadores
y por los empresarios taurinos. Se ha convertido, además, en una
figura mediática que conecta especialmente con los jóvenes. Eso
tiene contrapartidas evidentes: ha sufrido varios percances seguidos y los aficionados exigentes cada vez cuestionan más su estilo.

Nació en Lima, en una familia acomodada, vinculada al
mundo de los negocios taurinos. También ha sido matador de

toros su hermano Fernando Roca Rey (Lima, 1986). Dejó a su familia y se vino a España para ser torero: aprendió el oficio en la Escuela Taurina de Badajoz y con José Antonio Campuzano, su primer maestro y apoderado. Comenzó como novillero con caballos en 2014.

Desde el primer momento, sorprendió por sus cualidades innatas: mente clara, facilidad, valor, variedad, ambición, conexión con el público... Las ha mantenido a lo largo de toda su carrera, y eso le ha permitido triunfar rotundamente en todas las plazas del mundo taurino, convertirse en una estrella internacional.

Recuerdo cuando me preguntó Mario Vargas Losa si debía acudir a ver torear a su joven compatriota: se lo recomendé vivamente, lo hizo, recibió su brindis y le encantó, se hizo su seguidor.

Tuvo Andrés la osadía —la seguridad en sí mismo— de debutar en Las Ventas en la primera novillada del año 2015: un duro examen en ambiente de gran expectación. Lo saldó con un triunfo rotundo a costa de recibir tres cornadas. Se sucedieron los debuts triunfales en Valencia, Sevilla, Pamplona, Bilbao...

A pesar de haber recibido una cornada 12 días antes, tomó la alternativa en Nimes al final de esa temporada (19 de septiembre de 2015). Desde entonces, sería inacabable dar cuenta de sus triunfos como matador de toros. Mencionaré escuetamente unos pocos, especialmente significativos.

Abrió la Puerta Grande de Madrid en su confirmación de alternativa (13 de mayo de 2016). En la parte final de esa temporada, sufrió una fuerte voltereta en Málaga y otra en Palencia. Tuvo que interrumpir sus actuaciones y marchar a Estados Unidos para recibir tratamiento.

En 2018, fue ya el líder del escalafón, con 54 corridas. Al año siguiente, el 3 de mayo, en Sevilla, con toros de Cuvillo, cortó 2 orejas con petición de rabo (algo que muy pocos han conseguido).

Tuvo luego que interrumpir sus actuaciones por una lesión en el hombro, que se hizo patente en Pamplona, al descabellar un toro. Sonaron dos avisos, en sus labios se leía: «No puedo». Llegó a intentar descabellar con la mano izquierda, sin éxito. Tuvo que marchar a Nueva York a que le trataran y dejó de torear muchas corridas que tenía contratadas, creando unos graves problemas a las empresas. No había otra solución.

No toreó en el 2020 por el covid. En el 2021, pasó a ser apoderado por Roberto Domínguez y abrió por cuarta vez la Puerta Grande de Las Ventas.

Tuvo una actuación realmente épica en Bilbao el 26 de agosto, una de las más importantes de toda su carrera: después de sufrir una dura cogida, salió de la enfermería para matar a su último toro, fue cogido de nuevo, pero no se amilanó y acabó cortándole las orejas. Toda España se emocionó al ver en televisión la repetición de la hazaña.

En el verano de 2023, sufrió cornadas en Santander y El Puerto de Santa María. En Las Ventas, escuchó los pitos del Tendido 7 en San Isidro y se encaró luego con ellos.

Recuerdo muy bien que, la primera vez que hablé con él, me preguntó por Luis Miguel, sabiendo que yo había sido amigo suyo. Me parece evidente que lo ha tenido como una de sus referencias por el toreo mandón y también por la actitud arrogante con que ahora pisa los ruedos.

En medio de todo esto, han sido muchísimas las actuaciones triunfales de Roca Rey en todos los cosos. Para dar cuenta de ellas, los cronistas teníamos que recurrir a metáforas: arrasaba; llegaba *como un torrente* (como la película de Frank Sinatra); como *el rayo que no cesa* (el título del libro de poemas de Miguel Hernández). O, jugando con su apellido, era firme como una roca y mandón como un monarca: *pero sigo siendo el rey*, como en la ranchera mexicana que cantan los mozos, en Pamplona.

También ha aparecido con frecuencia en revistas no taurinas y en televisiones, se ha hablado de su amistad con Victoria Federica, se ha convertido en un ídolo juvenil…

Desde el comienzo de su carrera, sorprendió Roca Rey por su facilidad para realizar los cambios por la espalda. Hasta en su entorno le aconsejaron que no abusara de este recurso, de seguro éxito popular. En ocasiones, demostró que también sabe torear con hondura, dentro del repertorio clásico.

En el último año, sin embargo, ha insistido más en este repertorio, cercano al tremendismo: concluye las series de muletazos agarrando al toro por los cuartos traseros y mirando al tendido; al final de las faenas, cuando el toro ya está agotado, suele recurrir a las bernardinas, una especie de manoletinas, cambiando el viaje al toro en el último instante; se mete entre los cuernos, una suerte de ojedismo, dando con el muslo en los pitones... (También ha perdido un poco el sitio con la espada, al dejar la técnica que le enseñó José Antonio Campuzano; ahora, suele dar un pasito lateral y es frecuente que la espada quede atravesada).

Todos estos son alardes que demuestran valor y dominio, tienen un efecto seguro sobre la masa de espectadores, pero su repetición no agrada a los más exigentes. A corto plazo, proporcionan éxitos seguros, pero ese tipo de toreo no es el que se recuerda, pasado algún tiempo.

La necesidad de triunfar ha llevado a Roca Rey a prodigar estos recursos. Opinan algunos que, si vuelve al toreo más clásico, dirá menos. Esta es una crítica todavía más dura.

Para muchos, Roca Rey sigue siendo el número uno. Sus éxitos continuos y la taquilla lo avalan. Sin embargo, creo advertir una opinión creciente entre los aficionados exigentes: su gran reto actual es no quedarse en el repertorio tremendista, por muchos triunfos que le dé, y evolucionar hacia una mayor calidad en el toreo clásico. Posee cualidades para lograrlo.

VIII
LOS TOROS Y LA CULTURA

LA HISTORIA DE ESPAÑA

«En ninguna parte como en los toros cabe
estudiar la psicología del pueblo español».

RAMÓN PÉREZ DE AYALA

Evidentemente, el contexto social influye en cualquier arte, incluida la tauromaquia. La influencia es recíproca, de ida y vuelta: la fiesta refleja los cambios de la sociedad y, a la vez, los suscita. Podemos hablar de los toros de la Ilustración, del Romanticismo, del 98, del 27, de la Guerra Civil, del franquismo, de la democracia...

Ortega y Gasset lo resume y define con gran acierto: «La historia del toreo está unida a la de España tanto que, sin conocer la primera, resulta imposible comprender la segunda».

Ya hemos visto que la tauromaquia moderna es —en contra de lo que muchos creen— un fruto de la Ilustración, que introduce racionalidad, orden, normas, en lo que hasta entonces era una diversión popular, un juego espontáneo.

Los viajeros románticos que visitan España se deslumbran con los toreros: muchos escriben sobre ellos; los pintan Delacroix y Gustavo Doré; con Merimée y Bizet, el torero Escamillo es protagonista de la ópera *Carmen*, símbolo del Romanticismo.

No solo es literatura, también es realidad. *Tragabuches* comete un crimen pasional y se convierte en uno de los Siete Niños de Écija (sabemos que su biografía, en el tratado de Cossío, la escribe Miguel Hernández, aunque no la firme). Natalio Rivas escribe *Toreros del Romanticismo*; Fernando Claramunt, *Los toreros de la reina*

Isabel II. Comenta Antonio Díaz-Cañabate: «Constituyó gran fortuna para la fiesta el contagio, el apoyo del Romanticismo. El toreo era una aventura en la que podía perderse la vida y ganar la gloria (una pura palabra romántica)».

Para denigrar la inconsciencia del pueblo español, el antitaurino Pío Baroja comenta, en sus *Memorias*, que los madrileños recibieron la noticia del Desastre del 98 cuando salían de la plaza de toros. No fue exactamente así: por indicación del Gobierno, no se suspendió la corrida para evitar incidentes. Diez días después, el 12 de mayo, se organizó la primera de varias «Corridas patrióticas», en las que hubo brindis como este, de Mazzantini: «Brindo por el heroico pueblo del Dos de Mayo… y porque el importe íntegro que se recaude en esta corrida se destine en dinamita para hacer saltar en mil pedazos a ese país de aventureros que se llama Norteamérica».

Tampoco es cierto que todos los grandes escritores de esa generación sean contrarios a la fiesta. Existen, por ejemplo, testimonios favorables a ella de Valle-Inclán, Azorín, Antonio Machado y su hermano Manuel.

Desde una posición regeneracionista, los escritores novecentistas (Ortega, Pérez de Ayala, Madariaga) se plantean con seriedad y hondura qué supone la fiesta en relación con la psicología del pueblo español.

Indiscutiblemente, la generación del 27 es la etapa de mayor cercanía de la tauromaquia con el mundo de la cultura. No es extraño, si tenemos en cuenta su neopopularismo: Lorca y Alberti, sobre todo, escribieron obras maestras de la poesía taurina. También se da ese neopopularismo en la música (Falla y, otra vez, Lorca) y en la danza (*La Argentinita*). El mecenas de la generación fue un torero, Ignacio Sánchez Mejías.

A los toros le dedicaron libros completos Gerardo Diego, gran entendido, y Fernando Villalón, que, además de poeta, fue ganadero de reses bravas; poemas sueltos, Jorge Guillén, Vicente

Aleixandre, José Moreno Villa, Dámaso Alonso, Rafael Laffón, Adriano del Valle; ensayos, José Bergamín y Ernesto Giménez Caballero...

Durante la Guerra Civil, los toreros, en el paseíllo, saludaban con el puño cerrado o el brazo en alto; hay carteles de toros con el yugo y las flechas. La disminución de las ganaderías provocó una tolerancia con los toros que se lidiaban. Se llamaba *Comunista* y lo rebautizaron como *Mirador* el toro con el que tomó la alternativa *Manolete*, el ídolo que compensó al pueblo español de tantas privaciones, en la inmediata posguerra.

Luego, doña Carmen Polo de Franco organizaba festivales taurinos de Navidad; Luis Miguel *Dominguín* hacía reír al Generalísimo, contándole chistes que hacían sobre él. *El Cordobés* fue el ídolo popular en la España que se abría al turismo, a los Beatles, a la cultura *pop*.

En la democracia, diestros como *Antoñete*, Manolo Vázquez y César Rincón mostraron a los nuevos aficionados la belleza del toreo clásico. José Tomás ha entusiasmado a Joaquín Sabina.

Ahora mismo, un matador de toros, Vicente Barrera, es consejero de Cultura de la Comunidad Valenciana. En los nuevos públicos que llenan las plazas, advierto las ganas de vivir y también el mismo desconcierto, la misma falta de criterio que veo en otros aspectos de la realidad española.

He enumerado una serie de nombres, de referencias. Habría muchos más. No cabe duda: la fiesta de los toros es nuestra fiesta, ha ido siempre unida a nuestra historia.

EL TORERO, HÉROE

«"Mi corazón, cuyo peligro adoro"
no es una mera frase cortesana.
El hombre entero afronta siempre al toro
con peligro mortal. Así se ufana».

JORGE GUILLÉN

En febrero de 2009, estalló un escándalo político cuando pillaron, en una montería, al ministro de Justicia, Mariano Fernández Bermejo, que carecía del necesario permiso de caza; además, acompañaba al juez Baltasar Garzón, que iba a iniciar una investigación contra el PP. La oposición pidió su dimisión. En la sesión de control parlamentaria, negó rotundamente que fuera a dimitir. Sus compañeros del PSOE lo aclamaron con un grito: «¡Torero! ¡Torero!». (Pocos días después, dimitió).

Menciono la anécdota para señalar cómo este grito, que tantas veces se ha usado para aclamar a un matador de toros, se suele utilizar también como elogio para cualquier personaje público. Y no solo por parte de la derecha, como hemos visto.

También tengo anotado que le gritaron «¡Torero!» al tenista David Ferrer en Valencia (2018) después de un gran partido de Copa Davis. Al futbolista *Mágico* González, en Cádiz (1988). A otro futbolista, Ramalho, del Levante, en Valencia (2000). Hace poco, irónicamente, al político Pablo Iglesias…

Queda claro que, para el pueblo español, llamar a alguien torero, aunque no se dedique a la tauromaquia, supone no solo un elogio, sino un tributo de admiración.

La razón es muy sencilla: porque el torero hace algo que el común de los mortales no seríamos capaces de hacer por mucho dinero que nos ofrecieran. Es lo que ensalza «Nena», el cuplé de Zamacois, de los años veinte, recuperado por Sara Montiel, en *El último cuplé*:

> *Juró amarme un hombre,*
> *sin miedo a la muerte…*

El torero, cada tarde, es capaz de vencer ese miedo que a todos nos aterrorizaría. Eso le coloca en un simbólico pedestal. En un mundo tan prosaico como el actual, tiene el halo mágico de los auténticos héroes. Lo explicó Juan Belmonte con un consejo verdaderamente revolucionario: «Si quieres torear bien, olvídate del cuerpo».

¿Cómo nos vamos a olvidar del cuerpo? Lo aclara Belmonte: por «un ejercicio de orden espiritual…, un estado de ánimo».

A eso han aludido algunos apodos de toreros a lo largo de la historia: *Sinmiedo, Temerario, Gallardo, Jabato, Riñones…*

Arturo Pérez Reverte, que no siempre elogia la fiesta, admira sin reservas estos valores humanos: «El coraje, la dignidad, las maneras, el temple, la vergüenza torera…».

Ya he citado que, en el que es, probablemente, el mejor poema taurino de todos los tiempos, el *Llanto por Ignacio Sánchez Mejías*, lo que elogia García Lorca no es ningún detalle concreto de su forma de torear, sino su actitud en «la hora de la verdad», con qué dignidad nos enseña cómo afrontar lo que algún día nos llegará a todos.

Por eso, para el pueblo español, que somos todos, hoy mismo, como siempre, el torero sigue siendo un héroe.

EL LENGUAJE TAURINO

«Otra vez los dos compadres, toreando al alimón, Felipe González, *el Niño de la Vaquería*, y Alfonso Guerra, *Guerrita Grande*, vuelven a la Maestranza a lidiar en un mano a mano el toro negro de la acreditada ganadería de don Nicolás Redondo y don Antonio Gutiérrez».

JAIME CAMPMANY

Una de las aportaciones más evidentes de la tauromaquia a la cultura hispánica es la creación de un lenguaje propio. Bastantes personas me han comentado que ellos no son aficionados a los toros, pero que les gusta el lenguaje taurino y, por eso, leen las crónicas. Incluso algunos, contrarios a la fiesta, admiran la plasticidad de este lenguaje.

En principio, se trata de una jerga especializada más, como la que poseen otras artes (la música, la arquitectura) y varias profesiones (los médicos, los abogados, los economistas). Saber usarla es una especie de seña de identidad, nos da acceso a esa zona reservada a los entendidos.

La tauromaquia la ha creado el pueblo español, que somos todos. Es falso identificarla con una sola tendencia ideológica, social, política o estética. El lenguaje taurino, por ello, lo crea el pueblo y es el pueblo el que lo utiliza. Es visual, gráfico, pintoresco; se dirige más a la sensibilidad que al raciocinio. Lo adopta fácilmente el pueblo porque encaja a la perfección con su gusto por la expresividad.

Cuando un escritor culto imagina una expresión taurina nueva, intenta hacerlo de acuerdo con los moldes expresivos del pueblo, que, por eso, lo adopta. Es lo mismo que dice Manuel Machado de las coplas:

> *Hasta que el pueblo las canta,*
> *las coplas, coplas no son*
> *y, cuando las canta el pueblo,*
> *ya nadie sabe el autor.*

Son muy pintorescos y expresivos, por ejemplo, los términos que usamos para definir a los toros: su presentación, sus nombres, su pelo o pinta, sus cuernos, su comportamiento… Lo mismo sucede con los toreros: sus apodos, su indumentaria, sus cualidades…

Lo más curioso es que este lenguaje se utiliza metafóricamente para muchas facetas de la vida. Lo usan incluso los antitaurinos, como Pío Baroja: un personaje suyo «daba a su suegra cada capotazo que la desarmaba».

También lo emplean los extranjeros, aunque procedan de culturas muy alejadas de la fiesta. En noviembre de 1998, el ministro ruso de Asuntos Exteriores señaló una solución para el conflicto de la antigua Yugoslavia: «Habría que poner un buen par de banderillas al que incumpla los tratados de paz».

El futbolista holandés Johan Cruyff declaró que estaba harto de las polémicas sobre el Barcelona: «No estamos aquí para torear problemas extradeportivos». Un banquero alemán, Karl Otto Born, propuso una receta económica: «Agarremos el toro por los cuernos y hagamos una Europa más competitiva».

Las metáforas taurinas son muy frecuentes en la oratoria política. Las ha usado, por ejemplo, José María Aznar: «Si el Gobierno solo dialoga cuando le conviene, pinchará en hueso. Felipe torea para la galería, hace brindis al sol, ha de bajar a la arena».

Lo emplea incluso alguien tan poco taurino como Rodríguez Zapatero: «Montilla no es brillante, pero sabe arrimarse, como los buenos toreros».

El uso de unos términos u otros no es indiferente, encierra una filosofía. Prefiero yo al escritor que se refiere al «temple» o «la lidia», más que al que se apunta a moderneces: «El toro artista», el «toro con embroque», «la toreabilidad del toro»… (¿Habla alguien de la «jamoneidad» del jamón?).

El talento poético de Miguel Hernández da un nuevo sentido existencial a expresiones taurinas como «la querencia» o «crecerse en el castigo».

De sobra sabemos que el lenguaje implica una filosofía. El lenguaje taurino es uno de los síntomas más claros de la actitud hispánica ante la vida, de nuestra filosofía popular.

TEATRO, NOVELA Y POESÍA

> «En el pueblo, unos reflejos
> de sol que se va, unos dejos
> de amarguras en las almas.
> Y muy lejos, entre palmas,
> un fandanguillo…
> Muy lejos…».
>
> JOSÉ MARÍA PEMÁN, «Después de la corrida»

En la literatura de creación, no es fácil mostrar la complejidad del tema taurino dentro de las limitaciones objetivas del teatro, salvo en algún aspecto costumbrista.

Sí abundan las referencias taurinas en nuestro teatro del Siglo de Oro: en *La Celestina*; en varias obras de Lope, Ruiz de Alarcón y Calderón; en bastantes entremeses de Quevedo y Quiñones de Benavente. También, en los sainetes dieciochescos de don Ramón de la Cruz y del gaditano González del Castillo.

Muchas veces aparecen los toros dentro del teatro popular del XIX: sainetes, género chico, zarzuela… En el género lírico, es importante la zarzuela en tres actos *Pan y toros* (1864), de Picón y Barbieri, situada en el Madrid de 1792, en la que aparecen *Pepe-Hillo*, Pedro Romero y *Costillares* junto a Goya, Jovellanos y *La Tirana*: un verdadero documento histórico.

En el género chico, aparece el mundo taurino en varias obritas de López Silva, Abati, Julián Romea, Jackson Veyán… También tocan este tema los grandes saineteros, Arniches (*Las estrellas*) y los Álvarez Quintero (*El traje de luces*).

Una obra más ambiciosa es *Los semidioses* (1914), de Federico Oliver, que critica la pasión desmesurada por la fiesta.

En la generación del 27, además de numerosas referencias en el teatro de García Lorca, hay que recordar el originalísimo teatro de Ignacio Sánchez Mejías y una obra de Miguel Hernández, *El torero más valiente*, no hace mucho recuperada.

No es frecuente el tema taurino en el teatro de la posguerra. *El caso del señor vestido de violeta* (1954), de Miguel Mihura, es una divertidísima comedia, que interpretó Fernando Fernán Gómez: la caricatura de un torero «intelectual», que quiere huir de los tópicos habituales.

Muy distinta es *La cornada* (1960), de Alfonso Sastre: el drama de una relación de dominio (amo-criado) en la que el apoderado «devora» al torero.

En las raíces míticas de la fiesta se basa Juan Antonio Castro en *Tauromaquia* (1975): Teseo, el héroe mitológico, matador del Minotauro, se ha convertido en *El Teseo*, el nuevo ídolo de los ruedos, con la sombra, al fondo, de Juan Belmonte.

Buen aficionado era José Luis Miranda: en *Ramírez*, presenta un sentimiento taurinísimo, la ilusión por torear en la Maestranza.

Antonio Gala da la vuelta a muchos tópicos en su popular *Carmen, Carmen* (1988), escrita para Concha Velasco. También incluye a Pedro Romero y Juan Belmonte entre los héroes de la historia de España en su serie televisiva *Paisaje con figuras*.

Originalísima es *Coronada y el toro* (1982), de Francisco Nieva, una «rapsodia española», que presenta al toro como gran metáfora de nuestra vida.

Menos complicado resulta abordar el tema taurino en la novela, aunque se corre el riesgo de caer en lo externo y pintoresco.

Existen referencias taurinas en varias novelas realistas de Fernán Caballero, Galdós y Palacio Valdés (*Riverita*, 1880). El seguidor español de Zola, López Bago, estudia con pretensiones científicas a algunos tipos españoles; entre ellos, a *Luis Martínez, El Espada* (1886), basada quizá en Mazzantini.

Muy popular en el mundo entero, por sus adaptaciones cinematográficas, se ha hecho *Sangre y arena* (1908), de Blasco Ibáñez: una excelente novela, influida por el naturalismo y el regeneracionismo de comienzos de siglo. La tesis final está clara: el público cruel es la verdadera fiera.

Aunque sea menos famosa, una de las mejores novelas taurinas que conozco es *Los águilas (Novela de la vida del torero)*, de José López Pinillos, *Pármeno*, que reproduce bien el lenguaje coloquial andaluz.

Muy populares, por haber sido llevadas repetidamente a la pantalla, son dos novelas de línea sensiblera: *El Niño de las Monjas* (1923), de Juan López Núñez, y *Currito de la Cruz* (1921), de Alejandro Pérez Lugín, que fue también crítico taurino con el seudónimo *Don Pío*.

Una línea erótica y escandalosa es la de *Oro, seda, sangre y sol* (1914), del equívoco Hoyos y Vinent. Una buena novela, sentimental y algo exótica, es *La mujer, el torero y el toro* (1926), de Alberto Insúa.

El ingenio vanguardista de Ramón Gómez de la Serna brilla en *El torero Caracho* (1926). Del mismo año es *Los bestiarios*, del francés Henry de Montherlant, deslumbrado por una fiesta en la que «la lidia y la voluptuosidad son hermanas».

Popularizó los Sanfermines en el mundo entero Ernest Hemingway con su novela *The Sun Also Rises* (*Fiesta*, 1926): exalta ese estallido vital colectivo, en contraste con la desesperanza de unos intelectuales norteamericanos.

Después de la guerra, Camilo José Cela —que llegó a torear— trata el tema taurino, como parte de sus «apuntes carpetovetónicos», en sus obras *Toreo de salón* (1972) y *El Gallego y su cuadrilla* (1973), recogidas luego en el volumen *Torerías* (1991).

Bien documentada y equilibrada está *La última corrida* (1958), un interesante relato de Elena Quiroga, que muestra el contraste entre el torero en declive, el triunfador y el que aspira a serlo. Es una novela que merece ser más conocida.

Gracias al cine se hizo popular *Los clarines del miedo* (1958), de Ángel María de Lera, una novela social centrada en una corrida de pueblo.

El notable poeta Rafael Morales escribió también, con lirismo, pero en prosa, *Granadeño, toro bravo* (1964) desde la perspectiva del animal.

Buen nivel literario tienen los relatos de Fernando Quiñones, *La gran temporada* (1961), alabados nada menos que por Borges.

En el drama humano de un diestro que ha sufrido una cornada se centra el gaditano Ramón Solís en *El canto de la gallina* (1971).

Otro andaluz, poeta y narrador, Antonio Hernández, muestra en *Sangrefría* (1994) los altibajos de ánimo de un diestro gitano, claramente inspirado en *Rafael de Paula*.

Se convirtió en un hermoso relato la magnífica serie de televisión *Juncal* (1989), de Jaime de Armiñán, gran aficionado, muy amigo de los *Bienvenida*.

La poesía es, sin duda, el género más adecuado para expresar la belleza del arte taurino. Desde el comienzo de nuestra literatura, muchísimos poetas se han inspirado en la fiesta, en cualquiera de sus múltiples aspectos.

Lo hacen, en el Siglo de Oro, Lope y Quevedo. En el XVIII, Nicolás Moratín canta al torero como a un atleta griego en su oda *A Pedro Romero, torero insigne*; también, en un tono muy distinto, como un héroe popular, en su *Fiesta de toros en Madrid*.

Muchísimos poetas del siglo XX han tratado este tema. En *La Fiesta Nacional*, Manuel Machado la presenta como un espectáculo deslumbrante.

Como ya he comentado, casi todos los poetas de la generación del 27 cultivan este tema. A la cabeza, Federico García Lorca, que logra la mejor elegía de la literatura española —junto a las *Coplas por la muerte de su padre*, de Jorge Manrique— en su *Llanto por Ignacio Sánchez Mejías*. Junto a él, Gerardo Diego, el más entendido en tauromaquia, escribe todo un tratado en verso, *La suerte o la muerte*.

Otra cumbre suponen los sonetos de *El rayo que no cesa* (1936), de Miguel Hernández, colaborador de Cossío en *Los toros*. Según Fernando Claramunt, es un poeta táurico y taurino que identifica su amor y su destino trágico con el del toro bravo.

En 1943, la colección Adonáis se inició con los *Poemas del toro*, de Rafael Morales.

Después, sería innumerable la lista de excelentes poetas que se han inspirado en la fiesta: Pemán, Foxá, Blas de Otero, Gabriel Celaya, García Nieto, José Luis Cano, Alfonso Canales, Mariano Roldán, Lorenzo Gomis, Carlos y Antonio Murciano, José Luis Tejada, Félix Grande, Manuel Ríos Ruiz, Paco Brines, Antonio Carvajal…

Aconsejo al lector interesado que acuda a tres antologías. De Mariano Roldán, *Poesía hispánica del toro (siglos XIII al XX)* (Escelicer, 1970). Del mismo autor, *Poesía universal del toro (2500 a. C.-1990)* (Espasa Calpe, 1990). De Salvador Arias Nieto, *El Siglo de Oro de la poesía taurina* (La Venencia, 2009).

ENSAYO Y PERIODISMO

> «La crítica taurina puede hacer un gran
> bien a la fiesta, y también perjudicarla
> notablemente. Muchas veces, por
> ignorancia o apasionamiento, desorienta a
> los espectadores. En los mejores casos, en
> cambio, enseña al público y a los propios
> toreros».
>
> MARCIAL LALANDA

El mundo del ensayo taurino es amplísimo y muy variado. Me limito a ofrecer algunas recomendaciones personales.

Cualquier referencia debe comenzar por el monumental tratado *Los toros*, dirigido por José María de Cossío, con muchos colaboradores. Con afecto, solemos llamarlo «nuestra Biblia» por la cantidad de información que aporta. Responde a una iniciativa de Ortega y Gasset, que hizo luego el mejor elogio: según él, no tenemos nada comparable en ningún otro sector de la cultura española. No pocas veces he comentado yo en público algún dato taurino curioso y alguien me ha preguntado cómo lo había encontrado. Mi respuesta ha sido muy sencilla: en el Cossío... Por su extensión, es obra de consulta, no de lectura.

Podríamos considerar su lejano antecedente el tratado de Sánchez de Neira: *El toreo. Gran diccionario tauromáquico* (1879); sus continuadores, Carlos Orellana, *Los toros en España* (1969), y Marceliano Ortiz Blasco, *Tauromaquia A-Z* (1991).

Para conocer al animal, que es la base de la fiesta, recomiendo los libros de Luis Fernández Salcedo y el de Álvaro Domecq, *El toro bravo* (1985).

Sobre el lenguaje taurino, puede verse el amplio diccionario de José Carlos de Torres, *Léxico español de los toros* (1989) y los más manejables de Luis Nieto Manjón, *Diccionario Espasa de términos taurinos* (1996) y mi *Lenguaje taurino y sociedad* (1990).

Para conocer la historia del toreo, pueden utilizarse las de Néstor Luján (1954, puesta al día en 1995), Fernando Claramunt (1989) y la de Daniel Tapia y Carlos Abella (1992).

Existen muchísimos libros biográficos sobre un torero. El mejor, sin duda, es el de Chaves Nogales sobre Juan Belmonte, una delicia, que atrae también a los que no son aficionados. Sobre la otra gran figura, *Joselito el Gallo*, debe verse el reciente libro de Paco Aguado, *Rey de los toreros* (2020). Yo he publicado libros sobre *Ignacio Sánchez Mejías* (1998) y *El hombre de la Edad de Plata* (2010). Y sobre varios toreros, amigos míos: *Manolo Vázquez. El toreo de frente* (2005); *Luis Miguel Dominguín. El número uno* (2008) y *Enrique Ponce. Un torero para la historia* (2013).

Para la lidia clásica, me parece fundamental el libro de Gregorio Corrochano: *Qué es torear. Introducción a la tauromaquia de Joselito*, incluido en *Tauromaquia* (1989). También, el de Domingo Ortega: *El arte del toreo* (1950). Y el de Marcial Lalanda y Andrés Amorós: *La tauromaquia de Marcial Lalanda* (1987).

Muy interesantes son los volúmenes que recopilan entrevistas con maestros, donde ellos explican su concepto del toreo. Para los antiguos, el de *El Caballero Audaz: De Joselito a Manolete* (1947). Luego, los de Vicente Zabala: *Hablan los viejos colosos del toreo* (1976) y François Zumbiehl: *El torero y su sombra* (1987). Últimamente, el de Vicente Zabala de la Serna y José Aymá: *Ya nadie dice la verdad. Diálogos íntimos del toreo* (2023). Y el mío: *La inteligencia del toreo. De Marcial Lalanda a Vargas Llosa* (2023).

Una introducción sencilla y útil es el libro de José Antonio del Moral: *Cómo ver una corrida de toros* (1994).

El periodismo taurino nace, como la fiesta moderna, a fines del XVIII. Se suele considerar la primera crónica la que apareció en el *Diario de Madrid* en 1793.

El género alcanzó gran desarrollo en los siglos XIX y XX para responder al fervor popular por la fiesta. Las primeras reseñas eran casi como un telegrama, toro a toro. El gran cambio consistió en sustituir esto por una visión sintética, de conjunto. A lo largo del XIX, se fueron utilizando una serie de recursos literarios: críticas dialogadas, en verso, con personajes imaginarios...

La gran revista taurina del XIX es *La Lidia*, fundada en 1832, con artículos de muchos colaboradores (Peña y Goñi, Sánchez de Neira, López Silva, Orts Ramos, Pérez Zúñiga...) y preciosos dibujos de Daniel Perea.

La máxima figura del periodismo taurino, para mí, es don Gregorio Corrochano: sabía tanto de toros que hasta los grandes matadores tenían en cuenta su opinión; a la vez, escribía muy bien. Con él, la crónica de toros se acerca algo a la ciencia y al arte. Pueden leerse hoy las antologías de sus crónicas, tituladas *La Edad de Oro del toreo* y *La Edad de Plata del toreo*.

En la posguerra, escribe deliciosas estampas costumbristas Antonio Díaz-Cañabate. Pueden leerse sus crónicas en el volumen *Historia de tres temporadas. 1958, 1959 y 1960.*

Para la información taurina, han sido muy importantes revistas como *El Ruedo*, *Aplausos* y *6 Toros 6*. A la prensa escrita se añade la información taurina por la radio, con programas como *Clarín*, de Radio Nacional de España. Ahora mismo, es fundamental la información en internet: por ejemplo, *Mundotoro* y *Eurotoro*.

Felizmente, pasó ya a la historia el tiempo del sobre, cuando algunos periodistas alquilaban al periódico su página por una suma de dinero y, luego, tenían que recuperarlo. Hoy, el crítico taurino tiene más independencia y más prestigio; a cambio, dispone de menos tiempo para escribir sus comentarios. Y, en un mundillo reducido como es este, no faltan amistades, intereses creados y el afán de protagonismo de algunos periodistas.

MÚSICA TAURINA

———✦———✦———

«El estilo, en el toreo, tiene auténtica solera
flamenca y han sido, por lo general, los toreros
gitanos quienes mejor han sabido imprimirle
esta calidad. Al toreo lo catalogo yo dentro del
arte jondo. Toros y baile flamenco representan,
para mí, dos manifestaciones de un mismo arte
de raza».

VICENTE ESCUDERO

Como casi todas las cosas hermosas, la tauromaquia está profundamente unida a la música. De hecho, es una pasión com-
partida por muchos aficionados. Anecdóticamente, fue un ejemplo
claro Peña y Goñi, historiador de la zarzuela, a la vez que crítico
taurino.

Hago un pequeño repaso, con varios apartados: ópera, música sinfónica, canción popular, pasodoble, copla, flamenco, música *pop*…

La *Carmen* de Bizet, basada en la obra de Merimée, es una de
las óperas más populares de todo el repertorio. Nietzsche la
consideraba casi perfecta: «A la vez, diabólica y refinada». Durante
algún tiempo, cayó sobre ella el reproche de ser una «españolada»,
de formar parte de «la España de charanga y pandereta»: es totalmente injusto. Peter Brook mostró la profunda actualidad de *la
tragédie de Carmen*. Une el atractivo romántico de la fiesta y el interés de su protagonista, que proclama su libertad para amar a

quien ella quiera. Es un ejemplo claro de cómo algo muy español llega a ser universal. Más de una vez se ha representado en una plaza de toros.

Dentro de la ópera española, trata el tema taurino *El gato montés*, de Penella, que ha vuelto a representarse por el empeño de Plácido Domingo.

En la música sinfónica, es muy atractiva *La oración del torero*, de Joaquín Turina: un ejemplo de sevillanismo intimista, hacia dentro, comparable a Bécquer y Cernuda.

También se han acercado al tema taurino Cristóbal Halffter (música para *La cornada*, ballet *Jugando al toro*) y Mauricio Ohana (*Llanto por Ignacio Sánchez Mejías*).

Acompaña las buenas faenas —salvo en Madrid, por tradición, desde que hubo una polémica— el ritmo vibrante del pasodoble. Es el género taurino por excelencia. Muchos están dedicados a un torero concreto: *Gallito, Dauder, Marcial, Manolete, El Vito, Dávila Miura*...

Uno de los muchos atractivos que tiene presenciar una corrida en la Maestranza es deleitarse con la banda del maestro Tejera. Mi amigo Manolo Vázquez interrumpió una vez sus naturales hasta que concluyera el solo de *Nerva*, que embelesa al público. Cuando suena *Suspiros de España* en medio de una faena, la emoción patriótica se une a la taurina.

A García Lorca le encantaban las canciones populares españolas, se llamaba a sí mismo «el loquito de las canciones». Entre las que grabó, acompañando al piano a *La Argentinita*, tienen tema taurino *Los mozos de Monleón* y *El café de Chinitas*. En 1933, se estrenó en el Teatro Español de Madrid el espectáculo *Las calles de Cádiz*, en el que colaboraban Ignacio Sánchez Mejías, *La Argentinita*, Pilar López y Falla.

Es frecuentísima la presencia de los toros en los cuplés, como *El relicario*, de Padilla, que cantaba Raquel Meller. Y en el mundo de la copla, *Capote de grana y oro, Con divisa verde y oro, La luna y el toro, Yo quiero ser matador...* Desde Concha Piquer a Rocío Jurado, las han cantado todas las grandes figuras del género.

El flamenco, por supuesto, es hermano del toreo. Alberti lo define:

> *Ese toro metido en las venas*
> *que tiene mi gente.*

Para hablar de sí mismo, don Antonio Chacón recurría a una metáfora taurina: «Yo soy como los toros de Saltillo, que, cuando me llega la sangre a la pezuña, embisto con más fuerza».

Muchos toreros han sido grandes aficionados al flamenco. Un caso singular es el de *El Príncipe Gitano*, que actuó como torero y, también, como cantante y bailarín.

Usó hábilmente Bergamín una metáfora de san Juan de la Cruz para escribir de *la música callada del toreo*. Hace poco, Eduardo Osborne lo ha completado con *La música cantada del toreo. La tauromaquia en la cultura pop*, con ejemplos de Elvis Presley, los Beatles, Madonna, Mecano, Sabina, Andrés Calamaro...

LAS ARTES PLÁSTICAS

«El toro soy yo».

No hace falta ser un gran experto, basta con tener una mínima sensibilidad para advertir la belleza plástica del toreo: el juego de formas y colores, la gracia de los movimientos, el albero dorado, las actitudes escultóricas, los contrastes de luz. Por eso, la tauromaquia ha atraído a multitud de pintores, grabadores, escultores, dibujantes…

Cuando Manet presenció una corrida de toros, le escribió a Baudelaire: «Es uno de los más bellos, más curiosos y más terribles espectáculos que se pueden ver».

Hace poco, las exalta, a su manera, Francis Bacon: «Las corridas, como el boxeo, son un maravilloso aperitivo para el sexo».

En la pintura taurina, si nos remontamos en la historia, hay que hablar de los toros de Altamira y Lascaux, las decoraciones del palacio de Cnosos, las miniaturas medievales… A partir de la corrida de toros moderna, sobresalen claramente dos genios, Goya y Picasso.

En las cartas a Martín Zapater, su íntimo amigo, le aconseja Goya que se venga a Madrid para ir con él a los toros y curar así sus «murrias». Desde Burdeos, en su *Epistolario*, escribe Moratín: «Goya dice que él ha toreado en su tiempo y que, con la espada en la mano, a nadie teme. Dentro de unos meses va a cumplir ochenta años».

Goya retrata a toreros, pinta escenas taurinas, sueña un precioso *Disparate de toritos*; sobre todo, graba su *Tauromaquia* para ilustrar la *Carta histórica sobre el origen y progreso de las corridas de toros en España*, de Nicolás Moratín.

Ya viejo, emigrado en Francia, consuela sus nostalgias con la serie de grabados *Los toros de Burdeos*. (No vale la pena desmontar la inepcia actual de que Goya pintaba tantas escenas taurinas precisamente porque le horrorizaban). Hasta el final de su vida firmará como «don Francisco, el de los toros»…

Más allá de Fernando VII, los toros representan, para Goya, su profundo vínculo sentimental con España. Lo mismo le sucede a Picasso, más allá de Franco. Los toros le acompañan toda su vida, desde la infancia malagueña hasta el final en la Costa Azul. Su primera obra conocida retrata a un picador; lo primero que vende en París es una serie de escenas taurinas.

Los toros aparecen en todas las etapas de Picasso, en todos sus estilos, en sus variadas manifestaciones artísticas: pintura, escultura, grabado, cartel… Faltaba solamente la arquitectura, pero, hace poco, he encontrado la referencia de un proyecto de plaza de toros que hizo con su amigo Luis Miguel.

Se identifica Picasso con el minotauro: el hombre con cabeza de toro, o a la inversa. Así se siente él, mitad hombre, mitad toro: un animal noble que, involuntariamente, causa dolor; sobre todo, que hiere al caballo blanco, la mujer a la que ama.

Repite muchas veces que le hubiera gustado ser picador. Se fotografía con el castoreño y con la montera. En su exilio francés, Picasso consuela su nostalgia de España dibujando 48 toritos en la servilleta de papel de un bar y escenas taurinas, encima de las crónicas de corridas del *ABC*…

No son solamente españoles los que pintan escenas taurinas. También lo hacen Gustavo Doré, Delacroix, Manet, Renoir, Van Gogh, Chagall, Magritte, Max Ernst, Francis Bacon…

Tampoco es cierto que traten ese tema solamente los pintores figurativos. Se acercan también a ese mundo los surrealistas Salvador Dalí, Joan Miró, Óscar Domínguez y José Caballero; los expresionistas Benjamín Palencia, Antonio Saura y Barjola; los abstractos Tapies, Millares y Guinovart; en el *collage*, el Equipo Crónica; el naíf Botero; Oswaldo Viteri. En la pintura española reciente, Pérez Villalta, Dimitri, Barceló, Chema Cobo, Padorno, Suárez, Badosa, Vicente Arnás, Paco Cortijo... Etcétera.

En el Museo Arqueológico Nacional existen numerosas representaciones de toros. Ante todo, las largas cornamentas que muestran los toros de Costitx, de la cultura talayótica balear, y los monumentales verracos celtibéricos: recordemos el del puente viejo de Salamanca, donde el ciego da una calabazada a Lázaro de Tormes para que aprenda a valerse por sí mismo.

Muchísimas escenas taurinas aparecen en los relieves medievales y renacentistas: en ellos se está basando Gonzalo Santonja para adelantar la fecha de la tauromaquia. Baste con citar obras tan hermosas como la sillería del coro de la catedral de Plasencia y los relieves platerescos de la escalera, en el patio de la Universidad de Salamanca.

En el Romanticismo, las figuras de toreros de talla o barro son muy populares en varias zonas andaluzas.

Dentro de la escultura moderna de tema taurino, destaca claramente Mariano Benlliure, una versión detallista del impresionismo. Tiene obras extraordinarias, como el mausoleo de *Joselito,* en el sevillano cementerio de San Fernando, o los toros que están a punto de caer, en *La estocada de la tarde* y *Sin puntilla.*

En otras líneas estéticas, también tratan el tema taurino escultores como Julio Antonio, Sebastián Miranda, Ángel Ferrant, Pablo Gargallo, Manolo Hugué, Alberto Sánchez, Pablo Lozano...

Un caso singular es el de Venancio Blanco, hijo del mayoral de la ganadería salmantina de Pérez Tabernero, autor del monumento a Juan Belmonte, en el Altozano, junto al puente de Triana.

No conviene olvidar a los pintores de carteles taurinos, que deben llamar la atención y atraer al posible público. Hay especialistas de primera fila, como los clásicos Ruano Llopis, Roberto Domingo, Martínez de León, Antonio Casero, Reus, Saavedra; ahora, López Canito, Loren, Diego Ramos… También han pintado alguna vez carteles artistas de la categoría de Picasso, Rafael Alberti, Botero, Barceló, Eduardo Arroyo…

FOTOGRAFÍA Y CINE

«¿Mi consejo? Estar siempre con el ojo
pegado al visor. Es incómodo, pero es la
única manera de no perder la foto de la
tarde, o del año. Yo he perdido grandes
fotos por dejarme distraer».

PACO CANO

Antes de que las cámaras de cine y de vídeo alcanzaran la perfección técnica que hoy tienen, la historia del toreo se documentaba gracias a las crónicas de los revisteros y a las imágenes de los fotógrafos. Con su habitual sorna, decía Juan Belmonte: «No es que se toree hoy mejor, es que hay mejores fotógrafos». O, quizá, mejores cámaras de fotos…

El primer problema que afronta la fotografía taurina es teórico: su inmovilidad no parece adecuada para recoger un arte basado en el movimiento. (Pero ese reparo se extendería también a todas las artes plásticas).

Queda claro que un buen fotógrafo taurino ha de unir el sentido periodístico de la oportunidad con la sensibilidad propia de un verdadero artista para la luz y el encuadre. Me parece evidente que, para ser buen fotógrafo taurino, hace falta, además de otras cosas, ser buen aficionado a los toros, para ser capaz de captar un instante decisivo.

Hoy en día, nadie discute ya que la fotografía sea una de las Bellas Artes, ni que esté presente en galerías y museos. Del mismo modo, ha aumentado mucho la estimación de la fotografía taurina. En buena parte, eso se debe a los trabajos de los investigadores Manuel Durán y Juan Miguel Sánchez Vigil, autores de una *Historia de la fotografía taurina*, que es básica, sobre este tema.

Últimamente, además, la Dirección General de Bellas Artes del Ministerio de Cultura ha organizado una interesantísima exposición itinerante, titulada *La memoria taurina*, que reúne fotografías taurinas históricas, conservadas en los archivos estatales.

En el siglo XIX, hicieron ya fotografías taurinas el francés Laurent en Madrid, y los hermanos Beauchy, en Sevilla. En el XX, han sido maestros Alfonso, Calvache, Kaulak, Cervera, Mateo…

A Campúa se debe la famosa fotografía de Ignacio Sánchez Mejías, velando, desolado, el cadáver de *Joselito*. A Baldomero, la de Marcial Lalanda, con su padre, en Madrid, el día antes de su confirmación de alternativa; por su composición, Álvaro Martínez Novillo ha llegado a comparar esta última nada menos que con *Las Meninas*.

Después de la guerra, hay que citar a los fotógrafos Pepito Aguayo (hijo de Baldomero y cámara habitual de Luis Buñuel), Santos Yubero, el valenciano Finezas, los Botán, Cuevas, Lara, Masats, la familia sevillana Arjona, Rafemo, Martín Cartaya, Conrado Abellán… Hoy mismo, también, a la norteamericana y ya española Muriel Feiner y a la alemana Anya Bartels-Suermondt.

Párrafo especial merece el inolvidable Paco Cano, *Canito* (1912-2016), que fue galardonado con el Premio Nacional de Tauromaquia en 2014, a sus ciento un años. El destino quiso que fuera el único fotógrafo profesional que estuvo en Linares la tarde de la muerte de *Manolete*: sus fotografías de esa corrida dieron la vuelta al mundo.

Era bohemio, desordenado, divertido, encantador. Lo conocía yo desde chico y, en 2009, conseguí, con notable esfuerzo, introducir algo de orden en su archivo para poder publicar el libro *Mitos de Cano*, donde, además de toreros, recojo fotos suyas de Ava

Gardner, Lupe Sino, la emperatriz Soraya, Fleming, Hemingway, Orson Welles, Grace Kelly… Todo un documento de época.

En 2005, se calculó que, en su archivo, guardaba por lo menos cerca de 2.000.000 de instantáneas… Entre ellas, la histórica foto que ya comenté, en la que torean al alimón Domingo Ortega y José Ortega y Gasset: los toros y la cultura, unidos.

Muchas veces me comentan: «Todavía no se ha hecho la gran película de toros…». No es falso, pero tampoco es del todo cierto. Quizá nunca se haga la gran película, porque es muy difícil recoger, en un par de horas, toda la belleza y la complejidad de este mundo, pero la realidad es que, desde que se inventó, el cine ha abordado el tema taurino en todos los géneros: documental, biografía, testimonio, melodrama, comedia, sainete, adaptación de una novela u obra teatral…

Existen muchísimas películas de tema y ambiente taurino. (Puede verse el amplio panorama que ofrece Carlos Fernández Cuenca, en el tomo VII de *Los Toros*, de Cossío). Para mi gusto, algunas son excelentes. Voy a recomendar, sobre todo, tres.

La primera, *Tarde de toros* (1956), del director húngaro que vivió en España Ladislao Vajda. Todos los profesionales taurinos deberían verla porque recoge extraordinarias faenas de Domingo Ortega y Antonio *Bienvenida*. Además, trabajan en ella inolvidables actores secundarios: Pepe Isbert, Manolo Morán, Tip…

La segunda sería *Torero* (1956), rodada en México por el exiliado español Carlos Velo: ahonda en la psicología del diestro Luis Procuna, que confiesa su miedo y sus contradicciones.

La tercera, *Yo he visto la muerte* (1965), de José María Forqué, una curiosísima recreación de la realidad taurina. En varios episodios, aparecen, recordando momentos dramáticos de su biografía, Álvaro Domecq, Antonio *Bienvenida*, Andrés Vázquez y Luis Miguel *Dominguín*, que, en una caseta de feria, rememora la tarde trágica de Linares.

Cada una en su género, las tres me parecen muy logradas. También merecen mención algunas rarezas. En *Esencia de verbena* (1930), el vanguardista Ramón Gómez de la Serna estoquea, en una feria madrileña, un toro de cartón.

El gran director ruso Eisenstein rodó en México una película, que ha recibido dos títulos diferentes, según los montajes: *Tempestad sobre México* y *¡Que viva México!* (1931). En uno de los episodios, aborda el tema taurino: son bellísimos los planos en los que vemos vestirse con el traje de luces, en su casa, a un torero, uno de los Liceaga.

Quizá por iniciativa de Luis Miguel *Dominguín*, el director francés Henri-Georges Clouzot rodó un documental único, *Le mystère Picasso* (1956), en el que vemos nacer ante nuestros ojos las líneas que traza el pintor al otro lado de un cristal.

Se han hecho muy populares las distintas versiones de algunas obras literarias. Llevaron al cine la novela *Sangre y arena*, de Blasco Ibáñez, el propio escritor; Fred Niblo, con Rodolfo Valentino; Rouben Mamoulian, con Tyrone Power, doblado por *Armillita*; José María Elorrieta, con Sharon Stone y *El Boni*.

Todavía más versiones cinematográficas ha tenido *Carmen*: de Giovanni Doria, Cecil B. DeMille, Ernst Lubitsch, Jacques Feyder, Florián Rey, Christian-Jaque, Tulio Demicheli, Francesco Rossi, Carlos Saura.

El melodrama *El Niño de las Monjas* lo dirigieron, en la gran pantalla, el fotógrafo Calvache, con Eladio Amorós; José Buchs, con *El Estudiante*; Julio Villarreal, con Luis Procuna; Ignacio Iquino, con Enrique Vera.

También es melodramática y alcanzó enorme popularidad la novela *Currito de la Cruz*. La llevaron al cine el propio Pérez Lugín, Fernando Delgado, Luis Lucia y Rafael Gil. Destaca claramente la versión de Luis Lucia (1958): sobre todo, porque permite ver preciosas faenas de Pepín Martín Vázquez.

Añado y recomiendo una serie de televisión que ya he mencionado: la magnífica *Juncal* (1989), de Jaime de Armiñán, con una gran interpretación de Paco Rabal.

En los últimos años, dos películas españolas se han asomado al mundo taurino, desde la muy peculiar óptica de sus directores: *Matador* (1986), de Pedro Almodóvar, sobre un torero que se vio obligado a retirarse por una cornada. La muy poética *Blancanieves* (2012), de Pablo Berger, sobre una joven lidiadora que adopta ese apodo y la acompañan unos Enanitos Toreros.

Ninguna de estas es —supongo—, la gran película taurina, pero varias de ellas están muy bien. Y el tema sigue abierto, con muchísimas posibles perspectivas, para el que tenga el coraje de afrontarlo.

GASTRONOMÍA

———◆———

> «Al toro, nosotros lo alimentamos,
> lo sacralizamos, lo picamos, lo
> banderilleamos, lo matamos, lo
> aplaudimos o lo pitamos. Después de
> su muerte, lo descuartizamos, nos lo
> comemos y lo poetizamos, lo musicamos
> y lo pintamos».
>
> ANTONIO GALA

Como fiesta popular española, la tauromaquia ha ido siempre unida a la comida y la bebida, a la alegría de vivir. Sucedía ya así desde los orígenes del rito taurino. Ángel Álvarez de Miranda cuenta una fiesta tradicional hispana: «Doce toros, después de ser sacrificados en la corrida, eran consumidos en una comida de comunión».

Esta última palabra subraya el sentido religioso de la fiesta. Algunas derivaciones han subsistido. En Soria, por San Juan, en el llamado Sábado Agés, se subastan las partes del toro que no hayan sido utilizadas por las cuadrillas para distribuir la tradicional «tajada» y preparar las «calderas» del domingo. Es inevitable recordar el dicho popular: «De lo que se come, se cría».

Muchos jóvenes buscaban antes, en el toreo, cómo escapar de la pobreza. A *El Espartero*, que lo había vivido, se le atribuye una frase, que se hizo proverbial: «Más *cornás* da el hambre». (Con la palabra «cornadas» la usa Luis Spota como título de su novela sobre unos torerillos). Aunque un torero de éxito sigue ganando mucho dinero, hoy la frase tiene menos vigencia. Lo demuestra el docudrama *Tú solo* (1984), de Teo Escamilla, sobre la Escuela de Tauromaquia de Madrid.

Bastantes anécdotas y dichos taurinos tienen que ver con la comida. Cuentan que, para ser contratado, *El Guerra* exigió al empresario Mosquera una elevada cantidad de dinero... y un jamón. En la misma situación, Juan Belmonte, algo idéntico, con una añadidura: «Y un jamón con chorreras». A *El Algabeño*, en Lorca, no le quisieron vender unas hermosas peras porque estaban reservadas «para tirárselas a los toreros si no se arriman».

La unión de toros y gastronomía se vive de modo muy diferente, según el clima y la psicología de cada plaza. Un caso extremo es el de San Fermín: durante el transcurso de la corrida, algunos mozos se salen a los pasillos de la plaza para cocinar ollas de bacalao al ajo arriero. En Almería, circulan por los tendidos apetitosas bandejas de langostinos. En Murcia, pasteles de carne y vino de Jumilla. En algunas barreras de varias plazas, bandejas de jamón y botellas de champán. En la Maestranza, en cambio, se consideraría un sacrilegio merendar mientras un diestro se está jugando la vida.

En cada ciudad, algún hotel y restaurante suele ser predilecto de los profesionales y aficionados. Algunos forman parte ya de la historia. En el Hotel Simón, de Sevilla, se alojaba *Manolete*; en Madrid, en el Hotel Victoria. En la castiza calle madrileña del Mesón de Paredes está la taberna que fue propiedad del torero y pintor Antonio Sánchez: de ella hace un precioso retrato costumbrista Antonio Díaz-Cañabate, en su *Historia de una taberna*. En Casa Ciriaco, situada en la calle Mayor de Madrid, en el edificio desde el que el anarquista Mateo Morral lanzó su bomba contra la comitiva real, se reunía la tertulia de Julio Camba, a la que solían asistir Juan Belmonte y Domingo Ortega; después, ha sido la sede de los Amigos del Conde de Colombí, gran bibliófilo taurino. En

Sevilla, se sigue hablando, aunque ya no exista, de la tertulia de Juan Belmonte, en Los Corales…

El rabo de toro es un plato muy estimado; sobre todo, si es de verdad de los toros que se han lidiado. Algunos puestos de mercado y restaurantes tienen esa especialidad.

En los últimos años, estamos viviendo un auge creciente de la carne de toro. Según los expertos, es muy nutritiva y saludable. Se celebran ahora abundantes jornadas gastronómicas del toro de lidia, rutas gastronómicas, visitas gastronómicas a ganaderías. En la plaza de Madrid, han tenido éxito iniciativas como Tendido 11, un espacio gastronómico dirigido por Paco Roncero, y Cénate Las Ventas, en las noches de verano.

Todo esto posee una importancia gastronómica y también económica evidente. Puede verse un panorama en el libro de Ismael Díaz Yubero y Pedro Plasencia *Gastronomía del toro de lidia*.

SÍMBOLO DE LA VIDA

«La vida y su símbolo, el toreo».

GERARDO DIEGO

La tauromaquia no es una simple diversión más; no es un espectáculo donde solo vamos a pasarlo bien, a pasar un rato. Es algo mucho más serio, más hondo. Además de un arte, que nos hace disfrutar con la belleza, conserva huellas del rito que inicialmente fue. Lo define Juan de Mairena, el paradójico *alter ego* de Antonio Machado (al que algunos despachan alegremente como un simple antitaurino): «Las corridas son esencialmente un sacrificio. Con el toro no se juega, puesto que se le mata, sin utilidad aparente, como si dijéramos de un modo religioso, en holocausto a un dios desconocido».

La tauromaquia implica una ética; eso sí, una ética diferenciada. Señala certeramente el profesor de Ética Fernando Savater que es un bárbaro, no un hombre culto, el que no distingue entre el trato que debemos a los humanos y el que damos a los animales.

Así lo dicen las leyes: no recoger un nido de pájaros puede ser signo de insensibilidad; abandonar a un niño recién nacido es un crimen. Por otro lado, como precisa el filósofo Francis Wolff, solo tiene derecho a matar a un toro el que pone en juego su propia vida.

Más allá de fáciles patrioterismos, resulta evidente que la afición taurina forma parte de lo que don Américo Castro llama la «vividura» hispánica. A fines del XIX, dictaminaba Pascual Millán:

«Los toros están en el carácter del pueblo español. Española y puramente española es la fiesta de los toros».

Como ya hemos visto, para nada está reñido esto con su dimensión universal, igual que la de cualquier otro arte.

Por mucho que nos apasionemos por el Real Madrid, no se nos ocurre ver simbólicamente a España como un campo de fútbol. En cambio, usamos habitualmente, para nuestra patria, los símbolos de la piel de toro y del gran ruedo ibérico. Lo proclama don Manuel Machado:

> *Da comienzo*
> *el primero*
> *espectáculo español.*

No es esto un invento de la derecha. No pertenecía a ella de ningún modo el viejo profesor Tierno Galván y aceptó mi invitación a participar en un acto taurino, en el Ateneo de Madrid, junto a Rafael Alberti y Antonio Gala. Proclamaba la trascendencia del toreo como un acontecimiento nacional: «Los toros son una constante en la historia de España y, en algunos periodos de la misma, el acontecimiento en que mejor se expresaba la remota unidad de sus distintos pueblos. Ser indiferente ante un acontecimiento de tal índole supone la total extrañeza respecto del subsuelo psicológico común».

A eso se autocondenan muchos antitaurinos radicales: a no comprender nada de lo que somos. No nos sorprende contemplar la silueta del toro de Osborne, unido ya indeleblemente a nuestros paisajes, dentro de nuestra bandera nacional.

El toro bravo es, sencillamente, el mejor símbolo de España. Lo define Rafael Alberti:

> *El negro toro de España (...)*
> *Porque toda España es él.*

«Collar de España» lo llama Pablo Neruda:

> *Y, en su ruedo,*
> *tiembla el collar de España con un sonido seco.*

Y sueño de España, Dionisio Ridruejo: «Ídolo, sueño cósmico de España…».

Esta pasión, desde hace siglos, por el toro bravo influye lógicamente en nuestra visión del mundo, en lo que podemos llamar la filosofía popular española. En 1929, al presentar a su amigo Ignacio Sánchez Mejías en la Universidad de Columbia, en Nueva York, afirmó rotundamente Federico García Lorca: «La única cosa seria que queda en el mundo es el toreo, único espectáculo vivo del mundo antiguo, en donde se encuentran todas las esencias clásicas de los pueblos más artistas del mundo».

En una entrevista periodística, localicé yo una frase de Federico, que muchos han repetido: «La fiesta más culta que hay hoy en el mundo».

Y eso no lo decía un iletrado bárbaro y salvaje, sino un poeta de tan refinada sensibilidad como García Lorca. Ya sé que, en un tema como este, no sirve de nada el argumento de autoridad, cada uno debemos tener nuestro propio criterio. Sin embargo, si por apreciar la tauromaquia me tachan de inculto, retrógrado y antieuropeo, me consuela coincidir en esto con Goya y Picasso, Hemingway y Orson Welles, Lorca y Alberti, Manuel Machado y Gerardo Diego, Bergamín y Pérez de Ayala, Valle-Inclán y Miguel Hernández, Eisenstein y Francis Bacon, Camilo José Cela y Antonio Gala…

Participa la fiesta de un elemento esencial de nuestra cultura, la aceptación de la realidad de la muerte. El padre de Jorge Manrique, según las *Coplas* que escribió su hijo, no se deja morir, sino que participa activamente, como un héroe, en su propia muerte: «Y consiento en mi morir…».

Definía Tierno Galván la corrida de toros como «la parusía de la muerte»; esto es, su presencia, su glorioso advenimiento. Concluye Américo Castro: «Espectáculo nacional y símbolo del vivir como riesgo absoluto frente a un destino amenazador, solo conjurable mediante heroicas destrezas».

Se opone esto a una concepción anglosajona, que maquilla los cadáveres y que intenta ocultar la realidad de la muerte. Es lo contrario de lo que vive la cultura mediterránea, de la que surge —como Venus, del mar— la tauromaquia.

No tiene todo ello nada que ver con el tópico interesado de la llamada España negra, difundido por los enemigos de nuestra patria. Todo lo contrario. La tauromaquia es una fiesta de color y alegría, y también de luz y de sombra, como cualquier vida humana. En ella se reconoce un pueblo que ama la vida precisamente porque la sabe amenazada, arriesgada. Como aclaró Pedro Salinas en un precioso artículo, en la cultura hispánica, la presencia de la muerte añade justamente sabor a la vida.

¿Es esta una fiesta machista? Más bien, un rito que transmite y exalta una concepción heroica de la vida. De eso es símbolo el toreo. Supone la ética de la dignidad, del esfuerzo, no del éxito. La misma que predica don Quijote: «Bien podrán los encantadores quitarme la ventura; pero el esfuerzo y el ánimo, será imposible».

Ni los profesionales ni los aficionados taurinos son sádicos, aunque algún ignorante así lo haya pensado. Todo lo contrario: nadie ama más, respeta más y admira más al toro bravo que un torero, un ganadero y un buen aficionado. Podemos aceptar que un diestro no acierte, que flaquee su ánimo, pero nunca, nunca, que trate al toro sin el debido respeto.

La prueba es la frecuencia con la que identificamos metafóricamente a los seres humanos con las cualidades positivas de los toros. Incluso a las mujeres: como piropo, se ha dicho de alguna que es «de buen trapío», «bien puesta de pitones»... Y, por supuesto, a los varones.

Recuerda Juan Belmonte una de sus grandes faenas: «El toro estaba sujeto a mí y yo a él. Llegó un momento en que me sentí envuelto en toro, fundido con él».

Lo recoge un proverbio popular: «El mejor torero es el que es casi toro».

Eso mismo se decía de *Joselito el Gallo*: «No sabe más el hijo de una vaca».

Todos conocen la frase de Buffon: «El estilo es el hombre». Coincide con la de Juan Belmonte: «Se torea como se es». ¡Por supuesto! Cualquier forma de arte es la expresión más completa de un individuo creador.

Muchos artistas se han sentido identificados simbólicamente con el toro. No solo Picasso se ve a sí mismo como un Minotauro; también Lorca vio así a su amigo Ignacio Sánchez Mejías:

> *La muerte le ha cubierto de pálidos azufres*
> *y le ha puesto cabeza de oscuro minotauro.*

Lope de Vega, perpetuo enamorado, dice que el toro hiere como el amor:

> *Niña, guárdate del toro,*
> *que a mí mal herido me ha.*

Según Pemán, los españoles llevamos los toros metidos en los pulsos:

> *Y los torillos del pulso*
> *se le salen del cajón.*

En las venas, los ve Rafael Alberti:

> *Ese toro metido en las venas*
> *que tiene mi gente.*

En la frente, Altolaguirre:

> *Si derribaran mi frente,*
> *los toros bravos saldrían.*

Los toros van unidos, para Lorca, a nuestro dolor en la palabra más popular: «¡Un negro toro de pena!». Con feliz metáfora, Nietzsche definió al cordobés Séneca como un «torero de la virtud». Cualquier español puede sentirse torero, como escribe Victoriano Crémer: «¡Más que tú, torero yo!».

Torea a la muerte, precisa Gabriel Celaya:

> *Soy un ibero*
> *y, si embiste la muerte,*
> *yo la toreo.*

La máxima identificación poética con el toro la expresó Miguel Hernández, en los preciosos sonetos de *El rayo que no cesa*. Igual que el toro, él se siente condenado al amor: «Una querencia tengo por tu acento…». Igual que el toro, también está condenado a la muerte: «Como el toro he nacido para el luto…».

En definitiva, el pueblo español ve la vida y la muerte en términos taurinos. Lo resume Blas de Otero:

> *Aquella fiesta brava*
> *del vivir y el morir. Lo demás, sobra.*